narr studienbücher

Nina Janich

Werbesprache

Ein Arbeitsbuch

Mit einem Beitrag von Jens Runkehl

6., durchgesehene und korrigierte Auflage

narr VERLAG

Prof. Dr. Nina Janich ist Professorin für Deutsche Sprachwissenschaft an der TU Darmstadt.

Jens Runkehl ist Wissenschaftlicher Mitarbeiter am Institut für deutsche Sprache und Literatur an der TU Darmstadt.

Bibliografische Informationen der Deutschen Nationalbibliothek

Die Deutsche Nationalbibliothek verzeichnet diese Publikation in der Deutschen Nationalbibliografie; detaillierte bibliografische Daten sind im Internet über <http://dnb.d-nb.de> abrufbar.

6., durchgesehene und korrigierte Auflage 2013
5., vollständig überarbeitete und erweiterte Auflage 2010
4., unveränderte Auflage 2005
3., unveränderte Auflage 2003
2., vollständig überarbeitete und erweiterte Auflage 2001
1. Auflage 1999

© 2013 · Narr Francke Attempto Verlag GmbH + Co. KG
Dischingerweg 5 · D-72070 Tübingen

Internet: http://narr-studienbuecher.de
E-Mail: info@narr.de

Satz: Informationsdesign D. Fratzke, Kirchentellinsfurt
Printed in the EU

ISSN 0941-8105
ISBN 978-3-8233-6818-2

Inhalt

Vorwort zur fünften Auflage

Ein Lehrbuch nach fast zehn Jahren zu überarbeiten, stellt einen vor die Frage, ob allfällige Korrekturen und eine Aktualisierung der Literaturangaben genügen oder ob man das Buch nicht eigentlich neu schreiben müsste. Ich habe versucht, einen Mittelweg zu finden, und mich für folgende Änderungen und Ergänzungen entschieden:

- Komplett erneuert und erweitert sind die Abbildungen der Anzeigenbeispiele (mit Ausnahme des historischen Anzeigenbeispiels in Kapitel 6.1) und dementsprechend auch die sich auf die Abbildungen beziehenden Beispiele im Text.
- Auch die Übungsaufgaben wurden mit wenigen Ausnahmen komplett neu formuliert und ebenfalls deutlich erweitert. Um Platz zu sparen und den Preis des Buches halten zu können, wurden die Lösungsvorschläge herausgenommen; sie finden sich stattdessen auf der Homepage der narr studienbücher unter www.narr-studienbuecher.de. Zusammen mit den Aufgaben und Lösungen der Auflagen 1–4 ergibt sich auf diese Weise vielfältiges Arbeitsmaterial für Studierende und Lehrende.
- Kapitelweise ergänzt ist die inzwischen erschienene Forschungsliteratur. Dafür wurde ein neuer Textbaustein „Neuere Literatur" eingeführt, der durch einen Bücherstapel symbolisiert wird. Diese Literaturergänzungen können natürlich nicht vollständig sein, sollen aber wesentliche einführende, größere und sehr spezifische Arbeiten erfassen. Die wichtigsten Erkenntnisse aus dieser neuen Literatur wurden nach Möglichkeit zumindest skizzenhaft in die jeweiligen Kapitel eingearbeitet.
- Viele Kapitel wurden von Grund auf überarbeitet und dementsprechend auch neu strukturiert: So finden sich umfangreiche Änderungen in den Kapiteln 1 (Forschungsüberblick), 2.2 (Betriebswirtschaftliche und werbewissenschaftliche Grundlagen), 2.3.1 (Kommunikationsmodell), 3 (Werbeformate und -bausteine) und 4.5 (Para- und Nonverbales; früher 4.5 und 4.6). Änderungen und Aktualisierungen finden sich aber fast überall, z.B. zu Fremdsprachigem, Fachsprache, Jugendsprache oder Intertextualität in der Werbung. Die werbesprachlichen Beispiele im Fließtext konnten dagegen nur zum Teil erneuert werden – eine umfangreichere Aktualisierung hätte dann doch bedeutet, das Buch neu zu schreiben. Geändert wurden vor allem inhaltlich veraltete oder inzwischen möglicherweise gar nicht mehr bekannte oder nachvollziehbare Beispiele.

Ganz neu hinzugekommen sind folgende Aspekte und Kapitel:
- Außer der Anzeige werden jetzt auch Fernseh- und Hörfunkspot ausführlicher hinsichtlich ihrer Struktur und möglicher Analysedimensionen besprochen (3.2 und 3.3).

- Die Internetwerbung wird nicht mehr nur in einem Ausblick im Kapitel 6 behandelt, sondern in einem eigenen ausführlichen Teilkapitel unter den Formaten der Werbung diskutiert (3.4), verfasst von Jens Runkehl.
- Um über die isolierende Perspektive auf den einzelnen Werbetext hinauszuführen, wird nun auch der Textvernetzung und Mehrmedialität von Werbung im Rahmen von Kampagnen durch ein weiteres Teilkapitel Rechnung getragen (3.5).
- Die explizit stiltheoretische Perspektive auf Werbesprache, die vorher fehlte, wird in Form eines kleinen Resümees am Ende von Kapitel 4 thematisiert (4.6).
- Im Ausblickskapitel „Über den Tellerrand" wurde ein kleines Kapitel zu Werbung als gesellschaftlichem Teildiskurs und diskursanalytischen Perspektiven der Werbelinguistik aufgenommen (6.2), auch hier wieder mit der Intention, den analytischen Blick über den Einzeltext hinaus zu weiten.

Ich bedanke mich beim Gunter Narr Verlag, insbesondere bei Susanne Fischer, für die Geduld und die wie immer breite Unterstützung. Allen Leserinnen und Lesern danke ich für ihr anhaltendes Interesse an diesem Buch. Es freut mich besonders, dass inzwischen viele der von mir in den ersten Auflagen der „Werbesprache" konstatierten Forschungsdesiderate (wie zum Beispiel Anglizismengebrauch oder Kulturvergleiche) inzwischen bearbeitet wurden, meist im Rahmen von Abschluss- und Qualifikationsarbeiten.

Ich hoffe, dass sich diese Auflage in der akademischen Lehre weiterhin oder vielleicht noch besser bewährt als die vorherigen.

Darmstadt im Frühjahr 2010   Nina Janich

Vorwort zur zweiten Auflage

Die zweite Auflage eines Arbeitsbuches sollte die Kritik derjenigen aufnehmen, die mit ihm arbeiten oder gearbeitet haben. Denn ein Arbeitsbuch trägt nicht nur Forschungsergebnisse zusammen, sondern soll auch Anleitung und Hilfe beim eigenständigen Arbeiten bieten. Wie praktikabel die Vorschläge wirklich sind, erweist sich oft genug nicht schon beim Schreiben (selbst wenn sie sich in den Antworten zu Übungsaufgaben bewähren müssen), sondern erst, wenn sie in Seminaren oder für Hausarbeiten von vielen an unterschiedlichen Materialien umgesetzt werden. All denen – Studierenden wie Dozierenden –, die die Vorschläge der ersten Auflage gelesen, erprobt und anzuwenden versucht haben und dem Verlag oder mir persönlich kritische Rückmeldungen haben zukommen lassen, sei an dieser Stelle herzlich gedankt. Ganz besonders die Regensburger Studierenden haben mit ihren Staatsexamens- und Magisterarbeiten wesentlich zum Gelingen dieses Buches beigetragen, und auch den Teilnehmerinnen und Teilnehmern am Werbeseminar an der finnlandschwedischen Åbo Akademi in Turku (Finnland) im April 2000 möchte ich für gemeinsame Diskussionen danken.

Den vielfältigen Anregungen entsprechend habe ich einiges in der zweiten Auflage geändert und ergänzt. Neu hinzugekommen ist ein Kapitel zur Internetwerbung (6.3). Stark geändert habe ich das frühere Kapitel 6.3, jetzt 6.4, zum Thema „Werbung in der Kritik" (vormals nur zur Sprachkritik). An wichtigen Stellen geändert und ergänzt wurden

> Kap. 2.2.3 zur Werbewirkung,
> Kap. 3.5 zu den besonderen Formen von Textelementen (speziell zu den Additions),
> Kap. 3.6 zu den Bildelementen (speziell zur semiotischen Klassifikation),
> Kap. 4.2.3 zur Argumentation,
> Kap. 4.3.3 zur Syntax (speziell zum unvollständigen Satz),
> Kap. 4.4.2 zur Inszenierung von Varietäten und
> Kap. 6.3 zur interkulturellen Perspektive.

An verschiedenen Stellen ist einiges an neuer und neuester Literatur hinzugekommen. An dieser Stelle soll kurz darauf hingewiesen werden, dass das Arbeitsbuch keine vollständige Bibliografie an sprachwissenschaftlicher Literatur zum Thema Werbung beinhaltet! Literatur, die vor 1997 erschienen ist, ist zum bedeutenden Teil in der Studienbibliografie „Sprache in der Werbung" (Greule/Janich 1997) versammelt und nachschlagbar. Sie wird in diesem Arbeitsbuch nur zitiert, wenn sie von zentraler Bedeutung für einzelne der hier besprochenen Aspekte ist oder die neuesten Erkenntnisse zum Thema repräsentiert. Auch von den sehr zahlreichen Titeln zur Werbesprache, die seitdem erschienen sind, konnte aus Gründen des Platzes und der Praktikabilität leider nur ein Bruchteil aufgenommen werden. Über die Literaturangaben der hier zitierten Literatur lassen sich aber sehr viele von ihnen erschließen.

Abschließend sei dem Gunter Narr Verlag, insbesondere Herrn Dr. Stephan Dietrich (Lektorat) und Herrn Joachim Schwarz (Herstellung), ganz herzlich für die gute Zusammenarbeit und all die „Fitzelarbeit" gedankt, die sie insbesondere mit dieser zweiten Auflage hatten.

Regensburg im Februar 2001   Nina Janich

Eine Art Regieanweisung

Werbung ist inzwischen in unserer Gesellschaft ein Phänomen, das nicht nur als Kulisse (auf Plakaten, an Bushaltestellen, an Litfasssäulen, als Transparent an Brücken usw.) überall präsent ist und beim Medienkonsum zwangsläufig mitrezipiert wird (in Zeitschriften, in Fernsehen, Kino oder Radio sowie im Internet), sondern das auch immer mehr Kult- und Kunststatus und damit ausdrückliche Aufmerksamkeit erhält. Museen werden eingerichtet (z.B. das Deutsche Werbemuseum e.V. in Frankfurt am Main, www.werbemuseum.de) oder bieten zumindest Ausstellungen und Fotobände zur Werbung an (wie z.B. das Münchner Stadtmuseum 1996 „Die Kunst zu werben"), auf Reklamebörsen kann man für teures Geld Werbeschilder, Werbefiguren, Anstecker und Utensilien mit Werbeaufdrucken erstehen, in Kneipen und Lokalen liegen kostenlos originell gestaltete Werbepostkarten zum Mitnehmen und Verschicken aus. Die Kreativität von Werbespots und Werbekampagnen wird prämiert, z.B. auf dem Filmfestival in Cannes (im Kino sind die prämierten Spots dann als „Cannes-Rolle" zu sehen) oder durch den Gesamtverband Kommunikationsagenturen (GWA), der seit über 25 Jahren den *GWA Effie* für erfolgreiche Marketing- und Werbekampagnen verleiht (http://www.gwa.de/awards-events/gwa-effie/, Stand 20.03.2010). In den 1990er Jahren und noch um die Jahrtausendwende wurden lustige Fernsehspots im Fernsehen serienmäßig in eigens geschaffenen Formaten gezeigt (z.B. „Die dicksten Dinger"/RTL 2, „Die witzigsten Werbespots der Welt"/SAT 1 oder „Was guckst du" mit Kaya Yanar) oder sogar für Wissenstests genutzt (z.B. in einer Dauerwerbesendung im Vorabendprogramm von SAT 1 mit einer virtuellen Moderatorin (!), bei der zwei Kandidaten an Hand von Standbildern eines Spots das beworbene Produkt, an Hand von Spotausschnitten das werbende Unternehmen oder gar Details aus Spots wie die Namen der Werbefiguren erraten mussten). Dieser Trend, Fernsehspots gebündelt in eigenen Sendungen im Fernsehen vorzuführen, ist zwar zurückgegangen; er ist jedoch ersetzt worden durch eine neuartige Form der Verfügbarkeit von Werbekommunikaten auf Internet-Portalen wie YOUTUBE: Hier kann man nicht nur neben origineller Werbung auch jene „aus dem Verkehr gezogenen" Beispiele finden, die aus unterschiedlichen Gründen als zu anstößig für eine Publikation in den traditionellen Medien eingeschätzt wurden – man kann sich Werbung aus dem Internet zudem leichter als früher auf den eigenen Computer holen und zum Spielmaterial für eigenes kreatives Schaffen machen (z.B. in Formen des parodierenden „Badvertisings" oder „Anti-Brandings").

Ein paar Zahlen zur Werbewirtschaft: Das Budget, das in Deutschland jährlich für Werbung ausgegeben wird, wuchs seit 1949 etwa 50 Jahre lang kontinuierlich an, davon 24 Jahre lang mit zweistelligem Wachstum. Im Jahr 2000 lag ein historischer Höhepunkt der Netto-Werbeeinnahmen der 13 vom Zentralverband der deutschen

Werbewirtschaft (ZAW) erfassten Medien bei 23,38 Milliarden Euro. Seitdem schwanken die Zahlen: für 2008 lagen die Netto-Werbeeinahmen der Medien bei 20,36 Milliarden Euro, 2,2 % weniger als im Jahr 2007. Für 2009 prognostiziert der ZAW das Unterschreiten der 20-Milliarden-Grenze (http://www.zaw.de/index. php?menuid=33, Stand 20.03.2010). Die werbestärksten Branchen in Deutschland waren 2008 Handelsorganisationen (mit gut 2 Milliarden Euro Brutto-Werbein-vestitionen), der PKW-Markt (mit gut 1,4 Milliarden Euro) sowie Zeitungen und Publikumszeitschriften (mit 1,2 bzw. knapp einer Milliarde Euro), gefolgt von den übrigen Medien/Verlagen, Arzneimitteln, Süßwaren und Finanzdienstleistungen (alle noch mit gut 600 Millionen Euro jährlicher Werbeinvestitionen) (http://www. gwa.de/themen-wissen/kennzahlen-zur-werbung/, Stand 20.03.2010).

Trotz der von der Werbewirtschaft konstatierten „Werbeschwäche" des ersten Jahrzehnts des 21. Jahrhunderts (http://www.zaw.de/index.php?menuid=33, Stand 20.03.2010) und wirtschaftswissenschaftlicher Tendenzen, Werbung als nur eine und längst nicht als die wichtigste Form einer umfassenden Markenkommunikation zu betrachten, ist und bleibt Werbung ein wichtiger Teil unserer Gesellschaft, unseres wirtschaftlichen Systems und unseres Alltags. Wer Werbung untersucht, kann viel über geltende Werte, kulturelle Trends und nicht zuletzt über Potenziale wie Grenzen von Sprache erfahren.

Was will dieses Buch?

Dieses Arbeitsbuch zur Werbesprache bezweckt nicht, ausführlich über die der-zeitige sprachliche Gestalt von Werbeanzeigen oder Werbespots zu informieren und die Ergebnisse der Forschung möglichst vollständig zusammenzutragen und zu rekapitulieren. In Kürze wären diese Ergebnisse veraltet, denn Werbung (und Werbesprache) reagiert schnell auf gesellschaftliche Veränderungen.

Stattdessen soll dieses Arbeitsbuch eine erste methodenkritische Hilfestellung für alle sein, die sich sprachwissenschaftlich mit Werbung beschäftigen und eigene Un-tersuchungen anstellen wollen, denn eine anerkannte Methodik der Werbespra-chenforschung existiert bislang nicht. (Diese soll nun endlich durch ein Handbuch begründet werden (vgl. Janich 2011), das sowohl die möglichen sprachwissen-schaftlichen Ansätze und Methoden zur Erforschung von Werbesprache als auch die Zugänge anderer Disziplinen wie Wirtschaftswissenschaft, Psychologie, Sozio-logie und Kommunikationswissenschaft vorstellt). In vielen werbesprachlichen Forschungsarbeiten zeigt sich zudem die problematische Tendenz, Erkenntnisse und Thesen aus der älteren Literatur trotz der Kurzlebigkeit von Werbetrends un-gefragt und unkritisch zu übernehmen (zu dieser Kritik auch Zielke 1991: 14f.), z. B. zur Funktion von Werbung oder zur Rollenverteilung von Sprache und Bild. Gerade bei Seminar und Studienabschlussarbeiten zeigt sich daher oft eine me-thodische Unsicherheit im Umgang mit Werbetexten: Werbung ist ein beliebtes und ergiebiges Thema, das nicht selten amüsantes Untersuchungsmaterial bietet und immer einen aktuellen gesellschaftlichen Bezug aufweist. Aber gerade weil jeder zu Werbung etwas zu sagen hat, ist die Versuchung groß, bei der Analyse unkritisch Fachausdrücke (wie *Fachwort, Assoziation, Argument* u. Ä.) zu verwenden, ohne ihre Definitionen im Kontext der Werbesprache zu prüfen und zu hinterfragen, und bei der Interpretation ins Blaue hinein zu spekulieren und zu assoziieren.

In den meisten Kapiteln liegt daher der Schwerpunkt eher auf der Diskussion und Klärung problematischer Fachbegriffe und auf Vorschlägen für Forschungsfragen und für mögliche Untersuchungskategorien (z. B.: welche Argumentationstypen gibt es in der Werbung, worin unterscheiden sich Wortspiele, in welchem Verhältnis können Bild und Text zueinander stehen?) als auf der Präsentation von Forschungsergebnissen zur gegenwärtigen oder einer früheren Gestaltung von Werbung. Das Buch soll Anregungen zu eigenen Untersuchungen bieten, bei der Orientierung im Dschungel der linguistischen Fachsprache helfen und vor typischen Fallen der Werbespracheninterpretation warnen.

Aufbau und Textbausteine

Um dem unterschiedlichen Inhalt der einzelnen Kapitel gerecht zu werden und zugleich eine möglichst große Übersichtlichkeit zu gewährleisten, können die Kapitel aus verschiedenen Textbausteinen bestehen. In den Haupttext, der sich mit Grundbegriffen, Definitionen, Kategorienbildung, Beispielen aus der Werbung und neuesten Forschungsergebnissen beschäftigt, sind je nach Kapitelthema die mit Symbolen am Seitenrand kenntlich gemachten Textbausteine *Methodische Probleme* (Blitz) und/oder *Forschungsanregungen und Desiderate* (Glühbirne) eingebettet. Am Schluss von Teilkapiteln schließen sich dann zumeist noch die *Literaturtipps* (Buch) und die *Aufgaben* (Bleistift) an. Die Literaturtipps stellen nur eine Auswahl der für das jeweilige Kapitelthema empfehlenswerten Literatur dar (Stand 2001). Sie werden ergänzt durch *Hinweise auf neuere Literatur* der Jahre 2000–2009 (Bücherstapel) – eine vollständige Bibliografie aller im Text zitierten Literatur findet sich alphabetisch geordnet am Schluss des Buches.

Die Aufgaben zerfallen in zwei Typen von Fragen: Zum einen können sie der Anwendung und Veranschaulichung der methodischen Vorschläge dienen, die in den vorangegangenen Textabschnitten besprochen wurden. Sie bezwecken Verständnisvertiefung und eigene praktische Umsetzung, für sie finden sich Lösungsvorschläge unter www.narr-studienbuecher.de. Zum anderen werden Fragen gestellt, die weniger auf „die richtige Antwort" abzielen als vielmehr für methodische Probleme sensibilisieren sollen, die daher eher diskutiert werden müssen als beantwortet werden können (und für die sich auf er Homepage www.narr-studienbuecher.de keine Lösungen finden). Die Fragen sind jeweils auf einzelne der abgebildeten Anzeigen bezogen. Prinzipiell können die Fragestellungen aber natürlich auch auf andere im Buch enthaltene oder selbst gewählte Anzeigen und Fernsehspots übertragen werden, so dass sich dadurch ein breiter Übungsspielraum ergibt. Für die fünfte Auflage wurden die Anzeigenbeispiele und Fragen fast vollständig aktualisiert, so dass unter Rückgriff auf ältere Auflagen dieses Buchs ein umfangreicher Fundus an möglichen Übungsaufgaben und Arbeitsaufträgen entsteht.

Alles in allem versteht sich das Buch vor allem als Anregung, die vielen noch offenen interessanten Fragen zur Werbung und ihrer Sprache zu erforschen. Zugleich soll es ein Beitrag zur Etablierung einer methodischen Grundlage der Werbelinguistik sein.

1 Warum kein Forschungsüberblick?

Zu jeder wissenschaftlichen Arbeit gehört ein Forschungsüberblick, d. h. wer wann unter welcher Fragestellung mit welchen Methoden schon zu dem vorliegenden oder einem ähnlichen Thema gearbeitet und publiziert hat. Der Forschungsüberblick dient der Einbettung der eigenen Arbeit in einen größeren Zusammenhang und zeigt im Idealfall nicht nur, welcher Ansätze und Modelle man sich für die eigene Fragestellung bedienen kann, sondern auch, welche Forschungslücken man zu schließen gedenkt.

Dieses Arbeitsbuch bemüht sich nun um einen sprachwissenschaftlichen Rundumschlag zum Thema Werbekommunikation, so dass es die Aufgabe der einzelnen Kapitel ist, in die entsprechende Literatur mit ihren Theorieansätzen, methodischen Vorschlägen, Kategoriensystemen und zum Teil auch Ergebnissen einzuführen. Dort werden auch, unter dem Symbol der Glühbirne, Forschungsdesiderata thematisiert und Anregungen zu eigener weiterer Forschung gegeben.

Daher wird hier auf einen Forschungsüberblick zur Werbung verzichtet. Ein solcher findet sich in jeder Qualifikationsarbeit zum Thema Werbung mit entsprechenden inhaltlichen Akzentsetzungen und Hinweisen zu konkreter Literatur, die an dieser Stelle sowieso den Rahmen sprengen würden. Zudem liegen mit Greule/ Janich 1997 und demnächst Janich 2013b eine ältere und eine neuere Studienbibliografie vor, über die man sich einen schnellen Überblick über die Literatur der Werbelinguistik verschaffen kann. Eine Literaturrecherche kann man zudem über die Literaturdatenbank unter http://www.mediensprache.net/de/werbesprache/literatur/ vornehmen. Schließlich wird in Kürze ein Methodenhandbuch zur Werbekommunikation erscheinen, in dem über sprachwissenschaftliche und interdisziplinäre Zugänge ebenfalls ein umfangreicher Überblick über Fragestellungen, Methoden und weiterführende Literatur entsteht (Janich 2011). Grundlegende allgemeine Arbeiten zur Sprache in der Werbung, werbelinguistische, kommunikations- und wirtschaftswissenschaftliche Einführungen zur Werbung und aufgrund ihres Umfangs und ihrer Breite relevante interdisziplinäre Sammelbände werden jeweils zu den entsprechenden Teilabschnitten des 2. Kapitels vorgestellt.

Hier daher nur noch einige wenige wichtige Eckdaten zur Werbe(sprachen)- forschung: Die wissenschaftliche Auseinandersetzung mit Werbung beginnt um die Jahrhundertwende, bereits in den 1920er Jahren gibt es grundsätzliche Werke zu Formen und Grundprinzipien der Werbung aus ökonomischer Perspektive. Nach dem Zweiten Weltkrieg nimmt die Werbeforschung durch die Entstehung der modernen Marktwirtschaft und des Markenartikels einen massiven Aufschwung, was sich u. a. an der Entstehung verschiedener Fachzeitschriften äußert (zum Beispiel „Absatzwirtschaft", „Die Anzeige", „Jahrbuch der Absatz- und Verbrauchsforschung", „Der Markenartikel", „Marketing", „Journal of Marke-

ting", „Werbe-Rundschau", „Wirtschaft und Werbung", „werben & verkaufen").
Neben betriebswirtschaftlichen Ansätzen entstehen psychologische Arbeiten zur
Werbewirkung, vermutlich forciert durch das Erscheinen des berühmt geworde-
nen Buchs von Vance Packard „Die geheimen Verführer" (1957/1992), in dem der
Werbung ein hohes Beeinflussungspotenzial zugeschrieben wird. Heute sehen sich
Wirtschaft wie Werbeforschung vor allem durch die Neuen Medien und die Ent-
wicklung so genannter ‚Social Media' vor neue Herausforderungen gestellt (siehe
genauer unter 3.4).

Die sprachwissenschaftliche Forschung setzt erst in den 1950er und 1960er Jahren ein, vor dem Grundlagenwerk von Ruth Römer (1968/[6]1980) zur „Sprache
der Anzeigenwerbung" lässt sich aber noch nicht von einer breiteren Werbesprachenforschung sprechen. Werbung bleibt für die Sprachwissenschaft lange Zeit ein
oberflächliches und oft negativ betrachtetes Phänomen, das verantwortlich für Manipulation, Volksverdummung und Sprachverfall gemacht wird. Es dauert fast bis
in die 1990er Jahre, bis Werbesprache ein einigermaßen akzeptierter Gegenstand
sprachwissenschaftlicher Monografien und Qualifikationsarbeiten wird.

Bis heute überwiegen dabei Untersuchungen zur Anzeigenwerbung, während
andere Werbeformen wie Fernseh- und Internetwerbung erst allmählich erschlossen werden; zu Hörfunk-, Prospekt- oder Direktwerbung (wie Werbebriefe, -faxe,
Spam) gibt es immer noch kaum sprachwissenschaftliche Literatur (siehe Kap. 3
und 4.2.1). Als bislang am besten erforscht können die Textbausteine Slogan und
Produktname gelten (3.1.3 und 3.1.4); ein weiterer intensiv bearbeiteter Bereich
sind fremdsprachliche Einflüsse in der Werbung, insbesondere in Form von Anglizismen (4.3.1 b).

Was in der jüngsten Zeit außer dem Einfluss der Neuen Medien auf die Werbung besonders interessiert, lässt sich vielleicht am besten als ein neues ‚semioti-
sches Paradigma' der Werbesprachenforschung bezeichnen: In den Blick genommen werden zunehmend multimodale, multikodale und multimediale Formen der
Werbekommunikation (z. B. unter dem Stichwort Textdesign; vgl. ausführlicher
Kap. 3 und 4.5). Was dagegen noch völlig fehlt, sind diskursanalytische Zugänge – sie deuten sich allenfalls in ersten intertextuellen Arbeiten oder Studien zur
Wertekommunikation an. So beschränken sich viele Ansätze auf einzelne Werbemittel oder Produktgruppen oder Kampagnen, ohne auch die Textverflechtungen
und inhaltlichen Bezugnahmen „dazwischen" in den Blick zu nehmen (vgl. 3.5).
Zudem könnte Werbekommunikation auch mit anderen Ebenen der gesellschaftlichen Kommunikation in Beziehung gesetzt werden (vgl. 6.2).

 Literaturtipps

Ein kritischer Forschungskommentar zur älteren Grundlagenliteratur bis 1979 fin-
det sich bei:
BRANDT, Wolfgang (1979): Zur Erforschung der Werbesprache. Forschungsansätze.
Neuere Monografien. In: Zeitschrift für Germanistische Linguistik 7, 66–82.

Eine thematisch sortierte Literaturauswahl bis 1997 findet sich in:
GREULE, Albrecht/JANICH, Nina (1997): Sprache in der Werbung. Heidelberg (Groos). (= Studienbibliografien Sprachwissenschaft 21).

Neuere Literatur

Eine thematisch sortierte Zusammenstellung alter und neuer Literatur findet sich in der vollständig überarbeiteten und aktualisierten Studienbibliografie:
JANICH, Nina (2013b): Werbekommunikation. Sprache in der Werbung. Tübingen (Groos). (= Studienbibliografien Sprachwissenschaft).

Neueste Literatur zur 6. Auflage im Überblick:

Da es sich bei der vorliegenden 6. Auflage der „Werbesprache" nur um eine korrigierte Auflage handelt und neuere Literatur nicht inhaltlich eingearbeitet werden konnte, wird an dieser Stelle, thematisch unsortiert, noch eine Auswahl wichtiger Titel genannt, die inzwischen erschienen sind, die sich aber sämtlich auch in der oben genannten neuen Studienbibliografie finden:

BENDEL LARCHER, Sylvia (2012): Wie Werbung wirkt: Konzept einer wissenschaftlich fundierten Kritik von Werbetexten. In: Aptum. Zeitschrift für Sprachkritik und Sprachkultur 8 (2), 112–132.
ECKKRAMER, Eva Martha/THALER, Verena (Hrsg.) (2013): Kontrastive Ergonymie. Romanistische Studien zu Produkt- und Warennamen. Berlin (Frank und Timme).
FROMMERT, Susanne (2012): Sprachliche Persuasionsstrategien in der Teleshoppingkommunikation. Eine qualitative Analyse von TV-Ausschnitten des reinen Verkaufsfernsehens aus dem Themenbereich „Küche & Kochen". Tübingen (Narr). (= Tübinger Beiträge zur Linguistik 531).
HENNECKE, Angelika (2012b): Der Osten bleibt schwierig. Werbliche Kommunikation für Ostprodukte 20 Jahre nach der Wende. Theoretisch-methodische Überlegungen zur Analyse von Werbeanzeigen und empirische Untersuchungen. Gießen (Herrmann).
JANICH, Nina (2012a): Möglichkeiten und Grenzen einer sprachkritischen Betrachtung von Werbung. In: Aptum. Zeitschrift für Sprachkritik und Sprachkultur 8, H. 2, 97–111.
JANICH, Nina (2013a): *Allem gewachsen* – Der Klimadiskurs und seine kulturelle Steuerung durch die Wirtschaftswerbung. In: Nielsen, Martin/Andersen, Sophie Esmann/Ditlevsen, Marianne Grove/Pollach, Irene/Rittenhofer, Iris (Hrsg.): Nachhaltigkeit in der Wirtschaftskommunikation. Wiesbaden (Springer VS). (= Europäische Kulturen in der Wirtschaftskommunikation 23), 49–69.
RANDHAGE, Sabine (2013): Werbung im Sozialismus. Eine vergleichende Analyse zur ostdeutschen Werbesprache. Frankfurt am Main u. a. (Lang). (= Germanistische Arbeiten zu Sprache und Kulturgeschichte 52).
SCHMIDT, Christopher M. (2010): Kognitive Modelle in der Wirtschaftskommunikation. Eine kognitionslinguistische Fundierung kulturbedingter Konzeptualisierung. Ohne Ort (Verlag Wissenschaft und Praxis). (= Schriftenreihe Interkulturelle Wirtschaftskommunikation 15).
VOGEL, Kathrin (2012): Corporate Style. Stil und Identität in der Unternehmenskommunikation. Wiesbaden (Springer VS). (= Europäisch e Kulturen in der Wirtschaftskommunikation 17).

2 Der Rahmen: Markt, Kommunikation, Werbesprache

2.1 Was heißt hier eigentlich Werbung?

‚Werbung' umfasst aus wirtschaftswissenschaftlicher Sicht so viel, dass es notwendig ist, den Gegenstand der Arbeit (bzw. dieses Buches) genauer zu umreißen und zu beschreiben.

Das zugrunde liegende Verb *werben*, althochdeutsch *(h)werban*, mittelhochdeutsch *werben, werven* bedeutet ursprünglich ‚sich drehen, wenden, umkehren, einhergehen, sich bemühen' (8. Jahrhundert). Das „Etymologische Wörterbuch des Deutschen" schreibt dazu unter anderem:

> Bei der Bedeutungsentwicklung ist von ‚(sich) drehen' auszugehen, das über ‚sich hin und her bewegen, geschäftig sein' bereits früh die noch heute üblichen Verwendungen ‚sich um etw., jmdn. bemühen, zu erreichen, erlangen suchen, jmdn. für einen Dienst, eine Arbeit, ein Amt gewinnen wollen' entwickelt; vgl. ‚Soldaten anwerben' (17. Jh.), ‚Reklame machen' (Ende 19. Jh.). (Etymologisches Wörterbuch des Deutschen [3]1997: 1557)

Aus dieser Bedeutungsbeschreibung geht bereits hervor, dass man sowohl für eine Sache als auch um eine Person werben kann. Alltagssprachlich versteht man unter Werbung vor allem ersteres, doch ist es für eine Untersuchung und Interpretation von Werbung nicht unwichtig, auch die zweite Bedeutung im Blick zu behalten – denn letztendlich sollen durch Werbung Menschen dazu bewegt werden, etwas Bestimmtes (im Sinne des Werbenden) zu tun. Auch eine sprachwissenschaftliche Untersuchung muss daher nicht nur fragen: Wie wird für einen Gegenstand geworben (wie wird er dargestellt, mit welchen Attributen wird er versehen), sondern auch: Wie werden die Rezipienten angesprochen, wie erreicht man bei einem Adressaten das erwünschte Verhalten?

Die Wirtschaftswissenschaften schlagen zum Beispiel folgende Definitionen von Werbung vor:

> In allgemeiner Form umfaßt die Werbung als sozialpsychologisches und soziologisches Phänomen alle Formen der bewußten Beeinflussung von Menschen im Hinblick auf jeden beliebigen Gegenstand. Werbung kann aus wirtschaftlichen, politischen oder kulturellen Gründen betrieben werden. (Tietz/Zentes 1980: 22)

> Werbung ist eine absichtliche und zwangfreie Form der Beeinflussung, welche die Menschen zur Erfüllung der Werbeziele veranlassen soll. (Behrens [2]1975b: 4)

Was bei diesen Definitionen jedoch nicht deutlich genug betont wird und gerade für eine angemessene Interpretation von Werbung wichtig ist, ist die Tatsache, dass Werbung erst einmal der Versuch einer Beeinflussung ist, nicht schon Beeinflussung selbst! Die folgende Definition berücksichtigt dies und schließt weitere wichtige Aspekte mit ein, die bei der nachfolgenden Differenzierung von Werbung helfen werden:

> *Werbung* wird die geplante, öffentliche Übermittlung von Nachrichten dann genannt, wenn die Nachricht das Urteilen und/oder Handeln bestimmter Gruppen beeinflussen und damit einer Güter, Leistungen oder Ideen produzierenden oder absetzenden Gruppe oder Institution (vergrößernd, erhaltend oder bei der Verwirklichung ihrer Aufgaben) dienen soll. (Hoffmann [2]1981: 10)

In diesem Arbeitsbuch geht es um Wirtschaftswerbung. Die in der Definition genannte „Gruppe oder Institution", also der Werbetreibende (als Auftraggeber nicht zu verwechseln mit einer zwischengeschalteten, ausführenden Werbeagentur, siehe 2.3.1) muss ein Wirtschaftsunternehmen sein. Vielleicht das ein oder andere Mal zum Vergleich herangezogen, aber nicht ausführlicher berücksichtigt, wird in diesem Buch die Werbung für außerwirtschaftliche Zwecke, also beispielsweise politische Werbung von Parteien oder Verbänden (Propaganda), religiöse Werbung von Glaubensgemeinschaften, kulturelle Werbung von Städten, Museen oder Theatern oder Zwischenformen wie die um Teilnahme oder Unterstützung werbende Volksaufklärung über öffentliche Einrichtungen oder das Gesundheitswesen (z. B. für kostenlose Impfaktionen). Dass auch Wirtschaftswerbung mehr sein kann als nur der Spot für das jetzt noch bessere Waschmittel, wird das folgende Kapitel 2.2 zeigen. Dort sollen zur besseren Orientierung wichtige Aspekte genannt und kurz erläutert werden, die den Fragestellungen der Wirtschaftswissenschaften bzw. der Werbewirtschaft entspringen. Sie dienen der weiteren Eingrenzung des jeweiligen Forschungsgegenstandes (welcher Ausschnitt von Werbung soll konkret untersucht werden?) und spielen eine Rolle für die angemessene Interpretation werbelinguistischer Ergebnisse.

In Kapitel 2.3 werden die im Folgenden genannten Punkte dann teilweise wieder unter stärker sprachwissenschaftlicher Perspektive auftauchen, eingebunden in ein Konzept von Werbung als Kommunikationsakt.

2.2 Eine werbewissenschaftliche Orientierung für die Sprachwissenschaft

2.2.1 Werbeobjekte allgemein

Betrachtet man obige Definition von Werbung, zeigt sich, dass auch innerhalb der Wirtschaftswerbung weiter differenziert werden kann, nämlich zum Beispiel nach dem Objekt der Werbung, nach „Gütern, Leistungen oder Ideen". Das folgende Schaubild, in modifizierter und erweiterter Form von Schweiger/Schrattenecker ([4]1995) übernommen, zeigt die Vielfalt der Werbeobjekte. Wie alle Systematisierungen stellt auch diese eine gewisse Idealisierung dar, so dass Zwischenformen unter Umständen nicht ohne weiteres zuzuordnen sind.

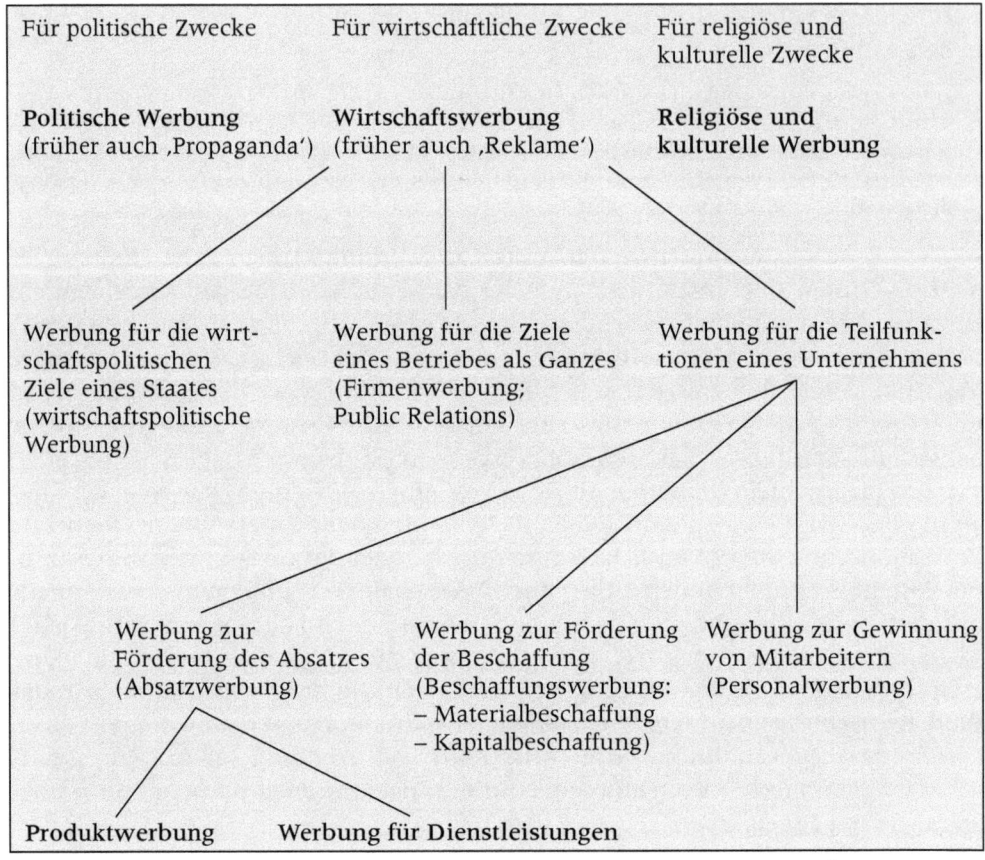

Schaubild 1: Formen von Werbung (etwas erweitert nach Schweiger/Schrattenecker [4]1995: 11)

Weitere Differenzierungsmöglichkeiten sind:

- LOKALE/REGIONALE WERBUNG vs. LANDESWEITE WERBUNG vs. INTERNATIONALE WERBUNG (zu letzterem siehe auch das Kapitel 6.2 zur Interkulturalität);
- EINZELWERBUNG vs. GEMEINSCHAFTSWERBUNG/WERBEINITIATIVEN (zu letzterer vgl. z.B. die Anzeige vom Informationskreis KernEnergie, Abb. 19: 173) .

Wird, wie so häufig, der Bereich der Absatzwerbung gewählt, ist es ein großer Unterschied im Hinblick auf die Art der Markenführung, ob es sich

- um PRODUKTE (z.B. elektronische Geräte, Bücher, Spielzeug) oder um DIENST-LEISTUNGEN (z.B. Telekommunikation, Versicherungen, Finanzdienstleistungen) handelt und
- ob es bei den Produkten wiederum um preiswerte VERBRAUCHSGÜTER (wie beispielsweise Lebensmittel) oder eher langlebige GEBRAUCHSGÜTER (wie Autos, Computer usw.) geht.

Wichtig ist schließlich, welchen Stellenwert (Image) bzw. Verbreitungsgrad das Produkt in der Gesellschaft hat.

 Dass für Dienstleistungen von Banken, Versicherungen, Telekommunikationsfirmen o. Ä. oft (zwangsläufig?!) mit ganz anderen Strategien geworben wird, hat leider noch nicht zu umfangreicheren sprachwissenschaftlichen Analysen speziell der Dienstleistungswerbung angeregt (z. B. ist es angesichts der Bilddominanz in der Werbung eine interessante Frage, wie man für etwas wirbt, was man nicht abbilden kann). Dies ist umso mehr ein Manko, als in den letzten Jahren der Trend in der Wirtschaft vielfach zum so genannten „Outsourcing" geht, also zum Auslagern einzelner Tätigkeitsbereiche wie beispielsweise der Datenverarbeitung. Dadurch und auch durch die derzeitigen Privatisierungstendenzen bei staatlichen Dienstleistern werden Dienstleistungen eine immer größere Rolle spielen, was zum Beispiel am heiß umkämpften deutschen Telekommunikationsmarkt seit dem Monopolsturz der Telekom zu sehen ist.

2.2.2 Marken und Markenpositionierung

Werbung wird wie gesagt als ein Instrument der Markenführung verstanden. Vor der konkreten Werbeplanung steht also die Frage, wie die Markenidentität auszusehen hat und mit welchen Instrumenten der Markenführung eine solche Marke am besten aufgebaut bzw. fortdauernd kommuniziert werden kann. Eine Marke hat eine grundsätzliche Identifikations- und Differenzierungsfunktion und in diesem Sinne ein eigenes Image und jeweils ganz spezifische Eigenschaften, die sie von anderen Marken abheben. Dabei sind EINZELMARKEN wie Pampers, Punica oder Ariel (alle zum Unternehmen Procter&Gamble gehörig) von UNTERNEHMENS-MARKEN (oder auch DACHMARKEN) wie IKEA oder Siemens zu unterscheiden. Unter GEMISCHTEN MARKEN oder KOMPLEXEN MARKENARCHITEKTUREN versteht man eine Strategie, die Unternehmensmarke und Einzelmarke kombiniert und mit unterschiedlicher Dominanz oder gleichberechtigt kommuniziert (z. B. VW + Golf/Passat/Beetle + verschiedene Submarken, wie VW Golf GTI). Formal lassen sich folgende Markentypen unterscheiden:

a. BILDMARKEN (z. B. Mercedes-Stern),
b. WORTMARKEN (z. B. Google),
c. BUCHSTABENMARKEN (z. B. hp, VW),
d. KOMBINATIONSFORMEN (Wort+Bild, Buchstaben+Bild) (z. B. whiskas, BMW) (Schweiger/Schrattenecker [7]2009: 90–95).

Marken haben in der Werbekommunikation nicht zu unterschätzende Funktionen (Schweiger/Schrattenecker [7]2009: 82f.):
Für die Verbraucher bieten sie Sicherheit und Vertrauen, sind sie Orientierungs- und Entscheidungshilfe, können sie ein Mittel der Selbstdarstellung sein und dienen sie der Vermittlung eines besonderen Konsumerlebnisses.

Für die Unternehmen dienen sie dem Schutz gegen Nachahmung, der Differenzierung von Mitbewerbern und der Präferenzbildung, ermöglichen sie eine differenzierte Markenbearbeitung, einen preispolitischen Spielraum, bei Markentreue Planungssicherheit und zugleich Möglichkeiten der Markenerweiterung. Starke Marken tragen zur Wertsteigerung des Unternehmens bei.

Vor jeder Entscheidung über die eigene Marke stehen Marktanalysen: Sie sollen untersuchen, wie und aufgrund welcher Kriterien sich Konsumenten für bestimmte Marken (Produkte und Dienstleistungen) entscheiden, wie der Markt segmentiert ist und wo die jeweiligen Konkurrenten stehen (Schweiger/Schrattenecker [7]2009: Kap. 2). Mit der Markenpositionierung entscheidet ein Unternehmen dann darüber, in welchem Marktsegment die eigene Marke angesiedelt werden soll (zum Beispiel in Bezug auf die Preisklasse oder wo im Kontinuum zwischen Tradition und Innovation), um darüber möglichst genau den Käuferkreis festlegen zu können. Sobald ein „Positioning Statement", also eine Soll-Positionierung feststeht, kann über prinzipielle Strategien der Positionierung gegenüber Konkurrenzmarken entschieden werden. Schweiger und Schrattenecker ([7]2009: 64f.) unterscheiden

a. die INFORMATIVE POSITIONIERUNG,
b. die EMOTIONALE POSITIONIERUNG,
c. eine KOMBINIERTE POSITIONIERUNG (informativ und emotional), sowie
d. als Sonderform eine LANDESTYPISCHE POSITIONIERUNG, die das Landesimage (*country of origin*) für das Markenimage nutzt.

Unter dieser Vorgabe muss dann ein entsprechendes Marketing-Mix entwickelt werden, d. h. festgelegt werden, welche Marketinginstrumente in welcher Kombination zum Einsatz kommen sollen. Unter Marketinginstrumenten versteht man Handlungsalternativen in folgenden Bereichen (Schweiger/Schrattenecker [7]2009: 76):

a. PRODUKTPOLITIK: Über Qualität, Funktion, Design, Kundendienst und Sortiment versucht man die Wahrnehmung des *Nutzens* eines Produkts zu beeinflussen.
b. DISTRIBUTIONSPOLITIK: Über Absatzkanal, Transportmittel, Lagerhaltung und Lieferfristen wird die *Verfügbarkeit* eines Produkts beeinflusst.
c. KONTRAHIERUNGSPOLITIK: Vertragliche Vereinbarungen über Preis, Rabatte, Zahlungs- und Lieferungsbedingungen sowie Kreditpolitik zeugen davon, welchen Wert das Produkt im Sinne der *Gegenleistung* hat.
d. KOMMUNIKATIONSPOLITIK: Werbung, persönlicher Verkauf/Direktmarketing, Verkaufsförderung und Public Relations sind die Instrumente, mit denen *Informationen* über das Produkt kommuniziert werden.

Die einzelnen Marketinginstrumente stehen im Marketing-Mix in funktionaler und zeitlicher Beziehung zueinander:

> Bei der Planung des Marketing-Mix geht es um die Frage, in welcher Ausprägung die einzelnen Marketinginstrumente einzusetzen sind, bzw. wie sie am besten miteinander kombiniert werden sollen, damit die Marketingziele bestmöglich erreicht werden. Da-

bei können die einzelnen Marketinginstrumente nicht losgelöst voneinander betrachtet werden, sondern sie stehen vielmehr in enger Wechselbeziehung zueinander. Soll z. B. eine neue Marke aus dem Konsumgüterbereich (Produktpolitik) rasch auf dem Markt penetriert werden (also einen bestimmten Marktanteil erreichen), so ist im Rahmen der Distributionspolitik dafür zu sorgen, dass diese Marke ab sofort überall erhältlich ist, und im Rahmen der Kommunikationspolitik sollte für eine rasche Bekanntheit dieser Marke und Präferenz für sie gesorgt werden (z. B. durch Einsatz klassischer Werbung). (Schweiger/Schrattenecker [7]2009: 77)

Aber nicht nur die verschiedenen Marketinginstrumente müssen sinnvoll aufeinander abgestimmt werden, auch die Kommunikationspolitik in sich muss möglichst stimmig sein. In der Betriebswirtschaftslehre wird daher in den letzten Jahren die so genannte „Integrierte Kommunikation" als Lösungsweg vertreten. Eine viel zitierte Definition von Integrierter Kommunikation stammt von Manfred Bruhn:

Integrierte Kommunikation ist ein Prozess der Analyse, Planung, Durchführung und Kontrolle, der darauf ausgerichtet ist, aus den differenzierten Quellen der internen und externen Kommunikation eine Einheit herzustellen, um ein für die Zielgruppen der Kommunikation konsistentes Erscheinungsbild über das Unternehmen bzw. ein Bezugsobjekt des Unternehmens [z. B. eine Einzelmarke, N. J.] zu vermitteln. (Bruhn [3]2005: 84; Hervorhebung im Original)

Das bedeutet die inhaltliche, formale und zeitliche Integration aller Kommunikationsmaßnahmen, also eine langfristig gültige THEMATISCHE ABSTIMMUNG zwischen verschiedenen Textsorten und Textbausteinen (z. B. durch einheitliche Slogans, Argumente und Schlüsselwörter und -bilder), eine mittel- bis langfristige EINHALTUNG FORMALER GESTALTUNGSPRINZIPIEN (z. B. durchgängige Schriftart, einheitliche Farben und Logos in allen Kommunikaten) sowie eine kurz- und mittelfristig STIMMIGE EREIGNISPLANUNG (Bruhn [3]2005: 90).

Unter der Maßgabe der Integrierten Kommunikation muss die Markenpositionierung daher in eine KOMMUNIKATIVE LEITIDEE umgesetzt werden, die sich wie ein „roter Faden" durch die gesamte Kommunikation eines Unternehmens zieht. Die kommunikative Leitidee wird dann in ein SYSTEM VON KERNAUSSAGEN ausdifferenziert, die für einzelne Texte zur Argumentation genutzt werden können und jeweils durch BEWEISE gestützt werden sollten, um für die Rezipienten glaubwürdig und nachvollziehbar zu erscheinen. KOMMUNIKATIONSRICHTLINIEN legen dabei nicht nur das Aussagensystem fest, sondern auch die Tonalität, d. h. den Stil, sowie die formalen Gestaltungsprinzipien, über die die Aussagen in materielle Texte umgewandelt werden (Schweiger/Schrattenecker [7]2009: 143–145). Eine kritische Diskussion des Ansatzes der Integrierten Kommunikation aus Sicht der Werbeagenturen findet sich in der Dokumentation und Auswertung eines Round-Table-Gesprächs mit Werbeschaffenden bei Tropp (2002). Ausführlich mit der *linguistischen* Perspektive haben sich Kastens (2008) und Vogel (2012) mit Markenführung und Corporate Style auseinandergesetzt. Unter rhetorischer Perspektive werden Marke und Markenpositionierung bei Schüler (2008) diskutiert. Ein Ansatz aus der Praxis schließlich, der jedoch auch die Berücksichtigung linguistischer Aspekte für sich beansprucht, stammt von Samland (2006).

Für die Werbesprachenforschung ist das Konzept der Integrierten Kommunikation deshalb interessant, weil sich unter dieser Perspektive nicht nur Werbekampagnen hinsichtlich ihrer inhaltlichen und formalen Stringenz und stilistischen Kohärenz untersuchen lassen, sondern auch Textsortenvernetzungen der externen Unternehmenskommunikation (also z. B. Vergleich von Werbeanzeigen mit Prospekten, Imagebroschüren oder Internetauftritten; siehe genauer 3.5).

2.2.3   Die Planung der Werbekommunikation

Werbung als ein Instrument der Kommunikationspolitik unterliegt einem unternehmerischen Planungsprozess, der durch Entscheidungen über zentrale Aspekte konstituiert wird, die letztlich auch Einfluss auf die sprachliche Form von Werbetexten haben und daher im Folgenden noch einzeln erläutert werden sollen. Als Prozess lassen sich diese Einzelentscheidungen folgendermaßen darstellen:

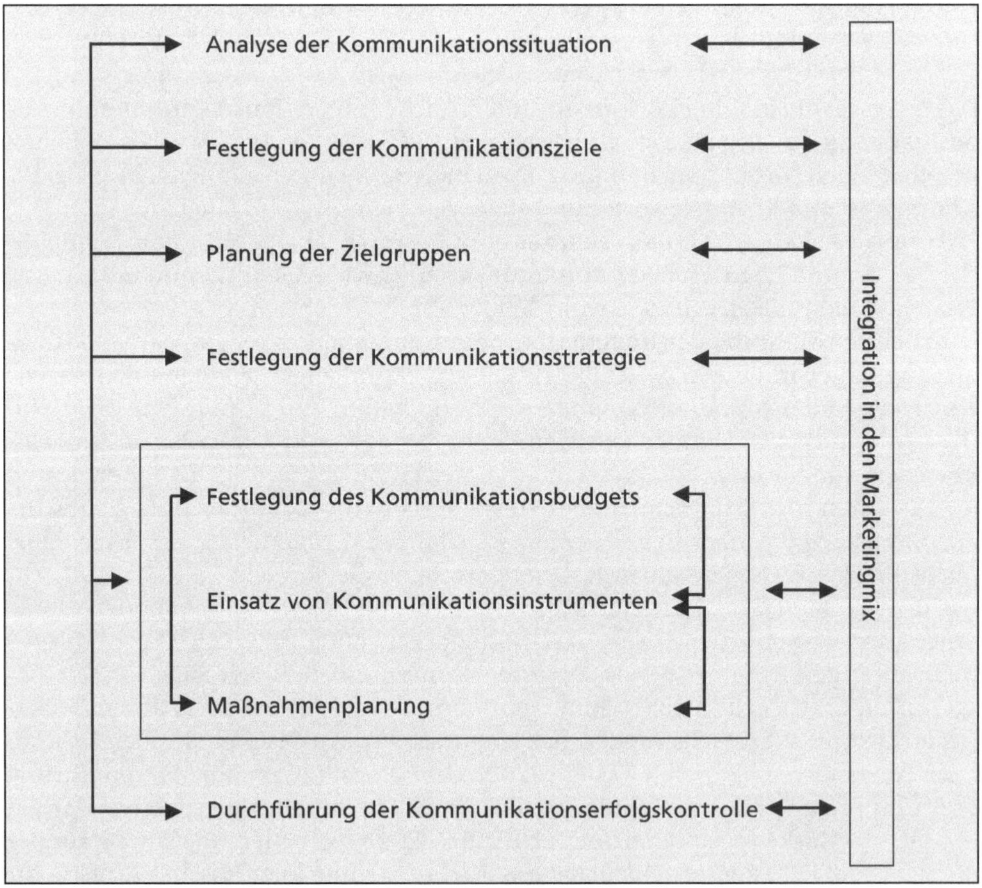

Analyse der Kommunikationssituation

Festlegung der Kommunikationsziele

Planung der Zielgruppen

Festlegung der Kommunikationsstrategie

Festlegung des Kommunikationsbudgets

Einsatz von Kommunikationsinstrumenten

Maßnahmenplanung

Durchführung der Kommunikationserfolgskontrolle

Integration in den Marketingmix

Schaubild 2: Prozess der Kommunikationsplanung (Bruhn [7]2004: 202)

Das Schaubild ist, ausgehend vom Prinzip der Integrierten Kommunikation, bei Bruhn auf sämtliche Kommunikationsmaßnahmen bezogen, also beispielsweise auch auf Public Relations oder Direktmarketing. Es lässt sich jedoch ohne weiteres auch auf Werbung einengen, indem überall der Wortbestandteil *Kommunikation-* durch den Bestandteil *Werbe-* ersetzt wird.

Zu den Punkten im Einzelnen:

Kommunikationssituation

Die Kommunikationssituation wurde bereits unter 2.2.1 und 2.2.2 angesprochen – für die Werbung besteht sie aus der Situation des Unternehmens/Produkts am Markt, also aus der Marktsituation, und den Rahmendaten der Markenpositionierung.

Werbeziele

Nicht jede Anzeige will einfach verkaufen. Die Werbewirtschaft unterscheidet verschiedene Werbeziele, die oft ganz unterschiedliche Strategien erfordern (Schweiger/Schrattenecker [4]1995: 55):

a. EINFÜHRUNGSWERBUNG: Es soll über ein neu kreiertes Produkt informiert werden, die Bekanntmachung der Produktexistenz und der Aufbau eines Produkt- bzw. Markenimages stehen im Vordergrund.
b. ERHALTUNGS- ODER ERINNERUNGSWERBUNG: Ein eingeführtes, also bekanntes Produkt wird weiterhin beworben, um an seine Existenz zu erinnern und den Absatz zu erhalten und zu fördern.
c. STABILISIERUNGSWERBUNG: Der Absatz eines Produkts ist durch Konkurrenz bedroht und muss gegen ein Abrutschen gesichert und der Martkanteil gegen die Konkurrenz behauptet werden.
d. EXPANSIONSWERBUNG: Der Marktanteil eines Produkts soll ausgebaut und erweitert werden.
e. Ein übergreifendes Werbeziel ist das der IMAGEBILDUNG, das sich auf Produkte, aber auch auf Unternehmen beziehen kann und damit – je nach Marktsituation – meist zugleich der Erhaltung oder Stabilisierung dient. Imagewerbung spielt vor allem in Krisensituationen eine besondere Rolle, wenn das Ansehen und die Marktposition eines Unternehmens oder seine gesellschaftliche Rolle gefährdet sind (die Imagewerbung kann sich daher mit der Stabilisierungswerbung überschneiden). Beispiele dafür sind Anzeigen des Informationskreises für KernEnergie (*Deutschlands ungeliebte Klimaschützer*, siehe Abb. 19: 173) oder des Motorenherstellers ABB (*90 % unserer Produkte helfen, CO_2 zu reduzieren. Damit die Natur nicht im Museum landet.*, Abb. 22: 190) in Zeiten verschärfter Klimawandeldebatten (siehe dazu auch die Anzeigen der anderer Energiebetreiber in diesem Buch und das Kap. 6.2).

Abbildung 1: Bayer

Innerhalb der Werbewirtschaft wird die Bestimmung der Werbeziele allerdings wesentlich kontroverser diskutiert, als es hier den Anschein macht (Schweiger/Schrattenecker [4]1995: 56 f., Huth/Pflaum [6]1996: 99–101, Bidlingmaier [2]1975). Ein alternativer Vorschlag der Unterscheidung von Werbestrategien im Sinne unterschiedlicher kommunikativer Aufgaben stammt zum Beispiel von Bruhn: Er unterscheidet die Bekanntmachungsstrategie, die Informationsstrategie, die Imageprofilierungsstrategie, die Konkurrenzabgrenzungsstrategie, die Zielgruppenerschließungsstrategie und die Kontaktanbahnungsstrategie (Bruhn [7]2004: 212).

Zu ergänzen wären weiterhin erstens ein Sonderfall der Einführungswerbung, dass nämlich der Wechsel eines Produktnamens oder eines Slogans oder andere Veränderungen in der Markenführung kommuniziert werden (z. B. Namenswechsel von *Raider* zu *Twix* oder von *Aktion Sorgenkind* zu *Aktion Mensch*), und zweitens ein Sonderfall der Imagewerbung, bei der größere Veränderungen der Unternehmensführung, der Unternehmensstruktur oder der Unternehmenssituation allgemein thematisiert werden (z. B. die Übernahmeschlacht zwischen Vodafone und Mannesmann 2000–2004, die auch Eingang in die Werbeanzeigen der beiden Unternehmen gefunden hat; ein anderes Beispiel ist die Werbekampagne des Telekommunikationsanbieters 1&1 im Januar 2010, bei dem die Einrichtung einer Abteilung zur Förderung der Kundenzufriedenheit als besondere Innovation kommunziert wird (und zwar durch den Abteilungsleiter persönlich)).

Für eine sprachwissenschaftliche Analyse sollte eine grobe Zuordnung zu Zielen genügen, dabei aber immer bedacht werden, dass die unterschiedlichen Ziele unterschiedliche Werbestrategien bedingen.

Zielgruppenbestimmung

Für eine sprachwissenschaftliche Untersuchung ist von zentralem Interesse, wer die Zielgruppe einer Werbekampagne/eines Werbetextes ist, da sich der allgemeine Kommunikationsstil und bestimmte Adressierungsstrategien danach richten (zur prinzipiellen Möglichkeit zielgruppenspezifischer Sprache siehe Stemmler 2009).

Zielgruppen wurden und werden teilweise noch mit den Mitteln der Marktforschung aufgrund folgender Merkmale näher bestimmt (Huth/Pflaum [6]1996: 82–86, Zielke 1991: 106):

a. SOZIODEMOGRAFISCHE MERKMALE (Alter, Geschlecht, Einkommen, Beruf etc.),
b. PSYCHOLOGISCHE MERKMALE (Denkweise, Fühlen, Vorurteile, möglichst auch aktive und passive Sprachkompetenz usw.),
c. SOZIOLOGISCHE MERKMALE (Gruppennormen, Gruppenmerkmale, Meinungsführer usw.), insbesondere Seh-, Lese- und sonstige Mediennutzungsgewohnheiten,
d. KONSUMDATEN (vorhandene Ausstattung mit Konsumgütern, Konsumbedürfnisse und reales Kaufverhalten).

Bekannt in der Zielgruppenforschung sind beispielsweise die so genannten Sinus-Milieus, die sich aus der Kombination der Merkmale „Soziale Lage" und

„Grundorientierung/Werte" ergeben: Das Marktforschungsunternehmen Sinus Sociovision hat auf dieser Basis die Sinus-Milieus der ‚Konservativen', der ‚Traditionsverwurzelten', der ‚DDR-Nostalgischen', der ‚Etablierten', der ‚Bürgerlichen Mitte', der ‚Konsum-Materialisten', der ‚Postmateriellen', der ‚modernen Performer', der ‚Experimentalisten' und der ‚Hedonisten' entwickelt, denen wiederum aktuell unterschiedlich große Bevölkerungsanteile zugerechnet werden können (http://www.sociovision.de/loesungen/sinus-milieus.html, Stand 20.03.2010).

 In Zeiten der Globalisierung und des Web 2.0 (siehe ausführlicher unter 3.4) werden die Daten der Marktforschung allerdings zunehmend ungenau, was das tatsächliche Kaufverhalten betrifft (Michael 2009): Abgesehen von den „Global Kids", die sich inzwischen international in ihren Werthaltungen und Markenorientierungen ähneln, kann häufig kein homogenes Zielgruppenbild mehr bestimmt werden, weil die Verbraucher in individuell sehr unterschiedlicher Weise mal auf preiswerte, mal auf hochqualitative Produkte achten. So kann es durchaus sein, dass der Porsche-Fahrer auch bei Aldi einkauft oder eine ansonsten sparsame Studentin sich das Vergnügen macht, mit einer Billig-Fluglinie für ein Wochenende nach Mailand zu jetten, um dort eine echte italienische Designer-Handtasche zu erstehen. Dieses „unberechenbare" Verhalten des Einzelnen erschwert die Festlegung klarer Zielgruppenprofile. Andererseits führt die Globalisierung auch zur Bildung von Mega-Brands, d. h. weltweit bekannten und akzeptierten Marken, für die sich eine genaue Zielgruppenbestimmung aufgrund ihres weltweiten Status erübrigt.

Die Unternehmen greifen daher zunehmend auch auf Formen der Verbraucherkommunikation (z. B. MYFACE, FACEBOOK oder SCHÜLER- und STUDIVZ) zurück, um Benutzerprofile zu erstellen (zu Risiken und Chancen der Basisdemokratie im Internet vgl. auch Fank/Riecke 2009).

Interessant für die Sprachwissenschaft ist zumindest, ob Käufer und Verwender des Produkts identisch sind (wie bei Kosmetik- und weitgehend bei Autowerbung) oder auseinander fallen (wie bei Spielzeugwerbung (Eltern vs. Kinder) oder häufig bei Männerkosmetik- und Männermodewerbung (Frauen vs. Männer)). So muss im zweiten Fall eine Strategie der Mehrfachadressierung verfolgt werden: Spielzeugwerbung soll einerseits bei Kindern Wünsche wecken, andererseits bei deren Eltern Interesse oder gar die Bereitschaft, den Kindern ihren Wunsch zu erfüllen und das Spielzeug zu kaufen (vgl. zu den unterschiedlichen Adressierungsstrategien der Spielzeugwerbung Polajnar 2005).

Ein anderer wichtiger Aspekt ist die Frage, welche Bedeutung rationale Kaufgründe (gegenüber emotionalen) spielen, also wie wichtig produktbezogene Kriterien wie Preis, Qualität, Verpackung, Wartung/Pflege/Kundendienst sind, weil dies Auswirkungen auf die Art der Argumentation und damit auch auf Bewertungsmöglichkeiten von Werbung hat.

Zusammengefasst könnten also folgende Fragen auch für eine sprachwissenschaftliche Untersuchung eine Rolle spielen:

• Welche Zielgruppe wird angesprochen? Lässt sich diese Zielgruppe über einen spezifischen Sprachstil ansprechen?

- Lässt sich die Zielgruppe einer relativ fest umrissenen sozialen Gruppe zuordnen oder scheint sie breit gestreut zu sein (wichtig z. B. für die Wahl von Varietäten wie Dialekt oder Jugendsprache)?
- Liegt Mehrfachadressierung vor, weil Käufer und Verwender auseinander fallen (wichtig für sprachliche Doppelstrategien z. B. bei der Anrede, der Wortwahl und der Argumentation)?
- Ist aufgrund von Produktart und Zielgruppe eher rationale oder eher emotionale Werbung zu erwarten (wichtig für die Argumentationsweise)?

Kommunikationsstrategie

Die Frage der grundsätzlichen Kommunikationsstrategie, also Entscheidungen über eine informative, emotionale, gemischte oder landestypische Positionierung von Marken sowie über die Kernbotschaften, Aussagen- und Beweissysteme der Integrierten Kommunikation, wurde bereits oben unter 2.2.2 besprochen.

Hier soll nur ergänzend darauf hingewiesen werden, dass es in der Werbeforschung noch eine Unterscheidung grundlegender Werbeformen gibt, die sprachwissenschaftlich auf den ersten Blick interessant erscheint, weil sie eine Sortierung von Werbekommunikaten nach Kriterien wie Textmenge, Textstrukturierung und Text-Bild-Verhältnis ermöglicht: Low-Involvement- gegenüber High-Involvement-Werbung. Die erstere richtet sich an eher passive Rezipienten, die Werbung nur flüchtig wahrnehmen und kein bestimmtes Interesse an dem beworbenen Produkt haben. Letztere ist auf aktive Rezeption ausgerichtet, wendet sich also an Rezipienten, die ein subjektives Interesse am Beworbenen haben und daher gewillt sind, Werbung als ein Mittel zur Informierung zu nutzen (Zielke 1991: 117). Zielke nennt sechs Merkmale, nach denen Anzeigen eher der einen oder der anderen Gruppe zuzuordnen sind (Zielke 1991: 126) und die eine Rolle für die Gewichtung und Inhalte der Text- und Bildbausteine einer Anzeige spielen (siehe dazu Kap. 3.1):

a. LOW-INVOLVEMENT-ANZEIGEN zeichnen sich in der Regel dadurch aus,
- dass sie vorrangig visuell kommunizieren,
- dass sie Bildszenen übernehmen, die emotionsstimulierend wirken,
- dass sie den Bildinhalt in der Schlagzeile paraphrasieren,
- dass sie meist nur Kurztexte ohne typografische Gliederungsmerkmale verwenden,
- dass sie an das Gefühl des Lesers appellieren und
- dass sie positive Sinneseindrücke vermitteln sollen.

b. HIGH-INVOLVEMENT-ANZEIGEN unterscheiden sich von diesem Anzeigentyp dadurch,
- dass sie vorrangig sprachlich kommunizieren,
- dass sie mit sachlich erscheinenden Abbildungen Informativität suggerieren,
- dass sie in der Schlagzeile einen ausgewählten Sachverhalt thematisieren oder problematisieren,

- dass sie meist über längere Fließtexte verfügen, die mit Vorspann und Zwischenüberschriften versehen sind,
- dass sie an den Verstand des Lesers appellieren und
- dass sie argumentativ einem subjektiven Interesse entsprechen sollen.

Die Involvement-Forschung, die aus der Werbewirkungsforschung kommt, operationalisiert den Involvement-Begriff ganz unterschiedlich und wesentlich differenzierter, als es in dieser verkürzten Darstellung deutlich wird (vgl. Zurstiege 2007: 185–189). Die Unterscheidung von Low- und High-Involvement-Anzeigen kann eine textlinguistische Herangehensweise an Werbung zwar partiell unterstützen, weil sie über mögliche Motive der Textkonzeption Auskunft verspricht. Dass sie aber insgesamt zu undifferenziert und damit als Klassifikationsinstrument problematisch ist, zeigen zum Beispiel Anzeigen für Autos (Gebrauchsgut), die mit kürzesten Texten vorwiegend emotional argumentieren (siehe z. B. die Alfa Spider-Anzeigen Abb. 24 a und 24 b: 200 f.), oder Anzeigen für Pflegeprodukte (Verbrauchsgut), die textreich wie redaktionelle Artikel sind und (zumindest scheinbar) rational argumentieren (siehe z. B. die Anzeige für das Haarpflegemittel innéov, Abb. 13: 121). Die Zuordnung Low- vs. High-Involvement kann daher nicht ungeprüft aufgrund rein äußerlicher Textmerkmale übernommen werden.

Interessant ist in diesem Zusammenhang auch die Frage, wie tragfähig eigentlich schon die grundlegende Unterscheidung nach informativer vs. emotionaler Werbung ist (man denke an eine Autoanzeige, in der technische Daten erläutert werden, die ein Auto besonders sicher machen (= rational, informativ), sicher zum Beispiel für eine Familie mit Kindern (= emotional)).

Instrumente der Werbekommunikation

Wie oben erläutert, ist Werbung im Sinne von Mediawerbung selbst ein Instrument der Marktkommunikation und steht neben Formen von Werbung im weiteren Sinn (wie Verkaufsförderung, Direktmarketing oder unter Umständen sogar Public Relations). Mediawerbung kann nun aber auch wieder auf verschiedene Instrumente, d. h. Medien, zurückgreifen. In werbewissenschaftlichen Arbeiten findet sich hierzu die Unterscheidung zwischen Werbemitteln und Werbeträgern: WERBEMITTEL sind zum Beispiel Anzeigen, Hörfunkspots, Fernsehspots, Plakate, Kino-Werbefilme, Werbebriefe usw., die Werbebotschaften optisch und/oder akustisch umsetzen. Diese Werbemittel werden durch bestimmte (Massen-)Medien, die so genannten WERBETRÄGER, wie Zeitungen und Zeitschriften, Rundfunk- und Fernsehanstalten bzw. -sender, Plakatwände oder Schaufenster verbreitet. Werbemittel sind also die konkreten Werbekommunikate (d. h. in einem weiten Sinn Texte), Werbeträger sind die sie vermittelnden Medien (Tietz/Zentes 1980: 57–59, 215).

Welche Werbeträger gewählt werden, hängt von verschiedenen Faktoren wie Reichweite, Nutzung durch bestimmte Zielgruppen, Eignung des Werbeobjekts, angestrebten Inhalten der Werbebotschaft, Trägerverfügbarkeit und ganz besonders von den jeweiligen Kosten ab (Huth/Pflaum [6]1996: 111–117, Tietz/Zentes 1980: 161–164).

Maßnahmenplanung

Bestimmte Medien eignen sich besser für bestimmte Strategien: Fernsehen und Publikumszeitschriften werden als wichtige Werbeträger der so genannten strategischen Werbung angesehen, Hörfunk und Tageszeitungen (sowie in kurzfristigem Einsatz auch hier das Fernsehen) als die der taktischen Werbung. Mit STRATEGISCHER WERBUNG ist eine langfristige Strategie gemeint, die der Erhaltungs- und Erinnerungswerbung dient und sozusagen die Grundlage einer Werbekampagne bildet. TAKTISCH können mit parallel zur strategischen Werbung laufenden Einzelaktionen oder kleineren Zusatzkampagnen Akzente gesetzt werden, zum Beispiel bei einer Einführungswerbung oder auch bei einer Bedrohung des Marktanteils. So ist die klassische Automodellwerbung strategisch, einzelne Anzeigen oder Spots zur Bekanntmachung und Einführung von intelligenten Brems-, Lenk- und Navigationssystemen sind ergänzende taktische Werbung. Die taktische Werbung ist zwar unabhängig von der Modellwerbung, strahlt aber auf diese aus und soll kaufunterstützend wirken.

Obwohl sich Publikumszeitschriften aufgrund ihrer sonstigen Gestaltung eher für die Vermittlung von Atmosphäre und Stimmungsgehalten eignen, die Tageszeitungen dagegen mehr für argumentative, rationale und aktuelle Information (zum Beispiel bei Einführungswerbung), finden sich Anzeigen nicht selten in derselben Gestaltung sowohl in Publikumszeitschriften als auch in Tageszeitungen. Das Fernsehen ermöglicht rasche Verbreitung und ist aufgrund der medialen Möglichkeiten (Text, Bild und Ton) für emotionale Werbung besonders gut geeignet (und damit für Einführungswerbung wie für den Imageaufbau), der Hörfunk kann dagegen vor allem für rasche Bekanntmachung und Reaktivierung vergessener Werbebotschaften genutzt werden. Das Internet schließlich dient der Pull-Information, d. h. jede(r) kann sich die gesuchten Produktinformationen individuell z. B. über Unternehmens- und Markenhomepages zusammenstellen (siehe genauer 3.4).

Untersucht man Werbeanzeigen oder Fernsehspots, kann je nach Fragestellung interessant werden, ob sie zu einer strategisch langfristigen oder einer taktisch kurzfristigen Kampagne gehören, welche Werbemittel aus welchen Gründen ausgewählt wurden und von welchen weiteren Werbeaktionen diese flankiert werden.

 Linguistisch interessant ist an der Maßnahmenplanung, wie die einzelnen Werbemittel inhaltlich, sprachlich und formal aufeinander abgestimmt und damit wiedererkennbar werden und unter welchen Bedingungen sie modifizierbar sind (vgl. z. B. die leichten Gestaltungsunterschiede der beiden Krombacher-Anzeigen auf der folgenden Seite): So wie im Rahmen der Integrierten Kommunikation die Funktion des so genannten Marketing-Mix darin besteht, die einzelnen Kommunikationsinstrumente des Unternehmens aufeinander abzustimmen, so dient der Media-Mix dazu, im Rahmen einer Werbekampagne ein sinnvolles Zusammenspiel der einzelnen Werbemittel zu erreichen und zu entscheiden, welche Teilbotschaften mit welchen sprachlichen und visuellen Mitteln wann und wie oft über welche Medien kommunziert werden. Hierzu gibt es zwar auch betriebswirtschaftli-

	Tageszeitung	Publikumszeitschrift	Fernsehen	Film	Plakat	Direktwerbung
Reichweite a) quantitativ	Hohe Reichweite bei Gesamtbelegung; wenig Überschneidungen zwischen d. Zeitungen.	Hohe Reichweite möglich, aber teilweise starke Überschneidungen.	Hohe Reichweite möglich.	Geringe Reichweite	Hohe Reichweite bei breiter Standortbelegung.	Nahezu vollständige Durchdringung möglich.
b) qualitativ (wer wird erreicht?)	Breites Publikum, aber gute regionale Selektion möglich.	Selektion nach Zielgruppen möglich, insbesondere Interessengruppen.	Breites Publikum; grobe Zielgruppenselektion durch Senderwahl.	Vorwiegend junges Publikum; gute regionale Selektion möglich.	Breites Publikum, aber gute regionale Selektion möglich.	Sehr genaue Zielgruppenselektion möglich.
Belegbarkeit a) zeitlich	Sehr gut, da schnelle Belegung möglich: ein bis drei Tage vor Erscheinungstermin.	Vorlauf ist von Erscheinungsweise abhängig. Schlußtermin meistens 4 bis 10 Wochen vor Erscheinungstermin.	Langfristige Planungen notwendig. Durch die privaten Fernsehanstalten hat sich die Belegbarkeit aber verbessert.	Unterschiedlich, aber in neuen Filmtheatern schnelle Belegung möglich, wenn Filmmaterial vorliegt.	In einigen Bereichen Engpässe. Daher in der Regel langfristige Planung notwendig.	Sehr schnell einsetzbar, wenn die gedruckten Werbeinformationen vorliegen.
b) regional	Gute regionale Abgrenzungen möglich.	Einige Zeitschriften ermöglichen eine grobe regionale Teilbelegung.	Regionale Steuerung nur sehr beschränkt, wenn Regionalprogramme vorhanden sind.	Über die Belegung der einzelnen Filmtheater ist eine sehr genaue lokale Teilbelegung möglich.	Sehr gute regionale und teilweise auch lokale Teilbelegungen möglich.	Individuelles Medium, das über die regionale Abgrenzung hinaus genaue Zielgruppenselektion ermöglicht.
Funktion a) Grundfunktion	Aktuelle Informationen, vor allem auch regionale und lokale Nachrichten.	Unterhaltung und Informationen, insbesondere auch über Trends und soziale Ereignisse.	Unterhaltung, Berichte, aktuelle Informationen	Unterhaltung	Werbung	Werbung
b) werbliche Funktion	Vorwiegend sachliche Produktinformationen. Häufig Unterstützung von Aktionen des Handels.	Schaffung und Pflege von Images.	Veranschaulichung von Produkteigenschaften, breite Erhöhung Bekanntheitsgrad und imagebildend.	Zur Veranschaulichung von Produkteigenschaften geeignet, aber mehr zum Imageaufbau verwendet.	Zur Erhöhung des Bekanntheitsgrades und imagebildend. Ein unterstützendes Zusatzmedium.	Persönliche Ansprache und Appelle. Umfassende Produktinformationen.
Darstellungsmöglichkeit	Text und Bild. Farbe möglich, aber keine gute Qualität.	Vor allem farbige Bilder, aber auch Text. Gute Farbqualität möglich.	Multisensorische Ansprache: bewegte Bilder in guter Farbqualität und vielfältige akustische Möglichkeiten.	Durch Bildgröße und Klangfülle ist eine besonders eindrucksvolle multisensorische Ansprache möglich.	Farbiges Großbild mit wenig Text.	Genaue Textdarstellung mit Bildunterstützung.

Tabelle 1: Leistungsprofil einiger Werbeträger (Behrens 1996: 169)

che Hinweise (z. B. bei Bruhn [7]2004 und [3]2005 oder bei Schweiger/Schrattenecker [7]2009), sprachwissenschaftlich untersucht ist dieses Thema aber erst durch eine erste Studie von Sandra Reimann (2008) (siehe ausführlicher unter 3.5).

Für die Gestaltung von Anzeigen kann es unter Umständen auch eine Rolle spielen, in *welcher* Zeitschrift sie „geschaltet" werden sollen (bzw. für Spots, zu welcher Tageszeit in welchem Programm während welchen Films sie gesendet werden sollen). In der Regel ist es zu teuer, ein ganzes Anzeigenspektrum zu entwickeln, um sozusagen maßgeschneiderte Anzeigen für SPIEGEL, FOCUS, FRANKFURTER ALLGEMEINE ZEITUNG, SÜDDEUTSCHE ZEITUNG, MENS HEALTH, VOGUE, GALA o. a. vorweisen zu können, die sich spezifisch am redaktionellen Stil und Umfeld des jeweiligen Werbeträgers orientieren. Stattdessen bemüht man sich um eine zielgruppenorientierte Werbung dadurch, dass man bestimmte Produkte der Produktpalette nur in der einen, andere nur in einer anderen Zeitschrift bewirbt. SPIEGEL-Leser sprechen teilweise auf andere Autotypen an als F.A.Z-Leser oder AUTO MOTOR UND SPORT-Leser. In Frauenzeitschriften werden Kosmetika und Haut- und Haarpflegeprodukte besonders stark beworben, in Autozeitschriften dagegen nicht. Kennt man die Meinungsführer einer bestimmten Zielgruppe, also diejenigen, an deren Verhalten und Stellungnahmen sich der alltägliche Konsument besonders orientiert, versucht man diese gezielt zu erreichen, zum Beispiel indem Anzeigen in entsprechenden Special-Interest-Zeitschriften geschaltet werden (Behrens 1996: 330 f.). Ein Fall,

Abbildung 2 a und 2 b: Krombacher

Abbildung 3: Beck's Ice

bei dem teilweise bis heute noch unterschiedliche Anzeigenkampagnen für dasselbe Produkt entworfen werden, ist die Bewerbung im Westen gegenüber der im Osten Deutschlands, weil beispielsweise bestimmte Automarken im Osten mit einem anderen Image verbunden sind als im Westen bzw. manche Anspielungen eben nur für ein ostdeutsches Publikum (oder umgekehrt nur für ein westdeutsches) amüsant und aussagekräftig sind (z. B. eine Jägermeister-Werbung, die um die Jahrtausendwende auf Plakaten in Sachsen zu sehen war: *Ich trinke Jägermeister, weil mein Chef ein echter Stressi ist*) (siehe dazu auch die Studie von Hennecke 1999 zur Ostwerbung, die unter 6.3 ausführlicher besprochen wird). Für welche Produkte dies zutrifft – und wie lange noch – müsste aber im Einzelfall geprüft werden.

Trotzdem ist bei einigen Werbemitteln durchaus eine Anpassung des Werbeinhalts an das kontextuelle Umfeld festzustellen. So gibt es Werbeplakate, die an Bushaltestellen oder Bahnsteigen hängen und auf die Reisesituation anspielen: *Kaum brennt die Camel, schon kommt der Bus.* Kleine Plakataufsätze, die an die Rücklehnen von Sitzbänken auf Bahnhöfen angebracht sind, werben für *Die Bank Ihres Vertrauens.* Im SPIEGEL wurde 2008 eine Anzeige für eine elektrische Zahnbürste von Oral B geschaltet, die das Layout eines redaktionellen Artikels hatte. Das Foto zeigte das Spiegelbild eines lächelnden und sich die Zähne putzenden Mannes, die Schlagzeile verwies sprachspielerisch-doppeldeutig sowohl auf das Spiegelbild als auch auf das Trägermedium: *Für ein strahlendes Lächeln im Spiegel.*

Bei Fernsehzeitschriften scheint eine Anpassung des Textes oder des Textdesigns an das Zeitschriftenumfeld besonders beliebt zu sein: Spee Megaperls ließ in TV MOVIE, einer Fernseh-Programmzeitschrift, eine Anzeigenkampagne laufen, bei der die Schlagzeilen auf Fernsehsendungen anspielten: *Statt schlapper Talkshows: Schlaue Seifenopern! – Statt Fortsetzung folgt: Schlau ohne Ende! – Statt Tagesschau: Das Schlauste vom Tage! – Statt wahrer Liebe: Schlaue Ware!* (Anspielung auf den TV-Report „Wa(h)re Liebe"). Die auffälligste Form, den Kontext mit einzubeziehen, liegt bei der hochgradig intertextuellen Anzeige für Beck's Ice auf der rückwärtigen Umschlagseite von TV MOVIE vor, die, weil auf den Kopf gestellt, wie ein Titelblatt von TV MOVIE hinter Eis wirkt (siehe Abb. 3).

 Sprachwissenschaftlich noch nicht untersucht wurde bislang die Metakommunikation in der Werbung über den Werbekontext, z. B. in Form spielerischer Bezugnahmen auf den betreffenden Werbeträger, die Rezeptionssituation und die Produktionsbedingungen (eine Ausnahme ist ein Aufsatz von Bishara 2007 zur Selbstreferenz in der Werbung). Sie stellt ein viel versprechendes und sprachwissenschaftlich noch nicht betretenes Forschungsterrain dar (man denke z. B. an die Schlagzeile einer Mercedes-Anzeige *Dieses eine Mal verzichten wir auf die Abbildung der neuen E-Klasse. Sonst liest das ja doch wieder keiner.* oder an eine Kampagne *„Print wirkt"* des Media-Service der Publikumszeitschriften, die sich mehr an die werbenden Unternehmen als an den Alltagsverbraucher wendet und in der bekannte Anzeigenlayouts nur mit dem Text *Print wirkt* aufgefüllt und so als Beweis dafür genutzt werden, dass Markenwerbung unabhängig vom Inhalt allein durch das Text-Bild-Design wiedererkannt wird (vgl. http://www.print-wirkt.de/, Stand 20.03.2010)).

Kommunikationserfolg und Werbewirkung

Die Werbewirkungsforschung ist ein eigener, umfangreicher Forschungsbereich. Ihr Erkenntnisanspruch läuft auf die Forderung hinaus, folgende Wirkungseffekte für jede Werbekampagne empirisch zu überprüfen (Huth/Pflaum [6]1996: 247 f.):

a. INFORMATIONSWIRKUNG der Werbung: Wird die Werbung überhaupt wahrgenommen, verstanden und vor allem behalten?

b. MOTIVATIONSWIRKUNG: Kann die Werbung außer der Bekanntmachung des Produkts auch eine Aktivierung, Erregung und innere Bereitschaft beim Konsumenten auslösen?

c. VERHALTENSRELEVANTE LEISTUNG der Werbung: Löst die Werbung durch Motivation und Information ein bestimmtes Verhalten (z. B. Kauf) beim Konsumenten aus?

Selbst die Werbemacher und -forscher sind sich jedoch nicht einig darüber, ob und wie Werbewirkung wirklich gemessen werden kann. Wenn sich jemand entscheidet, ein bestimmtes Produkt zu kaufen, kann dies zwar an einer gelungenen Werbung liegen (oder auch daran, dass man durch die Werbung erst darauf gekommen ist, dass es dieses Produkt gibt), aber oft spielen wesentlich mehr Faktoren in solche Entscheidungen mit hinein (wie frühere Produkterfahrungen, Empfehlungen von Freunden, Beratungsgespräche etc.). Eine Analyse des Kaufverhaltens kann das Zusammenspiel dieser Gründe nur bedingt offen legen und empirische Untersuchungen wie beispielsweise Befragungen setzen voraus, dass sich Konsumenten ihre Entscheidungsprozesse bewusst machen können.

Überblicke über die Werbewirkungsforschung, die zugrunde liegenden theoretischen Ansätze zu Informationsverarbeitung und Entscheidungsverhalten der Konsumenten sowie die damit verbundenen methodischen Probleme bieten u. a. Bleicker (1983), Huth/Pflaum ([6]1996), Moser (2002), Schweiger/Schrattenecker ([7]2009), kritisch auch Derieth (1995) oder – aus kommunikationswissenschaftlicher Perspektive – Zurstiege (2007).

Oft zitiert, weil schon in den sechziger Jahren geprägt, wird die nicht unumstrittene und vielfach erweiterte amerikanische AIDA-Formel, die die Wirkungsabsichten von Werbung im Sinne eines Stufenmodells auflistet: *Attention – Interest – Desire – Action*: Werbung soll Aufmerksamkeit erregen, um dann Interesse zu wecken, das zu Wünschen führt, die eine Kaufhandlung auslösen (erläutert z. B. bei Zurstiege 2007: 153; mit anderen Stufenmodellen im Überblick verglichen bei Schweiger/Schrattenecker [7]2009: 180–183). Zu kritisieren ist an Stufenmodellen dieser Art, dass sie in der Regel „eine strenge Reihenfolge von Teilwirkungen, deren Ordnung jedoch realiter nicht zwingend vorgeschrieben ist", unterstellen (Derieth 1995: 81; siehe auch Zurstiege 2007: 153). Da die Sprachwissenschaft über keine eigenständigen Methoden verfügt, mit denen die Wirkung von Werbetexten im Sinne einer Einstellungs- oder Verhaltensänderung gemessen werden könnte, ist an der Wirkungsforschung und dem AIDA-Modell vor allem interessant, unter welchen Bedingungen und mit Hilfe welcher sprach- und bildgestalterischen Strategien es gelingen kann, Werbekommunikaten die knappe Aufmerksamkeit der Verbraucher zu sichern.

Interessanter unter dieser Perspektive als die AIDA-Formel, die eine bereits zielgerichtete Aufmerksamkeit an den Anfang des Wirkungsprozesses stellt, sind Ansätze wie der sehr frühe von Walter Dill Scott (1903), bei denen zuerst einmal die zufällige und unwillkürliche Aufmerksamkeit des Verbrauchers interessiert. Scott postuliert folgende sechs Faktoren, die geeignet sind, Aufmerksamkeit auf ein Werbekommunikat zu lenken (ausführlich erläutert und bewertet bei Zurstiege 2007: 151–157):

a. EINDEUTIGKEIT/ALLEINSTELLUNG: wenn ein Werbeangebot ohne Ablenkung wahrgenommen werden kann (z. B. weil es eine ganze Doppelseite in einer Zeitschrift einnimmt statt nur eine Spalte neben einem Artikel);
b. EINDRINGLICHKEIT: wenn ein Werbeangebot so gestaltet ist, dass es z. b. aufgrund der Farbwahl oder Dynamik/Bewegtheit auf der Bildebene leichter wahrgenommen werden kann;
c. UNGEWÖHNLICHKEIT/KONTRAST: wenn ein Werbeangebot durch den Bruch mit Wahrnehmungskonventionen auffällt (z. B. auf typografischer Ebene);
d. VERSTÄNDLICHKEIT: wenn ein Werbeangebot verständlich dadurch ist, dass es Bekanntes aufgreift;
e. FREQUENZ: wenn ein Werbeangebot so oft wiederholt wird, dass sichergestellt ist, dass es dem einzelnen Verbraucher wiederholt begegnet;
f. VALENZ: wenn ein Werbeangebot durch emotionale Motive Gewicht in der Wahrnehmung erhält (also zum Beispiel durch Schockeffekte, die nicht zwingend gefallen müssen, um aufzufallen).

Diese Faktoren können sich ergänzend verstärken oder auch gegenseitig ersetzen; gerade die Gratwanderung zwischen Verständlichkeit und Ungewöhnlichkeit stellt eine permanente zentrale Herausforderung für die Werbegestaltung dar (Zurstiege 2007: 154 f.; vgl. auch Janich 2004). Sprachwissenschaftlich relevant sind alle Größen bis auf Eindeutigkeit und Frequenz, die mehr mit der Planung des Einsatzes eines Werbemittels zu tun haben als mit der Gestaltung von Text und Bild.

 ## Literaturtipps

Relativ knappe, aber recht umfassende Überblicke über die werbewissenschaftlichen Grundlagen bieten die folgenden Titel, wobei Huth/Pflaum und Schweiger/Schrattenecker am stärksten praxisorientiert, also auch als Hilfestellung für Werbetreibende angelegt sind:
BEHRENS, Gerold (1996): Werbung. Entscheidung – Erklärung – Gestaltung. München (Vahlen). (= Vahlens Handbücher der Wirtschafts- und Sozialwissenschaften).
HUTH, Rupert/PFLAUM, Dieter ([6]1996): Einführung in die Werbelehre. 6., überarbeitete und erweiterte Auflage. Stuttgart/Berlin/Köln (Kohlhammer).
SCHWEIGER, Günter/SCHRATTENECKER, Gertraud ([4]1995): Werbung. Eine Einführung. 4., völlig neu bearbeitete und erweiterte Auflage. Stuttgart/Jena (Fischer). (= UTB 1370).

TIETZ, Bruno/ZENTES, Joachim (1980): Die Werbung der Unternehmung. Reinbek bei Hamburg (Rowohlt).

Ganz aus Perspektive der Werbetreibenden und mit dem Schwerpunkt auf Werbepsychologie/Werbewirkung sind die in den Wirtschaftswissenschaften oft zitierten Grundlagenwerke von Werner Kroeber-Riel gehalten; kürzer, aber anschaulich ist die Einführung von Moser:

KROEBER-RIEL, Werner ([6]1996): Komsumentenverhalten. 6., überarbeitete und ergänzte Auflage. München (Vahlen).

KROEBER-RIEL, Werner ([3]1991): Strategie und Technik der Werbung. Verhaltenswissenschaftliche Ansätze. 3. Auflage. Stuttgart/Berlin/Köln (Kohlhammer).

MOSER, Klaus (1990): Werbepsychologie. Eine Einführung. München (Psychologie-Verlags-Union).

Kritisch zu dem in den Wirtschaftswissenschaften vertretenen Kommunikationsansatz und den daraus resultierenden Thesen zu Werbewirkung und Persuasionspotenzialen äußert sich:

DERIETH, Anke (1995): Unternehmenskommunikation. Eine theoretische und empirische Analyse zur Kommunikationsqualität von Wirtschaftsorganisationen. Opladen (Westdeutscher Verlag). (= Studien zur Kommunikationswissenschaft 5).

Lesenswert ist das Fischer-Taschenbuch von Eva Heller, in dem sie sich kritisch mit dem Mythos der unterschwelligen Werbung auseinander setzt:

HELLER, Eva (1984): Wie Werbung wirkt: Theorien und Tatsachen. Frankfurt am Main (Fischer).

Aktuelle Informationen und Datenmaterial zur Werbung in Deutschland sind beim Zentralverband der deutschen Werbewirtschaft (ZAW) in Bonn in Form eines relativ preiswerten Jahrbuchs „Werbung in Deutschland 20**" erhältlich: Verlag edition ZAW, Bestellungen per Fax 030/590099722 oder an zaw@zaw.de (Studierende erhalten das Buch bei Vorlage einer Studienbescheinigung verbilligt).

Eine weitere aktuelle Quelle für Daten und Orientierungen der Werbewirtschaft ist zum Beispiel die Fachzeitschrift „werben & verkaufen".

 ## Neuere Literatur

Die oben erwähnte Einführung von Schweiger und Schrattenecker ist in einer stark veränderten neuen Auflage erschienen:

SCHWEIGER, Günter/SCHRATTENECKER, Gertraud ([7]2009): Werbung. Eine Einführung. 7., neu bearbeitete Auflage. Stuttgart (Lucius & Lucius). (= UTB 1370).

Einen etwas weiteren Überblick über Werbung wie auch andere Instrumente des Marketings (wie Direktmarketing oder Sponsoring) aus betriebswirtschaftlicher Sicht bietet zum Beispiel

BRUHN, Manfred ([7]2004): Marketing. Grundlagen für Studium und Praxis. 7., überarbeitete Auflage. Wiesbaden (Gabler). Von diesem Autor gibt es zahlreiche weitere Literatur rund um die Unternehmenskommunikation.

Von Klaus Moser gibt es ebenfalls eine neuere Einführung zur Werbepsychologie:

MOSER, Klaus (2002): Markt- und Werbepsychologie. Ein Lehrbuch. Göttingen (Hogrefe).

Zur Markenführung und Markenpositionierung gibt es einige neue Publikationen, die sich durch unterschiedliche methodische Zugänge auszeichnen: Während Samland aus der Praxis kommt, liegt der Arbeit von Kastens eine linguistische Dissertation zugrunde; Schüler nähert sich der Marke aus rhetorisch-diskursanalytischer Perspektive:

SAMLAND, Bernd M. (2006): Unverwechselbar – Name, Claim und Marke. Freiburg (Haufe).

KASTENS, Inga Ellen (2008): Linguistische Markenführung. Die Sprache der Marken – Aufbau, Umsetzung und Wirkungspotentiale eines handlungsorientierten Markenführungsansatzes. Münster u.a. (LIT).

SCHÜLER, Dominic (2008): Kommunikation am Markt. Rhetorik – Medienwerbung – Konsum. Tübingen (Kairos).

Schließlich gibt es inzwischen auch einige linguistische Arbeiten, die sich mit Werbung für spezifische Zielgruppen beschäftigt haben:

HOMANN, Meike (2006): Zielgruppe Jugend im Fokus der Werbung. Verbale und visuelle Kodierungsstrategien jugendgerichteter Anzeigenwerbung in England, Deutschland und Spanien. Hamburg (Dr. Kovač).

MOTSCHENBACHER, Heiko (2006): „Women and Men Like Different Things"? – Doing Gender als Strategie der Werbesprache. Marburg (Tectum).

POLAJNAR, Janja (2005): Strategien der Adressierung in Kinderwerbespots. Zur Ansprache von Kindern und Eltern im Fernsehen. Wiesbaden (DUV). (= Europäische Kulturen in der Wirtschaftskommunikation 7).

STEMMLER, Florian (2009): Werbesprache. Werbeanzeigen in Publikumszeitschriften: Ein eigenes Deutsch für jede Zielgruppe? Saarbrücken (VDM).

(1) Bestimmen bzw. diskutieren Sie die Werbeziele der Anzeigen für GOGREEN (Abb. 5: 66), von bp (Abb. 8: 80), für den BMW X6 (Abb. 20: 175), von Total (Abb. 21: 184) und für Singapore Airlines (Abb. 32: 291).

(2) Wer sind die jeweils angesprochenen Zielgruppen der beiden folgenden Anzeigen? Begründen Sie Ihre Meinung.

1. Anzeige für die Herrenarmbanduhr *Grosse Ingenieur von IWC* (abgebildet ist die Uhr):
Schlagzeile: *Für Männer, die bei Blackberry noch an eine Frucht denken.*
Fließtext mit Slogan: *Grosse Ingenieur. Ref. 5005: Ein Begleiter, der „Akku leer" meldet, ist in der Wildnis nicht zu gebrauchen. Das grösste automatische Manufakturwerk von IWC dagegen arbeitet konstant und zuverlässig. Sollten Sie zwischen K2 und Mount Everest dennoch eine Pause einlegen: Sie verfügt auch über eine Gangreserve von sieben Tagen. Und dank massivem Edelstahlgehäuse verzeiht Ihnen ihre filigrane Technik fast alles. Auch einen Vollbart. IWC. Engineered for men.*
Kleingedruckter Bildtext zu einer kleinen Abbildung eines technischen Details: *Mechanisches IWC-Manufaktur-Uhrwerk / Automatischer Pellaton-Aufzug (Bild) / Gangautonomie von 7 Tagen / Gangreserveanzeige / Datumsanzeige / Entspiegeltes Saphirglas / Saphirglasboden / Wasserdicht 12 bar / Edelstahl*

2. Anzeige für das Haarpflegeprodukt *SHEER BLONDE© GO BLONDER* von *John Frieda* (abgebildet ist eine junge blonde Frau mit langen Haaren):
Schlagzeile im Bild: *In jedem Blond steckt ein noch BLONDERES BLOND. Zeigen Sie es!*
Unterschlagzeile über dem Text: *Hellt blondes Haar stufenweise auf – wie der Effekt von Sommersonne*

> Fließtext: *Das neue SHEER BLONDE© GO BLONDER hellt blondes Haar stufenweise auf, ohne es zu schädigen. Shampoo und Conditioner enthalten Kamille und einen sanften Aufhellungskomplex mit Citrus-Extrakt. Sie sind geeignet für die tägliche Anwendung. Wie von der Sonne aufgehelltes Haar – das ganze Jahr. Denn man kann nie blond genug sein. Weitere Informationen erhalten Sie telefonisch unter (D)0800-730 1730 oder auf www.johnfrieda.de.*

(3) Handelt es sich bei den beiden unter Frage 2 zitierten Anzeigen jeweils um Low- oder High-Involvement-Anzeigen? Begründen Sie Ihre Ansicht.

(4) Sammeln Sie Werbung zu den Marken Volkswagen, BMW und Mercedes-Benz und verschaffen Sie sich einen Überblick über ihre Homepages: Welche Markenimages versuchen die drei Unternehmen zu prägen und worin unterscheiden sich die drei Markenidentitäten? Wie werden die Markenimages sprachlich konstituiert, d.h. mit welchen Mitteln arbeitet die linguistische Markenführung (siehe hierzu auch das Kapitel zu Schlüsselwörtern 4.3.1.c)?

(5) Sammeln Sie Informationen über die Kommunikationsmittel und -wege von IKEA (Katalog, Werbung, Website, FamilyCard, Beschilderung in den Läden). Diskutieren Sie an diesem Beispiel in der Gruppe, was Integrierte Kommunikation aus sprachwissenschaftlicher Perspektive meint, d.h. auf welchen Ebenen und wie sich Integrierte Kommunikation sprachwissenschaftlich untersuchen lässt (also zum Beispiel welche sprachlich-kommunikativen Kategorien bei der Analyse auszuwerten sind).

2.3   Werbung – eine inszenierte Form von Kommunikation

Ausführungen zur Werbung als Kommunikationsmittel bzw. als Kommunikationshandlung finden sich sowohl in den meisten werbewirtschaftlichen als auch in vielen sprachwissenschaftlichen Arbeiten. Zu bemerken ist dabei, dass ein werbewirtschaftliches Buch oft das Ziel hat, so über Werbung zu informieren, dass es Werbetreibenden bei der Verfolgung ihrer Ziele nützt: Es wird also versucht, Kommunikationsprozesse in einer bestimmten Weise transparent zu machen, um erfolgreiches (Werbe-)Handeln zu ermöglichen. Für die sprachwissenschaftliche Forschung ist es dagegen wichtig, bereits erfolgte Werbung, also ein vorliegendes Korpus von Anzeigen oder Spots, in ihrer Einbindung in einen Kommunikationsprozess zu verstehen. Dazu genügt es nicht, den Aspekt Kommunikation im einleitenden Teil einer Arbeit kurz theoretisch abzuhandeln – wichtiger ist, bei der Interpretation von Werbung bzw. der Untersuchungsergebnisse die für Werbung ganz spezifischen Kommunikationsbedingungen im Auge zu behalten, um Fehldeutungen zu vermeiden. Fragen wie die nach dem Informationsgehalt, der Verständlichkeit oder dem Einsatz von Dialekt, Fachsprache oder Jugendsprache müssen berücksichtigen, dass Werbung ganz anderen kommunikativen Gesetzen folgt als Sach- oder Fachtexte oder Alltagsgespräche.

Hilfreich nicht nur für die Interpretation, sondern auch schon für die Auswahl und Gestaltung von Forschungsfragen ist die so genannte Lasswell-Formel (*Who says what in wich channel to whom with what effect*, Fischer Lexikon Publizistik 1989: 100 f.), die je nach Fragestellung modifiziert und erweitert werden kann und geeignet ist, alle wichtigen Aspekte der Werbekommunikation zu berücksichtigen. Ob nun Anglizismen, Fachsprache oder Schlüsselbegriffe untersucht werden – zu fragen ist nach dem *Wer*, nach dem *Was* (also nach ausgewählten Inhalten/Aspekten der Werbebotschaft), nach dem *Wie* (wobei dies neben dem Kanal bzw. dem Werbemittel auch die konkrete sprachliche und bildliche Ausgestaltung berücksichtigen sollte), nach der *Zielgruppe* (wer wird eigentlich angesprochen?) und nach dem *Warum*, dem Ziel, der kommunikativen Absicht.

2.3.1 Ein Kommunikationsmodell

In der Forschungsliteratur finden sich sowohl wirtschaftswissenschaftliche (z. B. Schweiger/Schrattenecker [4]1995: 24) als auch linguistische Kommunikationsmodelle (z. B. Brandt 1973: 110), die zu zeigen versuchen, dass Werbung mehr ist als der bloße medial vermittelte Transport von Informationen von einem Sender zu einem Empfänger. Werbung als Kommunikation ist schon deshalb komplexer, weil die Größe ,Sender' komplex ist; weil bei der Rezeption von Werbung auch eine Rolle spielt, gegen welche Konkurrenz sich ein Werbeangebot durchzusetzen hat; weil der Werbeinhalt mit seiner jeweiligen sprachlichen und visuellen Form in Beziehung gesetzt werden muss; weil für die Gestaltungsspielräume von Werbung die verwendeten Medien (Werbeträger bzw. Werbemittel) relevant sind; weil Kaufentscheidungen und Markenpräferenzen der Verbraucher auch in Abhängigkeit davon zustande kommen, wie sich der Freundes- und Familienkreis entscheidet und welche Empfehlungen von „Orientierungspersonen" im jeweiligen sozialen Umfeld, den so genannten Meinungsführern (*opinion leaders*) kommen; weil natürlich auch produktbezogene Faktoren wie Preis und Verfügbarkeit sowie gesellschaftliche Faktoren wie Konjunktur und Leitbilder eine Rolle spielen; usw. usw.

Barbara Stern hat 1994 ein Modell vorgeschlagen, das Werbung als massenmediale Kommunikation beschreiben soll, auch wenn situativ-gesellschaftliche und mediale Rahmenbedingungen dabei faktisch gar nicht berücksichtigt werden. Doch ist ihre Ausdifferenzierung der Größen ,Absender', ,Adressat' und ,Adressierung/ Botschaft' für die sprachwissenschaftliche Perspektive hilfreich (siehe Schaubild 3). Stern behandelt damit Werbetexte wie „Miniatur-Erzählungen (…), die daher auch mit ähnlichen Begriffen beschrieben werden können wie andere Erzählungen auch" (Zurstiege 2007: 112).

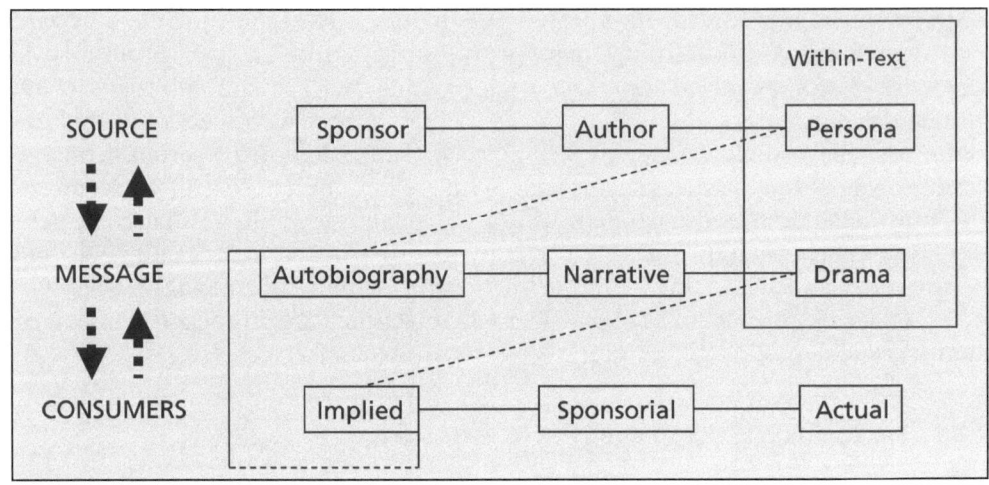

Schaubild 3: Modell der Werbekommunikation (Stern 1994: 9)

1. Stern unterscheidet auf der Ebene der QUELLE (*source*) oder des Senders:
   a. den AUFTRAGGEBER (*sponsor*), also das produktproduzierende oder Dienstleis-
      tungen anbietende Unternehmen,
   b. den AUTOR (*author*) eines Werbekommunikats, also bei größeren Unterneh-
      men in der Regel die beauftragte Agentur,
   c. und den im Werbekommunikat tatsächlich auftretenden KOMMUNIKATOR
      (*persona*), der wiederum fiktiv oder real, prominent oder nicht, eine Person
      oder eine Institution sein kann (vgl. die Übersicht bei Zurstiege 2007: 113).

Brandt (1973: 110) unterscheidet stattdessen nur Primärsender (= Unternehmen,
sponsor) und Sekundärsender (= *persona*), führt aber keine eigene Instanz für den
eigentlichen Autor (= Agentur) ein.

2. Auf der Ebene der BOTSCHAFT (*message*) lassen sich nach Stern drei wesentliche
   Darstellungsformen unterscheiden:
   a. die ICH-ERZÄHLUNG (*autobiography*), bei der das Unternehmen (als Institution
      oder Person) selbst sein Produkt präsentiert,
   b. die HANDLUNGSBESCHREIBUNG (*narrative*), bei der eine dritte Person Zeugnis
      ablegt und die Produktvorzüge „erzählt" (zur Argumentation durch Testimo-
      nialwerbung siehe genauer unter 4.2.3),
   c. und die HANDLUNGSINSZENIERUNG (*drama*), die „es aus Sicht des Werbetrei-
      benden am besten [ermöglicht], den eigenen Standpunkt zu verschleiern,
      weil sich hier die Produktbotschaft vor den Augen des Publikums als scheinbar
      natürliche Handlung entfaltet" (Zurstiege 2007: 113).

Polajnar (2005: 26) unterscheidet auch sehr hilfreich am Beispiel Fernsehwerbespots einen PRIMÄREN und einen SEKUNDÄREN KOMMUNIKATIONSKREIS: die Ich-
Erzählung und die Handlungsbeschreibung fallen unter den primären Kommuni-

kationskreis, in dem sich die *persona*/der Brandt'sche Sekundärsender aus dem Spot heraus an die Rezipienten wendet. Die Handlungsinszenierung dagegen schafft über die *personae* einen eigenen, spotimmanenten und daher sekundären Kommunikationskreis (bei Stern als *Within-Text* ebenfalls abgesetzt, aber die Kategorie der *persona* zu stark von den beiden anderen Darstellungsformen isolierend), zum Beispiel durch Fußballer, die sich beim Frühstück um Nutella streiten, ohne sich dabei direkt an den Zuschauer zu wenden. Die sprachlichen Adressierungsstrategien können daher im primären vs. sekundären Kommunikationskreis sehr unterschiedlich ausfallen (vgl. ausführlicher Polajnar 2005).

3. Schließlich unterscheidet Stern auf der Ebene des Verbrauchers oder besser REZIPIENTEN (*consumer*) die drei Ebenen:
   a. VORAUSGESETZTE REZIPIENTEN (*implied consumer*), d.h. die idealen Verbraucher, die sich die Werbegestalter „vorstellen", wenn sie eine Kampagne konzipieren;
   b. KUNDENSEITIGE REZIPIENTEN (*sponsorial consumer*), d.h. die ersten realen Rezipienten, nämlich das werbetreibende Unternehmen, das im Kommunikationsprozess mit der konzipierenden Agentur das Werbe- und Kampagnenkonzept der Agentur ja erst billigen und annehmen muss;
   c. TATSÄCHLICHE REZIPIENTEN (*actual consumer*), d.h. die tatsächlichen Leserinnen und Leser oder Fernsehzuschauerinnen und Fernsehzuschauer, die sich von den vorausgesetzten Rezipienten durchaus unterscheiden können.

Für die sprachwissenschaftliche Analyse ergibt sich aus dem Gesagten eine Reihe von Fragen, die bei der Interpretation von Werbetexten im Rahmen ihrer kommunikativen Bedingungen beachtet werden sollten (vgl. auch Zurstiege 2007: 117 f.). Das Ziel bei der Berücksichtigung dieser Fragen ist, Aufschluss darüber zu erhalten, welche stilistische und pragmatische Funktion die sprachlichen Mittel haben, die in konkreten Werbetexten Verwendung finden:

a. WER IST DER ABSENDER?
* Wer ist das werbende Unternehmen (*sponsor*, Primärsender)? In welcher Gestalt tritt er im Werbekommunikat auf und wie ist sein Verhältnis zur *persona*/zum Sekundärsender (s.o. zu den Werbezielen)?
* Was ist die konkrete Intention des Unternehmens, die es mit einer bestimmten Kampagne verfolgt?
* Ist eine Werbeagentur dazwischengeschaltet?
* Was ist über den Werbeplanungsprozess und die Kommunikation zwischen Agentur und Auftraggeber herauszubekommen (siehe 2.4)?
* Wie ist die Qualität der *persona*, die als Sekundärsender auftritt (z.B. *persona* als „kollektiver oder individueller Akteur, als Marke oder No-Name, abstrakt oder konkret, verbal oder visuell (…), als Mensch wie du und ich, als qualifizierter Presenter oder als Testimonial", Zurstiege 2007: 117)? Als wie hoch ist zum Beispiel ihre Glaubwürdigkeit zu bewerten?

b. WAS IST DER GEGENSTAND DER KOMMUNIKATION (WERBEINHALT UND PRODUKT)?

- Inwiefern bestimmen das Produkt und die Markenpositionierung den Werbeinhalt und die Form der Adressierung (emotional oder rational; langfristig oder kurzfristig angelegt)?
- Welches Gestaltungsprinzip wird gewählt, d. h. als welche Form einer Miniatur-Erzählung lässt sich der Werbetext interpretieren (s. Sterns Unterscheidung oben)?
- Inwiefern könnten die Marktlage, das allgemeine Unternehmensprogramm (z. B. Verhältnis Marke – Produkt) und die Konkurrenz den Werbeinhalt beeinflusst haben?
- Welches konkrete Ziel wird mit dem Werbeinhalt verfolgt?

c. WAS IST DAS MEDIUM?

- Welches Medium wurde gewählt?
- Wie ist das Verhältnis zwischen dem Image des gewählten Mediums (Werbemittel und Werbeträger) und dem Image des Senders bzw. dem vermittelten Werbeinhalt?
- Ist der Werbeinhalt auf das Umfeld des Werbemittels abgestimmt (z. B. die Anzeigengestaltung auf das redaktionelle Umfeld der Zeitschrift/Zeitung; die Spotpositionierung auf die gerade laufenden Filme)?
- Von welchem Media-Mix wird die einzelne Anzeige/der einzelne Spot flankiert (weitere ähnliche Anzeigen, Plakate, Sonderaktionen; Zusammenwirken von Spots und Anzeigen in einer Kampagne)?
- In welcher Weise wirken die Bedingungen des Mediums (Sprache vs. Bild, gesprochen vs. geschrieben, bewegtes Bild vs. statisches Bild, Ton) auf die Gestaltung des Werbekommunikats (vgl. auch 3.2 und 3.3)?

d. WER IST DER ADRESSAT?

- Wer ist die vorausgesetzte Zielgruppe, d. h. welche Zielgruppenkonzepte lassen sich erschließen? Lassen sich in der Adressierung Käufer und Nutzer voneinander unterscheiden?
- Lässt sich die Zielgruppe (in Abhängigkeit vom Produkt) eher mit rationaler oder mit emotionaler Werbung ansprechen?
- Welche Umweltfaktoren, Erfahrungswerte, Kontakte mit dem Produkt oder der Marke könnten bei der Zielgruppe für die Aufnahme der Werbung eine Rolle spielen?

2.3.2 Werbesprache: eine Inszenierung

In der Soziolinguistik gibt es ein Varietätenmodell (siehe z. B. bei Löffler [3]2005), das davon ausgeht, dass die Gesamtsprache Deutsch in verschiedene so genannte Varietäten zerfällt. So gibt es zum Beispiel Varietäten, die bestimmt werden:

a. nach dem MEDIUM, in dem sie realisiert werden (gesprochen oder geschrieben, erweitert durch die Differenzierung „konzeptionell mündlich" oder „konzeptionell schriftlich", vgl. Koch/Oesterreicher 1985),

b. nach ihrer FUNKTION (Darstellung, Ausdruck, Appell) bzw. ihren Anwendungsbereichen (Funktiolekte wie Alltagssprache, Fachsprache, Literatursprache u.a.),

c. nach ihrer REGIONALEN GEBUNDENHEIT (Dialekte),

d. nach ihrem GESELLSCHAFTLICH UND SOZIOÖKONOMISCH BESTIMMTEN GELTUNGSBEREICH (Soziolekte wie Schichtensprachen, Gruppensprachen, Sondersprachen),

e. nach ihrer BINDUNG AN ALTER ODER GESCHLECHT (Frauensprache, Männersprache, Jugendsprache u.a.) (siehe dazu ausführlicher Kap. 4.4.2).

In der Werbelinguistik stellt sich die Frage, wo in diesem Varietätenmodell die Werbesprache (gemeint ist immer die Sprache *in* der Werbung, nicht die Fachsprache der Werbetreibenden!) angesiedelt ist und wie ihr Verhältnis zur Alltagssprache ist. Mit Alltagssprache ist die Sprache des Alltags gemeint, die mehr durch die Gebrauchssituation als durch eine festgelegte Sprachform bestimmt ist, weil sie je nach Sprecher auch Elemente anderer Varietäten beinhalten kann (wie Dialektelemente, sozial determinierte Formen, durch Alter und Geschlecht bestimmte Redeweisen).

Auch wenn Werbesprache schon als Sondersprache und „Anti-Sprache" (Januschek 1976) bezeichnet wurde, so ist man sich doch weitgehend einig, dass folgende Merkmale auf Werbesprache zutreffen (z.B. Stave 1973: 212, Sauer 1998: 19):

- Werbesprache hat zwar besondere, als spezifisch beschreibbare Merkmale, aber deren Besonderheit liegt mehr in ihrer Häufigkeit als in einem der Alltagssprache prinzipiell fremden Charakter. D.h. Werbesprache wählt ihre sprachlichen Mittel weitgehend aus der Alltagssprache aus, verwendet sie aber so häufig, dass man geneigt ist, sie als werbetypisch, wenn nicht gar als werbespezifisch aufzufassen.

- Werbesprache bedient sich auch anderer Varietäten wie der Dialekte, Fachsprachen oder Jugendsprachen, um geeignete Zielgruppen anzusprechen und bestimmte Assoziationen hervorzurufen.

- Werbesprache weist zwar auch Wortschatz und Formen des Sprachgebrauchs auf, die werbetypisch, also weitgehend auf die Werbung beschränkt sind. Sie dient aber weder der Kommunikation innerhalb eines fest umgrenzten Personenkreises noch weist sie eine soziale Abgrenzungsfunktion wie die Sondersprachen auf, die bewusst esoterisch sind, um Gruppenidentifikation zu ermöglichen.

- Werbesprache ist trotz ihrer Anleihen aus der Alltagssprache und ihrer Bemühungen um Spontanität artifiziell und auf eine ganz bestimmte Wirkung hin gestaltet. Fraglich ist, ob sie überhaupt Sprechwirklichkeit besitzt, ob wir also zum Beispiel das, was ein Verkäufer im Verkaufsgespräch zu einem Kunden sagt, als genau die gleiche Varietät ‚Werbesprache' begreifen würden wie Texte in Anzeigen, Prospekten und Spots.

- Werbesprache greift Tendenzen der Alltagssprache auf, beeinflusst diese aber umgekehrt, indem sie neuen Wortschatz und Redewendungen liefert, die sich dann beispielsweise als Trend-Sprüche auf Postkarten wiederfinden (z. B. *Nicht immer, aber immer öfter; Da weiß man, was man hat; Aus Erfahrung gut; Geiz ist geil; Da werden Sie geholfen* usw.).

Manuela Baumgart fasst dies so zusammen:

> Also läßt sich resümieren, daß die Sprache der Werbung keine Sondersprache im eigentlichen Sinne ist, sondern lediglich eine instrumentalisierte, zweckgerichtete und ausschließlich auf Anwendung konzipierte Sonderform der sprachlichen Verwendung darstellt, die naturgemäß eigenen Gesetzmäßigkeiten unterliegt, aber dennoch aufs engste mit der Alltagssprache verwoben ist. (Baumgart 1992: 34)

 Der artifizielle und zweckorientierte Charakter von Werbesprache hat Auswirkungen auf die sprachwissenschaftliche Analyse und bringt je nach Fragestellung methodische Probleme mit sich. Wird beispielsweise die Verwendung von bestimmten Varietäten wie Fachsprache, Jugendsprache, Dialekt untersucht, können die Varietäten nicht mehr ohne weiteres im Rahmen ihrer sonstigen Gebrauchsbedingungen gesehen werden: Jugendsprache in der Werbung ist keine spontan gesprochene Varietät mehr, Fachsprache hat nicht mehr zwangsläufig die Funktion, konnotationsfrei Aussagen über fachliche Inhalte zu machen, und Dialekte kommen in der Werbung selten in ihrer authentischen Form vor (siehe 4.4.2). Varietäten in der Werbung sind immer inszeniert, die Kommunikationssituation wird imitiert, man „tut so als ob". Sie müssen daher auf ihre möglicherweise veränderte, in die Werbeintention eingebundene Funktion hinterfragt werden. Genauso verhält es sich mit der Hausfrauenumfrage, dem Produkttest auf der Straße, dem Auftreten von Fachleuten: Zu beachten ist der Inszenierungscharakter, der aus einer sehr differenziert geplanten Text-Bild-Konstruktion eine alltägliche und authentische Kommunikationssituation zu machen scheint.

2.3.3 Manipulation oder Information?

Spätestens seit der Diskussion über unterschwellige Werbung, ausgelöst durch Vance Packards Buch „Die geheimen Verführer" (1957/1992) und Ernest Dichters tiefenpsychologische Werbedeutung „Strategie im Reich der Wünsche" (1961), liest und hört man immer wieder, dass Werbung manipuliere, mit den Emotionen und verborgenen Wünschen der Verbraucher spiele, sie suggestiv zu etwas eigentlich Ungewolltem bewege und alles in allem doch schmerzlich ihren Auftrag der Verbraucherinformierung vernachlässige. Auch wenn die Legende der unterschwelligen Werbung inzwischen widerlegt ist (siehe das lesenswerte Buch von Eva Heller „Wie Werbung wirkt" 1984), findet sich doch besonders in sprachwissenschaftlichen Arbeiten der Vorwurf, die Werbung vernachlässige ihren Informationsauftrag zugunsten einer Verbraucherverführung (siehe auch Gipper 1979 oder Eicke 1991: 93–106):

> Somit wird dem Käufer eine Scheinwelt vorgegaukelt, die mit dem realen Warennutzen nicht mehr viel gemein hat, obwohl die primäre Aufgabe der Werbung eigentlich in der Produktinformation liegen sollte. Sie soll Wegweiserfunktion erfüllen und dem Konsumenten die Bildung seiner alltäglichen Wertsysteme erleichtern; sie soll ihn über Realnutzen und Nebennutzen der Produkte aufklären, damit er weiß, von welcher Ware er was zu erwarten hat. Und sie soll Kaufentscheidungen herbeiführen sowie diese gleichzeitig rechtfertigen, damit der Käufer unbelastet und ohne schlechtes Gewissen einkaufen und konsumieren kann. (Baumgart 1992: 28)

Werbewissenschaftliche Arbeiten gehen dagegen sehr häufig von einem Informationsgehalt in der Werbung aus und untersuchen die Art der Verarbeitung beim Rezipienten, warnen gar vor einer drohenden Informationsüberlastung (z. B. Bleicker 1983). Wieder andere konstatieren, Werbung könne per se nicht informieren: „‚Informative Werbung' ist eine contradictio in adjecto." (Lindner 1977: 122)

Diese Diskrepanz kommt durch verschiedene Auffassungen von „Information" zustande. Denken die einen an Information im Sinne von umfangreicheren sachlichen Angaben über Produkteigenschaften (siehe die Zitate von Baumgart und Lindner), so liegt den werbewissenschaftlichen Arbeiten meist ein informationstheoretischer Begriff zugrunde, der alle optischen und akustischen Reize als zu verarbeitende Informationen versteht. Dieser informationstheoretische Ansatz spielt für die sprachwissenschaftliche Interpretation von Werbung selten eine Rolle.

Wer an Werbung den Anspruch erhebt, sie müsse mit dem Ziel größtmöglicher Markttransparenz umfassend über das Produkt informieren, verkennt Wesen und Ziel der Werbung (siehe dazu das amüsante Gedankenexperiment bei Januschek 1976: 138–140, bei dem zwei Professoren von Werbeanzeigen wie von Fachartikeln reden). Werbung dient nicht und diente nie der marktwirtschaftlichen Aufklärung, sondern ist ein Instrument, um den Umsatz zu erhalten oder zu steigern. Gelingt dies mit Hilfe von nachprüfbaren und sachlichen Produktinformationen, dann werden diese eingesetzt. Eignet sich eine solche „informative" Strategie nicht aufgrund der Produktgattung oder des zu ähnlichen Konkurrenzangebots, werden stattdessen emotionale Strategien gewählt.

Information in der Werbung gibt es also in eingeschränktem Maß (z. B. über Preise, Inhaltsstoffe, technische Details) – sie ist aber immer ausgesprochen selektiv und zweckorientiert und oft kombiniert mit nur scheinbar informativen Angaben, die näherer Nachprüfung nicht standhalten (weil sie zum Beispiel nichts Besonderes, sondern etwas Selbstverständliches benennen) (siehe auch Brandt 1973: 122 f.).

Statt vor Manipulation zu warnen, vergeblich Information einzufordern und nichtinformative Werbung moralisch zu verurteilen, könnte sprachwissenschaftlich begründete Aufklärung darin liegen, möglichst wertungsfrei die werbesprachlichen Überzeugungsstrategien zu beschreiben, den intentionalen Charakter von Werbung zu betonen, die Inszeniertheit ihrer Sprache bewusst zu machen und auf die Selektivität und Subjektivität der Produktinformationen hinzuweisen. Der emanzipierte Umgang mit Werbung aber muss Sache des Rezipienten selbst sein, der nicht so hilflos manipulierbar ist, wie es in älteren sprachwissenschaftlichen Interpretationen mitunter unterstellt wird (siehe dazu auch die Wissenschaftskritik bei Zielke 1991: 14–18).

Ganz im Gegenteil ergeben sich ganz neue Interpretationsmöglichkeiten, wenn man davon ausgeht, dass den Werbetreibenden bewusst ist, dass auch die Verbraucher wissen, dass die Werbung vor allem den Zweck hat, Wünsche zu wecken und Produkte zu verkaufen:

> Werbung ist prinzipiell als solche zu erkennen und niemals unparteiisch. Sie offenbart dem aufgeklärten Konsumenten ihre Intention, nicht nur informieren oder unterhalten, sondern die beworbenen Produkte und Dienstleistungen letztlich verkaufen zu wollen. Diese Erkenntnis schafft ein grundsätzliches Problem der *Glaubwürdigkeit.* (Wehner 1996, 152; Hervorhebung im Original)

 Wie diese Glaubwürdigkeit trotz der offensichtlichen Werbeintention zu erreichen versucht wird, ist eine auch aus sprachwissenschaftlicher Sicht ergiebige Frage (siehe z. B. 4.2.3 zur Argumentation oder 4.4.2 zu Varietäten). Ein in neuerer Zeit oft gewähltes Mittel der Werbenden ist die Selbstthematisierung, d. h. das ausdrückliche Ansprechen ihrer eigenen Situation (siehe dazu die Forschungsanregung unter 2.2.3: 35).

Dass Werbung Strategien nutzt, die rein auf emotionale Wirkung bedacht sind und tief sitzende Wünsche und Ängste ansprechen, dass scheinbar wissenschaftliche Fachwörter auftauchen, die sich bei genauerem Hinsehen als Wortschöpfungen ohne konkrete Bedeutung entpuppen (zum Beispiel *prebiotisch*), oder dass Angaben informativ wirken, aber nichts Neues bieten oder ungenau sind und daher verschleiernde Funktion haben, soll nicht abgestritten werden (siehe dazu ausführlicher 6.4). Es wird aber dafür plädiert, Werbung nicht unkritisch und vorschnell wegen mangelnder Information den Vorwurf von Manipulation und Irreführung zu machen, sondern die gewählten Mittel aus der Perspektive ihrer Zweckorientierung zu bewerten (Janich 1998a: 232–235).

 Literaturtipps

> Als Grundlagenwerke zur Werbesprachenforschung können trotz ihres Alters bis heute gelten:
> RÖMER, Ruth (⁶1980): Die Sprache der Anzeigenwerbung. 6. Auflage (unveränderter Nachdruck der 2., revidierten Auflage). Düsseldorf (Schwann). (= Sprache der Gegenwart 4). [Erstmals 1968].
> BAUMGART, Manuela (1992): Die Sprache der Anzeigenwerbung. Eine linguistische Analyse aktueller Werbeslogans. Heidelberg (Physica). (= Konsum und Verhalten 37).
> Eine Einführung in die Werbelinguistik bietet auch der schmale Band von
> SOWINSKI, Bernhard (1998): Werbung. Tübingen (Niemeyer). (= Grundlagen der Medienkommunikation 4).
> Interdisziplinäre Beiträge bietet der Sammelband

JÄCKEL, Michael (Hrsg.) (1998): Die umworbene Gesellschaft. Analysen zur Entwicklung der Werbekommunikation. Opladen/Wiesbaden (Westdeutscher Verlag).
Zum Problem der Information und Manipulation und der besonderen Kommunikationssituation der Werbung finden sich kritische und ergiebige Ansätze bei folgenden Autoren:
BRANDT, Wolfgang (1973): Die Sprache der Wirtschaftswerbung. Ein operationelles Modell zur Analyse und Interpretation von Werbungen im Deutschunterricht. In: Germanistische Linguistik 1–2, 117–125.
JANUSCHEK, Franz (1976): Sprache als Objekt. „Sprechhandlungen" in Werbung, Kunst und Linguistik. Kronberg im Taunus (Scriptor). (= Monographien Linguistik und Kommunikationswissenschaft 25).
Eine Forschungs- und Methodenkritik (zur positiven oder negativen Voreingenommenheit gegenüber Werbung, zur Vorgehensweise) findet sich bei:
ZIELKE, Achim (1991): Beispiellos ist beispielhaft oder: Überlegungen zur Analyse und zur Kreation des kommunikativen Codes von Werbebotschaften in Zeitungs- und Zeitschriftenanzeigen. Pfaffenweiler (Centaurus). (= Reihe Medienwissenschaft 5). 9–37.

 ### Neuere Literatur

Einen breiten interdisziplinären Überblick über gesellschaftsrelevante Aspekte von Werbung und Werbesprache bietet der Sammelband
WILLEMS, Herbert (Hrsg.) (2002): Die Gesellschaft der Werbung. Kontexte und Texte. Produktionen und Rezeptionen. Entwicklungen und Perspektiven. Wiesbaden (Westdeutscher Verlag).
Neuere Einführungen aus kommunikationswissenschaftlicher Perspektive sind
SIEGERT, Gabriele/BRECHEIS, Dieter (2005): Werbung in der Medien- und Informationsgesellschaft. Eine kommmunikationswissenschaftliche Einführung. Wiesbaden (VS Verlag Sozialwissenschaften).
ZURSTIEGE, Guido (2007): Werbeforschung. Konstanz (UVK). (= UTB 2909).
Eine sprachwissenschaftliche Einführung in die Erforschung der Werbesprache bietet
EICHLER, Wolfgang (2009): Kommunikation und Sprache in der Wirtschaftswerbung. Ein Studienbuch. Hamburg (Igel).
Neuere sprachwissenschaftliche Versuche, Trends der Werbesprache ganzheitlich zu beschreiben, liegen vor mit
SCHLÜTER, Stefanie (2007): Die Sprache der Werbung. Entwicklungen, Trends und Beispiele. Saarbrücken (VDM).
ZIEGLER, Diana (2008): Zeichen setzen und Zeichen verstehen. Alltagsästhetik und Werbung. Aachen (Shaker). [Diss. Universität Mannheim].
Jüngst erschienen ist schließlich ein Methoden-Handbuch zur Erforschung von Werbesprache, das Beiträge von Experten der verschiedenen sprachwissenschaftlichen Teildisziplinen versammelt, die mögliche Fragestellungen, methodische Zugänge und analytische Probleme diskutieren[1]:

---

1 Einzelne Beiträge aus diesem Buch werden nur in Ausnahmefällen zitiert. Im Prinzip kann davon ausgegangen werden, dass zu fast jedem sprachsystematischen oder pragmatisch-soziolinguistischen Thema sowie zu relevanten Disziplinen wie Wirtschaftswissenschaft, Psychologie, Kultur- oder Kommunikationswissenschaft Beiträge verschiedener Autoren enthalten sind.

JANICH, Nina (Hrsg.) (2012b): Handbuch Werbekommunikation. Sprachwissenschaftliche und interdisziplinäre Zugänge. Tübingen (Francke). (= UTB).

(6) Ist Werbesprache eine eigene Varietät? Diskutieren Sie im Seminar Möglichkeiten der soziolinguistischen Einordnung von Werbesprache, indem Sie sie mit anderen Varietäten wie der Fach- oder Jugendsprache vergleichen.

(7) Interpretieren Sie die Listerine-Anzeige (Abb. 9: 82 f.), die Vagisan-Anzeige (Abb. 14: 126), die Duckstein-Anzeige (Abb. 15: 135) und die Darbo Naturrein-Anzeige (Abb. 17: 149) nach dem Kommunikationsmodell von Carola Stern hinsichtlich Sender, Darstellungsform und Empfänger. Lassen sich primärer und sekundärer Kommunikationskreis bzw. Primär- und Sekundärsender unterscheiden? Welcher Art sind die „Miniatur-Erzählungen" in diesen Anzeigen und wie lässt sich eine Einordnung sprachlich begründen?

(8) Vergleichen Sie die Biotherm-Anzeige (Abb. 26: 222) mit der innéov-Anzeige (Abb. 13: 121) hinsichtlich ihres Informationsgehalts: Welche Inhalte würden Sie vorwiegend als informativ und welche als emotional bewerten?

2.4   Rezeption und Produktion – zwei Perspektiven

Das methodische Dilemma der Sprachwissenschaftlerinnen und Sprachwissenschaftler bei der Untersuchung von Werbung ist die interindividuelle Gültigkeit ihrer Interpretationen. Werbung wird gesammelt und untersucht, und dann werden die sprachwissenschaftlich abgesicherten Ergebnisse hinsichtlich ihrer Werbewirkung, der geplanten wie der tatsächlichen, interpretiert. Zumeist stehen den Forscherinnen und Forschern dafür aber nur ihre eigenen Assoziationen zur Verfügung und nicht immer hat man die Zeit und die Möglichkeit, diese durch eine Umfrage abzusichern. Und ob sich die Werbetexter tatsächlich immer genau das dabei gedacht haben, was wir hinein- bzw. herausinterpretieren, oder ob nicht oft auch Sprachintuition auf der einen Seite, ganz bestimmte Vorgaben des Auftraggebers und werbegestalterische Rahmenbedingungen auf der anderen Seite eine Rolle gespielt haben, ist fraglich (dazu lese man den instruktiven Aufsatz von Bendel 2008: „Werbestrategien hinterfragen statt reproduzieren – Plädoyer für eine kritische Wissenschaft"!).

Das Dilemma lässt sich, besonders für Studienarbeiten, kaum endgültig lösen. Das Folgende soll jedoch eine Anregung sein, zum einen vorsichtig mit Assoziationen zu sein und die mögliche Wirkung sprachlicher Aspekte möglichst eng an den Ergebnissen zu interpretieren, zum Zweiten sich nach Möglichkeit auch mal bei anderen zu vergewissern, ob sie ähnliche Assoziationen mit der Werbung verbinden, und sich zum Dritten darum zu bemühen, Informationen über die Absichten und Arbeitsweise der Produzenten zu erhalten. Wie die einführenden Abschnitte bis jetzt gezeigt haben, gibt es eine Fülle von Rahmenbedingungen für die Werbewirtschaft, die die Gestaltung von Werbung und von Werbesprache beeinflussen. Werbung entsteht aus einem Kommunikationsprozess zwischen Agentur und beauftragendem Unternehmen. Die Werbegestalter haben die unterschiedlichsten Ausbildungen, Bild- und Textentwürfe werden von unterschiedlichen Kreativen gestaltet – und längst nicht alle Werbetexter sind Germanisten!

Achim Zielke skizziert den Produktionsprozess einer Anzeige und weist auf die außersprachlichen Gestaltungsfaktoren hin: Zuerst werden in einem so genannten Briefing von einem auftraggebenden Unternehmen einer Werbeagentur die Rahmenbedingungen vorgegeben: der Zeitrahmen, in dem eine Kampagne entwickelt werden muss – der finanzielle Rahmen – Informationen über das Unternehmen, seine Wettbewerbssituation und die Produktpalette – Informationen über das Produkt, seine Vor- und Nachteile und mögliche Konkurrenz, über geplante Vertriebswege und angepeilte Käuferschaft – Regieanweisungen bezüglich der bisherigen Kommunikationspolitik des Unternehmens und allgemeine Vorstellungen über den umzusetzenden Werbeinhalt (Zielke 1991: 97 f.). Auf der Basis der Briefings erarbeitet die Werbeagentur eine Werbekonzeption, die in der Regel einen Ist-Soll-Vergleich zur Marktsituation, eine Zielgruppenselektion, eine Mediaplanung (welche Werbemittel in welcher Kombination?) und eine konkrete Strategie zur grafischen und sprachlichen Umsetzung des Werbeinhalts enthält (Zielke 1991: 101). In wechselseitiger Absprache wird eine solche Werbekonzeption dann vom Auftrag gebenden Unternehmen genehmigt bzw. als verbindlich erklärt. In einem letzten Schritt setzt die Agentur die Werbekonzeption in eine konkrete Werbemittelgestaltung um, indem Grafiker und Werbetexter im Rahmen der vorgegebenen Strategie Grafikelemente und Texte ausarbeiten, die in weiteren Entwicklungsstufen zu homogenen Gesamtentwürfen verbunden werden und aus denen das Unternehmen dann letztendlich auswählt (Zielke 1991: 138, 157).

Es gibt verschiedene Möglichkeiten, die Produzentenseite zu berücksichtigen: Informationen lassen sich am besten direkt bei kleineren und größeren Werbeagenturen einholen (z.B. über die konkrete Vorgehens- und Arbeitsweise, über spezifische Marktbedingungen, über den Grad der Reflektiertheit bezüglich der sprachlichen Gestaltung), die allerdings sehr unterschiedlich hilfsbereit sind. Aber Nachfragen kostet nichts, und Recherchen dieser Art machen zudem Spaß und erweitern den Horizont. Optimal ist es, wenn man Kontakt zu der Agentur bekommt, die für die jeweils untersuchte Werbung verantwortlich zeichnet. Eine andere Möglichkeit besteht darin, sich an den Gesamtverband Kommunikationsagenturen e. V. (http://www.gwa.de) oder an ähnliche Verbände zu wenden, deren Adressen zum Beispiel in den Werbe-Jahrbüchern des Zentralverbands der deutschen Werbewirtschaft e. V., der selbst eine gute Adresse ist (http://www.zaw.de), aufgeführt sind.

Auch ein Blick in die werbewissenschaftliche Literatur und in die zahlreichen Werberatgeber kann nützlich sein, um sich über mögliche Produktionsvorgaben und Idealvorstellungen von guter Werbung zu orientieren. Bei dieser Methode sollte allerdings der Abstand zwischen Empfehlung und tatsächlicher Befolgung kritisch gesehen und zum Beispiel nachgeprüft werden, ob solche Ratgeber von den entsprechenden Produzenten überhaupt herangezogen werden (zur Kritik aus der Praxis Zielke 1991: 158).

Auf jeden Fall ist Vorsicht bei der Interpretation von Intentionen der Werbetreibenden und Werbegestalter angebracht, und zur Werbewirkung lassen sich sprachwissenschaftlich erst recht keine fundierten Aussagen treffen. Wo aufgrund entsprechender Informationen möglich, bietet die Berücksichtigung der Produzentenperspektive jedoch nicht selten erstaunliche Einblicke. Eine stärkere Einbindung der Produktionsperspektive könnte zudem langfristig zu einem befruchtenden Austausch zwischen Sprachwissenschaft und Werbewirtschaft bzw. -wissenschaft führen. Grundsätzliche und allgemeinere Aspekte, die mir selbst aus solchen Kontakten bekannt sind, fließen an den entsprechenden Stellen in dieses Buch ein.

 ### Literaturtipps

Informationen über die Produktionsseite bekommt man außer über die unter 2.2 zitierte werbewissenschaftliche Literatur zum Beispiel von Werberatgebern wie den folgenden, die allerdings eine sehr idealisierte Sicht bieten:

HERZOG, Ulrich (1991): Text in der Praxis. Essen (Stamm).

JOLIET, Hans (1990): Anzeigen wirksam gestalten, texten, plazieren. Das aktuelle Standardwerk der Anzeigenwerbung. Landsberg am Lech (Moderne Industrie).

Ein Ratgeber besonderer Art ist das Rothfuss-Wörterbuch, das zu alltagssprachlichen Wörtern mögliche Konnotationen und Assoziationen auflistet, um Werbetextern die Wortwahl zu erleichtern:

ROTHFUSS, Volker (1991): Wörterbuch der Werbesprache. Stuttgart (Rothfuss).

Mit einer sprachwissenschaftlichen Ausrichtung kombiniert fließt der Produktionsaspekt aus eigener Berufserfahrung sehr stark ein bei:

ZIELKE, Achim (1991): Beispiellos ist beispielhaft oder: Überlegungen zur Analyse und zur Kreation des kommunikativen Codes von Werbebotschaften in Zeitungs- und Zeitschriftenanzeigen. Pfaffenweiler (Centaurus). (= Reihe Medienwissenschaft 5).

 ### Neuere Literatur

Methodische Hinweise für eine kritische Werbesprachenforschung unter Einbeziehung der Perspektive der Praxis geben:

BENDEL, Sylvia (2008): Werbestrategien hinterfragen statt reproduzieren – Plädoyer für eine kritische Wissenschaft. In: Held, Gudrun/Bendel, Sylvia (Hrsg.): Werbung – grenzenlos. Multimodale Werbetexte im interkulturellen Vergleich. Frankfurt am Main u.a. (Lang). (= sprache im kontext 31). 229–244.

STÖCKL, Hartmut (³2006): Werbekommunikation – Linguistische Analyse und Textoptimierung. In: Knapp, Karlfried u.a. (Hrsg.): Angewandte Linguistik. Ein Lehrbuch. 3., vollständig überarbeitete und erweiterte Auflage. Tübingen (Francke). 245–266.

Sprachwissenschaftlich fundiert gibt ein Aufsatz von Stöckl Auskunft über die Möglichkeiten eines werblichen Schreibtrainings:

STÖCKL, Hartmut (2008 c): Werbung texten. Ein domänenspezifisches Schreibtraining. In: Jakobs, Eva-Maria/Lehnen, Katrin (Hrsg.): Berufliches Schreiben. Ausbildung, Training, Coaching. Frankfurt am Main u.a. (Lang). (= Textproduktion und Medium 9). 65–82.

3 Der Makrokosmos der Werbung: Medien und Formate

 Prinzipiell kann man sich bei sprachwissenschaftlichen Untersuchungen auf einzelne Elemente der Werbung wie Produktnamen oder Slogans beschränken, was auch sehr häufig in der Forschung der Fall ist. Man sollte sich dieser Beschränkung aber bei der Interpretation der Ergebnisse bewusst bleiben (und übrigens auch beim Zitieren solcher Ergebnisse!). So halte ich es für problematisch, ein Buch „Die Sprache der Anzeigenwerbung" (Baumgart 1992) zu nennen, wenn sich die Materialgrundlage weit gehend auf Werbeslogans beschränkt. Auch wenn diese Einschränkung eindeutig im Untertitel thematisiert wird („Eine linguistischer Analyse aktueller Werbeslogans"), so ist doch die Versuchung bei Autorin und Zitierenden groß, die Ergebnisse zu verabsolutieren und als repräsentativ für „die Sprache" in Anzeigen zu sehen, sie gar uneingeschränkt mit Ergebnissen zu vergleichen, die auch den Haupttext und die Schlagzeile von Anzeigen einbeziehen. Unabhängig davon, welche Forschungsfrage an Werbung angelegt wird: Beim Heranziehen von Forschungsliteratur sollte kritisch die Vergleichbarkeit geprüft werden (die nicht nur von den analysierten werbesprachlichen Elementen, sondern bei einer so schnelllebigen Kommunikationsform wie der Werbung auch vom Alter der Forschungsergebnisse abhängt!) und bei der Fokussierung auf bestimmte Werbeelemente deren ganz spezifische Funktion innerhalb einer Gesamtanzeige/eines Werbespots bei der Anlage der Untersuchung berücksichtigt werden.

Da sich bei Anzeigen die einzelnen Text- und Bildelemente am leichtesten isolieren lassen, wird eine Klassifizierung der Teiltexte zuerst auf die Anzeige bezogen. In den folgenden Teilkapiteln (3.2–3.4) werden weitere Werbemittel und -formate vorgestellt, und es wird gezeigt, ob und inwiefern die zuvor vorgestellten Teiltexte hier Verwendung finden oder eine Rolle spielen.

3.1 Mikrokosmos Anzeige: Bausteine der Werbung

 Literaturtipps

Die folgenden Ausführungen orientieren sich weitgehend an der Klassifikation von Zielke, die der Praxis des Werbetexters entstammt und pragmatisch an der Funktion der Elemente orientiert ist:
ZIELKE, Achim (1991): Beispiellos ist beispielhaft oder: Überlegungen zur Analyse und zur Kreation des kommunikativen Codes von Werbebotschaften in Zeitungs- und Zeitschriftenanzeigen. Pfaffenweiler (Centaurus). (= Reihe Medienwissenschaft 5). 65–93.

Abbildung 4: Toshiba Tecra A9

3.1.1 Schlagzeile

Die Schlagzeile **(1)**[2] ist der Aufhänger einer Anzeige. Sie ist neben dem Bild das zentrale Textelement, das beim flüchtigen Blättern Aufmerksamkeit und weiter gehendes Leseinteresse wecken soll.

> Zu diesem Zweck vermittelt die Headline dem Umworbenen im Idealfall eine Information, die einen aufmerksamkeitserregenden Aspekt des Beworbenen ausschnitthaft und spektakulär thematisiert und insofern eine besondere Informationsqualität – häufig in Form eines Neuigkeitswertes – besitzt. (Zielke 1991: 67)

In der Fachsprache der Werbeleute heißt die Schlagzeile *Headline* und wird unterschieden von der *Subheadline* (einer Unterüberschrift) **(2)** und einer manchmal auftauchenden *Topline* (einer oberhalb der Headline befindlichen, kleiner gedruckten Anfangszeile) **(3)** (Zielke 1991: 68 f.). Der Terminus *Schlagzeile* ist aber insofern treffender, als sich der große und typografisch auffällige Aufhänger einer Anzeige nicht zwangsläufig *über* der Gesamtanzeige befindet, sondern möglicherweise zwischen Bild und Fließtext angesiedelt, über die Anzeigenfläche verteilt oder ins Bild integriert ist. Bei Plakaten existiert als Werbetext in der Regel überhaupt nur eine Schlagzeile, abgesehen vom Produktnamen und eventuell dem Slogan. Eine Differenzierung in Headline, Topline und Subheadline scheint mir daher bei den meisten Anzeigen und den meisten Fragestellungen überflüssig (weil wenig ergiebig) zu sein und ist oft schwierig vorzunehmen, wenn beispielsweise formal zwar zwei Schlagzeilen vorhanden sind, sich diese semantisch aber so ergänzen, dass man eher von einer zweiteiligen Schlagzeile als von zwei hierarchisch getrennten Textelementen sprechen möchte. So besteht die Schlagzeile in der Beispielanzeige für den Toshiba Tecra A9 (Abb. 4) aus drei Teilen (*Er braucht ein Ass im Ärmel. Sie nicht. Sie haben die Doppelgarantie!*), die typografisch als drei zwar untereinander stehende, aber nicht hierarchisch geordnete Teiltexte erscheinen. Gemeinsam als Schlagzeile zu bestimmen sind sie deshalb, weil sie sich inhaltlich eng aufeinander beziehen. Die Unterüberschrift *Pokern Sie nicht, wenn es um die Qualität Ihres Notebooks geht.* ließe sich formal auch als Teil des Fließtextes einordnen, da sie nur durch einen Abstand von diesem getrennt steht, nicht aber typografisch hervorgehoben ist. Inhaltlich steht sie jedoch der Schlagzeile näher als dem Fließtext. Der Satz *Toshiba empfiehlt Windows Vista Business* ist dagegen nur formal als Topline klassifizierbar, da dies eine Form von kooperativer Werbung darstellt (der die Anzeige schaltende Hardware-Hersteller empfiehlt auch gleich eine passende Software eines anderen Herstellers), die mit dem konkreten Inhalt des Anzeigentextes und der anderen Schlagzeilen nichts zu tun hat.

---

[2] Die Zahlen hinter den Anzeigenelementen beziehen sich auf die Beispielanzeige für den Toshiba Tecra A9 (Abb. 4: 54), an der der Anzeigenaufbau veranschaulicht werden soll.

Ein grundsätzliches Problem der Klassifizierung von Werbetextelementen, das bereits bei der Schlagzeilenbestimmung aufscheint, liegt darin, dass in der aktuellen Werbung des 21. Jahrhunderts immer mehr vom klassischen Anzeigenaufbau abgewichen wird und es daher bei vielen Anzeigen ausgesprochen schwer fällt, die hier vorgestellte Unterteilung auch sinnvoll anzuwenden. (So wird zum Beispiel unter Umständen ein Slogan oder ein Produktname zugleich als Schlagzeile eingesetzt oder es tritt ein optisch hervorgehobener Kurztext im Bild an die Stelle von Schlagzeile und Fließtext.) Für solche Fälle bietet es sich an, die Text- und Bildelemente entsprechend dem unter 5.1 vorgeschlagenen Analysemodell (2. Analysestufe) erst einmal zu isolieren und in einem zweiten Schritt zu versuchen, relativ unabhängig von klassischen Kategorien und Benennungen deren Funktion innerhalb der Anzeige zu bestimmen.

Wichtig zur Identifizierung der Schlagzeile ist ihre Funktion als sprachlicher (und typografischer) Blickfang. Sie ist außerdem das Textelement, das in der Regel den Aufmerksamkeit erregenden und produktspezifischen Zusatznutzen, der in der jeweiligen Anzeige im Vordergrund stehen soll, thematisiert. Dieser wird von Werbefachleuten *USP* (*unique selling proposition* = ‚einzigartige Verkaufsaussage') genannt. Über die USP/den Zusatznutzen versucht die Werbung, das Problem der zunehmenden Produktähnlichkeit zu umgehen und auf irgendeine Weise das beworbene Produkt gegen Konkurrenzprodukte abzugrenzen, auch wenn kaum mehr tatsächliche Unterschiede vorhanden sind:

> Hinter diesem Begriff [„emotionaler Zusatznutzen", N. J.] verbirgt sich eine Strategie, die gleichartige Produkte auf einer sachlich nicht mehr begründbaren Ebene mit distinktiven Merkmalen versieht. (Sauer 1998: 17)

Der Zusatznutzen kann zum Beispiel darin bestehen,

a. eine PRODUKTEIGENSCHAFT besonders hervorzuheben (z. B. Schlagzeile für die medizinische Salbe Mobilat: *Bei Prellungen, Zerrungen, Verstauchungen: Mobilat. Mit der 3-Wirkstoff-Formel.*; Schlagzeile für das Haarfärbemittel Poly Country Colors: *Die faszinierenden Farben des Indian Summer – so intensiv wie noch nie.*), zum Beispiel einfach nur die Neuheit des Produkts (Schlagzeile für ein Handy: *T-D1 Local. Die Revolution im Mobilfunk ist da.*),

b. eine besondere VERWENDUNGSSITUATION oder einen Verbrauchsaspekt aufzuzeigen (z. B. Schlagzeile für Schmerztabletten: *Die neue Thomapyrin zum Kauen ist da.* (typografische Hervorhebung im Original); Schlagzeile für das Palmolive Activating Duschgel „mit natürlichen Fruchtessenzen": *Das fruchtige Duschvergnügen*),

c. einen besonderen NUTZEN FÜR DEN KONSUMENTEN zu benennen (z. B. Schlagzeile für den Mazda 626 Turbodiesel-Direkteinspritzer: *So temperamentvoll, dass man kaum noch anhalten möchte. So sparsam, dass man kaum noch anhalten muss.*; Schlagzeile für TV- und Videogeräte von Toshiba: *Toshiba – einfach nur einstecken.*),

d. das Produkt in ALLGEMEINE WERTVORSTELLUNGEN einzubetten (z. B. Schlagzeile für den VW Polo: *Manche mögen's sicher*; Schlagzeile für AXA Colonia Versicherungen: *Die neue Kraft. Für Ihre Sicherheit. Für Ihr Vermögen.*).

Diese Liste ist nicht vollständig und es kann zu Überschneidungen bei der Zuordnung kommen, da zum Beispiel der Nutzen für den Konsumenten und der Hinweis auf eine spezifische Verwendungssituation zusammenfallen können. Oft genug lässt sich der Zusatznutzen in der Schlagzeile überhaupt nicht klar fassen bzw. dient die Schlagzeile durch ihre Typografie, ihre sprachliche Form oder gerade ihre inhaltliche Unbestimmtheit mehr der Aufmerksamkeitsweckung als einer tatsächlichen Werbeinformation (z. B. *Ein BMW ist ein BMW ist ein BMW …*). Dies ist z. B. auch der Fall, wenn sie den Aufhänger für bzw. eine Einleitung in eine Geschichte bietet, die die Anzeige erzählt (z. B. Schlagzeile für die Mercedes-Benz V-Klasse: *Laura freut sich auf die Affen, Johanna freut sich auf die Elefanten, Jakob und Stefan freuen sich auf die Strauße. Und Papa freut sich auf die Rückfahrt.*).

Trotzdem könnte man auf diese Weise versuchen, Schlagzeilen in einem ersten Schritt grob nach ihrem Inhalt zu klassifizieren. Interessanter sind allerdings gerade bei der Schlagzeile die sprachlichen Strategien, die zur Aufmerksamkeitserregung eingesetzt werden (Frage, Ausruf, Aufforderung, rhetorische Figur, intertextuelle Anspielung, Wortspiel, auffällige Interpunktion; siehe Kap. 4), sowie die Relation zwischen der Schlagzeile und Bildern in der Anzeige (siehe 4.5.3 zu Text und Bild). Roman Hirner (2007) hat 400 Anzeigenschlagzeilen des Jahres 2004 aus der Frankfurter Allgemeinen Zeitung, der Süddeutschen Zeitung und dem Stern auf ihre sprachliche Form und pragmatische Funktion untersucht und kommt zu folgendem Ergebnis, wie „die charakteristische Headline des Jahres 2004" aussieht (fiktiv zusammengestellt aus den quantitativen Ergebnissen der Untersuchung):

> Aus pragmatischer Sicht überwiegt eindeutig die monologisch-geschlossene Behauptungshandlung. Syntaktisch wird sie in Form eines grammatisch vollständigen Aussagesatzes, der aus sieben Lexemen besteht, zum Ausdruck gebracht. Die komplette Headline ist in Majuskeln gehalten, wodurch keine Hervorhebung einzelner Bestandteile erfolgt, sondern eine Akzentuierung der Schlagzeile als Gesamtkonstrukt. Semantisch weist die Überschrift den Effekt einer Mehrdeutigkeit auf, die durch die Reziprozität mit dem Anzeigenbild entsteht. An stilistischen Elementen enthält das charakteristische Konstrukt des Jahres 2004 die Mittel der Alliteration, der Ambiguität, der Antithese, der persönlichen Anrede sowie des Superlativs. (Hirner 2007: 389 f.; ausführlicher aufgeschlüsselt 391–403).

 Trotz der zentralen Funktion der Schlagzeile gibt es (mit der Ausnahme von Hirner 2007) kaum Untersuchungen, die deren sprachliche Gestaltung, die Strategien der Aufmerksamkeitserregung und die Einbettung der Schlagzeile in die Gesamtanzeige untersuchen. Ausnahmen stammen weniger aus der eigentlichen Werbesprachenforschung, sondern kommen aus anderen Disziplinen wie vor allem der Phraseologieforschung (siehe 4.3.2).

Neuere Literatur

Eine neuere und bislang einzige korpuslinguistische Untersuchung von Anzeigenschlagzeilen stammt von Roman Hirner:
Hirner, Roman (2007): Linguistische Untersuchungen an Werbeheadlines von Anzeigen der FAZ, SZ und des Stern 2004. Hamburg (Dr. Kovač). (= Philologia. Sprachwissenschaftliche Forschungsergebnisse 101).

(9) Wird in folgenden Schlagzeilen ein Zusatznutzen propagiert? Wenn ja: welcher? Wenn nein: Was ist dann ihre Funktion bzw. ihre Werbebotschaft?

a) *In jedem Blond steckt ein noch blonderes Blond. Zeigen Sie es!* (Anzeige für das Blondierungsshampoo „go blonder!" der Produktserie „Sheer blonde", gesamter Anzeigentext auf S. 39 unter Aufgabe 2.)

b) *Für Männer, die bei Blackberry immer noch an eine Frucht denken.* (Anzeige für eine Männerarmbanduhr von IWC Schaffhausen, siehe gesamten Anzeigentext auf S. 39 unter Aufgabe 2.)

c) *Macht aus jedem Billy-Regal eine Staatsbibliothek.* (Anzeige für die SPIEGEL Bestseller-Edition, die Abb. ist wie drei Regalbretter gestaltet, bestückt mit den Büchern der Edition.)

d) *Den besten Überblick über die Wirtschaft haben Sie, wenn Sie die FTD ca. 50 cm vor sich halten* (Anzeige für die FINANCIAL TIMES DEUTSCHLAND).

e) *Erleben Sie Literatur, wie Sie sie noch **nie** gehört haben.* (Hervorhebungen im Original. Anzeige für die Hörbuch-Edition „Bibliothek der Erzähler" der SÜDDEUTSCHEN ZEITUNG; im Bild die Innenseite einer Auster, deren Perlmuttstruktur an ein Ohr erinnert und in der eine Perle liegt.)

f) *Zurück zur Natur, sagten die Marillen* (Anzeige für Darbo Naturrein, Abb. 17: 149).

g) *Noch nie war weiß so rot* (Anzeige für den Alfa Spider, siehe Abb. 24b: 201).

3.1.2 Fließtext

Der eigentliche Textblock oder Fließtext einer Anzeige heißt in der Werbefachsprache *Copy, Textbody* oder *Body Copy* **(4)**. Seine Funktion ist es, den in der Schlagzeile thematisierten Aufhänger als Text-Thema aufzugreifen und in einer stilistisch und semantisch kohärenten Form[3] auszuführen bzw. das Bildmotiv der Anzeige sprachlich auszuformulieren oder mit weiteren Angaben zu ergänzen (Zielke 1991: 73, siehe auch 4.5.3 zu Text und Bild). Ob es wirklich seine Aufgabe ist, in einer informatorischen Funktion den Adressaten auf einer „rationalen Verstandesebene zu erreichen", wie Zielke schreibt (1991: 74), müsste im Einzelfall geprüft werden und hängt unter anderem von der Definition von „Information" in diesem Kontext ab (siehe 2.3.3). Auf jeden Fall wird im Fließtext mehr über das Produkt ausgesagt als in Schlagzeile oder Slogan, so dass seine sprachliche Gestaltung auch anderen Prinzipien unterliegt und daher nicht ohne weiteres mit den sprachlichen Merkmalen von Slogans und Schlagzeilen verglichen werden kann.

Da die Realität so aussieht, dass der Fließtext einer Anzeige nur in seltenen Fällen (ganz) gelesen und daher oft gar nicht erst sehr inhaltsreich angelegt wird, kann der Fließtext neben seiner informatorischen Funktion (in den unter 2.3.3 ausgeführten Grenzen) auch eine eher suggestive übernehmen. Er kann nämlich allein durch sein Vorhandensein (was offensichtlich bedeutet, dass es über das Produkt Wis-

---

3 Zum Begriff der Kohärenz siehe ausführlich das Kapitel 4.3.4 zur Textgrammatik.

senswertes auszusagen gibt!) eine gewisse Glaubwürdigkeit erzeugen (Zielke 1991: 73–78, 161). Tendenziell dienen laut Zielke die so genannten *Shortcopies* (Kurztexte, die nicht länger sind als fünf Sätze und optisch nicht durch Absätze, Zwischenüberschriften oder Ähnliches gegliedert sind) meist mehr der Erzeugung von Glaubwürdigkeit als der Produktinformation, während *Longcopies* (Langtexte, die länger als fünf Sätze sind) eher informatorischen Charakter aufweisen. Letztere sind auch häufig stärker optisch gegliedert, zum Beispiel durch Zwischenüberschriften (*Sublines*) oder einen ähnlich wie bei Zeitungsartikeln typografisch hervorgehobenen Vorspann (*Intro(duction)*), wodurch die enthaltenen Informationen leichter rezipierbar sind (Zielke 1991: 79–81; siehe aber auch die kritischen Hinweise zur Unterscheidung von Low- und High-Involvement-Werbung, S. 29 f.).

 An dieser Stelle soll kurz für einen sprachgebrauchskritischen Exkurs innegehalten werden. Wie bisher an Ausdrücken wie *Topline, Headline, USP, Body Copy, Short-* und *Longcopy* deutlich wurde, ist die Werbefachsprache, also die Sprache der Werbeagenturen, extrem stark vom Englischen geprägt. Besonders für Germanistinnen und Germanisten stellt sich die Frage, ob die Übernahme dieser Fachwörter notwendig und unvermeidbar ist oder ob sich deutsche Äquivalente anbieten, die ebenso zutreffend und vielleicht besser verständlich sind. In diesem Buch werden nach Möglichkeit deutsche Ausdrücke verwendet (wie *Schlagzeile, Zusatznutzen, Fließtext, Lang-* und *Kurztexte*), nachdem die englischen Entsprechungen der Vollständigkeit halber angeführt wurden.

 (10) Betrachten Sie die BMW-Anzeige (Abb. 20: 175): Diskutieren Sie, wie der Textblock im oberen Anzeigendrittel zu klassifizieren ist. Argumentieren Sie sowohl formal als auch funktional.

(11) Was ist in der Anzeige für die Versicherung Asstel (Abb. 7: 75) der Fließtext? Begründen Sie Ihre Entscheidung.

3.1.3 Slogan

Der Slogan **(5)** ist das in der Werbesprachenforschung bislang am intensivsten erforschte Textelement, wenn auch viele Arbeiten ein inzwischen hohes Alter aufweisen und daher mit Vorsicht zu genießen sind (z. B. Klotz 1963, Möckelmann/Zander [3]1975, Baumgart 1992). Er wird sehr häufig als *Abbinder* bezeichnet, dem damit implizit oder explizit die Funktion zugewiesen wird, abschließend in kurzer und prägnanter Form die Werbeaussage zusammenzufassen (Baumgart 1992: 35 f., Bajwa 1995: 67 f.). Dies ist nicht ganz korrekt. Das Hauptmerkmal des Slogans besteht in seiner Funktion, die Wiedererkennung eines Produkts, einer Marke oder eines Unternehmens zu ermöglichen und zu stärken und dabei imagebildend zu wirken (so etwa der Slogan von BMW: *Freude am Fahren* oder der von Audi: *Vorsprung durch Technik*). Dies kann er nur, weil er wiederholt wird und sich daher in allen Anzeigen zu einem Produkt bzw. einer Marke bzw. einem Unternehmen findet. Da er anzeigen- und meist auch medienübergreifend eingesetzt wird, kann er nicht zugleich den konkreten Inhalt einer einzelnen Anzeige zusammenfassen. Zielke unterscheidet daher – mit der Autorität der Berufserfahrung als Werbetexter – den *Slogan* vom Anzeigenabbinder *Claim* **(6)**. Der Claim ist ein Textelement, das im Unterschied zum Slogan keinen Wiederholungscharakter besitzt:

> Insofern sind Claims als Sinn- und Merksprüche zu verstehen, die ein Fazit der werblichen Ausführungen einer Body-Copy [des Fließtextes; N. J.] ziehen und als solches von ihren Lesern in Erinnerung behalten werden sollen. (Zielke 1991: 85)

Slogans beziehen sich dagegen sehr viel allgemeiner auf die Inhalte der Anzeigen, in denen sie auftauchen, und haben durch ihre häufige Wiederholung und ihre oft sehr lange Lebensdauer einen sehr viel größeren Wiedererkennungswert.

 An existierenden Forschungsarbeiten zum Slogan muss die These kritisiert werden, der Slogan vereinige sämtliche Funktionen von Werbung in sich (und sei gerade deswegen das am besten zur Untersuchung geeignete „Werbekonzentrat"; Baumgart 1992: 40 f.). Da er zumeist am Schluss der Anzeige steht bzw. einen Fernsehspot beschließt, kann es zum Beispiel nicht in erster Linie seine Aufgabe sein, Aufmerksamkeit zu wecken. Wäre dem so, dann wäre es sehr kontraproduktiv, ihn an den Schluss eines Fernsehspots zu setzen: Die Aufmerksamkeit wäre da, der Spot aber vorbei! Die ausführliche Auflistung von Funktionen des Slogans bei Baumgart (1992: 42–44), die die viel beschworene „Multifunktionalität" des Slogans belegen soll, mutet daher dem Slogan einerseits als einem Werbebaustein unter vielen zu viel Verantwortung für das Gelingen der Werbehandlung zu und vermischt andererseits Formen und Inhalte des Slogans.

Bislang dominiert in der Forschung zudem die These, der Slogan sei aufgrund seiner anzeigenübergreifenden Werbefunktion ein autonomes Element von Anzeigen bzw. der Werbung überhaupt. Sulikan (2012: Kap. 4) weist auf verschiedenen Ebenen nach, dass dem nicht so ist, sondern dass der Slogan semantisch aufs engste mit dem Markennamen, aber oft auch mit Bild, Schlagzeile und Fließtext verflochten ist und dass sich seine rhetorische Gestaltung funktional gerade auf diese Vernetzungsfunktion zurückführen lässt. So ermöglicht die semantische Offenheit und Abstraktheit vieler Slogans eine von Anzeige zu Anzeige bzw. Kampagne zu Kampagne variierende Interpretation und Auslegung in Text und Bild bei gleichzeitiger Erinnerungs- und image-/identitätsbildender Funktion des Slogans.

Festzuhalten bleibt als zentrale Funktion des Slogans seine Identifikationsfunktion („‚Visitenkarte' der Ware/Marke"; Baumgart 1992: 42): Er soll fest mit einer Ware oder einem Unternehmen verbunden werden und durch eine allgemeine und nicht selten sehr unkonkrete Thematisierung positiver Aspekte zu einem bestimmten Firmen-/Marken-/Produktimage beitragen (*Let's make things better* (Philips), *Die zarteste Versuchung, seit es Schokolade gibt* (Milka Schokolade), *Suche nach Vollendung* (Lexus), *Leading Innovation* (Toshiba) etc.). Durch Wiederholung und eine knappe, prägnante Form soll er sich beim Konsumenten einprägen und die

Wiedererkennung ermöglichen. Dass er diese Funktion in der Regel sehr gut erfüllt, zeigt sich daran, dass Slogans als eine Art moderner ‚geflügelter Worte' Eingang in die Alltagssprache finden (*Nicht immer, aber immer öfter* (Biermarke Clausthaler Alkoholfrei); *Wohnst du noch oder lebst du schon?* (Ikea); *Alles eine Frage der Technik* (Saturn)) und dass sie – wird intertextuell auf andere Werbung angespielt – sehr häufig als Referenztexte dienen (siehe 4.4.3, Janich 1997 b: 305).

Die Absicht der Werbetreibenden, einen Slogan in einer einprägsamen, aber – wie Sulikan 2012 zeigt – zugleich verschiedene inhaltliche Ausgestaltungen, verschiedene „Geschichten" ermöglichenden Form zu gestalten, führt daher auch zu einer ganz speziellen Auswahl sprachlicher Mittel, die sich notwendigerweise stark von der unterscheidet, die beispielsweise in einer auffälligen und zwei oder mehr Zeilen umfassenden Schlagzeile vorgefunden werden kann. Zwar kommen z. B. rhetorische Figuren in allen Werbetextbausteinen vor, aber von der Frequenz in Slogans auf die Frequenz in Werbetexten schlechthin zu schließen, ist nicht korrekt. Für den Slogan gilt daher dasselbe wie für andere Elemente der Anzeige: Er unterliegt einer spezifischen, funktionsabhängigen Gestaltung und ist daher nicht Vertreter der „Werbesprache an und für sich". Die Ergebnisse seiner Untersuchung sind damit nicht ohne weiteres auf sprachliche Ausformungen von Fließtexten, Bildtexten oder Schlagzeilen übertragbar.

Wie bei der Schlagzeile bieten sich auch beim Slogan die Untersuchungsaspekte Inhalt und Form an. Inhaltlich ist – wegen der imagebildenden Funktion des Slogans – zuerst nach der Thematisierung der Kommunikationsteilnehmer zu fragen, also ob und inwieweit das Produkt, der Werbende und/oder der Konsument thematisiert werden (Baumgart 1992: 45):

a. Beispiele für eine PRODUKTTHEMATISIERUNG sind der Milka-Slogan: *Die zarteste Versuchung, seit es Schokolade gibt*, der Juvena-Slogan: *The Essence of Beauty*, der Slogan von Medion: *Hightech in schön* oder der Slogan von Paulaner-Bier: *Gut, besser, Paulaner.*

b. Das WERBENDE UNTERNEHMEN steht beispielsweise bei den Slogans von Opel: *Wir leben Autos*, Audi: *Vorsprung durch Technik*, Citroën: *Créateurs d'automobiles*, RoC: *Kosmetik mit Verantwortung* oder Marbert: *Schön ist uns zu wenig* im Vordergrund.

c. Der KONSUMENT wird dagegen ausdrücklich eingebunden oder implizit angesprochen in Slogans wie *Ich und mein Magnum* (Eis von Langnese), *Feel the difference* (Ford), *Jung, Schwung, Spannung – Yogurette* (Schokoriegel) oder *Natürlich schön bleiben* (Pflegeproduktserie Nivea Visage). Eine weitere Form der Konsumentenansprache stellen diejenigen Slogans dar, die auf eine Verwendungssituation anspielen: *BMW – Freude am Fahren*; *Spee Megaperls – Die schlaue Art zu waschen.*

Dass auch diese Klassifizierung nicht so starr angewendet werden kann, wie es auf den ersten Blick scheint, zeigen interpretationsbedürftige Slogans wie *Nicht immer, aber immer öfter* (Clausthaler Alkoholfrei), *Van schon, denn schon* (Peugeot 806 Van) oder *Shift_city life* (Nissan).

Die inhaltliche Füllung kann dann wie bei der Schlagzeile noch differenzierter beschrieben werden, also womit wird argumentiert (siehe 4.2.3 und 3.1.1 zum Zusatznutzen): mit allgemeinen Werten wie ‚Sicherheit', ‚Verantwortung', ‚Jugend', ‚Schönheit' oder mit einem anders beschreibbaren Zusatznutzen?

Formal ist das Hauptkennzeichen des Slogans seine relative Kürze und dass er häufig – aber längst nicht immer – den Produkt-, Marken- oder Firmennamen beinhaltet (und daher in den Anzeigen oder – wenn er als Schriftzug eingeblendet wird – in Fernsehspots in der Regel mit dem Firmenlogo kombiniert auftritt). Slogans haben meist eine ein-, zwei- oder dreiteilige Struktur (inhaltlich und syntaktisch), wie obige Beispiele zeigen. Ansonsten kann ihre sprachliche Ausgestaltung (Sprechakt, Satzform, Wortwahl, Einsatz rhetorischer Figuren) anhand der folgenden sprachwissenschaftlichen Kapitel ebenso differenziert beschrieben werden wie die der Schlagzeile und der anderen Textelemente.

 ### Literaturtipps

Eine umfassende, aber ältere Untersuchung speziell zur sprachlichen Gestaltung des Slogans:
BAUMGART, Manuela (1992): Die Sprache der Anzeigenwerbung. Eine linguistische Analyse aktueller Werbeslogans. Heidelberg (Physica). (= Konsum und Verhalten 37).
Es gibt auch ein Lexikon zur Geschichte bekannter deutscher Slogans:
HARS, Wolfgang (1999): Lexikon der Werbesprüche. 500 bekannte deutsche Werbeslogans und ihre Geschichte. Frankfurt am Main (Eichborn). (= Eichborn Lexikon).

 ### Neuere Literatur

Die jüngste Studie, die versucht, den Slogan als Textelement der Werbung umfassend zu beschreiben, ist die Dissertation von
SULIKAN, Zhanar (2012): Slogans in der deutschen Printwerbung. Untersuchung zu Form und Inhalt. Frankfurt am Main u. a. (Lang). (Europäische Hochschulschriften. Reihe XXI: Linguistik 376).
Einen sprach- und kulturkontrastiven Zugang wählt Ising:
ISING, Svetlana (2007): Deutsche und russische Fernseh-Werbeslogans im Vergleich. Eine linguistische und interkulturelle Analyse. Duisburg (Universitätsverlag Rhein-Ruhr).
Wer mit Slogans arbeiten möchte, findet ausreichendes und aktuelles Material in der Slogan-Datenbank http://www.slogans.de/ (leider inzwischen kostenpflichtig!).

 (12) Bestimmen Sie Inhalt und Form folgender Slogans. Zur detaillierteren formalen Analyse ziehen Sie gegebenenfalls die einschlägigen Abschnitte des 4. Kapitels heran (z. B. zu Satzbau, Phraseologie oder rhetorischen Figuren):

a) *Eine Perle der Natur* (Krombacher)

b) *beyond petroleum* (bp)

c) *Das Auto* (VW)

d) *Wir kämpfen für Ihr gutes Recht.* (Roland Rechtsschutzversicherung)

e) *Substanz entscheidet.* (Handelsblatt)

f) *Unsere Energie ist Energie für Sie.* (Total)

g) *Banking – Made in Germany* (Landesbank Baden-Württemberg)

h) *Samstags. Sonntags. Immer.* (F.A.Z. Stellenmarkt)

i) *Lebe die Vielfalt.* (Coca Cola Deutschland)

j) *hanuta. Für dich gebacken.* (Waffel mit Haselnussfüllung)

k) *Wohnst du noch oder lebst du schon?* (Ikea)

(13) Vergleichen Sie die unter Frage 12 aufgelisteten Slogans hinsichtlich ihrer Adressierungsformen: Wo wird der Konsument angesprochen und in welcher Form (*Sie* vs. *Du*)? Lassen sich Erklärungen finden, warum in bestimmten Fällen eine Anrede erfolgt und anderen nicht? (Vgl. dazu auch den Artikel von Bak/Metzner 2009 zu den „Auswirkungen unterschiedlicher Anredeformen bei der Rezeption von Werbeanzeigen".)

3.1.4 Produktname

Produktnamen sind bereits oft Untersuchungsgegenstand sprachwissenschaftlicher, vor allem onomastischer (= namenkundlicher) Untersuchungen gewesen, so dass sich hierzu reiche Literatur finden lässt (z. B. diachron zu Produkt- wie auch Unternehmensnamen Kremer/Ronneberger-Sibold 2007, kulturvergleichend Eckkramer/Thaler 2013). Einen Versuch, Produktnamen linguistisch in allen ihren Facetten zu beschreiben, hat Christoph Platen mit seiner Monografie „Ökonymie" (1997) vorgelegt (vgl. alternativ Ronneberger-Sibold 2004). Seine Ergebnisse werden im Folgenden referiert und diskutiert.

Zuerst ist der Begriff des Produktnamens und sein lexikalischer Status zu klären: Produktnamen nehmen eine Zwischenstellung zwischen Eigennamen und Appellativen ein, da sie einerseits wie Eigennamen Einzelobjekte identifizieren (dieser *Peugeot 306* gegenüber diesem *Citroën C3 Picasso*), andererseits aber auch wie Appellative ganze Klassen von Gegenständen mit bestimmten Eigenschaften benennen (*Peugeot 306* steht für alle „Auto-Individuen" dieser Bauart) (Pohl 1994: 101). Bei genügend großer Bekanntheit des Produkts oder der Marke können deren Namen auch wie echte Appellative verwendet werden, gehen demnach ins alltagssprachliche Lexikon ein (ein *Tempo* für Papiertaschentücher schlechthin, *Uhu* für Klebstoff allgemein, *Tesa* für alle Arten von meist transparenten Klebestreifen). Einen solchen Vorgang nennt man allgemein (nicht nur auf Produktnamen bezogen) Deonymisierung, Platen schlägt für Produktnamen speziell den Ausdruck „Ökonomasie" vor (siehe bei Platen weitere Beispiele auch für andere Sprachen 1997: 121–129).

PRODUKTNAMEN **(7a)** sollten von MARKEN- **(7b)** und FIRMENNAMEN unterschieden werden. So ist *Daimler-Chrysler* zum Beispiel der Firmenname, die Marke nennt sich *Mercedes-Benz* und das Produkt könnte *Mercedes-Benz Sprinter* heißen. Produktnamen können im Zusammenhang mit dem Markennamen auch den NAMEN EINER PRODUKTSERIE enthalten: So wäre *Nivea Visage Optimale 3* ein Produktname, in dem der Markennamen *Nivea* und der Name für die Produktserie *Nivea Visage* enthalten ist.

Produkt- und Markennamen genießen in Deutschland einen ausgedehnten Rechtsschutz durch das Markengesetz:

§ 3. Als Marke schutzfähige Zeichen. (1) Als Marke können alle Zeichen, insbesondere Wörter einschließlich Personennamen, Abbildungen, Buchstaben, Zahlen, Hörzeichen, dreidimensionale Gestaltungen einschließlich der Form einer Ware oder ihrer Verpakkung sowie sonstige Aufmachungen einschließlich Farben und Farbzusammenstellungen geschützt werden, die geeignet sind, Waren oder Dienstleistungen eines Unternehmens von denjenigen anderer Unternehmen zu unterscheiden. (Gesetz über den Schutz von Marken und sonstigen Kennzeichen vom 25.10.1995/ MarkenG)

Es gibt jedoch auch so genannte Schutzhindernisse, die in absolute und relative unterschieden werden. Es dürfen als Marke keinesfalls geschützt werden (absolute Schutzhindernisse):

a. Zeichen, denen jegliche Unterscheidungskraft fehlt,
b. Ausdrücke, die im allgemeinen Sprachgebrauch für die Bezeichnung von Waren oder Dienstleistungen üblich sind bzw. die normalerweise zur Bezeichnung von Art, Beschaffenheit, Wert, Menge oder Herkunft von Waren gebraucht werden,
c. Zeichen, die sich nicht grafisch darstellen lassen,
d. Zeichen, die zur Täuschung über Art, Beschaffenheit oder Herkunft der Ware geeignet sind,
e. Zeichen, die gegen die öffentlichen Sitten verstoßen,
f. staatliche Hoheitszeichen, Flaggen oder Wappen und amtliche Prüf- und Gewährzeichen (MarkenG § 8, Art. 1 und 2).

Relative Schutzhindernisse sind bereits angemeldete oder eingetragene Markenzeichen, mit denen das neu einzutragende Zeichen identisch oder denen es zu ähnlich ist (MarkenG § 9). Jedes Unternehmen kann daher neben der eigentlichen Marke eine gewisse Anzahl so genannter Defensivzeichen (ähnlich klingende Namen oder Ziffernfolgen, zum Teil sogar produkttypische Bildelemente) schützen und zukünftige „Vorratszeichen" reservieren lassen (Römer [6]1980: 55 f., Platen 1997: 76).

Eingetragene Markenzeichen müssen übrigens in Nachschlagewerken als solche gekennzeichnet werden – ein Eintrag beispielsweise in ein Wörterbuch darf nicht den Eindruck erwecken, es handele sich um ein Appellativ (MarkenG § 16).

Produktnamen können näher klassifiziert und beschrieben werden nach ihren Funktionen, ihren Formen und ihren Benennungsmotiven bzw. Bezeichnungsinhalten.

Funktionen

Jedes sprachliche Zeichen hat entsprechend dem Bühler'schen Organon-Modell drei grundlegende Funktionen (Bühler 1934: 2–28): eine DARSTELLUNGSFUNKTION in Bezug auf das Benannte, das Referenzobjekt; eine AUSDRUCKSFUNKTION für den das Zeichen benutzenden Sender; eine APPELL- oder SIGNALFUNKTION gegenüber dem Empfänger. Eigennamen unterscheiden sich von (appellativischen) sprachlichen Zeichen dadurch, dass sie statt einer objektbezogenen Darstellungsfunktion eher eine IDENTIFIZIERUNGSFUNKTION, statt einer senderbezogenen Ausdruckseher eine DIREKT HINWEISENDE (= DEIKTISCHE) FUNKTION und statt einer empfängerbezogenen Appell- eher eine ERKENNUNGSFUNKTION haben. Während Appellative in jedem Fall eine Inhaltsseite, also eine Bedeutung aufweisen, steht beim Eigennamen die Referenz- und Identifikationsfunktion in Bezug auf ein einzelnes Objekt im Vordergrund. Daher wird die Frage, ob Namen Bedeutungen haben, in der Regel eher verneint.

Produktnamen können aufgrund ihres Werbekontextes Funktionen beider Klassen übernehmen (Herstatt 1985: 45 f., Gallert 1998: 130): Sie identifizieren ein Produkt im Sinne einer Differenzierung von anderen Produkten, können demnach wie ein Name gehandhabt werden. Andererseits werden Produktnamen so kreiert, dass sie gewisse Informationen über das Produkt vermitteln können (so enthält der Name *Opel Astra Sunshine* in seinem letzten Teil die implizite Information, dass es sich um ein Modell mit Sonnenverdeck handelt, bei *bebe Creme Duschgel* lassen sich sowohl Konsistenz als auch Anwendungsbereich erschließen) oder zumindest konnotative Bedeutungen einbringen (z. B. bei den unterschiedlichen Sondermodellen der *Mercedes E-Klasse Elegance, Classic* und *Avantgarde*, die ganz andere Assoziationen hervorrufen als Autonamen wie *Renault Twingo* oder *Renault Kangoo*). Die Werbung, die einen Produktnamen nennt, will nicht nur auf das Produkt hinweisen, sondern auch durch die Produktnamengestaltung dazu beitragen, dass sich beim Rezipienten ein positives Image und ein bestimmtes Vorstellungsbild mit dem Namen verbinden. Produktnamen sollen dem Rezipienten nicht nur ein Wiedererkennen ermöglichen, sondern auch durch ihren Bezug zum Unternehmen Qualität und eindeutige Herkunft (also den Markenproduktcharakter gegenüber so genannten *No-name*-Produkten von Massenherstellern und Kaufhausketten) garantieren.

Folgende Funktionen können Produktnamen zusammenfassend zugewiesen werden:

produktbezogen	senderbezogen	empfängerbezogen
Identifikation (Abgrenzung zu anderen Produkten)	Identifikation (Handhabung als Name)	Identifikation (Wiedererkennung)
Aufwertung durch Konnotation/Assoziation	Werbefunktion, Imagefunktion	Signal-/Appellfunktion
Information über Produkt (-eigenschaften)	gesetzl. Schutzfunktion gegenüber anderen Produkten	Qualitäts- und Herkunftsgarantie

Tabelle 2: Funktionen von Produktnamen

Um diese Funktionen übernehmen zu können, müssen Produktnamen originell, expressiv, aufwertend und gegebenenfalls informativ sein (Platen 1997: 45–68). Eine ganz besondere, in der Forschung noch nicht berücksichtigte Funktion übernehmen Produkt-, Marken- und Firmennamen übrigens innerhalb der Internetadresse von Unternehmens- und Produkt-Homepages: die KONTAKTFUNKTION. Mit

Abbildung 5: Deutsche Post: GOGREEN

der Internetadresse wird auf ein weiterführendes Informationsangebot verwiesen, so dass sie neben der bloßen Identifikation auch zu einer aktiven Kontaktierung der entsprechenden Homepage durch den Rezipienten führen soll. Je nach Positionierung und Größe lässt sich die Internetadresse sogar als eigener Textbaustein werten, wobei sie dann auch Auswirkungen auf das gesamte Werbeziel der Anzeige haben kann.

Formen

Platen unterscheidet drei große Gruppen von Formen, die Übernahmen, die Konzeptformen und die Kunstwörter, die er weiter differenziert (Platen 1997: 39–45).

1. ÜBERNAHMEN

> Übernahmen sind vollständige Eigennamen, Wörter oder Morpheme, die aus natürlichen Sprachen bzw. aus dem allgemeinen Namenbestand entlehnt und zur Bezeichnung von Produkten umfunktioniert werden. (Platen 1997: 39)

Weiter differenziert werden kann demnach in

a. LEXIKALISCHE ÜBERNAHMEN (Übernahmen von Appellativen oder appellativischen Morphemen: *Golf, Camel, Elle* (,sic'), *Mirácoli* (,Wunder', Plural), *Merci* (,Danke'), *Lord, Krone*) und

b. ONYMISCHE ÜBERNAHMEN (Übernahmen von geografischen oder Personennamen: *Brigitte, Wasa, Chloé, Clio, Ascona, Capri, Mont Blanc*).

Platen kann anhand von Beispielen nachweisen, dass im Grunde alle Wortarten sowie Ziffern als Produktnamen herangezogen werden können, wodurch sich eine weitere formale Klassifizierungsmöglichkeit der lexikalischen Übernahmen ergibt.

2. KONZEPTFORMEN

Als Konzeptformen klassifiziert Platen alle die Produktnamen, die sich durch ein zumindest leicht verändertes Erscheinungsbild von einer entsprechenden lexikalischen oder onymischen Vorlage distanzieren, die gegenüber den reinen Übernahmen also in irgendeiner Weise abgewandelt oder verfremdet sind. Er untergliedert sie in

a. DEFORMIERTE FORMEN (Veränderungen im An-, In- oder Auslaut (*Smild, Rama, Wella, Schauma*), grafische Veränderungen (*Ra(h)ma*), Kurzformen (*Rei* aus *rein/Reinigungsmittel*)),

b. DERIVATIVE (ABGELEITETE) FORMEN (gebildet durch Anhängen eines natürlichsprachigen oder künstlichen Suffixes: *Yogur-ette, Nut-ella, Ragu-letto, Sun-il*),

c. ZUSAMMENGESETZTE FORMEN (zu denen auch sogenannte blends/Wortkreuzungen und graduell erweiterte Mehrwort-Formen zählen: *Dentagard, Dolormin, Sinalco* aus *sine alcohol, Ultra Pampers, Ultra Pampers plus*) und

d. KOMPLEXE FORMEN (Satznamen: *Du darfst, Nimm2*).

Warum Platen die komplexen Formen, auch wenn sie nicht verfremdet sind (wie *After Eight, Post-it, Nimm2, Du darfst*), zu den Konzeptformen statt zu den Übernahmen zählt, wird nicht klar. Übernahmen und Konzeptformen lassen sich sinnvoll nur dann unterscheiden, wenn die Verfremdung/Abwandlung das entscheidende Kriterium ist. Nicht verfremdete Satznamen sollten demnach den lexikalischen Übernahmen zugerechnet werden, in Lautung, Schrift oder Konstruktion abgewandelte Formen wie *Vileda* (‚wie Leder') oder *Uneeda Biskuit* (‚you need a biscuit') gelten dagegen als Konzeptformen.

Dementsprechend handelt es sich auch bei den Ableitungen und Komposita nur dann um Konzeptformen, wenn diese Wörter nicht in dieser Form schon als Appellative existieren, sondern wenn durch den Vorgang einer ungewöhnlichen Ableitung oder Zusammensetzung ein neues Wort aus bekannten Teilen entsteht (= verfremdete Übernahmen).

Außerdem fällt bei den Beispielen Platens zu 2c) und 2d) auf, dass die Abgrenzung zwischen (komplexen) zusammengesetzten Formen („Kompaktkomposita") wie *Vidal Sassoon Wash & Go, Dr. Koch's Trink 10* oder *Zewa wisch und weg* und komplexen, satzartigen Typen eher vage ist. Da es sich in diesem Fall jedoch um zwei Kategorien des Typs Konzeptformen handelt, können Übergangsformen akzeptiert werden, sofern sie als solche erkannt und markiert werden.

Ein weiteres Abgrenzungsproblem könnte sich bei der Trennung zwischen deformierten und derivativen Formen ergeben, da Deformationen im Auslaut (Beispiele bei Platen: *Schauma, Wella*) auch als Anhängen von Suffixen interpretiert werden können (*Schaum-a, Well-a*). Dieses Problem lässt sich vermeiden, wenn man den Auslaut prinzipiell den Derivationen zurechnet, was aus Sicht der Wortbildung wohl auch das konsequenteste wäre.[4]

3. Kunstwörter

Kunstwörter unterscheiden sich von den beiden bisher behandelten Produktnamenkategorien durch einen besonders hohen Grad der Verfremdung; Prägungen dieser Art sind weder aus natürlichen Sprachen noch aus dem allgemeinen Namenbestand übernommen und transportieren keine klar konturierbaren semantischen bzw. onymischen Konzepte. (Platen 1997: 44)

Platen unterscheidet grob zwischen

a. MODULAREN FORMEN (= Kurzwörter, die segmentierbar sind in Silben oder Initialen: *Haribo* aus ‚Hans Riegel Bonn', *Adidas* aus ‚Adi Dassler', *Fiat* aus ‚Fabbrica Italiana Automobili Torino') und
b. KOMPAKTEN FORMEN (*Elmex, Kodak, Twingo*).

Grundsätzlich verhilft die Grobgliederung in Übernahmen, Konzeptformen und Kunstwörter zu einer ersten formalen Sortierung. Mischformen können besonders

---

4 Es ergibt sich aus Sicht der Wortbildung auch kein Problem, wenn bei Anhängen des Suffixes ein zur Basis gehöriger Laut wegfallen würde wie bei *Well(e)-a* (vgl. reguläre Wortbildungen wie *Abenteu(e)r-er, sprach(e)-lich*). Um sie als Deformation zu charakterisieren, müsste man diese Fälle als (regelwidrige) Ersetzungen klassifizieren, was wegen der Häufigkeit des Phänomens in der Wortbildung des Deutschen nicht sinnvoll erscheint.

dadurch entstehen, dass Produktnamen häufig aus mehreren Elementen bestehen (s. o.: Marke, Produktserie, Modell-Name), die unterschiedlichen Bildungsweisen/ Formen zuzurechnen sind.

Benennungsmotive

Ist die Form bestimmt, kann nach den Benennungsmotiven gefragt werden, die grundsätzlich Gegenstand namenkundlicher Forschung sind. Bei Produktnamen beschränkt sich diese Frage aufgrund ihrer werbenden und bedingt informativen Funktion nicht auf die Frage, wie das Produkt zu seinem Namen gekommen ist, sondern beinhaltet auch die Suche nach möglichen Botschaftsinhalten und Bedeutungselementen, die der Produktname aufweist. Zum Beispiel transportieren Produktnamen häufig durch ihre morphologische Form, ihre Lexik und ihre Kombination mit Bildern spezifische kulturelle Informationen (siehe dazu die Studie zu Kulturspezifika in Namen von italienischen und französischen Lebensmittelmarken von Zilg 2009: z. B. *Bonne Maman* (Konzept ,Familie'), *San BenedettoK* (Konzept ,Religion'), *Mon Chérie* (Konzept ,Zärtlichkeit/Verführung')). Auch Herstatt listet eine ganze Reihe von Möglichkeiten solcher Botschaftsinhalte auf (Herstatt 1985: 38), die aber – wie schon bei den Formen – oft nur Produktnamensegmente oder eben Firmen- und Markennamen betreffen. Daher ist in einem ersten Schritt zu fragen, aus welchen Elementen der untersuchte Produktname besteht:

- Ist das Unternehmen genannt?
- Ist die Marke genannt?
- Ist die Bezeichnung einer Produktserie Teil des vollständigen Produktnamens?
- Welche auf genau ein Produkt bezogenen Bestandteile weist der Namen außerdem auf? Lassen sich diese im Vergleich mit Konkurrenzprodukten derselben Produktgattung klassifizieren? (Bei Autos gibt es zum Beispiel häufig neben dem Serien- und dem Modellnamen noch Buchstaben- und Ziffernelemente, die technische Informationen enthalten (*16V, TDI, VR6*), Angaben zur Bauart (*Fließheck, 5-Türer*) oder Namenelemente für Sondermodelle (*Christmas, de Luxe, Sporting*).)

Ist der Produktname segmentiert und in seiner Zusammensetzung klassifiziert, können die Werbebotschaften und Produktinformationen bestimmt werden, die er (eventuell in Kombination) vermitteln soll (in modifizierter Form nach Herstatt 1985: 38):

a. PRODUKTHERKUNFT (*Siegsdorfer Petrusquelle/Selters*: Mineralwasser),
b. PRODUKTHERSTELLER (<u>*Miele*</u>-*Bodenstaubsauger S323i*),
c. explizite Nennung der PRODUKTGATTUNG (*Miele*-<u>*Bodenstaubsauger*</u> *S323i*),
d. PRODUKTBESTANDTEILE (*Nuts*: Schokoriegel mit Nüssen, *Yogurette*: Schokolade mit Joghurt, *Milchschnitte*: Pausensnack mit Milchcreme),
e. PRODUKTEIGENSCHAFTEN (wie Farbe, Form, Größe, Gewicht, Konsistenz, Geschmack u. Ä.) (*Knirps*: Taschenregenschirm, *Fruchtzwerge*: klein portioniertes Fruchtjoghurt, *Vileda*: Fensterwischtuch aus lederähnlichem Material),

f. PRODUKTNUTZEN (*Kinder Überraschung*: Süßigkeit mit Inhalt zum Spielen, *Doppelherz*: Kreislaufmittel, *Meister Proper*: Reinigungsmittel, *Slim Fast*: Diätnahrung),
g. PRODUKTVERWENDUNG (Verwendungsbereich, -ort, -dauer, -zeit u. Ä.) (*Nimm2*: Bonbons, *Doktor Koch's Trink 10*: Fruchtsaftgetränk mit zehn Vitaminen, *Jacob's Night and Day*: entkoffeinierter Kaffee),
h. ZIELGRUPPENNENNUNG (<u>*Kinder*</u> *Schokolade/Pingui/Überraschung* ..., *Tena* <u>*Lady*</u>: Binden).

Je unmittelbarer beschreibend ein Produktname ist (wie z. B. *Abflussfrei*), desto leichter lassen sich die Benennungsmotive erschließen. Schwieriger wird es bei symbolischen Übertragungen (*Fiat Panda, Milky Way, Jacob's Krönung*) und fast unmöglich bei Kunstwörtern (*Twix, Twingo*), so dass sich oft nur mit angemessener Vorsicht Assoziationen rekonstruieren lassen, aber keine konkreten Inhalte angegeben werden können.

Mögliche, noch nicht ausgeschöpfte Fragestellungen zu Produktnamen sind, inwieweit bestimmte Formen (z. B. auch bestimmte Herkunftssprachen; Platen 1997: 56–62) oder Inhalte produktgruppenspezifisch verwendet werden und warum (intensiv erforscht sind bislang vor allem Medikamentennamen; siehe Literaturhinweise bei Platen 1997 oder Janich 2013b). Diese Fragestellung kann diachron und interkulturell erweitert werden, nämlich ob sich solche Namenmoden oder Benennungstendenzen innerhalb einer Produktgruppe ändern bzw. je nach Land die Namenmoden unterschiedlich sind. Inwieweit hängt die Namengebung von gesellschaftlichen Gegebenheiten bzw. Veränderungen ab bzw. wie äußern sich solche in Produktnamen (für italienische Lebensmittelnamen siehe zum Beispiel Zilg 2006)? So gab es in Deutschland in den 1990er Jahren den zum Teil immer noch anhaltenden Trend, wissenschaftlich klingende Produktnamen, die bislang für Kosmetika oder Medikamente vorbehalten waren, auch in der Lebensmittelbranche einzusetzen: Joghurts hießen da auf einmal *Actimel, Probiotic plus Oligofructose, LC1* oder *Pro 3+*, Bionade nannte sich noch *Bionade pur* und Eier hießen *Omega DHA* (Janich 1998b). Diese Fragestellung kann diachron und interkulturell erweitert werden.

Um Produktnamen nicht nur isoliert zu betrachten, können Produktnamen auch in Beziehung mit einer Werbekampagne gesetzt werden: Inwiefern orientieren sich Werbekonzeptionen für ein Produkt am Produktnamen bzw. stärkt die Werbekonzeption gezielt ein mit dem Namen verbindbares Image? Sind dies einmalige Aktionen zur Einführung oder lassen sich langfristige Strategien beobachten? Wie werden neue Namen eingeführt (z. B. die in den 1990er Jahren kreierte Automarke *Daewoo*) und wie werden Namenwechsel einzelner Produkte etabliert (z. B. beim Schokoriegel *Raider* zu *Twix* oder die Umbenennung von *Aktion Sorgenkind* zu *Aktion Mensch*)? Es eröffnet sich selbst bei den schon oft behandelten Produktnamen noch ein weites Forschungsfeld, wobei auch in diesem Fall die funktionale Betrachtung der Namen (Produktnamen als Symptome für Senderintentionen bzw. Rezipientenerwartungen) im Vordergrund vor rein systembeschreibenden Ansätzen stehen sollte.

Literaturtipps

Ein Versuch einer sprachwissenschaftlichen Methodengrundlegung zur überein-zelsprachlichen Produktnamenforschung, in dem sich zahlreiche Verweise auf spe-ziellere namenkundliche Literatur und Beispiele aus verschiedenen europäischen Ländern finden, stammt von:

PLATEN, Christoph (1997): „Ökonymie". Zur Produktnamen-Linguistik im Europä-ischen Binnenmarkt. Tübingen (Niemeyer). (= Beihefte zur Zeitschrift für Roma-nische Philologie 280).

Aus der Produzentenperspektive werden Kreation und Tests von Produktnamen erläutert bei

HERSTATT, Johann David (1985): Die Entwicklung von Markennamen im Rahmen der Neuproduktplanung. Frankfurt am Main/Bern/New York (Lang). (= Europäi-sche Hochschulschriften. Reihe V: Volks- und Betriebswirtschaft 597).

Ein Nachschlagewerk der Produktnamen, in dem besonderer Wert auf deren Ent-stehungsgeschichte als Teil der Firmengeschichte gelegt wird, ist:

ROOM, Adrian (²1984): Dictionary of Trade Name Origins. London (Routledge).

Ein deutschsprachiges Nachschlagewerk liegt vor mit

LÖTSCHER, Andreas (1992): Von Ajax bis Xerox. Ein Lexikon der Produktenamen. 2., überarbeitete und stark erweiterte Auflage. Zürich (Artemis & Winkler).

 Neuere Literatur

Eine aktuellere Auseinandersetzung mit einer möglichen Systematik von Marken-namen und ihrem kulturellen Hintergrund bietet

ZILG, Antje (2006): Markennamen im italienischen Lebensmittelmarkt. Wilhelms-feld (Egert). (= pro lingua 41).

 (14) Auf der Shampoo-Tube der „go blonder"-Werbung (Anzeigentext siehe unter Auf-gabe 2, S. 39 f.) steht (von oben nach unten gelesen; die Gedankenstriche zeigen jeweils farblich-typografische Abgrenzungen an): *John Frieda Collection. London Paris New York. – sheer blonde – go blonder – Farbaufhellendes Shampoo – Für alle Blondtöne.* Analysieren Sie, was zum Namen gehört, und bestimmen Sie die einzelnen Namenbestandteile (was ist Firmen-, Marken-, Serien- oder Produktname?).

(15) Bestimmen Sie die Zusammensetzung und die Form folgender Produktnamen und geben Sie an, welche Informationen diese Namen über das Produkt mitliefern:

a. *Vagisan FeuchtCreme* (Creme gegen Scheidentrockenheit, siehe Abb. 14: 126)

b. *Toyota Prius* (Auto, siehe Abb. 31: 283)

c. *Havana Club* (kubanischer Rum)

d. *GOGREEN* (Versandservice der Deutschen Post, siehe Abb. 5: 66)

e. *RWE* (Energiekonzern, siehe Abb. 25: 208)

f. *GARDENA ContourCut* (Accu-Buchsschneider, siehe Abb. 23: 194 f.)

g. *Alfa 8C Spider und Alfa Spider „Edizione"* (Auto, siehe Abb. 24 a und b: 200 f.)

(16) Bestimmen Sie die Markenzeichen der folgenden Marken: Handelt es sich um Wort-, Bild- oder kombinierte Marken (siehe 2.2.2)? Sind die Bildmarken „motiviert", d. h. lässt sich ihre Bedeutung/ihr Aussagegehalt und damit ihre Symbolkraft für das Produkt erschließen?

a. Bayer (Abb. 1: 26)
b. GOGREEN (Abb. 5: 66)
c. Deutsche Post (Abb. 5: 66)
d. bp (Abb. 8: 80)
e. LB BW (Abb. 18: 166 f.)
f. BMW (Abb. 20: 175)

3.1.5 Besondere Formen von Textelementen

Zielke unterscheidet noch weitere, kleinere Textelemente. Hierfür gilt, was schon zur Schlagzeile gesagt wurde: Viele Anzeigen lassen sich nicht in ein solches klassisches Aufbauschema zerlegen, und nicht für jede Fragestellung ist eine solch detaillierte Differenzierung sinnvoll.

a. ADDS (= *Additions*) sind die „erläuternden Hinzufügungen zu einem Produkt- oder Markennamen" (Zielke 1991: 71). Damit sind Angaben wie *Trademark* ^{TM}, *registriertes Warenzeichen* ® oder *Europäisches Patent* ^{EP} gemeint (**8a**), die im Übrigen nicht nur bei den Produktnamen auftauchen, sondern auch bei Bezeichnungen für Produkteigenschaften, wenn es sich beispielsweise um ein besonderes technisches Prinzip in der Unterhaltungselektronik oder Computertechnik (z.B. *Secure Sleep*^{TM}, *Pentium II*® *Prozessor*) oder einen im Labor entwickelten geschützten Wirkstoff (z.B. *Aminexil*®) handelt. Zum größten Teil sind diese Anmerkungen rechtlich bedingt. Sie erfüllen aber auch die Funktion, die Argumentation der Werbung glaubwürdiger erscheinen zu lassen:

> Zusammengefaßt erfüllen Adds folgende Teilfunktionen: 1. Sie geben eine rechtsstatusbezogene Zusatzinformation zum Produkt- oder Markennamen ab (Denotat), 2. indizieren sie das Vorhandensein besonderer Produktqualitäten (Konnotat), 3. erhöhen sie als mittelbarer (Schein-)Beweis für die Produktqualitäten die Glaubwürdigkeit der produktbezogenen Werbeaussage (Suggestion). (Zielke 1991: 72 f.)

 Zielke äußert sich nicht ausdrücklich dazu, ob er z.B. auch die Angabe der verantwortlichen Werbeagentur zu den Additions zählen würde. Diese findet sich nämlich bei vielen Anzeigen (meist vertikal) oben am linken oder rechten Anzeigenrand (z.B. *Wirz*) – nicht selten in Form eines logoähnlichen Kürzels (z.B. *Y&R, S&J, JvMs, H$_2$e HoehneHabannElser*) oder als Internetadresse (z.B. *omspecial.de*). Für Zigarettenwerbung in Deutschland ist z.B. der Zusatz *Die EG-Gesundheitsminister: Rauchen gefährdet die Gesundheit. Der Rauch einer Zigarette dieser Marke enthält nach …* gesetzlich vorgeschrieben, für Pharmawerbung dagegen der Textbaustein: *Zu Risiken und Nebenwirkungen fragen Sie Ihren Arzt oder Apotheker.* Absichernden Charakter haben außerdem Fußnoten wie *zum Patent angemeldet* und *Unverbindliche Preisempfehlung* oder Garantiehinweise, die ebenfalls oft gesondert vom Fließtext stehen. Diese Textelemente gehen natürlich eindeutig über Informationen zum Markennamen hinaus, haben aber ähnlich wie Copyright- oder Trademarkzeichen eine rechtliche Funktion und nicht selten sogar Rechtsverbindlichkeit. Die Definition des Adds muss also entweder erweitert werden in dem Sinne, dass alle Textbausteine mit

Rechtscharakter darunter fallen, oder sie bleibt auf Namen-„Beigaben" beschränkt – dann aber gibt es neben Adds noch weitere ZUSÄTZE MIT RECHTSCHARAKTER **(8b)**.

b. CLAIMS (= Abbinder) **(6)**: zur Definition und Abgrenzung zum Slogan siehe dort (3.1.3).

c. INSERTS (= Einklinker) **(9)** sind Texteinschübe an nicht zentralen, frei gelassenen Stellen, die Mitteilungen mit aktuellem Orts- und Zeitbezug beinhalten (Zielke 1991: 87 f.). Dies können Zusatzinformationen zu Preisen, Sonderaktionen oder Öffnungszeiten einzelner Verkaufsstellen, zu Messen, Veranstaltungsorten oder Beratungsangeboten usw. sein. Ist ein solches Insert an einer zentralen Stelle der Anzeige platziert und unterbricht es gezielt die Gesamtwahrnehmung zum Beispiel durch Verdecken eines Bildelements, nennt der Werbefachmann es *Deranger*:

> Er soll das optische Gesamterscheinungsbild einer Anzeige disharmonisieren, damit der Leser sein Augenmerk besonders intensiv auf ihn als ‚Störer' lenkt. (…) Derartige Deranger werden zumeist dann eingesetzt, wenn eine nachträglich in eine Anzeige aufzunehmende aktuelle Werbebotschaft bzw. Information die Headline und das Copy-Thema hinsichtlich ihrer Bedeutung übertrifft. (Zielke 1991: 88)

d. Auch ANTWORT-COUPONS zum Abschneiden oder in Form von Postkarten zum Herausnehmen können Elemente von Werbeanzeigen sein, die eine Kontaktaufnahme der Rezipienten mit den Werbetreibenden ermöglichen und anregen sollen (Zielke 1991: 92).

e. Was bei Zielke fehlt, aber bei Anzeigen und Plakaten nicht selten ist, sind die verschiedenen Formen von BILDTEXTEN, zum Beispiel erläuternde Unterschriften zu Bildern, in Bilder integrierte Textbausteine, die auf bestimmte Bildelemente hinweisen oder sie ähnlich einer Legende erläutern sollen, oder Textbausteine, die bildähnlich angelegt und formatiert sind und dadurch einen eigenständigen Charakter bekommen **(10)** (vgl. auch 4.5.2). Im Fall des Tecra A9-Notebooks hat der Bildtext zusätzlich Rechtscharakter, weil er auf einen nicht von Toshiba hergestellten Prozessor als Bauteil des Produkts verweist (*intel centrino inside*).

Wolfgang Brandt führt eine Unterscheidung ein, die dann nötig wird, wenn man auch sprachliche Elemente berücksichtigt, die nicht im engeren Sinn Textbausteine der Werbung sind, die aber für die Werbebotschaft trotzdem eine gewisse Rolle spielen (Brandt 1972: 147 f.): Neben den bislang besprochenen Texten, die vom Werbetexter als Anzeigenbausteine kreiert werden und die Brandt PRIMÄRE TEXTE nennt, finden sich sprachliche Elemente beispielsweise auch auf dem abgebildeten Produkt oder seiner Verpackung oder auf Bildelementen, die bereits anzeigenunabhängig existieren und den situativen Rahmen der Anzeige bilden (Aufschriften auf einem Haus, Verkehrsschild, einer herumliegenden Zeitung o. Ä.). Diese klassifiziert Brandt nach ihrer Bedeutung für die Werbebotschaft in

- SEKUNDÄRE TEXTE, die für die Botschaft wichtig sind, da sie im Rahmen ihres Bildkontextes eine eigenständige Werbefunktion erfüllen (z. B. Aufschriften auf

Abbildung 6: Plusbrief individuell

dem Produkt oder seiner Verpackung, immer zum Beispiel der Fall bei Werbung für Zeitungen und Zeitschriften, wenn diese in der Anzeige abgebildet sind; vgl. z. B. die Anzeige für das Magazin NEON, Abb. 27: 236);

- und TERTIÄRE TEXTE, die „nur" Teil des situativen Kontextes sind, die also keine für den Werbeinhalt wichtigen Aussagen treffen, sondern als Szenerie im Hintergrund stehen (z. B. der Text in einer scheinbar zufällig herumliegenden Zeitung).

Klassifizierungsprobleme ergeben sich immer dort, wo Texte auftauchen, die weder Teil der eigentlichen Werbebotschaft sind noch rein atmosphärischen Charakter haben, sondern in besonderem Maß der Inszenierung dienen. So können zum Beispiel in einer Szene herumliegende „echte" Zeitungen dennoch Schlagzeilen oder andere lesbare Textausschnitte aufweisen, die positiv auf das beworbene Produkt verweisen (z. B. durch einen Artikel über ein neues Automodell). In der Anzeige für den Plusbrief individuell (Abb. 6) ist ein Brief so über ein Szenenbild montiert, dass Bildausschnitte zugleich Teil des Kuverts sind (daher auch der individuelle Charakter eines solchen Briefs) – dieser Brief trägt aber auch eine handgeschriebene Adresse: Ist diese Teil der Werbebotschaft im Sinne einer Produktbeschriftung (= Sekundärtext) oder eher szenischen Charakters, was für die Kategorisierung als Tertiärtext sprechen würde?

Abbildung 7: Asstel

(17) Analysieren Sie die Teiltexte der kleinformatigen Asstel-Anzeige (Abb. 7). Begründen Sie Ihre Zuordnungen mit Hilfe formaler und funktionaler Kriterien.

(18) Vergleichen Sie die beiden Krombacher-Anzeigen (Abb. 2 a und 2 b: 33) hinsichtlich ihres Textaufbaus: Welche Teiltexte kommen hinzu (mit welcher Funktion)? Welche Auswirkungen hat dies auf das Gesamtdesign der Anzeige, d. h. auf die Anordnung der Teiltexte?

3.1.6 Bildelemente

Auch wenn es in diesem Arbeitsbuch um die sprachwissenschaftliche Erforschung der Werbesprache geht, kann doch das Bild in der Werbung aufgrund seiner zentralen Bedeutung für die werbliche Kommunikation nicht ausgeklammert bleiben. Bilder dienen laut Werbepsychologie als wichtiger Blickfang, werden auch beiläufig meist zuerst wahrgenommen und schneller als Texte inhaltlich erfasst. Sie können besser emotionale Inhalte vermitteln, erhöhen – gerade wenn sie assoziationsreich sind und eine persönliche Betroffenheit auslösen – die Erinnerungswirkung und eignen sich bei entsprechender Gestaltung andererseits besonders dafür, den Eindruck der Objektivität zu erwecken, weswegen sie oft leichter akzeptiert werden als ein entsprechender Textinhalt (Behrens 1996: 52 f.). Bilder sind daher notwendig, wenn Aufmerksamkeit erregt, emotionale Inhalte vermittelt oder Produkte präsentiert werden sollen. Sie eignen sich im Fernsehspot außerdem dazu, Verläufe, Ereignisse und räumliche Verhältnisse darzustellen (Behrens 1996: 111).

Durch gezielte Werbestrategien mit Bildern können so genannte Gedächtnisbilder entstehen, durch die Firmen und Marken mit klaren bildlichen Vorstellungen verbunden werden (wie z. B. Marlboro mit dem Cowboy, Milka mit der lila Kuh oder die Volks- und Raiffeisenbanken mit bildlichen Umsetzungen des Slogans *Wir machen den Weg frei*, wenn sich nämlich in einem Spot in einer schwierigen Situation dann doch ein Weg, eine Brücke zeigt, ein Durchgang öffnet). Voraussetzungen für das Gelingen einer solchen „Imagery-Strategie" (ausführlich bei Kroeber-Riel 1993) sind eine langfristige und kontinuierliche Kampagne, ihre originelle Eigenständigkeit gegenüber Konkurrenzstrategien, bildliche Prägnanz und leichte Verständlichkeit sowie ein eindeutiger Bezug zum Produkt (Behrens 1996: 114 f.).

An dieser Stelle soll einerseits eine Differenzierung von Bildern entsprechend ihrer Funktion in der Anzeige, andererseits eine auf der Semiotik basierende knappe Klassifizierung von Bildtypen als Zeichentypen vorgeschlagen werden. Das Bild wird dabei quasi als eigenständiger Kode, noch isoliert von der sprachlichen Umgebung betrachtet. Da aber für Bilder in der Werbung dasselbe wie für Sprache in der Werbung gilt, dass sie nämlich oft erst zusammen mit dem Text ein kommunikatives Ganzes ergeben, sollten Bildanalysen nicht alleine stehen, sondern vor allem zur Aufklärung von Text-Bild-Beziehungen genutzt werden. Dementsprechend finden sich alle weiteren Ausführungen zum Wechselspiel der beiden Ausdruckssysteme Bild und Text im entsprechenden Abschnitt weiter unten (4.5.3).

Funktionale Klassifizierung

Der Werbefachmann unterscheidet laut Zielke aufgrund ihrer Funktion idealtypisch drei verschiedene Bildelemente in Anzeigen: das Key-Visual, das Catch-Visual und das Focus-Visual (Zielke 1991: 81–84).

a. Das KEY-VISUAL oder deutsch: das SCHLÜSSELBILD ist die eigentliche Produktabbildung **(11)**.

b. Das CATCH-VISUAL oder deutsch: der BLICKFÄNGER ist nach Zielke die Bildumgebung, in die das Produkt eingebettet ist. Diese als Blickfänger zu bezeichnen, scheint ein Widerspruch zu sein, da zumeist eher die Produktabbildung als der stimmungshafte Rahmen die Blickfang-Funktion übernimmt. Das Benennungsproblem klärt sich, wenn mit Catch-Visual ein Detail der Produktumgebung gemeint ist (z. B. die attraktive Frau neben dem Auto oder andere auffällige Bildelemente) **(12)**. Der Blickfänger lenkt den Blick auf das Produkt selbst und dadurch auch die Interpretation der Werbeaussage. Ohne den Blickfang bzw. die Bildumgebung stünde das Produkt kahl und – je nach Produkt – womöglich wenig anziehend im Mittelpunkt. Ein Produkt bekommt dagegen bestimmte Konnotationen und Assoziationen zugewiesen, indem es in eine bestimmte Umgebung versetzt wird oder mit bestimmten Accessoires in Verbindung gebracht wird.

c. Unter den FOCUS-VISUALS werden einzeln stehende, kleinere Bildelemente zusammengefasst, die ein wichtiges Element oder eine wichtige Eigenschaft des Produkts herausgreifen und nochmals zur Verdeutlichung visualisieren. Diese Strategie ist zum Beispiel bei Auto- und Kosmetikanzeigen beliebt: Neben der Autoabbildung wird der Motor als eigene Abbildung herausgehoben, die Spurtreue wird durch eine kleine Funktionszeichnung erläutert, die Auswirkungen einer Creme auf den Feuchtigkeitshaushalt der Gesichtshaut werden als Kurve in einer Grafik veranschaulicht, die Zusammensetzung einer Wasser-Öl-Wasser-Emulsion im Bildmodell erklärt. Focus-Visuals können daher als optische Wiederholung und eine Art inhaltliche Vertiefung von bereits Gesagtem oder Gezeigtem gelten und werden meist ohne grafisch gestalteten Hintergrund abgebildet. Ihre Funktion geht jedoch – wie an obigen Beispielen ersichtlich – wesentlich weiter, als nur dem Rezipienten die assoziative Verbindung zwischen verfremdeten Produktabbildungen und der vertrauten Realität zu erleichtern (Zielke 1991: 84). In Auto- und Kosmetikanzeigen beispielsweise liegt die Funktion solcher Bildelemente darin, bestimmte sprachlich beschriebene Funktionsweisen und Abläufe auch visuell zu veranschaulichen und dadurch die Glaubwürdigkeit (z. B. durch die Übernahme wissenschaftlicher Darstellungsmuster wie Graphen und chemischer Molekülmodelle) zu stärken (Janich 1998a: z. B. 173–181).

Diese drei funktionalen Bildtypen decken die drei wichtigen Funktionen ab, die Kroeber-Riel (1993: 3. Teil) Werbebildern zuweist: AKTIVIERUNG ERZEUGEN (also durch einen Blickfang Aufmerksamkeit erregen), INFORMATIONEN VERMITTELN (durch die Produktabbildung oder ein ergänzendes Focus-Visual), EMOTIONEN AUSLÖSEN (durch die Bildumgebung oder Motivkombination). Allgemein sollen Bilder die Erinnerung an Werbebotschaften erleichtern.

Bilder als semiotischer Kode

Bezog sich die vorhergehende Unterscheidung auf die Funktionen der Bildelemente in der Anzeige, so geht es jetzt um eine Klassifikation von Bildern entsprechend ihrem Verhältnis zum Abgebildeten bzw. entsprechend der vom Rezipienten zu erbringenden Interpretationsleistung.

Die Semiotik unterscheidet in der Tradition von Charles S. Peirce und Charles W. Morris traditionell drei Zeichenklassen: Index (= „Anzeiger"), Ikon (= „(stilisiertes) Abbild") und Symbol (= „Kennzeichen, Zeichen").

Indexikalische Zeichen sind „hinweisende (auf Erfahrung beruhende) Zeichen", die in einer direkten kausalen Beziehung zum Bezeichneten stehen (Bußmann [2]1990: 330). Demgegenüber stehen ikonische Zeichen in einer Abbild- oder Ähnlichkeitsrelation zum Bezeichneten, während Symbole konventionalisierte Zeichen sind, die in keinerlei logischer Beziehung zum Bezeichneten stehen, sondern als solche verabredet sind.

 Verwirrenderweise wird in der sprachwissenschaftlichen Terminologie oft von *(Sprach-)Zeichen* statt von *Symbol* gesprochen, während man mit *Symbol* ähnlich wie im alltäglichen Sprachgebrauch oft das bezeichnet, was in der semiotischen Terminologie *Ikon* heißt (z. B. Saussure [2]1967: 79 f.). Daher wird im Folgenden der Ausdruck *Symbol* ganz vermieden, stattdessen sprechen wir von *konventionalisierten* gegenüber *ikonischen Zeichen*. Man sollte sich dieser unterschiedlichen Terminologien aber bewusst sein, wenn man entsprechende Forschungsliteratur zum Thema liest.

Rudi Keller, der eine gut lesbare Einführung in die Zeichentheorie geschrieben hat (Keller 1995), weist darauf hin, dass sich die Zeichentypen eigentlich nicht – wie oben beschrieben – durch ihre Relation zum Bezeichneten unterscheiden, sondern vor allem nach dem Verfahren, wie sie vom Rezipienten interpretiert werden (ausführliche Begründung bei Keller 1995: 115–117). Danach ergeben sich folgende Zeichenklassen:

a. SYMPTOME (nach Keller 1995: 118–123): Symptome unterscheiden sich von ikonischen und konventionalisierten Zeichen dadurch, dass sie nicht intentional sind, d. h. dass es keinen Sender gibt, der mit ihnen bewusst jemandem etwas mitteilen will, und dass sie also eigentlich gar keine Zeichen sind, sondern erst in der Interpretation durch einen Wahrnehmenden zu solchen werden. Sie sind einfach „da" – sind der Fall – und stehen in einer natürlichen Beziehung zu dem, was aus ihnen geschlossen werden kann: Dunkle Wolken können z. B. ein Symptom für ein heraufziehendes Gewitter sein. Wir sprechen erst dann von Symptomen, wenn wir von etwas, was der Fall ist, kausal auf etwas anderes schließen (weil Symptom und Schlussfolgerung zueinander in einer Teil-Ganzes-Beziehung, einer Zweck-Mittel-Beziehung oder einer Ursache-Wirkung-Beziehung stehen). Das Symptom-Sein ist also keine Eigenschaft eines Dings, sondern wird ihm erst durch Interpretation zuteil. Keller erläutert dies an einem Beispiel: Sein linker Fuß sei nicht an und für sich ein Symptom seiner selbst. Sollte er aber von einer Lawine verschüttet werden und nur der linke Fuß aus dem Schnee ragen, hoffe er sehr, dass jemand den Fuß (aufgrund der natürlichen Teil-Ganzes-Beziehung) als ein Symptom seiner selbst interpretieren und dementsprechende Maßnahmen ergreifen werde.

b. IKONISCHE ZEICHEN (Keller 1995: 123–128): Ikone sind „echte" Zeichen, weil sie von einem Zeichenbenutzer als Kommunikationsmittel benutzt werden und sich an einen Adressaten richten. Das Verhältnis zwischen Ikon und Gemeintem beruht auf Ähnlichkeit. Zu ikonischen Zeichen zählen demnach viele Piktogramme und manche Verkehrszeichen (wie die Strichmännchen auf den Toilettentüren, die Piktogramme für die olympischen Disziplinen, die Schilder für ‚Sackgasse' oder ‚Radweg'). Die Ähnlichkeit kann dabei von unterschiedlicher Art und Intensität sein. Wichtig ist die Art der Interpretation:

> Der Zeichenproduzent mutet dem Adressaten mit der Verwendung eines Ikons zu, vom grafischen, lautlichen oder gestischen Ausdruck eines Zeichens auf dem Wege der Assoziation eine sinnvolle Interpretation dieses Zeichenvorkommens zu erschließen; d. h. zu versuchen, assoziativ herauszubekommen, was plausiblerweise gemeint sein könnte. (Keller 1995: 125)

Da dieses Schließen auf der Ähnlichkeitsbeziehung beruht (und nicht auf besonderen Regeln oder Kenntnissen), sind Ikone oft (aber nicht immer) sprach- und kulturunabhängig verstehbar.

c. KONVENTIONALISIERTE ZEICHEN (Keller 1995: 128–132): Konventionalisierte Zeichen sind ebenfalls bewusst und intentional verwendete Kommunikationsmittel, die sich zum Gemeinten arbiträr und abstrakt verhalten. Die Beziehung zwischen dieser Art von Zeichen und Bezeichnetem ist dementsprechend konventionell von einer Gemeinschaft von Zeichenbenutzern (z. B. einer Sprachgemeinschaft) festgelegt. Nur bei konventionalisierten Zeichen (bei Keller: Symbolen) spricht man von „Bedeutung": „Zu wissen, was ein Symbol bedeutet, heißt wissen, zur Realisierung welcher Intentionen es unter welchen Bedingungen verwendbar ist." (Keller 1995: 129) Die abstrakten Verkehrsschilder (wie ‚Vorfahrt', ‚Vorfahrt gewähren' u. Ä.) sind demnach genauso konventionalisierte Zeichen wie Wörter.

d. DEIKTISCHE ZEICHEN: Eine Zeichenklasse, die bei Keller ganz fehlt, in der Semiotik aber mit den Symptomen zusammen zu den indexikalischen Zeichen gezählt wird, sind die deiktischen Zeichen, die auf etwas zeigen, also zum Beispiel Zeigegesten, Pfeile, ein zeigender Finger u. Ä. Im Unterschied zu den Symptomen, die als nicht-intentionale „Zeichen" in der Werbung überhaupt nicht vorkommen, spielen deiktische Zeichen dort eine wichtige Rolle. Von den Symptomen unterscheiden sie sich dadurch, dass sie immer intentional verwendet werden, d. h. sie werden von jemandem verwendet, um damit gezielt auf etwas hinzuweisen/ hinzuzeigen. Das Bild eines Pfeils oder eines Fingers steht zwar in einer Ähnlichkeitsbeziehung zu einem realen, in eine Richtung fliegenden Pfeil bzw. einem tatsächlich auf etwas zeigenden Finger – dass auf etwas hingewiesen werden soll, erschließt der Rezipient daher wahrscheinlich auch durch Assoziation. Trotzdem unterscheiden sich deiktische von ikonischen Zeichen, da sie nicht selbst schon einen bestimmten Inhalt haben, sondern immer auf anderes verweisen.

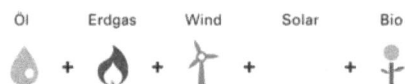

Öl   Erdgas   Wind   Solar   Bio

Windkraft: eine Idee, der wir Flügel verleihen.

Energievielfalt gibt Sicherheit, heute und in Zukunft. Deshalb fördert die BP Group zusätzlich zu Öl und Gas auch alternative Energien. BP beabsichtigt, sein Windenergie-Geschäft stark zu vergrößern und bis 2015 einer der größten Windenergie-Projektentwickler der Welt zu werden. Bereits heute haben wir neue Projekte in den USA und Indien in Auftrag gegeben. Unser Ziel ist es, bis Ende 2008 1000 Megawatt* in Betrieb zu nehmen. Was können wir von BP und unsere Tankstellentochter  noch tun?

Diskutieren Sie mit uns: www.energievielfalt.de

*Damit könnten alle Einwohner von Köln und Hamburg zusammen jährlich mit Energie versorgt werden.

bp

beyond petroleum®

Abbildung 8: bp

Diese Unterscheidung ist idealtypisch, d. h. sie versucht prinzipiell unterschiedliche Zeichenvorkommen aufzuzeigen. In der tatsächlichen Kommunikation kommen aber sehr häufig Übergangsformen vor. So sind streng genommen schon die Strichmännchen auf Toilettentüren konventionalisierte Ikone: Sie zeigen zwar aufgrund einer Ähnlichkeitsrelation mit dem Bezeichneten, welche Tür für Frauen, welche für Männer ist. Dass es sich bei ihnen aber auch um den Hinweis handelt, dass sich hinter den Türen Toiletten (oder Umkleiden) befinden, muss gelernt werden. Genauso stellen Verkehrsschilder häufig Übergänge dar: Das Fahrrad-Bild verweist ikonisch auf echte Fahrräder. Was es aber bedeutet, wenn ein Fahrrad weiß auf blauem Grund (= ,Radweg') oder auf weißem Grund in rotem Kreis (= ,Radfahren verboten') abgebildet ist, beruht wiederum auf Konvention. Selbst ein Pfeil kann neben seiner deiktischen Funktion konventionellen Charakter bekommen, wenn er z. B. – weiß auf grünem Grund – für den Notausgang steht. Auch je stilisierter ein eigentlich ikonisches Zeichen ist, man denke an die „Menü-Icons" am Computerbildschirm, desto stärker kann es hinsichtlich seiner Bedeutung konventionalisiert sein.

In der Werbung spielen diese Übergänge (oder Zeichenmetamorphosen, vgl. Keller 1995: 160–218) eine wichtige Rolle. Ist ein Kronkorken im Alltag unter Umständen ein Symptom für Bier oder eine geöffnete Bierflasche, so wird die Abbildung eines Kronkorkens in einer Bier-Anzeige zu einem „ikonifizierten Symptom" (Keller), weil der Symptomcharakter imitiert, das Zeichen aber mit einer bestimmten Intention verwendet wird. Ein anderes Beispiel ist die lila Kuh von Milka. Zwar kann von der Kuh assoziativ auf Schokolade geschlossen werden (d. h. ikonisch über eine metonymische Ähnlichkeitsbeziehung: Kuh als Milchproduzent, Milch als wesentlicher Bestandteil von Schokolade), doch als farblich verfremdetes Sinnbild für eine bestimmte Schokoladenmarke hat die lila Kuh eher konventionellen Zeichencharakter (nach Keller ist sie dann ein „symbolisiertes Ikon").

 Gerade die Grenzziehung zwischen ikonischen und konventionalisierten Zeichen fällt oft schwer. Regelmäßig in der Werbung vorkommende Ikone sind die Produktabbildungen, die eine große Ähnlichkeit mit dem Gemeinten aufweisen, solange sie originalgetreue Abbildungen (z. B. Fotos) sind. Konventionalisierte Zeichen sind dagegen beispielsweise – neben der Sprache – grafische Firmenlogos und Markenzeichen wie der Mercedes-Stern oder die Audi-Ringe. Die Frage ist aber, ob z. B. visuelle Metaphern eher ikonischen oder eher konventionalisierten Charakter haben: Wenn ein Werbespot für eine Hautcreme mit dem Bild eines ausgetrockneten, rissigen Erdbodens beginnt, sollen die Rezipienten über die bildliche Analogie Assoziationen zu trockener und rissiger Haut herstellen, die ähnlich wie die Erde durch Zufuhr von Feuchtigkeit von diesem Zustand befreit werden kann. Trockenheits-Metaphern haben in der Werbung für Gesichtspflege aber fast schon konventionellen Charakter, da sie zu dem Schluss führen sollen, dass das gerade beworbene Kosmetikprodukt Abhilfe schafft. Wenn in einer Autoanzeige Rehe mit übergroßen, gespitzten Ohren im Wald direkt neben einer Straße stehen, obwohl gerade ein Auto kommt, dann sind zwar alle Bildteile ikonisch interpretierbar. Ob aber eine assoziative Interpretation

Die Kombination aus Zähneputzen und der antibakteriellen Mundspülung LISTERINE schützt vor schädlichen Bakterien und erhält die Gesundheit Ihrer Zähne.

Zähne machen nur 25% Ihres Mundes aus. LISTERINE bekämpft die schädlichen Bakterien in 100% der Mundhöhle.

Mundgesundheit ist nicht nur wichtig für die Zähne, sondern auch für den ganzen Organismus.

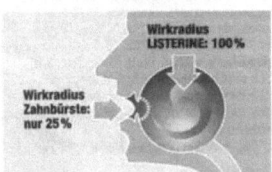

Klinisch bewiesen: LISTERINE ist langfristig verwendet gut verträglich und hält Mundflora, Zähne und Zahnfleisch gesund.

Dr. Rößler, Dozent an der Steinbeis-Hochschule Berlin: „Der Mund ist das Tor zum Körperinneren. Ein Zusammenhang zwischen Mundhygiene und der Gesundheit des gesamten Körpers wurde durch wissenschaftliche Untersuchungen nachgewiesen. Es ist bekannt, dass gründliches Zähneputzen nicht ausreicht für eine gesunde Mundhöhle. Denn der Wirkradius der Zahnbürste deckt nur 25% des Mundes ab, d. h. 75% bleiben unberücksichtigt.

Zahnbürste und Zahnseide reichen nicht aus.
Zahnbürste und Zahnseide erreichen nicht alle Bereiche der Zahnzwischenräume und andere Zonen des Mundes. Aber genau hier können sich schädliche Bakterien vermehren, die Mundgeruch, Zahnfleischentzündungen und Zahnstein verursachen. Bleiben diese Entzündungen unbehandelt, besteht die Gefahr, dass sich Zahnfleischentzündungen oder Parodontitis entwickeln, und das kann bis zum Verlust der Zähne führen. LISTERINE mit ihrer einzigartigen Zusammensetzung aus natürlichen ätherischen Ölen beseitigt

die schädlichen Bakterien und beugt so zugleich – effektiver als andere Mundspülungen – der Neubildung von Belag vor. LISTERINE erreicht alle Zonen des Mundes – und hält so nicht nur die Zähne, sondern auch das Zahnfleisch gesund und die Mundflora im Gleichgewicht.

LISTERINE ist so stark, wie sie schmeckt.
Schon bei der ersten Anwendung erkennen Sie am intensiven Geschmack, wie effektiv die ätherischen Öle in LISTERINE sind. Die Mundflora bleibt im Gleichgewicht – klinisch geprüft. Sie genießen das Gefühl eines rundum sauberen Mundes. Beginnen Sie mit kurzen Spülzeiten und steigern Sie sich auf 2 x täglich 30 Sekunden."

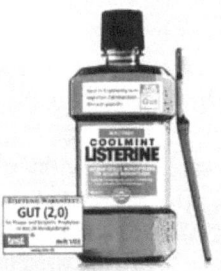

2 x täglich 30 Sekunden mit LISTERINE spülen – für das Gefühl eines rundum sauberen Mundes.

Mundhygiene-Expertenhotline:
0180 3 001303
(0,09 €/Min. aus dem deutschen Festnetz, abweichende Mobilfunkpreise möglich)

such. „Ich musste kreischen und lachen, und alle hielten mich für irre", erinnert sie sich. Das amerikanische „Time"-Magazin berichtet am 16. September über mehrere Sportskandale, über Männer, die als Frauen an Wettkämpfen teilgenommen hatten. In dem Text wird auch Dora Ratjen erwähnt, ein „dunkelhaariger Deutscher", der 1938 Frauen-Weltrekord sprang. „Time" berichtet in wenigen Sätzen von einer Selbstbezichtigung Ratjens, der von den Nazis gezwungen worden sei, als Frau anzutreten, „zum Ruhm und zur Ehre Deutschlands". Drei Jahre, so wird Ratjen zitiert, habe er als Mädchen leben müssen. Ob „Time" mit Ratjen gesprochen hat, ist unklar. Die Angaben zu seiner Person in dem Beitrag sind spärlich und unpräzise. Von „Hermann" Ratjen ist die Rede und davon, dass er 19 Jahre nach seinem Weltrekord als Kellner in Bremen gearbeitet habe. Diese Darstellung wird von da an weiter kolportiert und von anderen Zeitungen übernommen.

Und Gretel Bergmann, die ja tatsächlich von den Nazis hinterhältig getäuscht und um ihre Olympiateilnahme gebracht worden war, gibt nun selbst Interviews. Sie erzählt nicht nur, dass die Nazis sie gezielt von den Spielen 1936 abhielten, sie erzählt auch, dass Ratjen Teil des Plans war. So beschreibt sie den Vorgang immer wieder. Bis heute glaubt sie an diese Variante; noch vergangene Woche beteuerte sie gegenüber dem New Yorker SPIEGEL-Reporter Klaus Brinkbäumer: „Ich bin sicher. Es gab den Plan."

Für Forscher und Journalisten, die dem Fall Bergmann und damit auch dem Fall Ratjen nachgegangen sind, ist die Geschichte, wie sie der Kinofilm jetzt aufbereitet hat, von den Fakten nicht gedeckt. Experten, die für die Filmleute recherchierten, haben große Zweifel. Der Sportjournalist Volker Kluge hat die Macher von „Berlin '36" fachlich beraten. Sein Urteil ist eindeutig: „Nach Kenntnis der überlieferten Dokumente schließe ich es in der Tat aus, dass Dora Ratjen von den Nazis bewusst als „Geheimwaffe" für die Olympischen Spiele aufgebaut wurde." Vorstellbar sei allenfalls, dass man sich in der Reichssportführung durchaus darüber bewusst war, dass Dora einen „Grenzfall" darstelle. Aber die meisten Akten der Reichssportführung sind vernichtet.

Der Potsdamer Historiker Berno Bahro, der für das Buch zum Film verantwortlich ist, spricht von „deutlichen Abweichungen zwischen Realität und Darstellung". Im Buch hat er den Fall Ratjen so präzise wie möglich beschrieben, er kannte den Heydrich-Bericht und hat deshalb die gesamte Geschichte mit vielen Fragezeichen versehen. Er warnte eindringlich davor, den Film als „wahre Geschichte" zu verkaufen.

Er habe einen Kinofilm gemacht, erklärt Regisseur Kaspar Heidelbach auf Nachfrage. Er glaube an seine Story – und verweist auf seine Zeugin in Amerika.

Abbildung 9: Listerine (Anzeige in ihrem Originalkontext)

Bestseller

Im Auftrag des SPIEGEL wöchentlich ermittelt vom Fachmagazin „buchreport"; nähere Informationen und Auswahlkriterien finden Sie online unter: www.spiegel.de/bestseller

Belletristik

1 (6) **Charlotte Link**
Das andere Kind
Blanvalet; 24.95 Euro

Gewalt, Schuld und Sühne
im vermeintlichen
Idyll eines britischen
Küstenstädtchens

2 (1) **Stephenie Meyer**
Bis(s) zum Abendrot
Carlsen; 22,90 Euro

3 (2) **Stephenie Meyer**
Bis(s) zum Ende der Nacht
Carlsen; 24,90 Euro

4 (3) **Dora Heldt**
Tante Inge haut ab
dtv; 12.90 Euro

5 (4) **William Paul Young**
Die Hütte
Allegria; 16.90 Euro

6 (5) **John Grisham**
Der Anwalt
Heyne; 21.95 Euro

7 (7) **Sarah Kuttner**
Mängelexemplar
S. Fischer; 14.95 Euro

8 (8) **Ferdinand von Schirach**
Verbrechen
Piper; 16.95 Euro

9 (11) **Anonymus**
Das Buch ohne Namen
Lübbe; 16.95 Euro

10 (10) **Moritz Netenjakob**
Macho Man
Kiepenheuer & Witsch; 13.95 Euro

11 (9) **Simon Beckett**
Leichenblässe
Wunderlich; 19,90 Euro

12 (8) **David Foster Wallace**
Unendlicher Spaß
Kiepenheuer & Witsch; 39.95 Euro

13 (13) **Iny Lorentz**
Die Rose von Asturien
Knaur; 19.95 Euro

14 (17) **François Lelord**
Hector & Hector und die
Geheimnisse des Lebens
Piper; 16.95 Euro

15 (13) **Henning Mankell**
Daisy Sisters
Zsolnay; 24.90 Euro

16 (-) **Cecelia Ahern**
Zeit deines Lebens
W. Krüger; 16.95 Euro

17 (-) **Kristin Cashore**
Die Beschenkte
Carlsen; 18,90 Euro

18 (-) **Wolf Haas**
Der Brenner und der liebe Gott
Hoffmann und Campe; 18.99 Euro

19 (20) **Hans Rath**
Man tut, was man kann
Wunderlich; 14.90 Euro

20 (14) **Stephenie Meyer**
Seelen
Carlsen; 24.90 Euro

Sachbücher

1 (1) **Eckart von Hirschhausen**
Glück kommt selten allein ...
Rowohlt; 18.90 Euro

2 (2) **Richard David Precht** Wer bin
ich – und wenn ja, wie viele?
Goldmann; 14.95 Euro

3 (3) **Michael Jürgs** Seichtgebiete –
Warum wir hemmungslos verblöden
C. Bertelsmann; 14.95 Euro

4 (4) **Edmund Hartsch**
Maffay – Auf dem Weg zu mir
C. Bertelsmann; 24.95 Euro

5 (17) **Majella Lenzen**
Das möge Gott verhüten
DuMont; 19.95 Euro

6 (9) **Rüdiger Safranski**
Goethe und Schiller – Geschichte
einer Freundschaft Hanser; 21.50 Euro

7 (6) **Eduard Augustin / Philipp von
Keisenberg / Christian Zaschke**
Ein Mann – Ein Buch
Süddeutsche Zeitung; 19.90 Euro

8 (8) **Rhonda Byrne**
The Secret – Das Geheimnis
Goldmann; 16.95 Euro

9 (7) **Inge Jens**
Unvollständige Erinnerungen
Rowohlt; 19.90 Euro

10 (14) **Richard David Precht**
Liebe – Ein unordentliches Gefühl
Goldmann; 19.95 Euro

11 (8) **Helmut Schmidt / Giovanni
di Lorenzo** Auf eine Zigarette
mit Helmut Schmidt
Kiepenheuer & Witsch; 16.95 Euro

12 (10) **Michael Winterhoff**
Warum unsere Kinder Tyrannen
werden Gütersloher Verlagshaus; 17.95 Euro

13 (15) **Wilhelm Schlötterer**
Macht und Missbrauch
Fackelträger; 22,95 Euro

14 (12) **Ilija Trojanow / Juli Zeh**
Angriff auf die Freiheit
Hanser; 14.90 Euro

15 (20) **Albrecht Müller** Meinungsmache
Droemer; 19.95 Euro

16 (-) **Michael Jackson**
Moonwalk
Heyne; 14.95 Euro

Neu aufgelegt: die
Autobiografie des
Megastars, die er im
Alter von
29 Jahren schrieb

17 (-) **Miriam Pielhau** Fremdkörper
mvg; 17,90 Euro

18 (11) **Beatrice von Weizsäcker**
Warum ich mich nicht für Politik
interessiere ... Lübbe; 14.99 Euro

19 (18) **Helmut Schmidt** Außer Dienst
Siedler; 22.95 Euro

20 (19) **Hanspeter Künzler**
Michael Jackson – Black or White
Hannibal; 14.95 Euro

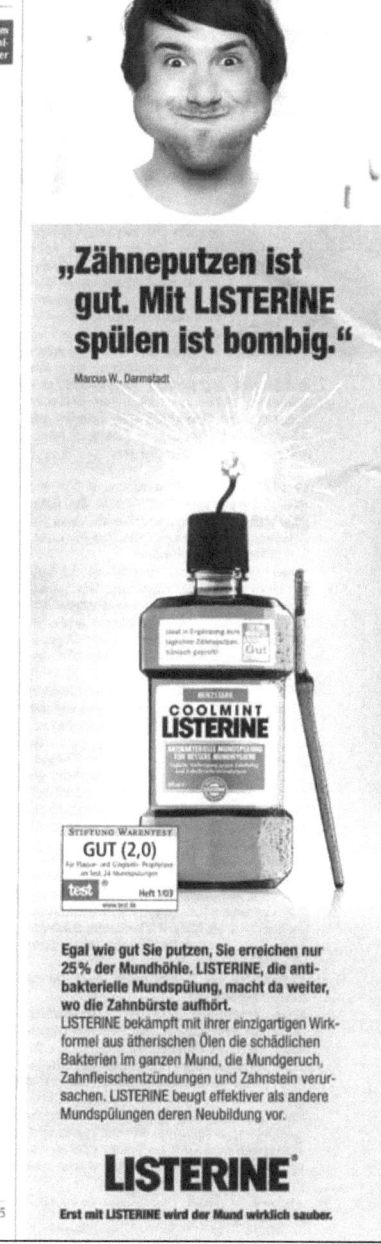

ausreicht, um von Rehen mit großen Ohren auf den leisen Motor des Autos zu schließen, ist fraglich. Zumindest hat das Reh als besonders scheues und geräuschempfindliches Tier in unserer Kultur inzwischen Symbolwert, so dass man Bildern von Rehen damit einen konventionellen Zeichencharakter zugestehen könnte.

Formale Beschreibung der Bilder

Wolfgang Brandt schlägt in seinem Analysemodell (1973: 140) außerdem folgende Typisierungskategorien vor, mit denen Bilder hinsichtlich ihrer Abbildungsform näher beschrieben werden können:

a. REALITÄTSBEZUG: Sind die Bildinhalte wirklich oder fiktional – werden also tatsächlich existierende Lebewesen oder Gegenstände abgebildet oder stattdessen fiktionale Fabelwesen (wie die Fee von Underberg, der dschinnverwandte Meister Propper oder die sprechenden Klos der Putzmittelwerbung) oder Traumlandschaften (wie Paradies- und Märchenlandschaften)?

b. ABBILDCHARAKTER: Ist ein Bild formreal oder formabstrakt, bildet es die Realität also fotografisch und äquivalent ab oder stattdessen künstlerisch verfremdet bzw. stilisiert wie in einer Zeichnung? (Diese Trennung, die schon bei Brandt nicht ganz eindeutig ist, wenn dort nur pauschal zwischen Foto und Zeichnung unterschieden wird, wird angesichts zunehmender Computeranimationen und im Computer bearbeitbarer Fotografien immer schwerer nachzuvollziehen sein.) Mit dem Abbildcharakter hängen unmittelbar auch die beiden weiteren Beschreibungskategorien zusammen:

c. FARBGEBUNG: Ist ein Bild bunt oder schwarz-weiß?

d. DYNAMIK: Ist ein Bild dynamisch oder statisch, d. h. handelt es sich um eine Filmsequenz oder ein Foto/stehendes Bild? Dies ließe sich noch differenzieren, denn auch Fotos können einen dynamischen Eindruck machen, indem sie durch die Aufnahmetechnik (Unschärfe oder Verwischen) Bewegung suggerieren. Andererseits können auch Fernsehspots durchaus einen statischen Eindruck erwecken, wenn beispielsweise der Bildausschnitt konstant gehalten wird und in diesem keine Bewegung stattfindet.

 Literaturtipps

Zur Einführung in die Semiotik allgemein liest sich anregend und gut verständlich: KELLER, Rudi (1995): Zeichentheorie. Zu einer Theorie semiotischen Wissens. Tübingen/Basel (Francke). (= UTB 1849).
Das normalerweise wegen des Werbebezugs häufig zitierte Grundlagenwerk von Umberto Eco (1972, siehe Literaturverz.), halte ich für schwer verständlich und analytisch schwierig umzusetzen.
Ein praxisbezogenes Standardwerk zu Bildern in der Werbung und ihren wahrnehmungspsychologischen Grundlagen bietet:
KROEBER-RIEL, Werner (1993): Bildkommunikation. Imagerystrategien für die Werbung. München (Vahlen).

Neuere Literatur

Bilder und Bildsemantiken in der Werbung sind inzwischen vermehrt zum Forschungsgegenstand geworden. Zu den Grundlagenwerken zählen die Arbeiten von Hartmut Stöckl (siehe auch die Angaben unter 4.5.3!), zum Beispiel:
STÖCKL, Hartmut (2000): Bilder – stereotype Muster oder kreatives Chaos? Konstitutive Elemente von Bildtypen in der visuellen Kommunikation. In: Fix, Ulla/Wellmann, Hans (Hrsg.): Bild im Text – Text und Bild. Heidelberg (Winter). (= Sprache, Literatur und Geschichte 20). 325–341.

 (19) Zerlegen Sie die Anzeigen für Listerine (Abb. 9: 82 f.) und innéov (Abb. 13: 121) in ihre einzelnen Bausteine.
a) Bestimmen Sie die Textbausteine jeweils funktional. Inwiefern ist die hier vorgestellte Klassifizierung für die Beispiele tragfähig?
b) Beschreiben Sie die Bildelemente funktional, semiotisch und formal.
c) Vergleichen Sie die Listerine- und die innéov-Anzeige miteinander hinsichtlich ihrer Bildsprache und diskutieren Sie anhand weiterer Anzeigen aus dem Bereich der Pflegeprodukte (z. B. der Biotherm-Anzeige, Abb. 26: 222), inwiefern diese produktspezifisch ist.

(20) Verschaffen Sie sich einen Überblick über das aktuelle Textdesign deutscher Werbeanzeigen aus Publikumszeitschriften und diskutieren Sie an konkreten Beispielen die Anwendbarkeit der hier gemachten Klassifikationsvorschläge zum Aufbau von Anzeigen und Abgrenzungsprobleme zwischen den Textbausteinen.

3.2 Mikrokosmos Fernsehspot

Bedingt lassen sich die bisherigen Ausführungen dieses Kapitels auch auf Fernsehspots übertragen – so gibt es z. B. auch dort Produktnamen und Slogans. Doch statt von optisch isolierbaren Teiltexten wie Schlagzeile, Fließtext oder Inserts ist das Fernsehen durch eine Gestaltung geprägt, bei der die verschiedenen Kodes Sprache, Bild, Musik und Geräusch (= Multikodalität) auf visueller und akustischer Ebene (= Multimodalität) ineinander verschränkt sind. Für die funktionale Gestaltung von multimodalen und multikodalen, d. h. also semiotisch komplexen Kommunikaten wie dem Fernseh- oder auch dem Hörfunkspot wird der Terminus *Textdesign* vorgeschlagen:

Der Ausdruck Textdesign passt m. E. am besten auf die gestalterischen Tätigkeiten des Abstimmens der einzelnen Zeichenmodalitäten aufeinander und deren form- und sinnbezogene Montage. (…) Das Textdesign eines semiotischen Produkts hat u. a. die folgenden Eigenschaften: 1) ganzheitliche Gestalt in der Wahrnehmung, 2) Übersummativität und Nichtkompositionalität (das Ganze ist mehr als die Summe der Teile), 3) sinnfällige Gegliedertheit bzw. Komponiertheit, 4) Montage und Synthese von Zeichenmodalitäten, 5) starke Abhängigkeit von sozialen Moden, historischen Trends und ästhetischen Prägungen der Zielgruppen, 6) in starkem Maße paraverbale bzw. paratextuelle Wirkungsweise, d. h. als etwas zum sprachlichen bzw. konzeptuellen Kern Hinzukommendes. Es sind dies zugleich die Elemente, die eine Textanalyse erschweren. (Stöckl 2007b: 184)

Zu unterscheiden ist demnach auch beim Fernsehspot eine formale Beschreibung von einer funktionalen Interpretation, und wie schon bei der Anzeige müssen auch sprachwissenschaftliche Analysen die anderen Zeichenebenen/Kodes berücksichtigen, wenn sie die Werbebotschaft eines Spots erfassen wollen. Schließlich lassen sich beide Ebenen der Analyse in einer ganzheitlichen Betrachtung der Spots im Sinne einer Gattungstypologie zusammenführen.

 Wichtig ist eine methodische Vorbemerkung, die auch für den Radiospot (vgl. 3.3) gilt: Wer mit Fernseh- oder Hörfunkwerbung arbeiten will, kommt nicht um eine Transkription herum, also um eine Verschriftlichung von Bild und Ton. Erst auf der Basis einer verschrifteten Vorlage können sprachwissenschaftliche Analysen vernünftig vorgenommen werden – der dadurch entstehende zeitliche Mehraufwand wird einer der Gründe sein, warum die Formen der Rundfunkwerbung noch nicht so intensiv erforscht sind wie die zugänglichere Anzeigenwerbung. Hinweise, wie sich Spots verschriftlichen lassen, finden sich zum Beispiel in Arbeiten zur Gesprächsanalyse, in deren Rahmen Methoden sowohl die Spalten- als auch die Partiturschreibung entwickelt wurden (prominent z. B. das Transkriptionssystem GAT: Selting u. a. 1998; Transkriptionsbeispiele siehe z. B. bei Wahl 2009: 217–219 für den Fernsehspot (nach GAT) oder Stöckl 2007b: 188 f. für den Radiospot (Spaltenschreibung)).

Formale Unterscheidungen

Aufgrund der Multimodalität des Fernsehens (= visueller und akustischer Modus), die den Fernsehwerbespot sowohl von der Anzeige (= nur visuell) als auch vom Radiospot (= nur akustisch) abhebt und ihm eine besondere Lebendigkeit verleiht, lassen sich statt optisch isolierbarer Teiltexte verschiedene modale Repräsentationsformen des sprachlichen Kodes unterscheiden (zu den formalen Unterscheidungen allgemein vgl. auch Berger 2008: bes. Kap. 2 oder Seyfarth 1995):

1. GESPROCHENER TEXT: Er lässt sich unterteilen in Sequenzen aus dem Off (aus dem Hintergrund, kein Sprecher im Bild) und aus dem On (Sprecher sichtbar).
   a. OFF-SEQUENZEN können im Sinne eines Kommentars spotbegleitend oder im Sinne der Parallelrealisierung von geschriebenem Text (z. B. dem eingeblendeten Produktnamen oder Slogan) erfolgen. Gestaltungsspielräume bestehen hier wie bei jeder Form gesprochener Sprache nicht nur in der sprachlichen Form (Wortwahl und Satzbau), sondern auch hinsichtlich Lautstärke, Intonation, Betonung, Realisierung von Dialekt oder Wahl des Sprechers und der Stimme (z. B. Mann vs. Frau vs. Kind). Die dadurch eröffneten unterschiedlichen Assoziationsspielräume werden deutlich, wenn man beispielsweise den von einer Frau verschwörerisch geflüsterten Slogan von Renault: *Créateurs d'automobiles* [Erfinder von Autos], den von Otfried Fischer bairisch gesprochenen Slogan des regionalen Möbelhauses Hiendl: *Mehr sog' i net!* oder den mit einer sehr wichtigen Betonung und Pause von einem Mann gesprochenen Slogan von VW: *VW. (.) Dás Auto* vergleicht.

b. ON-SEQUENZEN lassen sich danach unterscheiden, ob der Sprecher sich an den Fernsehzuschauer richtet oder an einen Kommunikationspartner im Spot selbst, ob er also Mitglied des primären, nach außen gerichteten oder des sekundären, nach innen gerichteten Kommunikationskreises ist (Polajnar 2005: 26). Im sekundären Kommunikationskreis sind zudem monologische (z. B. Selbstgespräch) wie dialogische Formen (z. B. Unterhaltung zwischen Mutter und Kind) möglich (zur Gesprächsanalyse bezogen auf Werbespots vgl. Polajnar Lenarčič 2012).

2. GESUNGENER TEXT: Auch gesungener Text ist wie gesprochener Text ein akustisch realisierter und auditiv wahrgenommener Text. Nach Behrens (1996: 67) lassen sich unterscheiden:

a. JINGLE: Er entspricht einem gesungenen Slogan, kann aber auch ohne Text im Sinne einer Erkennungsmelodie realisiert werden. Jingles sind zum Beispiel die gesungenen Slogans (bzw. nur instrumental realisierten Melodien) von Milka (*Die zarteste Versuchung, seit es Schokolade gibt*), von Yogurette (*Jung, Schwung. Spannung – Yogurette*) oder von Landliebe (*Liebe ist, wenn es Landliebe ist*).

b. WERBELIED: Hier wird (mehr oder weniger) der ganze Werbetext gesungen statt gesprochen. Das Werbelied ist nicht zu verwechseln mit eigentlich werbeunabhängig entstandenen Songs, die nicht selten teuer eingekauft und für die Werbung instrumentalisiert werden (z. B. der Song „Sail away" von Joe Cocker, der inzwischen so eng mit der Beck's-Werbung verbunden ist, dass er durch den thematischen Zusammenhang mit dem in den Spots vorkommenden grünen Segelschiff und den Aktionen des Unternehmens im Rahmen der „Beck's experience" fast schon den Charakter eines Werbelieds bekommen hat). Das Werbelied scheint an Beliebtheit zu verlieren, jedenfalls werden die vor zehn Jahren relativ verbreiteten Spots mit Werbeliedern (Jacob's Krönung light, Du darfst-Produkte, Schoko Crossies, Ültje-Erdnüsse) kaum mehr gesendet.

3. GESCHRIEBENER TEXT: Beim geschrieben eingeblendeten Text, der erst einmal nur visuell wahrnehmbar ist, wenn er nicht parallel noch gesprochen wird, könnte man nach derselben Klassifikation wie bei den Anzeigentexten in primären, sekundären und tertiären Text unterscheiden. Häufig eingeblendet werden Produktnamen und Slogans am Spotende, also primärer Text; und bei jeder Produktabbildung, bei der eine mit Text bedruckte Verpackung vorhanden ist, kann man von sekundärem Text sprechen. Die Relevanz von tertiärem Text wird aufgrund der dynamischen Bild- und Schnittfolge des Fernsehspots sehr viel geringer sein als bei Anzeigen (siehe 3.1.6).

Hinzu kommen beim Fernsehspot auf der visuellen Ebene die BILDER, die sich mit Kategorien der Filmanalyse weiter beschreiben lassen (z. B. nach ihrer Dynamik (Filmsequenz vs. Standbild), nach der Anzahl und Schnelligkeit der Schnitte und dem Rhythmus der Einstellungen, nach Kameraeinstellungen wie Nahaufnahme oder Totale, nach Kameraperspektiven wie Frosch- oder Vogelperspektive, nach Lichtsprache, nach Verwendungen besonderer Effekte wie Schwarz-Weiß-Film, Trickfilm, Computeranimation usw.).

Auf der akustisch-auditiven Ebene können neben gesprochenem und gesungenem Text noch GERÄUSCHE und MUSIK eingesetzt werden: Mit Stöckl (2007b: 183) lassen sich bei der Beschreibung von Musik die Aspekte Melodie, Harmonie, Rhythmus/Tempo, Dynamik und Klangfarbe unterscheiden, bei der Beschreibung von Geräuschen z. B. realer vs. fiktiver Charakter, Tonhöhe, Dauer/Intensität/ Rhythmus und Kombination von Einzelgeräuschen. Zusätzlich könnte hier – analog zur Textklassifikation und bereits mit Blick auf die Funktion – in primäre, sekundäre und tertiäre Elemente unterschieden werden: Primär ist z. B. die Musik als Begleitung zum Werbelied oder Jingle oder als Kennmelodie, die im Vordergrund eingespielt wird; sekundär könnte Musik sein, die vom Produkt selbst kommt, also wenn beispielsweise durch ein Musikbeispiel demonstriert werden soll, wie rein der Klang eines CD-Spielers ist (auch wenn der tatsächliche Klang im Spot nicht von dem beworbenen Produkt, sondern natürlich vom eigenen Fernseher abhängt); tertiär ist Hintergrundmusik, die atmosphärische Funktion hat. Ebenso die Geräusche: Primär sind Geräusche in den Spots, in denen sie eine Werbeaussage belegen oder stützen sollen, wobei eine beliebte Strategie ist, an einer solchen Stelle mit dem Stilmittel der Stille zu spielen (beispielsweise wenn demonstriert werden soll, wie leise ein Auto fährt oder eine Waschmaschine wäscht)! Sekundär sind Geräusche, die zwangsläufig durch die Produktverwendung und -demonstration entstehen (Fahrgeräusch, Staubsaugerton etc.), als tertiär können dann alle Geräusche im Hintergrund gelten (z. B. Stimmengewirr am Flughafen, Verkehrslärm, Kindergeschrei im Garten usw.).

 Das Zusammenspiel der einzelnen Kodes und Modi im Fernsehspot ist sprachwissenschaftlich bislang noch kaum untersucht, und schon gar nicht über exemplarische Zugänge hinausgehend an umfangreicheren Spot-Korpora. Insbesondere die unterschiedlichen Repräsentationen von Text/Sprache im Werbespot und ihre funktionale intratextuelle Verknüpfung harren noch der Erforschung. Diachron interessant ist z. B. die Frage, wann und warum gesungene Jingles und Werbelieder häufig oder selten vorkommen und ob Vorlieben für diese Repräsentationsformen branchen- und produktspezifisch oder nur zeittypisch sind.

Funktionale Interpretationen

Bei der funktionalen Interpretation der einzelnen Elemente des Fernsehspots muss die Rezeptionssituation berücksichtigt werden: Ein Fernsehspot ist flüchtig, d. h. es besteht nicht die Möglichkeit des Nocheinmallesens wie bei gedruckt vorliegender Werbung. Zudem wird Werbung im Fernsehen häufig als Störung (z. B. bei den Werbeblöcken innerhalb von Spielfilmen) empfunden und als Pause genutzt (vgl. Schierl 1997: 44). Die Notwendigkeit, Aufmerksamkeit zu erregen, ist entsprechend groß. Dies geschieht nicht nur dadurch, dass sich Werbeblöcke in der Regel in ihrer Tonqualität vom filmischen Umfeld abheben (lauter, klarer), sondern auch z. B. durch ihre musikalische Untermalung.

Die Teiltexte Produktname, Slogan und Fließtext haben ähnliche Funktionen wie in der Anzeige (also z. B. Erinnerungs- und Imagefunktion), nur dass sie sowohl gesprochen als auch geschrieben (oder beides parallel) realisiert werden können, wodurch diese Funktionen gestärkt oder auch durch die verschiedenen Formen der Realisierung unterschiedlich akzentuiert werden können.

Da der Anfang eines Werbespots für die Botschaft „verschenkt" sein kann – zuerst muss die Aufmerksamkeit wirklich auf den Spot gerichtet werden –, haben die Textbausteine am Ende eines Spots funktional mehr Gewicht. Als besonders bedeutsame Sequenz im Fernsehspot wird daher die Schlusseinstellung, der so genannte Packshot, betrachtet (z. B. Berger 2008: 53 f.). Kommunikatives Gewicht kann einem sprachlichen Element auch durch mehrfache Wiederholung (z. B. des Produktnamens) verliehen werden, um eine bewusste Wahrnehmung durch den nicht selten abgelenkten Rezipienten zu sichern. Für die Interpretation spezifischer Funktionen von Werbespot-Elementen sind daher die oben differenzierten formalen Aspekte relevant (welche formalen Merkmale sind z. B. verantwortlich für die Erzeugung von Authentizität und Glaubwürdigkeit, von Spannung und Aufmerksamkeit, von Einprägsamkeit und Imageeffekten), aber eben auch, wann und wie oft ein Textelement in einem Spot vorkommt.

Musik und Geräusch können wiederum eigene spezifische Funktionen aufweisen. Stöckl (2007b: 195–197) unterscheidet für den Radiospot folgende Teilfunktionen, die sich zum Teil auch auf den Fernsehspot übertragen lassen:

1. Musik:
   a. STRUKTURIERUNG des Spots, d. h. Vermittlung einer „rhythmischen Textur",
   b. ILLUSTRATION (im Fernsehspot: des Gezeigten) bzw. VORSTELLUNG (im Radiospot also Erzeugung von mentalen Bildern),
   c. DEMONSTRATION UND VERSINNBILDLICHUNG von Produkteigenschaften und -wirkweisen,
   d. Erzeugung einer bestimmten GRUNDSTIMMUNG zum Zwecke der Produktdifferenzierung und Markenidentitätsbildung,
   e. AUFMERKSAMKEITSERREGUNG UND -LENKUNG.

2. Geräusch:
   a. VERWEIS AUF ORT/HANDLUNG: Geräusche, die die Handlungssequenz im Spot situieren (s. o.: tertiäre Geräusche) – im Radiospot wegen des fehlenden Bildes wesentlich wichtiger als im Fernsehspot,
   b. ILLUSTRATION/DRAMATISIERUNG: Geräusche, die Produkteigenschaften illustrieren und so die Werbebotschaft im Sinne einer höheren Glaubwürdigkeit dramatisieren (s. o.: sekundäre Geräusche),
   c. TEXTSTRUKTURIERUNG: Geräusche, die als eigenständige „Teiltexte" im Spot interpretiert werden können, auf die sprachliche Teiltexte zum Beispiel Bezug nehmen können (s. o.: primäre Geräusche).

Gattungstypologie

Eine Basis-Typologie kann über strukturelle Merkmale vorgenommen werden, d. h. über Form und Länge der Fernsehwerbung: Außer den untersagten Formen des Product Placement (Schleichwerbung), bei denen Marken im Rahmen des redaktionellen Programms gezeigt werden, lassen sich folgende derzeit verbreiteten Formen unterscheiden (vgl. http://www.alm.de/185.html, Stand 20.03.2010; siehe dort auch knapp zu neuen Formen von virtueller und interaktiver Werbung im Fernsehen):

- der klassische WERBESPOT unterschiedlicher Länge,
- die SPONSOR-NENNUNG am Beginn einer Sendung und nach Werbeunterbrechungen,
- die LAUFBANDWERBUNG während einer Sendung unten oder oben im Bild (Split-Screen),
- INFOMERCIALS und DAUERWERBESENDUNGEN, die den zugelassenen Maximalumfang eines Werbespots überschreiten.

Beim klassischen Spot, der in der Regel zwischen 15 und 40 Sek. lang ist und zwischen oder innerhalb von Sendungen ausgestrahlt werden kann (in sog. Werbeblöcken von mind. zwei Spots Umfang), lässt sich außerdem inhaltlich-strukturell noch differenzieren zwischen dem HAUPTSPOT, dem TEASER (kurzer, Spannung aufbauender Spot vor dem eigentlichen Hauptspot) und dem REMINDER (kurzer, nachgeschalteter Spot, um noch einmal die Botschaft des Hauptspots zusammenzufassen). Auch Hauptspots können aber natürlich auf früher gesendete Hauptspots Bezug nehmen, indem z. B. Geschichten weitererzählt werden.

 Die neueren Formen der Fernsehwerbung wie Laufbandwerbung oder Infomercials sind sprachwissenschaftlich noch nicht untersucht (neu aber Frommert 2012 zum Teleshopping). Dabei bieten insbesondere die Dauerwerbesendungen mit Studiogästen oder mit Telefonaten mit zufriedenen Konsumenten zahlreiche Untersuchungsmöglichkeiten (von gesprächsanalytischen Fragen hin zu Argumentationsanalysen u. a.). Auch wie sich Fernsehspots in ihren verschiedenen Ausprägungen aufeinander beziehen, wie sich also z. B. Teaser und Reminder in der Auswahl sprachlicher und bildlicher Elemente aus dem Hauptspot voneinander unterscheiden, ist noch ein Desiderat.

Aus der Art der Produktpräsentation lassen sich weitere Typen von Fernsehspots ableiten: So unterscheiden Knoblauch und Raab (2002: 145–150; vgl. eine ähnliche Klassifizierung bei Ising 2007: 27–29):

a. PRODUKTWERBESPOTS: Im Mittelpunkt steht die Darstellung des Produkts, ggf. des Produkts in Aktion; Menschen und ihre Handlungen spielen keine oder nur eine marginale Rolle, Text kommt in der Regel als Kommentar aus dem Off.
b. PRÄSENTATORSPOTS (bei Ising weiter unterschieden nach PRÄSENTER, TESTIMONIAL und EXPERTEN): Hier steht das Produkt zusammen mit einem Präsentator

im Mittelpunkt, d. h. es wird von einem sichtbaren Sprecher im Sinne eines „Produktanbieters, -verfechters oder -benutzers" (Knoblauch/Raab 2002: 146) präsentiert. Zu diesen Spots gehören auch Kombinationen von Off-Kommentar und einer im On sprachlosen Demonstration einer Anwendungssituation. Klassische Beispiele sind hier die Interviewsituationen der Testimonialwerbung, wie sie insbesondere in der Lebensmittelwerbung beliebt sind und waren (z. B. für Nimm2, Knoppers u. a.; vgl. genauer 4.2.3).

c. ALLTAGSWERBESPOTS (SLICE OF LIFE): Das Produkt ist eingebettet in eine alltägliche Situation und Spielhandlung, die vergleichsweise real erscheint. Relevant wird hier der sekundäre Kommunikationskreis (siehe 2.3.1), da die Handlungsabfolge eher durch situativ eingebundene On-Sprecher erfolgt als durch einen Off-Kommentar, der solche Spots allenfalls abschließt. Die Möglichkeit, alltägliche Szenen nachzustellen, verleiht dem Fernsehwerbespot eine besondere Glaubwürdigkeit gegenüber anderen Werbemedien.

d. LEBENSSTILSPOTS (LIFESTYLE): Im Mittelpunkt solcher Spots steht die Inszenierung eines idealisierten und hedonistischen Lebensstils, für den das beworbene Produkt ein fast beiläufig eingeführtes Accessoire darstellt.

e. KUNSTFILMSPOTS (bei Ising würde hierunter am ehesten die enger definierte STORY fallen): Hier handelt es sich um Spots mit einem besonderen intellektuellen Anspruch, in denen das Produkt fast ganz verschwindet zugunsten der Aktivierung relativ offener Assoziationen des Rezipienten, die jedoch mindestens dem Image des Unternehmens dienen sollen. Werbetext spielt in solchen Spots kaum mehr eine Rolle, es bleibt oft nur noch eine werbliche Minimalaussage in Gestalt des Slogans oder des Produktnamens. Dadurch läuft der Kunstfilmspot Gefahr, dass er oder die darin erzählte Geschichte als solche(r) im Gedächtnis bleibt, nicht aber, mit welchem Produkt/welcher Marke der Spot eigentlich zu tun hat. (Ein gelungenes Beispiel für einen Kunstfilmspot ist der von Sabine Wahl analysierte Nike-Spot „Secret Tournament" zur Fußballweltmeisterschaft von 2002, der ein Fußballmatch zum Elvis Presley-Song „A Little Less Conversation" synchronisiert, der aber über die visuelle Dominanz des Nike-Bildzeichens (den „Swoosh") sicherstellt, dass der Bezug im Gedächtnis bleibt; vgl. Spot-Transkript und Analyse bei Wahl 2009).

An der hier nur knapp skizzierten und in Variation häufig verwendeten Typologie wird schnell deutlich, dass die Unterscheidungen teilweise relativ willkürlich erscheinen. So ist die Grenze zwischen Lebensstil- und Alltagswerbespot schwierig zu ziehen, wenn es vor allem um den Grad der Idealisierung geht; auch die Abgrenzung zwischen Produkt- und Präsenterwerbespot erscheint problematisch, da im Produktwerbespot z. B. durchaus auch *pesonae* auftauchen können. Klarer und hilfreicher erscheint hier die bereits unter 2.3.1 erläuterte Unterscheidung von Stern (1994) in *AUTOBIOGRAPHY* (d. h. alle Formen von individueller Stellungnahme: On-Sprecher im primären Kommunikationskreis), *NARRATIVE* (d. h. alle Formen von situationsentbundener Produktpräsentation: On- oder Off-Sprecher im primären Kommunikationskreis) und *DRAMA* (d. h. alle szenischen Darstellungen der Produktverwendung: Aktivierung des sekundären Kommunikationskreises, möglicherweise mit zusätzlichem Off-Sprecher im primären Kommunikationskreis). Ergänzende Hinweise zu einer „narratologischen" Zugangsweise zum Fernsehwerbespot finden sich bei Grimm (1996).

Literaturtipps

Eine der wenigen umfassenderen Untersuchungen zur Fernsehwerbung, dafür jedoch schon recht alt, ist die von:
BRECHTEL-SCHÄFER, Jutta (1972): Analyse der Fernsehwerbung in der BRD – anhand einer Untersuchung der Werbeeinblendungen im ZDF und im Hessischen Regionalprogramm in der Zeit vom 12.2.–7.3.1970. Dissertation Universität Marburg.
Eine sehr eng am Brandt'schen Modell vorgenommene neuere Untersuchung von Fernsehwerbung bietet:
SEYFARTH, Horst (1995): Bild und Sprache in der Fernsehwerbung. Eine empirische Untersuchung der Bereiche Auto und Kaffee. Münster/Hamburg (LIT). (= Marburger Studien zur Germanistik 18).
Einen intertextuellen wie diskursanalytischen Ansatz verfolgt Wyss mit ihrer Untersuchung des Schweizerischen Fernsehens, die den Werbespot als Teil des allgemeinen Fernsehtextes und damit auch der jeweiligen Senderkultur betrachtet (die Schweizer Mehrsprachigkeitssituation und ihre massenmedialen Konsequenzen sind allerdings nicht ohne weiteres mit der bundesrepublikanischen Situation vergleichbar):
WYSS, Eva Lia (1998): Werbespot als Fernsehtext. Mimikry, Adaptation und kulturelle Variation. Tübingen (Niemeyer). (= Medien in Forschung und Unterricht 49).

Neuere Literatur

Inzwischen gibt es einiges an aktuellerer Literatur zur Fernsehwerbung. Grundsätzliche Stellungnahmen zum Fernsehspot als Gattung bieten zwei Aufsätze im Sammelband „Die Gesellschaft der Werbung" (Willems 2002):
KNOBLAUCH, Hubert/RAAB, Jürgen (2002): Der Werbespot als kommunikative Gattung. In: Willems (Hrsg.) (2002): 139–154.
AYASS, Ruth (2002): Zwischen Innovation und Repetition: Der Fernsehwerbespot als mediale Gattung. In: Willems (Hrsg.) (2002): 155–171.
Mit Blick auf die Ansprache bestimmter Zielgruppen steht der Fernsehspot bei Polajnar im Mittelpunkt:
POLAJNAR, Janja (2005): Strategien der Adressierung in Kinderwerbespots. Zur Ansprache von Kindern und Eltern im Fernsehen. Wiesbaden (DUV). (= Europäische Kulturen in der Wirtschaftskommunikation 7).
Nicola Berger hat das im vorliegenden Buch vorgeschlagene Analyseschema (siehe 5.1) in ihrer publizierten Magisterarbeit aufgegriffen und für den Fernsehspot angepasst:
BERGER, Nicola (2008): Was sagt Clementine zur lila Kuh? Fernsehwerbung analysieren und interpretieren. Duisburg (Universitätsverlag Rhein-Ruhr).
Siehe auch die unter 6.3 zitierten kulturkontrastiven Arbeiten von Dashyan 2006, Ising 2007 und Fritzmann 2009, die an Fernsehspots gearbeitet haben.

(21) Verschriftlichen Sie im Seminar verschiedene per Video aufgezeichnete Fernsehspots (alternativ können Sie sich Werbespots von Unternehmenshomepages oder YOUTUBE herunterladen). Probieren Sie dazu die Spaltenschreibung (parallele Angaben zu: gesprochener Text, geschriebener Text, Film/Bild, Musik/Geräusche) aus. Wie ergänzen sich die verschiedenen Kodes und Modi? Welche Funktion kommt welcher verbal-visuellen Sequenz zu?

(22) Suchen Sie bei der Gesprächsforschung (z. B. Selting u. a. 1998) oder z. B. bei Störiko (1995) oder Muckenhaupt (1986) nach anderen Vorschlägen zur Verschriftlichungsmethode und diskutieren Sie, welche für die von Ihnen gewählten Fragestellungen die angemessenste ist.

3.3 Mikrokosmos Hörfunkspot

Hörfunkwerbung ist sprachwissenschaftlich noch kaum untersucht. Stöckl vermutet als Gründe dafür die „zeitbasierte Flüchtigkeit und Multimodalität" der Radiospots:

> Beide behindern die gründliche Analyse – der interessierte Forscher mag sich hier rasch mit einer übergroßen Komplexität und einer mangelnden Kompetenz für die betreffenden Zeichensysteme (vor allem Musik und Geräusch, aber auch Paraverbales) konfrontiert sehen. (Stöckl 2007b: 177)

Die zeitbasierte Flüchtigkeit bedeutet nichts anderes, als dass auch hier vor jeder Analyse verschriftlicht/transkribiert werden muss, was einen deutlichen methodischen Mehraufwand bedeutet. Dass auch die Multimodalität (nach der unter 3.2 vorgeschlagenen Terminologie: Multikodalität) eine Hemmschwelle darstellen könnte, passt nicht zu dem Befund des letzten Teilkapitels, dass nämlich Forschungsarbeiten zu Fernsehspots trotz des Transkriptionsaufwandes kontinuierlich zunehmen, bei denen ja nicht nur Musik und Geräusch, sondern zusätzlich Bilder und Filmsequenzen in die Analyse einzubeziehen sind. Offensichtlich hat der Hörfunkspot aber genau deshalb, also wegen des fehlenden *visuellen* Darstellungsmodus, nicht nur bei den Werbetreibenden selbst ein Imageproblem (Stöckl 2007b: 180 f., 199), sondern auch bei Werbeforschern.

Einen systematischen Zugang zur Beschreibung von Hörfunkspots bietet bislang nur Stöckl (2007b) im bereits unter 3.2 mehrfach zitierten Aufsatz „Hörfunkwerbung – ‚Kino für das Ohr'": Auch der Hörfunkspot ist Produkt eines gezielten multikodalen Textdesigns, für seine Struktur ist „Rhythmus die zentrale und verbindende Größe" (Stöckl 2007b: 182). Er dient sehr häufig als Ergänzung und flankierende Maßnahme zu anderen Werbemitteln (bes. Fernsehen und Anzeige), weshalb bei seiner Analyse der Kontext des Media-Mix berücksichtigt werden sollte (vgl. dazu genauer 3.5).

Zur formalen und funktionalen Beschreibung von Hörfunkspots, insbesondere von Musik und Geräusch im Hörfunkspot, kann auf die obigen Ausführungen zum Fernsehspot (3.2) zurückgegriffen werden. Der prototypische Hörfunkspot ist zweigeteilt und besteht aus einem szenisch-dialogischen Teil (Inszenierung eines sekundären Kommunikationskreises in konkreter Situation) und einem monologischen Off-Sprecher (im Sinne des primären Kommunikationskreises ohne situative Einbettung, siehe 2.3.1) (Stöckl 2007b: 190). Stöckl (2007b: 185) schlägt an Typisierungsebenen für Hörfunkspots die folgenden vor:

a. MARKETINGKONTEXT (z. B. Eigen- vs. Fremdwerbung; national vs. regional konzipiert; Übereinstimmungen mit und Bezugnahmen auf andere Werbekommunikate),
b. INHALT/STRUKTUR (z. B. *autobiography, narrative, drama* (siehe 2.3.1); einfacher Spot vs. Kombinationsspot aus Teaser + Hauptspot + Reminder),
c. ZEICHENMODALITÄT (unterschiedliche Kombinationsformen von Sprache, Geräusch und Musik; Gliederungsfunktionen von Musik, Geräusch und Wechsel der Sprecherstimmen),
d. SONDERWERBEFORMEN (z. B. Parodie, intertextuelle Gattungsreferenz auf Interview o. a.).

Der Hörfunkspot bietet laut Stöckl unterschätzte Qualitäten für die Werbekommunikation (insbesondere auf regionaler Ebene durch die im Vergleich zum Fernsehen größere Zielgruppenspezifität der Sender!), weshalb Stöckl abschließend auf Möglichkeiten der besseren Ausnutzung und effektiveren Gestaltung von Hörfunkspots hinweist (Stöckl 2007b: 199 f.):

• Nutzung des seriellen Charakters, Herstellung konkreter Bezüge zur Fernseh- und Anzeigenwerbung zwecks Verbesserung von Einprägsamkeit und Verständlichkeit;
• Intensivierung von Verrätselungen und Spannungsaufbau im Sinne eines größeren Zutrauens zu den kognitiven Fähigkeiten der Rezipienten;
• Nutzung der vielfältigen Wissensbestände bei den Rezipienten über Musikstücke, um dadurch mehr Raffinesse und einen genaueren Zielgruppenbezug zu erreichen;
• kompetentere Ausnutzung des multikodalen Charakters zwecks prägnanter und abwechslungsreicher Sinneseindrücke;
• direktere Ansprache durch kontextuelle Anspielungen auf Hörersituationen.

 Zu Hörfunkspots muss noch viel geforscht werden, sei es zu ihrer semiotischen Komplexität im Wechselspiel der verschiedenen Kodes, sei es zu ihrer intertextuellen Vernetzung mit Fernsehspots und Anzeigen, sei es zu Merkmalen von Regionalität (wie Dialekt, lokaler Anspielungen etc.), sei es im Hinblick darauf, wie stark die gerade genannten, von Stöckl postulierten Gestaltungsmöglichkeiten bereits umgesetzt werden. Ziel einer solchen Forschung müsste es, wie Stöckl anmahnt, auch sein, den Eigenwert des Hörfunkspot, d. h. sein werbekommunikatives Potenzial im Vergleich zu anderen Werbemitteln herauszuarbeiten.

Neuere Literatur

Zum Hörfunkspot gibt es immer noch kaum sprachwissenschaftliche Forschungs-
literatur (neben anderen Medien spielt der Hörfunkspot nur bei Bajwa 1995 zum
Dialekt in der Werbung und bei Reimann 2008 zur Mehrmedialität eine gewisse
Rolle). Der aktuellste Beitrag, der auch im Grunde den ersten systematischen Zu-
gang von sprachwissenschaftlicher Seite darstellt, ist der zitierte von Stöckl:
STÖCKL, Hartmut (2007b): Hörfunkwerbung – „Kino für das Ohr". Medienspezifika,
Kodeverknüpfungen und Textmuster einer vernachlässigten Werbeform. In: Roth,
Kersten Sven/Spitzmüller, Jürgen (Hrsg.): Textdesign und Textwirkung in der mas-
senmedialen Kommunikation. Konstanz (UVK). 177–202.

(23) Vergleichen Sie einen Fernseh- und einen Hörfunkspot für das gleiche Produkt aus
derselben Kampagne: Welche Textelemente stimmen überein, in welchen unterscheiden
sie sich? Welche Funktionen übernehmen die jeweiligen Textbausteine? Spielen Musik
und Geräusche eine unterschiedliche Rolle? Diskutieren Sie, ob und inwiefern der Hörfunkspot evtl. Verweischarakter auf den Fernsehspot hat.

3.4   Mikrokosmos Internet-Formate (von Jens Runkehl)

Neben den „klassischen" Kanälen für Werbung, wie Fernsehen, Radio oder Print,
ist das Internet zu einer weiteren wichtigen Möglichkeit für ihre Verbreitung geworden. Die Werbemöglichkeiten im „Neuen Medium" ergeben sich dabei aus
den veränderten bzw. neuen medialen Voraussetzungen, die auch der Werbesprache neue Gestaltungsmöglichkeiten eröffnen. Nicht unproblematisch ist, dass der
Begriff Internetwerbung vielfach mit Bannerwerbung gleichgesetzt wird. Dabei
ist das Spektrum durch die verschiedenen Dienste (z. B. World Wide Web/WWW,
E-Mail, Rich Site Summary/RSS), die verschiedene Formen von Werbung enthalten, tatsächlich weitaus größer. Die sprachwissenschaftliche Forschung steht in
Anbetracht der Vielfalt an Werbeformen noch vergleichsweise am Anfang.

3.4.1 Besondere Merkmale der Internetwerbung

Für die meisten Werbeformen in der „realen" Welt lassen sich digitale Ableger
finden: Der Postwurfsendung steht die Spam gegenüber, der Print-Anzeige das
Werbebanner, dem Produktkatalog die Website (vgl. Janich 2002). Diese Ableger
lassen sich unter verschiedenen Gesichtspunkten typologisieren: Man kann unterscheiden, ob die Werbung durch den Nutzer selbst auf dessen Rechner gelangt
(Pull-Werbung wie Banner auf Websites) oder unverlangt zu ihm kommt (Push-
Werbung wie Spam). Ebenso ist denkbar, dass man als Kriterium den Grad der
kommunikativen Synchronizität (Banner vs. TWITTER, s. u.) ansetzt. Im Folgenden
wird neben der Grobunterscheidung „1.0" vs. „2.0" innerhalb der unterschiedlichen Dienste das bereits erforschte sowie das mögliche Werbepotenzial dargestellt.

Grundsätzlich gilt, dass sich der Mehrwert der Internetwerbung aus den folgenden technologischen Bedingungen ableiten lässt:

1. HYPERTEXTUALITÄT: Das Merkmal der Vernetzung ist gleichsam die *conditio sine qua non* der Internetdienste. Der entscheidende Aspekt dabei ist die Kommunikationsmöglichkeit ohne Medienbruch: Die Produktwerbung in Form eines Banners oder einer Werbemail kann über einen Link direkt zum Hersteller führen und dort vielfältige weitere Möglichkeiten für den Konsumenten bereithalten, sich zu informieren oder das Produkt gleich zu kaufen. Technisch betrachtet ist dies – noch – das Alleinstellungsmerkmal für Internetwerbung.

2. MULTIMEDIALITÄT: Wenn vom „Multimedium" Internet gesprochen wird, ist damit gemeint, dass Informationen wie im Fernsehspot und in eingeschränkterem Maß auch im Hörfunkspot multikodal und multimodal vermittelt werden. Neu ist, dass das Internet selbst wiederum verschiedene Dienste (z.B. WWW, E-Mail, Instant Messaging u.a.) nutzen kann und damit auch *multimedial* ist: während Fernsehwerbung nur im Fernsehen zu sehen ist, erreicht Internetwerbung den heimischen Festrechner, das mobile Notebook oder gar das Handy. Die Multimedialität geht einher mit einer weiteren Innovation, die bislang ebenfalls exklusiv dem Internet zugeschrieben werden kann: der Interaktivität.

3. INTERAKTIVITÄT: Wenige Begriffe scheinen intuitiv so klar zu sein und werden wissenschaftlich doch so kontrovers diskutiert wie der Begriff der Interaktivität. Dreh- und Angelpunkt der verschiedenen Definitionen (im Überblick bei Kim 2002) ist dabei die Frage nach den Merkmalen, die Interaktivität ausmachen. Als grundlegend wird häufig die Eigenschaft der Hypertextualität angesehen, also dass der Nutzer durch einen Klick auf einen Link großen Einfluss auf die Art und Weise der Rezeption hat. An einer solchen Sichtweise wird jedoch kritisiert, dass eigentlich keine Inter-*Aktion* vorliegt, sondern lediglich eine Auswahl (*Selektion*) vorgenommen wird – wie etwa bei der Wahl eines Fernsehkanals. Eine häufiger herangezogene Definition stammt von Carrie Heeter (1989). Sie bestimmt den Begriff anhand von sechs Kriterien, die am Beispiel von Bannerwerbung erklärt werden sollen:

   a. *Komplexität der Wahlmöglichkeiten:* Ist in dem Banner mehr als nur die Möglichkeit implementiert, *einen* Link anzuklicken (z.B. über Drop-Down-Menüs oder Eingabefelder)?

   b. *Anstrengung, die ein Nutzer aufwenden muss, um die gewünschte bzw. überhaupt eine Information zu gewinnen:* Wie groß ist der Aufwand des Interaktionsangebotes, um an die gewünschte Information zu gelangen?

   c. *Die Fähigkeit des Systems zur Rückantwort auf Nutzeraktivitäten:* Gibt das Banner eine Rückmeldung (z.B. eine Eingabebestätigung) auf die Nutzereingaben – z.B. in optischer oder akustischer Form?

   d. *Die Fähigkeit des Systems, die Informationsnutzung zu überwachen:* Werden die Handlungen des Nutzers vom System protokolliert?

e. *Die Möglichkeit für den Nutzer, dem System Informationen hinzuzufügen:* Gibt das Banner nicht nur vorgegebene Informationen aus, sondern kann es auch Eingaben des Nutzers verarbeiten (z. B. Suchabfragen)?

f. *Ermöglichung/Erleichterung der interpersonalen Kommunikation durch das System:* Besteht die Möglichkeit einen Kontakt zum werbetreibenden Unternehmen herzustellen?

 Der Begriff der Interaktivität harrt noch weiterer anwendungsorientierter Untersuchungen. In vielen Arbeiten wird nicht explizit gesagt, welches Verständnis von Interaktivität zugrunde gelegt wird. Oftmals wird sie – wenngleich nur implizit – auf ein rein technisches Verständnis des Klickens reduziert. Aber auch die Differenzierungen von Heeter 1989 sind noch nicht ausreichend an den verschiedenen Formaten der Internetwerbung erprobt und diskutiert worden. Dies wäre umso dringlicher, als neue Entwicklungen im Netz immer auch die Möglichkeit bieten, solche Modelle erneut auf den Prüfstand zu stellen. Dringend geboten ist dabei vor allem, technische Interaktion von sozialer/sprachlicher Interaktion zu trennen.

3.4.2 Formate der Internetwerbung 1.0

Als ein Meilenstein der Internetwerbung ist die Schaltung des ersten Werbebanners im Jahr 1994 zu sehen. In der Folge entwickelte sich die professionelle Vermarktung via Internet und damit auch die Forschung zur Bannerwerbung, die anfänglich ganz unterschiedliche Fragestellungen an diese richtete (z. B. Motive der Internetnutzung, Platzierung von Bannern, Einfluss von Gestaltungsmerkmalen, Blickverhalten und Klickraten; vgl. im Überblick Gleich 1998). Für die nachfolgend dargestellten Formen der Internetwerbung 1.0, nämlich Banner, E-Mail und Websites, gilt jedoch, dass sie sich produktions- und kommunikationstechnisch an den Prinzipien der Offline-Werbung orientieren: Einige wenige spezialisierte Experten übernehmen die Herstellung (Produktion) und Verteilung (Distribution) und Analyse mit sich anschließender Optimierung (Monitoring).

Bannerwerbung

Die sprachwissenschaftliche Forschung zur Bannerwerbung setzt 1998 ein (Stöckl 1998, Runkehl/Schlobinski/Siever 1998). Dass zunächst diese Werbeform in das Zentrum des Interesses rückte, kann insofern nicht verwundern, als sie einerseits eine sehr prominente Form des Werbens darstellt und andererseits Analogien zu vorhandenen Arbeiten der Printwerbung gezogen werden konnten. Auch nachfolgende Arbeiten behalten die vorwiegende Ausrichtung auf Banner bei (Rossbach 2002, Siever/Runkehl 2002, Janoschka 2004, Siever 2005, Runkehl/Janich 2006).

In den zitierten Arbeiten werden für Bannerwerbung medienspezifische Gestaltungsmuster vor allem im Bereich der Text-Bild-Beziehungen festgestellt, aber auch sprachspezifische Muster wie der verstärkte Gebrauch von Imperativen im

Vergleich zur Offline-Werbung oder jener von Zeigeausdrücken (Deiktika) wie *hier* und *jetzt*. Anja Janoschka (2004) überträgt auf die Bannerwerbung ein Beschreibungsmodell, welches bis dahin nur im Rahmen von computervermittelter Kommunikation (z. B. Chat- oder E-Mail-Kommunikation) angewendet wurde: das Modell der konzeptionellen Mündlichkeit und Schriftlichkeit von Koch/Oesterreicher (1985). Diese unterscheiden von der *medialen* Ebene (gesprochen/geschrieben) auch eine *konzeptionelle* Ebene (mündlich/schriftlich). Die mediale Ebene ist nach einem *Entweder-oder* (dichotomes Prinzip) geschieden, d. h. eine sprachliche Äußerung liegt entweder geschrieben oder gesprochen vor. Auf der konzeptionellen Ebene kann Sprache dagegen *mehr oder weniger* (skalares Prinzip) eher am Pol der geschriebenen (z. B. wissenschaftlicher Aufsatz, Predigt) oder der gesprochenen Sprache (z. B. Familiengespräch, Telefongespräch) ausgerichtet sein. Durch konzeptionelle Schriftlichkeit wird nach Koch/Oesterreicher eine „Distanzsprache" geschaffen, durch konzeptionelle Mündlichkeit eine „Nähesprache". Für Chat- und E-Mail-Kommunikation wurde festgestellt, dass diese medial schriftlich, jedoch vorwiegend konzeptionell mündlich realisiert wird. Zu diesem Ergebnis kommt für Bannerwerbung auch die Arbeit von Janoschka (2004: 101 f.). Dass dieser Befund für deutschsprachige Banner nicht gilt, zeigt dagegen die Untersuchung von Runkehl (2011).

 Die Unterschiedlichkeit der Ergebnisse zum Bereich Mündlichkeit/Schriftlichkeit für Bannerwerbung bei Janoschka vs. Runkehl ist einerseits Ausdruck der unterschiedlichen Sprachen (Englisch vs. Deutsch). Andererseits spiegeln sich darin die unterschiedlichen Vorgehensweisen (exemplarisch vs. korpusbasiert). Beide Methoden haben ihre Berechtigung, jedoch zeigt sich, dass bei einem exemplarischen Vorgehen generalisierende Rückschlüsse problematisch sind.

Das Banner kann nicht nur funktional mit Anzeigenwerbung verglichen werden. Ebenso finden sich auf der formalen Ebene Gemeinsamkeiten. Auch wenn technisch gesehen jedes beliebige Format (Größe, Form, Positionierung) hergestellt werden kann, sind wie bei Zeitungen Standards (z. B. zur Pixel-Größe) ausgegeben worden, die eine optimierte Erstellung, Einbindung und Abrechnung erlauben. Während ursprünglich statische Bilder das Maß der Dinge waren, sind nunmehr animierte Banner mit z. T. großflächiger Videointegration und Tendenz zur Integration von Audiosequenzen zu sehen. Grundsätzlich kann man zwei Formen dieser Art der grafischen Werbung unterscheiden:

a. Werbung, die an unterschiedlichen Positionen in Websites integriert ist, wie BANNER, BUTTONS oder INTERSTITIALS (siehe Abb. 10);
b. Werbung, die nicht in Websites integriert ist, wie POP-UPS, die sich beim Anwählen einer Website selbständig öffnen und über die eigentlich betrachteten Inhalte legen und teilweise über die Website wandern.

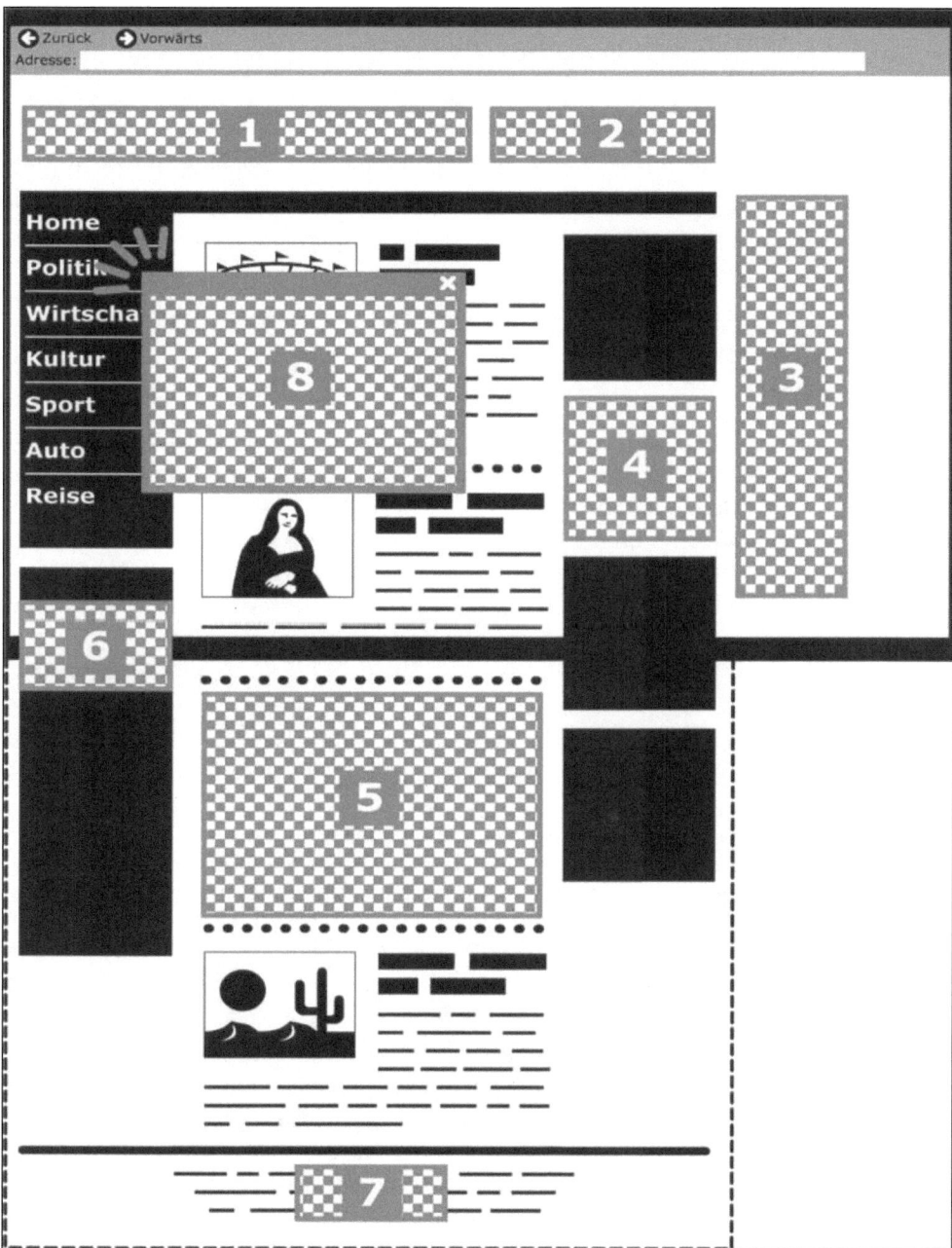

Abbildung 10: Positionierungsmöglichkeiten von Bannerwerbung: 1 = Fullsize-Banner
(468×60 Pixel), 2 = Half-Size-Banner (234×60 Pixel), 3 = Skyscraper
120×600 Pixel), 4 = Rectangle (180×150 Pixel), 5 = Medium Rectangle
(300×250 Pixel), 6 = integrierter Sponsor-Button (variabel), 7 = Eigenwerbung
(meist in Textform), 8 = Pop-up

In der Summe wird die Leistungsfähigkeit der Bannerwerbung in der Forschung kritisch bewertet, da zwei Faktoren gegen sie arbeiten:

- Wahrnehmungsvermeidungsstrategien bei Nutzern, die so genannte Banner-Blindness, die die bewusste Rezeption von Werbung ausblendet, sowie die
- Pop-Up-Blocker, die mittlerweile in allen gängigen Browsern implementiert sind.

Insgesamt scheint das Konzept der Bannerwerbung zu sehr der Offline-Werbewelt verhaftet zu sein und zu wenig die spezifische Leistungsfähigkeit des Internets zu nutzen, als dass sie zukünftig als erfolgreich bewertet werden kann.

E-Mail-Werbung

Dieser Bereich der Direktwerbung, der sowohl JUNK-MAILS (SPAM) als auch NEWS-LETTER umfasst, ist von der sprachwissenschaftlichen Forschung bisher kaum untersucht worden (eine Ausnahme ist die Online-Publikation von Schmückle/Chi 2004). Während ein Newsletter nicht *per se* als Werbe-, sondern als ein Informationsmittel gilt und vom Nutzer aktiv abonniert wird, erreicht die Spam den Nutzer ohne dessen Zutun. Die unterschiedlichen Funktionen drücken sich in einem sehr unterschiedlichen Grad der Gestaltung aus: Während Newsletter sprachlich wie grafisch durchgestaltete Inhalte liefern, sind Spam-Mails ganz überwiegend rein sprachlich gestaltet und bedeutend kürzer als Newsletter (vgl. Abb. 11; NetLink[5] 454 und 455). Skog-Södersved (2002) macht eine wichtige Feststellung zur werbenden Funktion von (eigentlich redaktionellen) Newslettern:

> Es ist nicht zu übersehen, dass der FOCUS-Online-Newsletter von einem werbenden Charakter geprägt ist. Teilweise enthält er ja auch direkte Werbung in Form von Anzeigen unterschiedlicher Firmen. Es fragt sich, wo das seine Grenzen hat. Ab wann empfinden die Bezieher den Newsletter als unerwünschte Werbung (und bestellen ihn ab)? Oder anders gesagt: Bis zu welchen Punkt betrachten sie ihn als eine mit nützlichen Informationen gefüllte E-Mail und würden den Empfehlungen der Online-Redaktion folgen? (Skog-Södersved 2002: 91).

 Diese Formen der Direktwerbung geben noch immer Raum für zahlreiche, vor allem text-linguistische Untersuchungen, zum Beispiel ganz grundsätzlich zur Übertragbarkeit der Strukturkategorien von Werbetexten (z.B. Relevanz von Slogan oder Produktname). Dies zeigt ein Blick auf aktuelle Newsletter-Ausgestaltungen: Ähnlich wie Websites handelt es sich hierbei mittlerweile um heterogene Textformen, die eine Vielzahl kommunikativer Aufgaben übernehmen. Daneben müssten die Erkenntnisse zu Text-Bild-Gestaltungen auf diese Form der Werbung übertragen und angewendet werden. Auch bei der grundlegen-

---

5 Der vollständige Adobe-Newsletter sowie ein Beispiel für einen Microsoft-Newsletter findet sich unter: http://www.mediensprache.net/netlink/. Geben Sie die oben angegebenen Zahlen in das Suchfeld „Netlink" ein.

den Beschreibung von Spam-Mails ist ein Defizit festzustellen, ebenso wie beim Vergleich beider Textsorten miteinander. Schließlich wären kontrastive Analysen von ungewollter Postkastenwerbung im Online- vs. Offline-Bereich (Wurfsendungen, Werbefaxe) interessant.

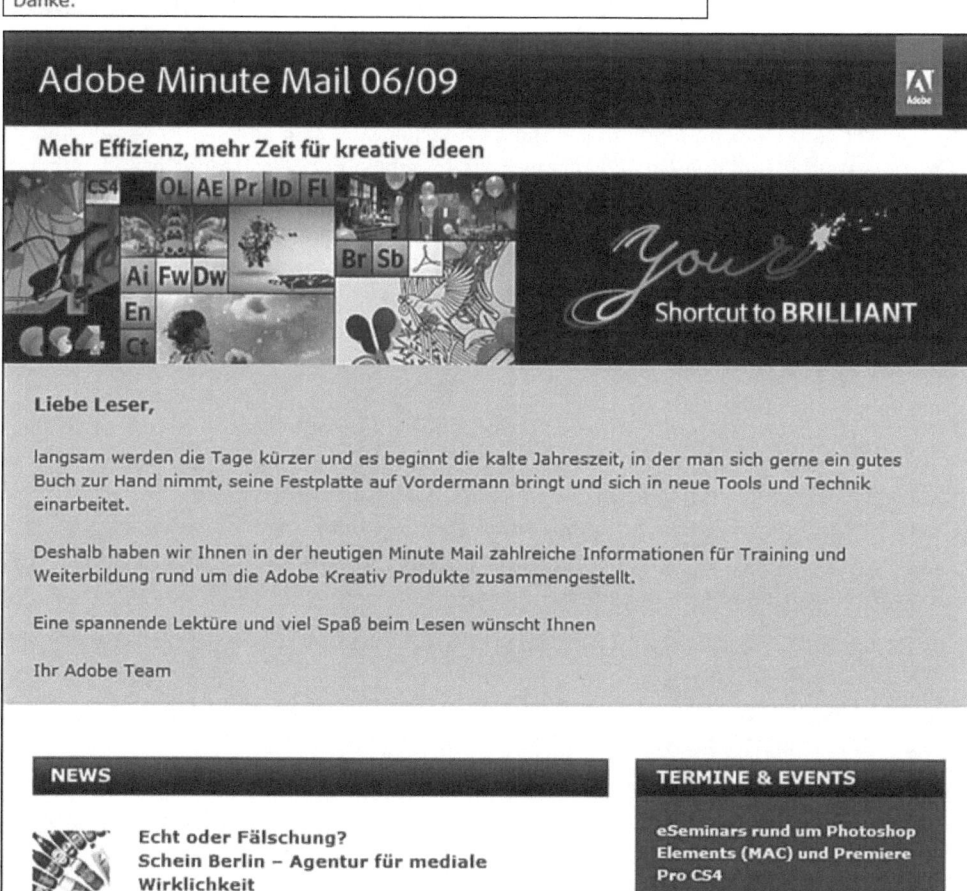

Abbildung 11: Spam (oben) vs. Newsletter (unten)

Websites

Für Websites von Wirtschaftsunternehmen kann an das angeschlossen werden, was auch für Newsletter gesagt wurde. Sie gelten nicht *per se* als Werbung, müssen aber dennoch einen Spagat zwischen Information und Kommerz versuchen und tun dies durch Nutzung größtmöglicher Synergien durch Vernetzung. Natürlich werden eigene Produkte im klassischen Sinne beworben: Das neueste Mobiltelefon kann mit einem 360°-Schwenk betrachtet werden, der geplante Autokauf im Internet vorkonfiguriert werden (z.B. NetLink 456), nicht selten archivieren Unternehmen sogar Fernsehwerbespots auf der Website. Daneben bieten Unternehmenswebsites aber auch eine Vielzahl anderer Teiltexte, die nicht direkt der Funktion des Werbens zugeordnet werden können, wie etwa die Darstellung der Unternehmensleitung, die Präsentation des ökologischen oder sozialen Engagements von Unternehmen (= Public Relations/PR) etc. So finden sich also unterschiedliche Textsorten mit unterschiedlichen Funktionen und Gestaltungsweisen, deren Abgrenzung zur Werbung mitunter schwerfällt (vgl. Janich 2002: 159 f.).

 Bei Untersuchungen rund um das Thema Websites von Unternehmen ist darauf zu achten, welche Funktion eine bestimmte Seite innerhalb des Gesamtangebots übernimmt. Was also ist nach tradierten Auffassungen tatsächlich Werbung, wo erscheint sie eher als Marketing und wo möglicherweise als PR-Arbeit? Es deutet sich an, dass die Heterogenität der verschiedenen Teiltexte (Stichwort „Textsortenvernetzung", siehe 3.5) keine klare Abgrenzung mehr zulässt und dass die sprachwissenschaftliche wie auch die wirtschaftswissenschaftliche Beschreibungsterminologie hier möglicherweise grundsätzlich neu überdacht werden müssen.

Den Versuch einer (Neu-)Orientierung unternimmt beispielsweise Schmitz (2002), indem er elf Gestaltungstypen von Websites identifiziert, die er in Anlehnung an „klassische" Formen der Produkt- und Selbstpräsentation folgendermaßen benennt: *Plakat, Flyer, Wühltisch, Schaufenster, Poster, Buntes Brett, Ladentheke, Hausprospekt, News, Register* und *Auskunft*. In einem weiteren Schritt bewertet er diese Gestaltungstypen hinsichtlich folgender Aspekte:

a. (angenommener) KOGNITIVER ZUGANG durch den Nutzer (Aufmerksamkeit vs. Informationsbedürfnis);
b. HANDLUNGSERWARTUNG (passiv konsumierend vs. zielgerichtete Nutzung);
c. VERHÄLTNIS SEMIOTISCHER ZEICHENSYSTEME (mehr Text vs. mehr Bild).

Diese Überlegungen können Ausgangspunkt für weitere Ansätze sein, zumal Schmitz' Vorgehen weitgehend am Rezipienten ausgerichtet ist und nur sehr holzschnittartig Auskunft über die sprachliche Gestaltung gibt. Im Hinblick auf die Verwendung von Texten und Bildern hat Schmitz an verschiedenen Stellen (z.B. 2003 und 2006) zu bedenken gegeben, dass das Verhältnis beider Zeichensysteme und deren dann jeweilige Funktion neu überdacht werden müssen. Hierfür hat er den Terminus der „tertiären Schriftlichkeit" eingeführt, die dann vorliegt, wenn die Bedeutung des schriftlichen Bestandteils nur im Zusammenhang mit anderen Kodierungsformen (z. B. Bildelementen) erschlossen werden kann (Schmitz 2006: 193). Die (vermeintliche) Bildlastigkeit insbesondere von Websites führt demnach zu einer Funktionsverschiebung. Die Schwierigkeit liegt jedoch darin begründet, ein operationalisierbares Analyseraster zu entwickeln, welches es erlaubt, anhand objektiver Kriterien eine Bewertung der unterschiedlichen bzw. gemeinsamen Funktionen von Bildern und Text vorzunehmen (siehe auch 4.5.3).

 Angesichts dessen, dass der Charakter von Websites als Werbung im betriebswirtschaftlichen Sinn höchst strittig ist, ist es besonders interessant zu untersuchen, wie die Unternehmenspräsenz im Internet in die „klassische" Werbung eingebaut wird, welche Rolle also einzelne Websites im Media-Mix einer Kampagne spielen. Denn Internetadressen sind mehr oder weniger zum Textbaustein fast jeder Anzeige geworden und verweisen nicht nur auf die Online-Präsenz des Unternehmens, sondern auch auf seine Kommunikationsbereitschaft. Mitunter werden sie durch die Benennung des URL sogar selbst zu einem Teil der Werbebotschaft (siehe die Beispiele in Janich 2002: 157 f.; vgl. aber auch z. B. den Hinweis in der bp-Anzeige, Abb. 8: 80: *Diskutieren Sie mit uns: www.energievielfalt.de*).

3.4.3 Web 2.0 = Werbung 2.0?

Das Schlagwort „Web 2.0" meint ein verändertes Teilhabepotenzial an den Möglichkeiten des Netzes, d. h. einen neuen Grad an Gestaltungs- und Kommunikationsmöglichkeit (Gerhards/Klingler/Trump 2008: 130). Während im „Web 1.0" Spezialisten, die die Auszeichnungssprache HTML beherrschen, Inhalte erstellt haben, die nur durch sie selbst verändert werden konnten (Prinzip der Massen*kommunikation*), erlauben 2.0-Anwendungen ein „Mitmachen" ohne spezialisierte technische Kompetenzen, wobei immer auch andere an der Generierung von Inhalten teilhaben (Form von Massen*konversation*). So ist die Homepage ein typisches Produkt des Web 1.0, während Plattformen wie FACEBOOK oder MYSPACE Phänomene des Web 2.0 sind; Online-Lexika des Web 1.0 (z. B. ENZYKLOPAEDIA BRITANNICA) stehen Wikis des Web 2.0 gegenüber (z. B. WIKIPEDIA).

Auch Unternehmen nutzen mittlerweile die Dienste von Web 2.0. Hier verschwimmt die Grenze zwischen Werbung und den angrenzenden Gebieten Marketing bzw. Public Relations jedoch noch mehr als in den Formaten des Web 1.0. Wie genau sich diese Veränderungen auf Werbung auswirken oder ob sich neue/veränderte Wechselwirkungen zwischen den Kommunikationsbereichen ergeben, kann noch nicht abschließend bewertet werden. Die Vermutung, dass es durch Web 2.0 zu einer Veränderung kommerzieller Prozesse kommt, drückt sich z. B. in dem Terminus *Social Commerce*[6] (Huber 2008: 84) aus, der nun neben den Begriff des

---

6 ‚Social Commerce' ist analog zu ‚Social Web' – also Web 2.0 – zu verstehen. Vgl. aber die Terminologiediskussion zu Web 2.0 und Social Web bei Ebersbach/Glaser/Heigl 2008: 23 ff.

E-Commerce aus den 1.0-Zeiten tritt. Im Folgenden werden mit Google AdWords, Weblogs und Twitter verschiedene Werbe-Formate vorgestellt, die sich gerade über Web 2.0 zu etablieren beginnen.

Google: AdWords und YouTube

Die Möglichkeiten von Vernetzung und Zusammenarbeit hat Google vermutlich am konsequentesten auch für Werbung weitergedacht. Im Jahr 2000 gab die Firma die Werbefreiheit seiner Suchmaschine auf und führte AdWords ein. Dabei handelt es sich um ein sog. „Keyword-Advertising": Bei der Ergebnispräsentation einer Suchanfrage werden thematisch passende Werbeanzeigen eingeblendet. Diese sind rein textbasiert und in ihrer Ausgestaltung genau festgelegt: Eine Anzeige besteht immer aus einer Überschrift mit maximal 25 Zeichen, zwei Textzeilen (je 35 Zeichen; auch als eine Langzeile realisierbar, wenn die Anzeige nicht in der Spalte rechts steht, sondern farbig unterlegt unmittelbar über dem Suchergebnis) sowie einem URL (neuerdings z. T. ergänzt durch eine Lokalangabe) (siehe Abb. 12).

 Es leuchtet unmittelbar ein, dass bei einem derart knappen Gestaltungsspielraum besonderer Wert auf eine sprachlich pointierte Vermittlung der Werbebotschaft gelegt werden muss und dass dies zu einer neuen Sicht auf die Klassifzierung von Werbetextelementen führen muss: Das aktive Feld der Überschriften entspricht funktional bedingt der Schlagzeile, geht durch seine Link-Funktion aber darüber hinaus; die Funktion des Produktnamens übernimmt weitgehend der URL; die Vergleichbarkeit zwischen den zwei Textzeilen und Fließtext ist fraglich; der Slogan, dem in der Werbesprachenforschung zusammen mit dem Produktnamen die wichtigste kommunikative Funktion zugewiesen wird, fehlt.

Entscheidend für diese Form der Werbung ist aus Nutzersicht, dass bei Suchanfragen Werbung eingeblendet wird, die genau zum Suchbegriff passt. So erhält der Suchende bei der Eingabe des Schlagworts *Werbung* in das Google-Suchfeld in der Ergebnispräsentation z. B. zahlreiche Informationen rund um Werbung (z. B. den Link auf einen Artikel bei Wikipedia, auf Werbedatenbanken oder Publikationen über Werbung), andererseits werden über die Links der Anzeigen zahlreiche Möglichkeiten offeriert, sich in Sachen Werbung und Werbegestaltung beraten zu lassen oder Werbung zu schalten (Abb. 10: 2).

Einen anderen Weg schlägt derzeit Googles Plattform YOUTUBE ein. Nutzer laden hier Videos hoch, um sie der Netzgemeinschaft zur Verfügung zu stellen (Social-Sharing). Während auch dieses Angebot ursprünglich werbefrei war, wird nun in (noch ausgewählten) laufenden Videos Werbung eingeblendet, die gegenwärtig stark an das klassische Banner erinnern. Da jeder Internetnutzer YOUTUBE-Videos (samt der enthaltenen Werbung) in das eigene Online-Angebot integrieren kann, kann sich Werbung so also auch durch die Nutzer selbst im Netz verbreiten. Die Popularität von YOUTUBE wird zum Beispiel auch von Unternehmen dazu genutzt, nicht gesendete Spots informell zu publizieren und dadurch zum Gesprächsthema zu werden (z. B. wenn ein Spot in fragwürdiger Weise auf Brutalität oder Schadenfreude setzt oder durch religiöse Anspielungen Anstoß erregen könnte).

Abbildung 12: Suchanfrage bei Google zum Stichwort „Werbung" (Screenshot vom 23.02.2010)

Weblog (Blog)

Weblogs stellen eine ideale Umsetzung von Web 2.0 dar: kostenlose und einfach zu bedienende Technologie, Integrationsmöglichkeit anderer Medien, starke Vernetzung der Nutzer untereinander. Für das Verständnis von Blogs ist entscheidend, dass das dort Geschriebene von anderen wahrgenommen, kommentiert und weiter vernetzt werden soll. Auf der sprachlichen Ebene werden sie zwischen E-Mail- bzw. Chat-Kommunikation einerseits und der sprachlichen Gestaltung von Websites andererseits angesiedelt, weil sie einige Merkmale konzeptioneller Mündlichkeit aufweisen (z. B. wie dialektale und umgangssprachliche Lexik, Assimilationen, Tilgungen, Ellipsen oder Interjektionen):

Blogger folgen orthografischen Normen stärker als Schreiber in quasi-synchronen Kommunikationen (z. B. vorwiegend konsequente Groß- und Kleinschreibung), andererseits ist die Fehlertoleranz im Vergleich zu normalen Websites deutlich höher. (Schlobinski/ Siever 2005: 82).

Von Wirtschaftsunternehmen werden Blogs derzeit noch am ehesten als Instrumente der externen Kommunikation im Rahmen des Marketings und der Public Relations eingesetzt. In diesem Zusammenhang machte die Firma Volkswagen von sich reden: Eine Kunstfigur von Hape Kerkeling, Horst Schlämmer, richtete sich einen Blog ein, der darüber berichtete, wie Schlämmer seinen Führerschein erwirbt. Dies wurde in dem Blog mit launigen Videos dokumentiert. Im Verlauf dieser Geschichte kam heraus, dass es sich dabei um eine Marketing-Kampagne von VW handelte, weil nur dessen Produkte zum Einsatz kamen. Der Konzern räumte erst in einem vergleichsweise späten Stadium seine Beteiligung ein; die Fahrschulvideos wurden daraufhin am Ende mit einem „sponsored-by"-Hinweis versehen. Der Erfolg der Figur Schlämmer brachte eine weite Verbreitung der Videos, die wesentlich durch die Vernetzung der Nutzergemeinschaft begünstigt wurde. Phänomene dieser Art werden auch als *virales Marketing* bezeichnet, weil sie sich ähnlich einem Virus verbreiten.

Twitter

Die populärste Plattform des SMS-Versendens im Internet ist TWITTER. Durch die begrenzte Zeichenzahl (140) wird das Senden von Meldungen auch als Microblogging bezeichnet. Den Dienst gibt es seit 2006; und an ihm lässt sich beobachten, was auch schon für Internetadressen (URLs) und Websites in den frühen Jahren des Netzes galt: „Der Mehrwert von Twitter ist sehr umstritten." (Huber 2008: 95) Auch wenn große Softwareunternehmen wie Adobe diesen Dienst bereits mit mehreren Accounts nutzen (z. B. http://twitter.com/AdobePR_D oder http://twitter.com/adobekreativ), etabliert sich dies in anderen Branchen erst langsam. Die Marketing-Abteilung der Privatbrauerei Moritz Fiege (http://twitter.com/moritzfiege) sieht den Mehrwert von TWITTER folgendermaßen:

> Durch Twitter sind wir kontinuierlich in Kontakt mit unterschiedlichen Fiege-Fans aus ganz Deutschland. Wir erhalten schnelle Rückmeldungen und können auch selber schneller reagieren. (…) Wir sehen Twitter nicht nur als Möglichkeit, unseren Followern unsere verschiedenen Biersorten, unsere Brauerei und unsere Mitarbeiter näherzubringen, sondern zugleich auch unser Vertriebsgebiet und unser Zuhause, den Ruhrpott. (Simon/Bernhardt 2008: 180)

Dies geschieht beispielsweise in folgender Form:

> [1] Die nicht repräsentative Umfrage am Freitag hat ergeben: Drei von vier Followern sind karnevalsjeck. Na dann man tau.
> 12:04 AM Nov 9th from web

> [2] Optisch besticht Moritz Fiege Schwarzbier durch ein dichtes Braun mit karamellfarbenem Schaum. #Bier #Genuss #Verkostung
> 6:29 AM Nov 9th from web

[3] Uuuuhh, ist das ein Herbstwetter heute. Trotzdem wünschen wir Euch einen wunderschönen guten Morgen.
11:51 PM Nov 4th from web

[4] Und den Ehrenpreis des Marketing-Clubs Bochum erhält der „Begründer" des Bermuda3ecks, Leo Bauer, herzlichen Glückwunsch!
12:20 PM Nov 3rd from Twitterrific

[5] Guten Morgen. Strahlend blauer Himmel zum Tag des Mannes. Das verdient ein leckeres Bierchen – später am Tag, natürlich nicht jetzt ;)
11:58 PM Nov 2nd from web

Hieran kann man ablesen, dass verschiedene Elemente der konzeptionellen Mündlichkeit, wie sie aus der Forschung rund um computervermittelte Kommunikation bekannt sind, wieder auftauchen (vgl. Frage 26 unten). Dies zeigt, dass das vorgestellte Modell von Koch/Oesterreicher problemlos an TWITTER anschlussfähig ist. Werbesprachlich interessant ist, dass sich hier Textsorten mischen. Während [2] und [5] sich problemlos als Werbetexte klassifizieren lassen, könnte man in Anlehnung an SMS-Kommunikation sagen, dass es sich bei [3] um Kontakt knüpfende/erhaltende (phatische) Kommunikation handelt, während [1] und [4] eher an PR-Texte erinnern.

3.4.4 Wird es Werbung 3.0 geben?

Versucht man, sich die künftige Entwicklung von Werbung auszumalen, so kommt man nicht umhin, sich die Szenarien der Weiterentwicklung des Netzes anzusehen. Nach der Vernetzung im Web 2.0 wird eine wachsende Intelligenz prognostiziert. Das Stichwort *Semantic Web* markiert die Idee, dass durch Technologie Informationen künftig nicht nur gesammelt und präsentiert werden, sondern in ihrer Bedeutung interpretiert und kreativ neu geordnet und dargestellt werden können. Für die Werbung heißt das zweifellos, dass eine verbesserte Zielgruppenansprache realisiert wird, gerade weil die Zielgruppen selbst zunehmend ungenau werden (vgl. 2.2.3). Werbung könnte einem Nutzer künftig nur noch dann angezeigt werden, „wenn dieser durch sein [dokumentiertes? dokumentierbares? J. R.] Verhalten bereits ein gesteigertes Interesse an der jeweiligen Leistung gezeigt hat und somit die Kaufwahrscheinlichkeit am höchsten ist" (Schögel/Walter 2008: 166).

 Für die Sprache in der Werbung wird die Neu- bzw. Weiterentwicklung von Kommunikationsformen (z. B. Blogs, TWITTER) nicht ohne Folgen bleiben: Künftig wird vermutlich eine klare Abgrenzung spezifischer Textsorten voneinander (z. B. Banner vs. Suchergebnis-Präsentation, Werbeanzeige vs. PR-Text) immer schwieriger, weil versucht wird, alles mit allem zu verbinden. Eine Schlagzeile wird somit evtl. nicht mehr typografisch hervorgehoben. Dass es sich noch um eine solche handelt, ist dann – wenn überhaupt – nur kontextuell zu erschließen. Darüber hinaus wird man beobachten müssen, wie sich die kommunikative Einflussnahme von Konsumenten (etwa in Blogs) auf die werbliche und werbesprachliche Entwicklung auswirkt. Die im Web 2.0 stattfindenden Diskurse können

Unternehmen nicht zielgerichtet beeinflussen. Auch bei kritischen Meinungsäußerungen müssen sie versuchen, sich einerseits konstruktiv (und eben nicht persuasiv) damit auseinander zu setzen, um andererseits die eigene Position glaubwürdig zu unterstreichen. Auch dies bedeutet eine Ausweitung der Funktionen von spezifischen Textsorten. Insgesamt könnte eine Neukonzeptualisierung von ‚Werbesprache' notwendig werden, deren Ausmaß derzeit jedoch noch nicht zu überblicken ist.

 ## Literaturtipps

(Entnommen aus dem Kapitel 6.2 zur Internetwerbung aus der vierten Auflage.)
Ausführlich zu Bannern mit vor allem englischsprachigen Beispielen:
STÖCKL, Hartmut (1998): Das Flackern und Zappeln im Netz. Semiotische und linguistische Aspekte des „Webvertising". In: Zeitschrift für Angewandte Linguistik (ZfAL) 29, 77–111.
Eine Bestandsaufnahme von Werbeformen und sprachwissenschaftlichen Fragestellungen mit einigen wenigen Beispielen deutschsprachiger Banner und Homepages bietet
JANICH, Nina (2002): Wirtschaftswerbung offline und online – eine Bestandsaufnahme. In: Thimm, Caja (Hrsg.): Unternehmenskommunikation offline/online. Frankfurt/New York (Lang). (= Bonner Beiträge zur Medienwissenschaft 1), 136–163.
An wirtschaftswissenschaftlicher Literatur findet sich zum Internet einiges. Auch aus sprachwissenschaftlicher Sicht am instruktivsten sind
FRIEDRICHSEN, Mike (1998): Marketingkommunikation auf dem Weg ins Internet? Werbewirkungsforschung und computervermittelte Kommunikation. In: Rössler, Patrick (Hrsg.): Online-Kommunikation. Beiträge zu Nutzung und Wirkung. Opladen/Wiesbaden (Westdeutscher Verlag). 207–226.
SILBERER, Günter (Hrsg.) (1997): Interaktive Werbung. Marketingkommunikation auf dem Weg ins digitale Zeitalter. Stuttgart (Schäffer Poeschel).
WALTER, Volker (1999): Die Zukunft des Online-Marketing. Eine explorative Studie über zukünftige Marktkommunikation im Internet. München/Mering (Rainer Hampp). (= Profession 9).
Weitere Aufsätze z. B. in:

 ## Neuere Literatur

Knappe linguistische Überblicke zur Internetwerbung, dabei vorwiegend zur Bannerwerbung, finden sich in folgenden Aufsätzen:
ROSSBACH, Simone (2002): Werbung im WWW und ihre Gestaltung im Vergleich zum klassischen Werbemittel Anzeige. In: Janich, Nina/Neuendorff, Dagmar (Hrsg.): Verhandeln, kooperieren, werben. Beiträge zur interkulturellen Wirtschaftskommunikation. Wiesbaden (DUV). (= Europäische Kulturen in der Wirtschaftskommunikation 1). 281–306.
RUNKEHL, Jens/JANICH, Nina (2006): Werbesprache im Internet. In: Schlobinski, Peter (Hrsg.): Von *hdl* bis *cul8er*. Sprache und Kommunikation in den Neuen Medien. Mannheim u. a. (Duden). 299–316.
SIEVER, Torsten (2005): Internetwerbung: Alter Wein in neuen Schläuchen? In: Siever, Torsten/Schlobinski, Peter/Runkehl, Jens (Hsg.): Websprache.net. Sprache und Kommunikation im Internet. Berlin/New York (de Gruyter). 219–241.
SIEVER, Torsten/RUNKEHL, Jens (2002): Werbekommunikation im Internet. In: Der Deutschunterricht 2, 36–50.

Umfangreichere sprachwissenschaftliche Untersuchungen vor allem zur Bannerwerbung sind für das Englische Janoschka und für das Deutsche Runkehl, letzterer berücksichtigt kontrastiv auch schon Google AdWords:

JANOSCHKA, Anja (2004): Web Advertising. New Forms of Communication on the Internet. Amsterdam (Benjamins). (= Pragmatics & Beyond. New Series 131).
RUNKEHL, Jens (2011): www.werbesprache.net. Sprachliche und kommunikative Strukturen von Bannerwerbung im Internet. Frankfurt am Main u.a. (Lang). (= Sprache – Medien – Innovationen 2).

(24) Sammeln Sie Banner von bekannten Unternehmen bzw. Marken und untersuchen Sie, inwiefern bekannte Textbausteine wie Marken-/Produkt-/Unternehmensnamen, Schlagzeilen und/oder Slogans darin verwendet werden. Diskutieren Sie, inwieweit Qualität und Quantität ihres Einsatzes medienspezifisch sind, ob sich also zum Beispiel ihre Funktionen mit denen in der Anzeigenwerbung decken.

(25) Wählen Sie eine konkrete Website eines größeren Unternehmens aus (z.B. von Innocent Smoothies, http://www.innocentdrinks.de/).
a. Analysieren Sie die jeweils gerade aktuelle Homepage (also die Startseite) hinsichtlich ihrer Hypertextualität, Interaktivität und Multimedialität. Inwiefern wird das spezifische Potenzial des Internets genutzt?
b. Untersuchen Sie die Multikodalität der Homepage: Diskutieren Sie den Stellenwert von Text, Textdesign/Layout, Bild und Film und bestimmen Sie, worin sich tertiäre Schriftlichkeit äußert.
c. Versuchen Sie, die unterschiedlichen Textsorten innerhalb des Homepage-Angebots hinsichtlich ihrer Textfunktion und ihrer jeweiligen Struktur zu kategorisieren. Diskutieren Sie, welche Begrifflichkeiten sich für die Bildung einer Typologie anbieten (siehe hierzu unterstützend auch 4.2.1) und inwieweit die einzelnen Teiltextsorten als Werbung klassifiziert werden können.

(26) Welche Merkmale konzeptioneller Mündlichkeit lassen sich in den zitierten TWITTER-Texten unter 3.4.3: 106f. nachweisen? Welche Funktion haben sie?

(27) Suchen Sie in Print- und Spotwerbung nach Internetadressen, die für die Werbekampagnen geschaffen wurden (also nicht die „klassischen" Homepages der Unternehmen), prüfen Sie das dort unterbreitete Informations- und Diskussionsangebot und diskutieren Sie in der Gruppe die Benennungsmotivation, die Werbefunktion und die Relevanz dieser Adressen im Rahmen des Kommunikationsangebots einer Werbekampagne.

3.5 Mesokosmos Kampagne: Mehrmedialität und Textsortenvernetzung

Bislang wurden die Werbemittel einzeln betrachtet und sind genauer nur die Phänomene von Multikodalität und Multimodalität angesprochen worden. Einzig das Internet bietet auch die Möglichkeit der Multimedialität, d.h. der Kombination verschiedener medialer Repräsentationsformen innerhalb eines Dachmediums (etwas anders definiert bei Runkehl im vorigen Kap. 3.4.1). Nun sind aber Werbekampagnen in der Regel textuell komplex, d. h. es werden je nach Produkt und Werbeziel verschiedene Werbeträger und Werbemittel eingesetzt, begleitet ggf. durch Maßnahmen des Direktmarketing und Sponsoring, die sich in unterschiedlicher Weise und graduell unterschiedlich intensiv aufeinander beziehen (relevant bei der Werbeplanung, siehe 2.2.3).

Sandra Reimann hat diese „MEHRmedialität" am Beispiel von Print- und Spotwerbung sowohl im synchronen Vergleich verschiedener Kampagnen als auch im diachronen Wandel am Beispiel von Dallmayr-Kampagnen untersucht und dabei folgende Grobkategorien für die gegenseitige Bezugnahme zwischen Anzeigen, Fernseh- und Hörfunkspots entwickelt (Reimann 2008: 98–102):

a. ÜBEREINSTIMMUNG: inhaltliche und formale Ähnlichkeit zwischen zwei Werbekommunikaten – Unterschiede zwischen den Werbemitteln sind nur auf die unterschiedlichen Medienspezifika zurückzuführen;
b. EINGESCHRÄNKTE BEZUGNAHME: zwei Werbekommunikaten liegt eine gemeinsame und durchgängige Werbeidee zugrunde, die aber nicht auf allen kodalen und modalen Ebenen in gleicher Weise umgesetzt wird;
c. KEIN (UNMITTELBARER) BEZUG: unterschiedliche formale und inhaltliche Umsetzung des in einer Kampagne kommunizierten Zusatznutzens.

Die Übereinstimmungen/Abweichungen können dabei je nach Kampagne ganz unterschiedlich ausfallen, d. h. es kann zwischen allen drei Werbemitteln Übereinstimmung geben oder nur zwischen zwei von dreien (und das dritte dann mit eingeschränkter Bezugnahme oder ohne Bezug; Reimann 2008: 164–166). Um von einer Kampagne sprechen zu können, muss allerdings mindestens eine eingeschränkte Bezugnahmen zwischen zwei der drei Werbemittel gegeben sein.

Methodisch lassen sich die unterschiedlichen Grade der Übereinstimmung/Abweichung zum Beispiel über einen intertextuellen Zugang erforschen. Ein einflussreicher literaturwissenschaftlicher Klassifikationsvorschlag stammt von Gérard Genette (1982/1993), der unter dem Oberbegriff der TRANSTEXTUALITÄT folgende grundsätzliche Arten von Beziehungen zwischen Texten unterscheidet:

a. INTERTEXTUALITÄT: die gemeinsame Anwesenheit mehrerer Texte in einem, also die klassischen Formen der Bezugnahme eines Phänotextes auf einen oder mehrere Referenztexte wie Zitat, Anspielung, Plagiat u. a. (als gezielte Werbestrategie genauer beschrieben unter 4.4.3).
b. PARATEXTUALITÄT: Bezüge zwischen Teiltexten innerhalb eines Textes, also z. B. zwischen Schlagzeile, Fließtext und – semiotisch gesprochen – Bildern. Interessant ist aufgrund der besonderen Funktion und der semantisch offenen Form des Slogans, inwieweit sich auch paratextuelle Beziehungen zwischen dem Werbemittel übergreifenden Slogan und dem jeweiligen Anzeigen- oder Spottext nachweisen lassen.
c. METATEXTUALITÄT: kommentierende, reflektierende oder kritisierende Bezüge eines Textes auf einen anderen, z. B. konstitutiv für editorische Kommentare

oder Rezensionen. In der Werbung könnte man unter Metatextualität den textuellen Zusammenhalt z. B. zwischen Teasern, Hauptspots und Remindern oder auch den durch die Verlinkung geschaffenen systematischen Zusammenhang zwischen Bannern und Websites betrachten, also systematisch bedingte Textsortenbeziehungen. Die von Genette postulierte „kritische" Ebene der Bezugnahme fehlt hier allerdings in der Regel, was aber ganz prinzipiell an den Kommunikationszielen von Werbung liegen könnte. Auch selbstreflexive Werbung, die sich auf die Bedingungen des Werbens bezieht, könnte dieser Kategorie zugeordnet werden (wie die Kampagne „Print wirkt", siehe unter 2.2.3; vgl. z. B. Bishara 2007).

d. HYPERTEXTUALITÄT: Bezugnahmen auf andere Texte als Folien wie z. B. Imitation, Parodie oder Fortsetzung (nicht zu verwechseln mit dem heutigen Begriff von Hypertextualität, wie er unter 3.4.1 bestimmt wurde). Zu dieser Kategorie ließe sich vergleichende Werbung (siehe unter 4.2.3) rechnen, dann Fortsetzungsgeschichten, wie sie manchmal von Fernsehspots erzählt werden (dann meist Kampagnen übergreifend!), aber auch parodistische intertextuelle Anspielungen, wie sie unter 4.4.3 diskutiert werden.

e. ARCHITEXTUALITÄT: Bezüge von Texten auf die ihnen zugrunde liegenden Muster, d. h. auf Gattungen oder Textsorten. Damit ist eigentlich ein grundlegendes Textualitätskriterium angesprochen, nämlich dass ein Text in der Regel als Vertreter einer bestimmten Textsorte erkennbar ist, weil er ihr formal und funktional entspricht (Beaugrande/Dressler 1981: 13). Für Werbung ist diese Tatsache wesentlich – auf ihrer Grundlage kann nämlich mit Gattungsreferenzen gespielt werden (auch hierzu mehr unter 4.4.3). Wenn man von dem intertextuellen Spiel (z. B. Anzeigen in Form eines redaktionellen Artikels) im Sinne einer Werbestrategie aber einmal absieht, dann kann unter der Perspektive von Architextualität geprüft werden, wie die einzelnen Werbemittel prototypisch als Textsorten zu beschreiben sind und welcher gestalterischer Abweichungsspielraum möglich ist, ohne dass es Missverständnisse in der Rezeption von Werbung gibt (hierzu genauer unter 4.2.1).

Was bei Genette im Grunde fehlt, ist eine TEXTSORTENINTERTEXTUALITÄT, wie sie von Josef Klein (1991) vorgeschlagen wurde und deren Analyse von anderen Textlinguisten immer wieder eingefordert wird (hier exemplarisch durch Kirsten Adamzik):

> Die m. E. wesentlichste Beschreibungskategorie, um die die Textsortenforschung dringend erweitert werden sollte, betrifft das Kriterium der Einbettung von Textsorten in umfassendere kommunikative Strukturen und ihre Vernetztheit miteinander. Denn Textsorten bilden – wie die Elemente anderer Ebenen der Sprache – strukturierte Subsysteme und gehören zu bestimmten Interaktions- oder Diskursrahmen. Zur Bewältigung einer kommunikativen Aufgabe können verschiedene Textsorten benutzt werden (diese stehen also in paradigmatischer Relation wie z. B. eine Werbeanzeige, ein Werbeplakat oder ein Werbebrief); häufig muss man auch eine ganze Reihe von Textsorten nacheinander bzw. grob gesprochen ,gleichzeitig' produzieren, um eine komplexe kommunikative Aufgabe zu erfüllen. (Adamzik 2000: 109)

Werbekampagnen können daher als Lösungsvorschlag für eine „komplexe kommunikative Aufgabe" (= Verfolgung eines konkreten Werbeziels) betrachtet und im Blick auf ihre Textsortenvernetzung im Media-Mix analysiert werden. Dabei sind syntagmatische („nacheinander") von paradigmatischen („statt einander") Beziehungen zwischen den einzelnen Werbemitteln zu unterscheiden, und zwar je nachdem, wie sie konkret im Rahmen einer Kampagne eingesetzt werden. Über die verschiedenen Formen der Transtextualität nach Genette, insbesondere über die Intertextualität auf der Ebene der Einzeltexte (welche Text- und Bildbausteine sind werbemittelindividuell, welche Werbemittel übergreifend eingesetzt und warum) kann dann beschrieben werden, welche Kommunikationsaufgaben jeweils von Anzeige, Fernsehspot, Hörfunkspot, Plakat usw. im Rahmen der Kampagne übernommen wird und ob intertextuelle Bezugnahmen zwischen den Werbemitteln einen besonderen strategischen Charakter haben (vgl. als methodisches Beispiel Reimann 2008).

 ### Neuere Literatur

Die einzige Arbeit, die die Vernetzung der Werbemittel innerhalb von Kampagnen diachron und synchron bereits exemplarisch untersucht hat, ist die zitierte von
REIMANN, Sandra (2008): MEHRmedialität in der werblichen Kommunikation. Synchrone und diachrone Untersuchungen von Werbestrategien. Tübingen (Narr).
Ein knapper theoretischer und methodischer Überblick zu Formen der Trans- und Intertextualität sowie zur Textsortenvernetzung allgemein findet sich mit vielen weiterführenden Literaturhinweisen z. B. bei
JANICH, Nina (2008): Intertextualität und Text(sorten)vernetzung. In: Dies. (Hrsg.): Textlinguistik. 15 Einführungen. Tübingen (Narr). 177–196.

4 Sprachwissenschaftliche Forschungsfelder

4.1 Eine methodenkritische Vorwarnung

Nicht umsonst gibt es nur wenige Forschungsbeiträge zur „Sprache der Werbung", die den Anspruch erheben, eine ganzheitliche Beschreibung der Werbesprache zu leisten. Erfolgreiche Werbung lebt davon, dass sie sich durch immer wieder Neues aus der Konkurrenz heraushebt, dass sie trotz der Masse an alltäglichen Werbereizen als einzelne herausfällt und auffällt. Es ist demnach fraglich, ob es überhaupt „die Werbesprache" als einen ganz bestimmten Textsortenstil gibt, der sich aufgrund seiner stilistischen Eigenheiten eindeutig als solcher charakterisieren lässt. Achim Zielke beispielsweise verneint dies:

> Zusammenfassend läßt sich festhalten, daß die zu Beginn dieses Kapitels aufgeworfene Frage, ob Werbeanzeigen anhand ihrer Sprache insofern beschrieben werden können, als es einen textsortentypischen Sprachstil gibt, der es erlaubt, etwas Geschriebenes als der Werbesprache zugehörig zu identifizieren, in letzter Konsequenz verneint werden muß. Denn die Sprache der Anzeigen präsentiert sich in multivariater Gestalt stets abhängig von multivariaten und oftmals diffusen Zielgruppen, deren passive Sprachkompetenz medien-gerecht und in zum jeweils zu Bewerbenden passender Weise imitiert wird. Dabei ist der sprachliche Anzeigenteilcode sowohl unter ökonomischem als auch unter kreativem Aspekt determiniert durch einen Kontrast- bzw. Neuigkeitszwang, der zu einer ständigen Veränderung der Sprachcodierung führt – worin sich die ‚Baldanders-Charakteristik' der Anzeigensprache manifestiert. (Zielke 1991: 183 f.)

Zielke kritisiert damit systemorientierte Beschreibungen der Anzeigensprache, die beispielsweise syntaktische Phänomene und ihre Häufigkeit untersuchen, um sie dann als typische Merkmale der Werbesprache festhalten zu können (Zielke 1991: 179–181). Andererseits ist die völlige Verneinung eines werbesprachlichen Textsortenstils insofern problematisch, als sich Werbetexte zumindest durch eine gemeinsame Grundintention und – je nach Medium – eine gemeinsame Kommunikationssituation (im Sinne eines Wahrnehmungskontextes) auszeichnen. Zudem wird Neues und Ungewöhnliches nur dann als solches erkannt, wenn „das Übliche" zumindest in Form einer bestimmten Erwartung existiert. Ulla Fix hat dies treffend am Beispiel der Intertextualität in der Werbung erläutert:

> Auflösung des Kanons [Kanon hier im Sinne einer allgemein anerkannten Textsortenunterscheidung; N.J.] dominiert, wenn es um Wirksamkeit geht. Zugleich aber sehen wir auch: Auflösung des Kanons hat nur Sinn vor dem Hintergrund des Kanons. Mustermischen und -brechen wird erst zeichenhaft vor dem Hintergrund der immer mitgedachten Musterhaftigkeit. Damit sind der Auflösung der Konturen, der Unbestimmtheit, der Relativität Grenzen gesetzt. (…) Anders gesagt: Indem man Regeln bewußt bricht, hat man ihre Existenz immer schon bejaht, und sei es nur die Existenz der einen, nämlich der, daß Regeln dazu da sind, eingehalten zu werden. Und man zieht aus diesem Bruch stilistischen Gewinn, z.B. den Ausdruck von Respektlosigkeit. (Fix 1997: 104 f.)

Die Regeln, die in der Werbung durchbrochen werden, sind meist die Regeln der Alltagssprache. So widerspricht der Slogan der Telegate-Auskunft *Da werden Sie geholfen* den deutschen Valenzregeln beim Verb *helfen*, *Deutschlands meiste Kredit-karte* den Regeln der syntaktischen Verwendung von *meist*. Aber es können auch die Regeln der Werbung selbst sein, wenn eine Anzeige beispielsweise nicht mehr aussieht wie eine Anzeige, sondern wie ein redaktioneller Artikel oder ein Brief (siehe 4.4.3 zur Intertextualität).

Der Rezipient hat demnach bestimmte, wenn auch zum Teil vage Erwartungen, wie Werbung auszusehen und wie Werbesprache zu sein hat, und durch den Bruch mit diesen Erwartungen kann es Werbung gelingen, auffällig zu sein und infolgedessen wahrgenommen zu werden.

Dies sollte aber – um Zielkes Hinweis ernst zu nehmen – bei denjenigen, die Werbesprache untersuchen, nicht zu der irrigen Vorstellung führen, man könne also doch angeben, wie häufig bestimmte Wort- oder Satzarten in „der" Werbe-sprache verwendet werden und welche rhetorischen Figuren typisch für Werbung seien. Es lassen sich bestimmte Rahmenbedingungen angeben, ähnlich denen, die unter 2.3.2 zum allgemeinen Charakter von Werbesprache angeführt wurden. Es lassen sich vielleicht auch, wie es Zielke tut, bestimmte Maximen für das Werbe-texten angeben (wie Orientierung an der Alltagssprache, hierarchische Abfolge werblicher Informationen, pro Satz nur eine werbliche Aussage, Bindestrichschrei-bung bei zentralen Komposita u. Ä., Zielke 1991: 159–167) . Aber „die Sprache der (Anzeigen-)Werbung" lässt sich nicht wie eine stabile Varietät beschreiben (siehe auch 4.6 zur stilistischen Flexibilität von Werbung). Dies würde dem ständigen Bestreben der Werbung nach Originalität und Auffälligkeit und der damit zusam-menhängenden raschen Veränderlichkeit von Werbetrends im Zeitverlauf wider-sprechen. (Keinesfalls sollte man daher zum Beispiel Römers Standardwerk zur Werbesprache der 1960er Jahre immer noch so behandeln, als könne man daraus den Status quo der heutigen Werbesprache entnehmen und zitieren, und selbst Baumgarts Untersuchung von Slogans der späten 1980er Jahre kann in Teilen bereits als veraltet gelten!) Die Schwierigkeiten beginnen ja schon beim Versuch, einen einheitlichen Werbetextaufbau zu konstatieren, wie im vorangegangenen Kapitel deutlich wurde.

Lohnen sich dann werbesprachliche Untersuchungen überhaupt?

Ja – wenn die Relevanz der Ergebnisse angemessen eingeschätzt und die Unter-suchungen auf funktionale Fragestellungen ausgerichtet sind (denn auch die Ver-wendung sprachlicher Mittel in der Werbung erfolgt unter funktionalen Gesichts-punkten). Es ist durchaus möglich, Produktbranchen oder Werbemittel hinsichtlich der unterschiedlichen Eignung bzw. des unterschiedlichen Einsatzes bestimmter sprachlicher Strategien zu vergleichen, die Werbestrategie innerhalb einer Kampa-gne oder für ein Unternehmen zu beschreiben oder die Beliebtheit einer Strategie im Zeitverlauf zu beobachten. Sobald man jedoch allgemein die Verwendung von Anglizismen oder die Art des Satzbaus in der Werbung beschreibt, sollte kritisch geprüft werden, inwieweit die Ergebnisse wirklich spezifisch oder zumindest typisch für Werbung sind, ob nicht ähnliche Phänomene in der gesprochenen oder geschriebenen Alltagssprache auftauchen. Allgemeine Aussagen über die Werbesprache an sich sind demnach problematisch und die Aussagekraft statistischer Aussagen muss abhängig von der Fragestellung geprüft werden (siehe dazu auch die Forschungskritik bei Bendel 1998: 6).

Im Folgenden werden daher auch keine „Tatsachen" über die Gestalt der derzeitigen Werbesprache angeführt, sondern Beschreibungskategorien und allenfalls Tendenzen vorgestellt.

 ### Neuere Literatur

Wichtige Anregungen für eine kritische Analyse von Werbekommunikation finden sich bei:
BENDEL, Sylvia (2008): Werbestrategien hinterfragen statt reproduzieren – Plädoyer für eine kritische Wissenschaft. In: Held, Gudrun/Bendel, Sylvia (Hrsg.): Werbung – grenzenlos. Multimodale Werbetexte im interkulturellen Vergleich. Frankfurt am Main u.a. (Lang). (= sprache im kontext 31), 229–244.
Eine neue Einführung zur Werbesprache und Werbekommunikation liegt vor mit
EICHLER, Wolfgang (2009): Kommunikation und Sprache in der Wirtschaftswerbung. Ein Studienbuch. Hamburg (Igel).
Zu einer grundlegenden Fundierung der Methodik der Werbesprachenforschung ist inzwischen ein Handbuch erschienen:
JANICH, Nina (Hrsg.) (2012b): Handbuch Werbekommunikation. Sprachwissenschaftliche und interdisziplinäre Zugänge. Tübingen (Francke). (= UTB).

4.2 Die pragmatische Perspektive: Absicht – Inhalt – Form

Vor einer Untersuchung einzelner sprachlicher Elemente (wie Wortwahl, Satzformen u. Ä.) sollte zuerst eine ganzheitliche Betrachtung der Anzeige bzw. des Spots stehen. Wie im zweiten Kapitel zu den Rahmenbedingungen ausgeführt, sollte versucht werden, die untersuchte Werbung einem größeren Werbeziel zuzuordnen, um die Hauptabsicht festzustellen. Dies kann oft nicht allein aufgrund der Gestaltungsweise erfolgen, es müssen auch die ganze Kampagne, die Marktsituation und die Art der Konkurrenz in den Blick genommen werden.

Die dominante Funktion einer Anzeige sowie die Funktionen einzelner Textbausteine lassen sich sprachwissenschaftlich am besten mit Hilfe der Sprechakttheorie beschreiben. Auf einer solchen Basis können Anzeigen auch als Textsorte näher bestimmt werden. Dieser grundsätzlichen Bestimmung ist daher der erste Abschnitt dieses Kapitels gewidmet (4.2.1). Der zweite Abschnitt (4.2.2) nimmt die persuasiven Funktionen sprachlicher Elemente in der unmittelbaren Rezeptionssituation in den Blick, geht demnach pragmatisch stärker ins Detail und bleibt dabei eng an die sprachliche Gestaltung gebunden. Eine etwas andere Perspektive auf den Anzeigentext bietet dagegen die inhaltliche und formale Beschreibung der Argumentationsweise (4.2.3). Sie lässt sich mit der intentionalen Untersuchung der

Textfunktionen (unter 4.2.1) verknüpfen, kann aber auch aufgrund einer eigenen Fragestellung erfolgen.

4.2.1 Textfunktion, Texthandlung und Textsorte

Einzelne Arbeiten beschäftigen sich inzwischen kritisch mit der Frage, ob und inwiefern Anzeigen als Textsorte anzusprechen sind, zum Beispiel aufgrund welcher Textfunktion und welcher pragmatischen Struktur. Es würde zu weit führen, die ausgiebigen und sehr kontroversen Diskussionen der Textsortenlinguistik zum Textbegriff, zur Aufstellung von Texttypologien und zur Differenzierung von „Textsorte", „Textklasse", „Texttyp" usw. zu rekapitulieren (siehe einführend Heinemann/Viewweger 1991 und Forschungsüberblick bei Lage-Müller 1995: Teil I). Stattdessen sollen aus der Menge der Forschungsbeiträge diejenigen textsortenlinguistischen und sprechakttheoretischen Beschreibungsvorschläge herausgegriffen werden, die speziell für die Untersuchung von Werbung viel versprechend klingen.

Sprechakte

Die Sprechakttheorie stammt aus der britischen *ordinary language philosophy* der 1960er und 1970er Jahre und wurde von John Austin und John R. Searle entwickelt (Austin 1962/[2]1979, Searle 1969/[5]1992; zu den folgenden Ausführungen siehe die knappe Einführung von Brinker, [4]1997: 81–121, und die dortigen weiter führenden Literaturhinweise). Sprechen wird dabei als kommunikatives und damit grundsätzlich soziales Handeln verstanden und aus diesem Grund aus der pragmatischen anstelle der bis dahin vorherrschenden sprachstrukturellen Perspektive untersucht. Ein Sprechakt lässt sich (abstrakt) beschreiben als Zusammenwirken dreier Teilakte, die nicht zeitlich hintereinander, sondern gleichzeitig ablaufen:

a. der ÄUSSERUNGSAKT: es erfolgt eine Äußerung von Wörtern bzw. Sätzen;
b. der PROPOSITIONALE AKT: diese Äußerung hat einen Inhalt, d.h. eine Proposition (nach Searle besteht die Proposition aus Referenz und Prädikation: es wird auf ein außersprachliches Objekt referiert, indem ihm Eigenschaften zugewiesen werden);
c. der ILLOKUTIONÄRE AKT: mit dem Inhalt der Äußerung und der Äußerung selbst wird eine bestimmte Intention (= Illokution) verfolgt/der Äußerung und ihrem Inhalt lässt sich eine bestimmte illokutionäre Rolle zuschreiben (in linguistischen Arbeiten meist in Großbuchstaben gesetzt: WARNEN, AUFFORDERN, VERSPRECHEN).

Von diesen drei Teilakten lässt sich als besonderer Fall der PERLOKUTIONÄRE AKT unterscheiden, nämlich die beabsichtigte (!) Wirkung: Durch WARNEN kann man *erschrecken* oder *alarmieren*, durch AUFFORDERN jemanden *dazu bringen, etwas zu tun*, durch VERSPRECHEN *beruhigen* oder *sich eines Sachverhalts vergewissern*.
Sprechakte sind weitgehend konventionell:

> Die Kommunikationspartner besitzen also ein gemeinsames Wissen darüber, unter welchen Bedingungen und nach welchen Regeln bestimmte sprachliche Handlungen in Kommunikationssituationen ausgeführt werden können. Nur aufgrund dieser konventionell geltenden Regeln und Bedingungen kann der Rezipient bei einer Äußerung oder einem Text die vom Emittenten [= Sprecher/Produzenten; N. J.] erstrebte Verstehensweise herausfinden, d. h. erkennen, als was er die Äußerung auffassen soll (…). (Brinker [4]1997: 84)

Die Kommunikationspartner wissen beispielsweise, was unter einem Ratschlag, einem Versprechen oder einer Drohung (= Sprechhandlungstypen/illokutive Typen) zu verstehen ist, in welchen Situationen diese sprachlichen Handlungstypen in welcher Weise realisiert werden können und mit welchen Signalen (wie Partikeln, Satzform, sog. performativen Verben (*versprechen, raten, fragen*), Intonation u. Ä.) die Intention vom Sprecher zusätzlich kenntlich gemacht werden kann. Eine von mehreren Voraussetzungen für das Gelingen von Sprechakten ist, dass beide Kommunikationspartner aufrichtig handeln. Schwieriger wird die Kommunikation einerseits bei den so genannten indirekten Sprechakten, bei denen eine Intention mittels einer unkonventionellen Form verfolgt wird (z. B. *Es zieht.*, wenn der Aussagesatz nicht der Information oder einer Feststellung dient, sondern als Aufforderung gemeint ist, das Fenster zu schließen). Andererseits kann zwischen der scheinbaren, konventionell erkennbaren Intention und der „wahren" Absicht eine Kluft bestehen, wenn der Sprecher nämlich nicht aufrichtig ist und seine tatsächliche Intention verbergen will.

Die Perlokution, also die Wirkung der Äußerung, ist eingeschränkt konventionell: Bei den jeweiligen Sprechakten werden konventionell bestimmte Wirkungen erwartet (bei einer Warnung, dass sich der Rezipient gewarnt fühlt und entsprechend handelt; bei einer Aufforderung, dass der Rezipient sie erfüllt etc.) – ob ein Rezipient dann wirklich so reagiert, wie der Sprecher dies beabsichtigte, ist vom Individuum und von der Situation abhängig.

 Searle hat in seiner auf Austin aufbauenden Sprechakttheorie die Perlokution allerdings eher stiefmütterlich behandelt und wurde dafür auch kritisiert. Wird der Begriff der Intention auf die Searle'sche Illokution begrenzt (also z. B. Feststellung, Frage, Bitte, Drohung, Versprechen, Dank, Gruß, Ernennung usw.), können auch nur die unmittelbaren (und bei verdeckten Intentionen nur die oberflächlichen, scheinbaren) Wirkungsabsichten als Perlokution gefasst werden. Sprachliches Handeln kann jedoch sehr komplex sein. Um beispielsweise zu ÜBERREDEN oder zu ÜBERZEUGEN, sind in der Regel mehrere Sätze und Äußerungen nötig (im Gegensatz z. B. zu VERSPRECHEN oder DANKEN), die innerhalb der Hauptintention ganz verschiedene Teilintentionen (wie AUFMERKSAMKEIT ERREGEN, EMOTIONEN WECKEN) verfolgen können (Sauer 1998: 252, 272). Zudem können neben der unmittelbaren Wirkungsabsicht, dass sich beispielsweise jemand zu einer positiven Bewertung eines Produkts überreden lässt, auch weitere Ziele verfolgt werden, nämlich dass er das Produkt kauft, dem ganzen Unternehmen gegenüber positiv eingestellt ist, Freunden davon erzählt, auch andere Produkte der Marke kauft etc.

Nicole Sauer, die Werbeanzeigen unter dem Aspekt der Perlokution untersucht, schlägt daher den Begriff der Strategie vor, um die Komplexität sprachlichen Handelns besser beschreiben zu können:

> Mit dem Begriff der Strategie wird ein Handlungsplan bezeichnet, der mit Blick auf ein bestimmtes Ziel aus einer verfügbaren Menge von Handlungen diejenige[n] auswählt und ausführt, deren Erfolg am *wahrscheinlichsten* ist. (Sauer 1998: 241f.; Hervorhebung im Original)

Der Strategiebegriff ist sinnvoll, wenn man davon ausgeht, dass einer sprachlichen Handlung häufig mehrere Intentionen zugrunde liegen und der Sprecher/Schreiber zur Erreichung eines Hauptziels zuerst verschiedene Zwischenziele verfolgt. Eine Strategie kann demnach mehrere Sprechhandlungen umfassen, denen verschiedene Teilintentionen zugrunde liegen, die im gesamten Handlungsplan einen unterschiedlichen Stellenwert einnehmen: Sie können sich auf die unmittelbare Rezeptionssituation (z. B. Aufmerksamkeitserregung, Unterhaltung; siehe 4.2.2) oder auf verschiedene Folgeerscheinungen mit zeitlichem Abstand (z. B. Kaufakt) beziehen. Eine Strategie kann ebenso wie die einzelne Sprechhandlung selbst erfolgreich oder nicht erfolgreich sein, wenn nämlich Auswahl oder Form der Sprechhandlungen für das Erreichen des strategischen Ziels nicht angemessen waren.

Die Sprechakttheorie lässt sich nutzen, um Werbeanzeigen als Textsorte näher zu bestimmen.

Textsorte und Textfunktion

Unter Textsorten werden in der Regel die am stärksten spezifizierten Textklassen im Rahmen einer Texttypologie verstanden (Bußmann [2]1990: 781), also beispielsweise Kochrezept, Gebrauchsanweisung, Interview, Todesanzeige. Dabei wird versucht, entweder auf induktivem Weg vorhandene Texte aufgrund gemeinsamer textinterner und textexterner Merkmale zu Textsorten zusammenzufassen oder auf deduktivem Weg eine theoretische Texttypologie aufzustellen, in die sich authentische Texte dann einordnen lassen. (Von daher findet sich in der Forschung häufig eine terminologische Unterscheidung von vortheoretisch angenommenen und an konkreten Texten aufgezeigten „Textsorten" und den theoretisch hergeleiteten und beschriebenen „Texttypen".[7])

Da sich zunehmend durchsetzt, Textsorten handlungstheoretisch zu bestimmen, bietet sich folgende Definition an:

> Textsorten sind konventionell geltende Muster für komplexe sprachliche Handlungen und lassen sich als jeweils typische Verbindungen von kontextuellen (situativen), kommunikativ-funktionalen und strukturellen (grammatischen und thematischen) Merkmalen beschreiben. Sie haben sich in der Sprachgemeinschaft historisch entwickelt und gehören zum Alltagswissen der Sprachteilhaber; sie besitzen zwar eine normierende

---

7 Zur Diskussion um die Definitionen von Textsorte gegenüber Texttyp siehe den Forschungsüberblick bei Lage-Müller 1995: 10–12, 58–60.

Wirkung, erleichtern aber zugleich den kommunikativen Umgang, indem sie den Kommunizierenden mehr oder weniger feste Orientierungen für die Produktion und Rezeption von Texten geben. (Brinker [4]1997: 132)

> Bisher existiert allerdings noch keine allseits anerkannte und die Vielfalt existierender Texte angemessen beschreibende oder integrierende Typologie, da nur wenige Textsorten so stark normiert sind, dass sich eine verbindliche Liste von Merkmalen aufstellen ließe (wie vielleicht bei Kochrezept, Todesanzeige oder Vertrag) (vgl. dazu ausführlich Adamzik 2008). Probleme machen vor allem unkonventionelle Erscheinungsformen von postulierten Textsorten, bei denen die meisten angenommenen Merkmale eben nicht zutreffen. Grundsätzliche Zweifel an der Möglichkeit einer solchen Typologie (oder in unserem konkreten Fall: an der Möglichkeit, die ja sehr variablen Werbeanzeigen als eine Textsorte zu fassen und zu beschreiben) werden häufig mit dem Argument widerlegt, dass beim Sprachbenutzer ein vortheoretisches Wissen über Textsorten vorhanden ist, mit dem es ihm beispielsweise gelingt, Werbeanzeigen sehr schnell als solche zu identifizieren (Adamzik 1994: 173; siehe zu dieser Problematik grundsätzlich auch 4.1). Für Werbung bietet sich wegen der Vielzahl unkonventioneller Erscheinungsformen ein induktiver Ansatz an, der von einem oder mehreren Prototypen von Werbeanzeigen ausgeht und zu beschreiben versucht, inwiefern auch stark davon abweichende, unkonventionelle Anzeigen als Subtypen erkannt werden.

Bei Klaus Brinker findet sich eine Aufstellung und Hierarchisierung textsortenbestimmender Merkmale, wobei er das Alltagsverständnis von Textsorte zugrunde legt (Brinker [4]1997: 133–141)[8]:

a. Eine Bestimmung der grundsätzlichen TEXTFUNKTION erlaubt die Einordnung in grobe Textsortenklassen: Informationstexte (wie Bericht, Rezension), Appelltexte (wie Werbeanzeige, Antrag), Obligationstexte (wie Vertrag, Garantieschein), Kontakttexte (wie Ansichtskarte, Kondolenzschreiben) und Deklarationstexte (wie Testament, Urkunde).

b. Eine Beschreibung von Kommunikationsform (monologisch oder dialogisch, Art des räumlichen und zeitlichen Kontakts, gesprochen oder geschrieben) und Handlungsbereich (privat, offiziell und öffentlich) legt die KONTEXTUELLEN MERKMALE fest. Die Werbeanzeige und der Werbespot, die zu den Appelltexten zählen, gehören durch ihre Vermittlung über Massenmedien dem öffentlichen Handlungsbereich an, sind monologisch und mit räumlicher und zeitlicher Distanz angelegt, da Werbung zumeist keine *face-to-face*-Kommunikation darstellt

---

8 Einen alternativen Vorschlag zur Textsortenbeschreibung bieten Heinemann/Heinemann 2002: Kap. 3.3. Wie Brinker unterscheiden sie die FUNKTIONALITÄT (= Textfunktion) und SITUATIONALITÄT (= kontextuelle Merkmale), gliedern die strukturellen Merkmale Brinkers dann aber auf in den Bereich THEMATIZITÄT UND STRUKTURIERTHEIT einerseits, FORMULIERUNGSADÄQUATHEIT andererseits und machen damit etwas klarer deutlich, wie vielschichtig die Aspekte sind, die bei Brinker etwas lapidar unter „strukturell" zusammengefasst sind (Heinemann/Heinemann 2002: 147).

(mit Ausnahme des Verkaufsgesprächs), und sind im Fall der Anzeige auf die geschriebene, im Fall des Fernsehspots weitgehend auf die gesprochene Sprache festgelegt.

c. Ein nächster Schritt wäre nach Brinker die Beschreibung der STRUKTURELLEN MERKMALE, d. h. Art des Textthemas und der Themenentfaltung (narrativ, deskriptiv, explikativ oder argumentativ) sowie textsortenspezifische lexikalische und syntaktische Merkmale (siehe 4.3.4 zur Textgrammatik). An diesem Punkt stößt man bei Anzeigen und Spots aufgrund der Gestaltungsvielfalt jedoch auf die ersten größeren Schwierigkeiten. Über das Textthema lassen sich dabei am ehesten Subtypen bestimmen: klassische Produktanpreisung/Dienstleistungswerbung, verkaufsfördernde Werbeaktionen (Preisausschreiben, Aktionswochen etc.), Imageumprägung (Einführung einer Umbenennung oder neuen Verpackung), erinnernde Bezugnahme auf einen Werbespot/eine Werbeanzeige, Imagewerbung für das ganze Unternehmen oder eine Marke, Gruppenwerbung etc.

Sylvia Bendel fasst die prototypischen Rahmenbedingungen der Textsorte Werbeanzeige folgendermaßen zusammen:

Werbeanzeigen sind
a) kürzere, in sich geschlossene Texte, die
b) in einem Printmedium erscheinen,
c) durch typografische Massnahmen vom redaktionellen Text abgetrennt sind, in denen
d) über Produkte und Dienstleistungen informiert wird, welche
e) in grösserer Quantität oder über längere Zeit zu haben sind und
f) einem potenziell unbegrenzten Kundenkreis angeboten werden, mit dem Ziel,
g) die Empfänger zum Kauf bzw. zur Benützung des Angebotenen zu bewegen. (Bendel 1998: 16)

Aufgrund ihrer diachronen Auswertung von Werbeanzeigen kommt sie jedoch zu dem Schluss, dass neben einer gewissen diachronen Konstanz von Prototypen von Anfang an ein relativ weiter Spielraum in der konkreten Realisierung der konventionellen Muster herrscht (Bendel 1998: 201 f.).

Um verschiedene Prototypen und deren Subtypen von Anzeigen herauszuarbeiten, bietet sich anstelle der von Brinker vorgeschlagenen Themenbeschreibung eine differenziertere Analyse des strategischen Ziels und seiner Teilziele an (s. o.). Die wenigen textsortenlinguistischen Monografien zur Werbung (bezeichnenderweise diachrone Studien!) arbeiten daher auch größtenteils mit der Sprechakttheorie (Adam-Wintjen 1998; Bendel 1998; Tschörner 2007).

Kathrin von der Lage-Müller (1995) schlägt folgendes Handlungsmodell am Beispiel der Textsorte Todesanzeige vor, wobei die Anzeige bzw. ein Text dabei nicht selbst als Handlung, sondern als Mittel zum Vollzug einer bestimmten Handlung gilt, quasi als „Handlungsträger" (Lage-Müller 1995: 50 f.):

a. Die TEXTHANDLUNG(EN) erfassen die Gesamtfunktion bzw. die übergeordnete Handlungsintention einer Textsorte (bei der Todesanzeige obligatorische Text-

Abbildung 13: innéov

handlung: ‚den Tod von x bekannt geben'; weitere fakultative Texthandlungen
können sein: ‚Kontaktherstellung und -verweigerung', ‚Handlungsanweisung',
‚Ehrung und Würdigung', ‚Danksagung' usw.).

b. Diese Texthandlungen werden durch TEILHANDLUNGEN realisiert, das Verhältnis
   zwischen Texthandlung und Teilhandlung lässt sich mit einer „indem"-Relation
   beschreiben. (Die Teilhandlungen für die dominante Texthandlung bei Todes-
   anzeigen können sein: ‚den Tod von x bekannt geben' <indem> ‚Name der ver-
   storbenen Person nennen', ‚Ableben explizit erwähnen', ‚Namen der Hinterblie-
   benen erwähnen'.)

c. Die Teilhandlungen können von (fakultativen, ergänzenden, spezifizierenden)
   ZUSATZHANDLUNGEN begleitet sein, die für die Texthandlung nicht wesentlich
   sind und daher zu Text- und Teilhandlung in einer „wobei"-Relation stehen
   (Lage-Müller 1995: 61). (Für die Teilhandlung ‚Ableben explizit erwähnen' steht
   z. B. als Inventar von Zusatzhandlungen zur Verfügung: ‚Ursache nennen', ‚Zeit
   nennen', ‚Ort nennen', ‚Umstände nennen'.)

 Sylvia Bendel wendet Lage-Müllers Handlungsmodell auf historische Werbeanzeigen an,
um sie als Textsorte zu fassen und ihre Entwicklung als eine sich verändernde Kombination
der realisierten Teilhandlungen zu beschreiben. Dabei fasst sie allerdings die acht von ihr
konstatierten Texthandlungen schon so eng auf (= ‚explizite Mitteilung', ‚Verkaufsort nennen', ‚explizit anbieten', ‚Produkt nennen', ‚Produktbeschreibung', ‚Verkaufsargumente
anführen', ‚Preis nennen', ‚Verkaufsmodalitäten beschreiben'; Bendel 1998: 106), dass die
Teil- und Zusatzhandlungen zum Teil wie Wiederholungen, zum Teil nicht als Handlungen
erscheinen (z. B. weist sie der Texthandlung ‚explizite Mitteilung' die Teilhandlungen ‚mitteilen' und ‚Empfänger ansprechen' und die Zusatzhandlungen ‚Adjektive zur Nachricht',
‚Adjektive und Zusätze' und ‚Empfänger spezifizieren' zu; Bendel 1998: 55–57.) Die von
Bendel herausgearbeiteten „Texthandlungen" lassen sich viel passender als Teilhandlungen zu Texthandlungen wie ‚über die Existenz des Produktes informieren' (indem das
Produkt genannt und beschrieben wird) oder ‚zum Kauf des Produkts bewegen wollen'
(indem Preis und Verkaufsort genannt und Verkaufsargumente angeführt werden) be-
schreiben. Erst wenn man die Texthandlung in diesem Sinne weiter fasst, lassen sich
Unterschiede bei den Anzeigen wie klassische Produktwerbung, Aktionswerbung, Imagewerbung u. a. in das Handlungsmodell integrieren und auf dieser Basis unterscheiden.
Dementsprechend halte ich auch die bei Bendel aufgestellten Prototypen historischer
Anzeigen (ebd.: 114) für zu eng – im Prinzip handelt es sich nicht mehr um Prototypen,
sondern bereits um die Erfassung aller möglichen Abweichungen vom Prototyp „Am Ort
X ist das Produkt P/die Dienstleistung D zu haben" (Bendel 1998: 105).

Welche handlungstheoretisch begründeten Prototypen lassen sich also für Werbeanzeigen feststellen?

Der ursprüngliche, wichtigste und häufigste Prototyp scheint mir die Anzeige zu
sein, die die obligatorischen Texthandlungen ‚über Existenz und Beschaffenheit des
Produktes informieren' und ‚zum Kauf/zur Nutzung des Produkts bewegen wol-

len' kombiniert. Ersteres ist die informative Voraussetzung für Letzteres, Letzteres kennzeichnet Werbeanzeigen als appellative Texte (also Kombination aus informatorischer und appellativer Textfunktion). Aus werbewirtschaftlicher Sicht handelt es sich bei diesem Prototyp um die klassische Produktwerbung (wobei in diesem Fall Dienstleistungen unter „Produkt" mitzuverstehen sind). Fakultativ kann seit der Zulassung vergleichender Werbung in Deutschland als weitere Texthandlung ‚ein anderes Produkt durch Vergleich in negatives Licht rücken' auftreten.

Andere Prototypen werden von Texthandlungen wie ‚das werbende Unternehmen positiv vorstellen' (= Imagewerbung) oder ‚zur Teilnahme an einer Werbeaktion bewegen wollen' (= taktische Aktionswerbung) dominiert. Andererseits können diese Texthandlungen fakultativ auch zum ersten Prototyp hinzutreten.

Kehren wir zum ersten Prototyp zurück: Die beiden obligatorischen Texthandlungen können durch verschiedene Teilhandlungen realisiert werden:

1. Texthandlung ‚**über Existenz und Beschaffenheit des Produktes informieren**'
   Mögliche Teilhandlungen:
   a. ‚Produkt explizit nennen'
   b. ‚Produkt beschreiben'
   c. ‚Anwendungsmöglichkeiten aufzeigen'

2. Texthandlung ‚**zum Kauf/zur Nutzung des Produkts bewegen wollen**'
   Mögliche Teilhandlungen:
   a. ‚Verkaufsargumente aufführen'
   b. ‚Verkaufsmodalitäten nennen'
   c. ‚Emotionen ansprechen'
   d. ‚Werte ansprechen'
   e. ‚Autoritäten zitieren'

 Ein Abgrenzungsproblem ist an dieser Stelle nicht ganz von der Hand zu weisen. Die Teilhandlung ‚Verkaufsargumente nennen' kann durch Zusatzhandlungen realisiert werden, zu denen zum Beispiel die Produktbeschreibung (als Teilhandlung b der Texthandlung 1 angeführt) oder das Aufzeigen von Anwendungsmöglichkeiten (als Teilhandlung c der Texthandlung 1 angeführt) gehören kann. Auch Werte und Emotionen werden nicht nur angesprochen, sondern sollen zumeist ja gerade als indirektes Verkaufsargument genutzt werden. Es kann also durchaus sein, dass verschiedene Textelemente polyfunktional sind: Sie dienen einer (gewissen) Information und zugleich immer auch der Persuasion.

Mögliche Zusatzhandlungen zu den oben genannten Teilhandlungen:

1a. **‚Produkt explizit nennen'**
• ‚Produktname anführen'
• ‚Hersteller nennen'
• ‚Produkt einer Marke zuweisen'

1b. **‚Produkt beschreiben'**
- ‚Produkteigenschaften aufzählen'
- ‚Produkt bildlich zeigen/Aussehen beschreiben'
- ‚Inhaltsstoffe nennen'
- ‚Verpackung beschreiben'

1c. **‚Anwendungsmöglichkeiten aufzeigen'**
- ‚Verwendungsweise beschreiben'
- ‚Verwendungsweise demonstrieren'
- ‚Verwendungssituationen nennen/beschreiben'

2a. **‚Verkaufsargumente aufführen'**

An dieser Stelle ist auf das Kapitel zur Argumentation (4.2.3) zu verweisen, da alle inhaltlichen Argumentationsmöglichkeiten als Zusatzhandlungen beschreibbar sind, wie z. B.

- ‚Herkunft nennen'
- ‚auf Tradition verweisen'
- ‚bestimmte Produkteigenschaften herausstellen'
- ‚bestimmte Verwendungsmöglichkeiten herausstellen'
- ‚Produkt in Abgrenzung zu anderen Produkten aufwerten'
- ‚Testergebnisse zitieren'
- ‚auf Qualitätskontrollen verweisen' etc.

2b. **‚Verkaufsmodalitäten nennen'**
- ‚Preis nennen'
- ‚Verkaufsort nennen'
- ‚Verkaufskonditionen anführen'

2c. **‚Emotionen ansprechen'**
- ‚Emotion durch Bild oder Musik hervorrufen'
- ‚Emotionale Werte explizit ansprechen/nennen'
- ‚Emotionen an Produkt binden'

2d. **‚Werte ansprechen'**
- ‚Werte explizit thematisieren'
- ‚Werte mit Produkt verbinden'
- ‚Wert-Assoziationen durch Sprache/Bild hervorrufen'

2e. **‚Autoritäten zitieren'**
- ‚fachliche Autorität sprechen lassen'
- ‚fachliche Autoritäten zitieren'
- ‚andere Medien zitieren'
- ‚firmeneigene Fachleute auftreten lassen'

An der Vielfalt der angeführten Teil- und Zusatzhandlungen lässt sich ersehen, dass durch unterschiedliche Kombinationen zahlreiche Subtypen möglich sind, die trotz großer Unterschiede zumindest die obligatorischen Texthandlungen gemein haben und daran auch als Anzeigen erkennbar sind. Das vorgestellte Handlungsmodell dürfte sich mit seinen Prototypen problemlos auf Fernseh- und Hörfunkspots übertragen lassen, nur fallen möglicherweise einzelne Teil- und Zusatzhandlungen weg und/oder es kommen weitere hinzu.

Denken wir nochmals an die Ausführungen zu den Sprechakten zurück, so ergibt sich hinsichtlich der Aufrichtigkeit und dem Problem der indirekten Sprechakte ein Paradoxon: Die Werbetreibenden wollen beim Rezipienten ein ganz bestimmtes Verhalten erreichen. Um erfolgreich zu überreden, sollten sie ihre Überredungsabsicht eigentlich verbergen, um glaubwürdiger zu wirken. Anderseits weiß der Rezipient, was die Werbung von ihm will, und die Werbetreibenden wissen auch, dass der Rezipient dies weiß. Entweder verbergen sie also ihre Überredungsabsicht trotzdem und akzeptieren, dass die meisten Rezipienten auch diese Taktik durchschauen und quasi als ein gemeinsames Spiel mehr oder weniger akzeptieren. Oder sie verbergen ihre Absicht aus der eben genannten Durchschaubarkeit nicht, sondern stilisieren sie durch ausdrückliche Thematisierung womöglich zum Werbeinhalt (vgl. auch Stöckl 2008a). Im ersten Fall wird die erste Texthandlung (,über Existenz und Beschaffenheit des Produktes informieren') als die eigentliche und dominante ausgegeben, während die zweite (,zum Kauf/zur Nutzung des Produkts bewegen wollen') zu verbergen versucht wird. Im zweiten Fall steht die zweite Texthandlung ganz offensichtlich im Vordergrund, während die erste implizit in ihr enthalten ist.

In einer Anzeigenanalyse müssen jedem Textbaustein (und eigentlich auch Bildelementen und der Geräusch-/Musikgestaltung) seine entsprechenden Funktionen zugewiesen werden, d. h. welche Zusatz-/Teilhandlung damit jeweils realisiert wird.

Was die Perlokution, also die Wirkungsabsicht betrifft, so lassen sich einzelnen – durch konkrete Textbausteine realisierten – Zusatzhandlungen Perlokutionen zuweisen, die an die unmittelbare Rezeptionssituation gebunden sind (siehe dazu den folgenden Abschnitt 4.2.2). Die beiden Texthandlungen verfolgen das strategische Gesamtziel, ein Produkt auf dem Markt zu positionieren und seinen Absatz zu halten bzw. steigern. Über welche Strategie (und welche Teilziele) die Erreichung dieses Hauptziels angestrebt wird, zeigt die konkrete Werbegestaltung, d. h. die entsprechende Kombination der Teil- und Zusatzhandlungen. Wichtig für die tatsächliche Wirkung der Texthandlungen ist weiterhin, in welcher *sprachlichen Form* diese Teil- und Zusatzhandlungen ausgeführt werden. Insbesondere die Strategien der expliziten Adressierung (z. B. *Du-* vs. *Sie*-Anrede) können Auswirkungen auf die Rezeption haben (vgl. Bak/Metzner 2009; zu Adressierungsstrategien am Beispiel Fernsehwerbung siehe allgemeiner Polajnar 2005).

Obwohl allgemein textlinguistische Arbeiten im letzten Jahrzehnt eher zugenommen haben, gibt es erstaunlicherweise kaum aktuelle textlinguistische Auseinandersetzungen größeren Umfangs mit den Textsorten der Werbung (besonders vernachlässigt sind Text-

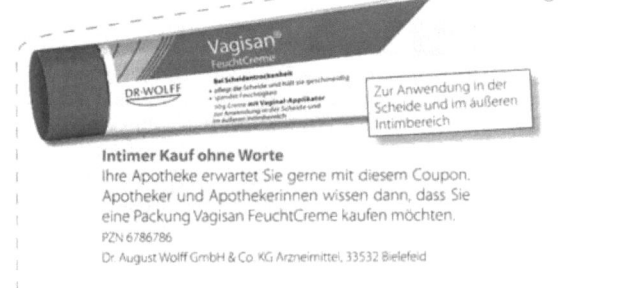

Abbildung 14: Vagisan FeuchtCreme

sorten der Direktwerbung, wie Werbebrief und -fax und Newsletter/Spam, aber auch zu Prospekt/Katalog oder dem Teleshopping gibt es nur wenige und meist kulturkontrastive Arbeiten; siehe unten unter *Neuere Literatur*). Die hier entworfenen Prototypen von Anzeigen müssten daher in größerem Umfang empirisch überprüft werden: Lassen sich Anzeigen diesen Prototypen zuordnen? Gibt es weitere Prototypen mit ganz anderen dominanten Texthandlungen? Lassen sich Subtypen ausmachen, die sich durch eine ganz bestimmte, musterhafte Kombination von Teilhandlungen bestimmen lassen? Wichtig auch: Wie tragfähig sind diese Prototypen, wenn man sie auf andere Werbemittel überträgt (z. B. auf Fernseh- und Hörfunkspots oder auf Plakate)? Ließe sich über pragmatische, textstilistische und textstrukturelle Gemeinsamkeiten und Unterschiede gar ein Textsortenuniversum der Werbung beschreiben? Eine ebenfalls für alle Werbemittel interessante Forschungsfrage ist die nach dem Zusammenhang von handlungstheoretisch definierten Subtypen und strukturellen Kriterien: Werden bestimmte Teilhandlungen mit Hilfe spezifischer lexikalischer, syntaktischer und textgrammatischer Merkmale realisiert? Ähneln sich Anzeigen bzw. Spots mit den gleichen Teilhandlungen also auch zumindest teilweise in Wortwahl, Syntax und der Wahl sprachlicher Besonderheiten (dazu anregend Adamzik 1994)?

 ## Literaturtipps

Einführend und übersichtlich zur Textanalyse und zur Textlinguistik (zugleich hilfreich für das Kapitel zur Textgrammatik 4.3.4):
BRINKER, Klaus (⁴1997): Linguistische Textanalyse. Eine Einführung in Grundbegriffe und Methoden. 4., durchgesehene und ergänzte Auflage. Berlin (Schmidt). (= Grundlagen der Germanistik 29). [⁷2010].
HEINEMANN, Wolfgang/VIEHWEGER, Dieter (1991): Textlinguistik. Eine Einführung. Tübingen (Niemeyer). (= Reihe Germanistische Linguistik 115).
Einen Versuch der Neubestimmung von Perlokution am Beispiel von Sprachspielen in der Werbung leistet, allerdings nicht immer leicht lesbar und in Aufbau und Terminologie zum Teil etwas umständlich und verwirrend:
SAUER, Nicole (1998): Werbung – wenn Worte wirken. Ein Konzept der Perlokution, entwickelt an Werbeanzeigen. Münster u. a. (Waxmann). (= Internationale Hochschulschriften 274).
Das Handlungsmodell zur Textsortenbestimmung sowie ein Überblick zur Textsortenlinguistik findet sich übersichtlich und gut lesbar bei:
LAGE-MÜLLER, Kathrin von der (1995): Text und Tod. Eine handlungstheoretisch orientierte Textsortenbeschreibung am Beispiel der Todesanzeige in der deutschsprachigen Schweiz. Tübingen (Niemeyer). (= Reihe Germanistische Linguistik 157).
Die Umsetzung dieses Modells in Bezug auf historische Werbeanzeigen versucht
BENDEL, Sylvia (1998): Werbeanzeigen von 1622–1798. Entstehung und Entwicklung einer Textsorte. Tübingen (Niemeyer). (= Reihe Germanistische Linguistik 193).

 ## Neuere Literatur

Zur Problematik der Textsortenbeschreibung und -typologisierung empfiehlt sich als derzeit aktuellster Beitrag

ADAMZIK, Kirsten (2008): Textsorten und ihre Beschreibung. In: Janich, Nina (Hrsg.): Textlinguistik. 15 Einführungen. Tübingen (Narr), 145–175.
Eine weitere textsortenlinguistische und diachrone Arbeit zur Anzeige bietet TSCHÖRNER, Kristin (2007): Werbeanzeigen als Spiegel der Gesellschaft. Zur Geschichte einer Textsorte. Saarbücken (VDM).
Neuere und vereinzelt textlinguistische Arbeiten zu *anderen* Textsorten der Werbung als der Anzeige (zu Fernseh- und Hörfunkspot sowie zu Internetformaten siehe 3.2–3.4):
FROMMERT, Susanne (2012): Sprachliche Persuasionsstrategien in der Teleshoppingkommunikation. Eine qualitative Analyse von TV-Ausschnitten des reinen Verkaufsfernsehens aus dem Themenbereich „Küche & Kochen". Tübingen (Narr). (= Tübinger Beiträge zur Linguistik 531).
GANSEL, Christina (2000): Textsorten, Textmuster und ihre Geschichte. Stellenangebot und argumentativer Werbetext – eine textsortenintertextuelle Entwicklung. In: Deutschunterricht 53/2, 217–227.
KOSKENSALO, Annikki ([2]2000): Finnische und deutsche Prospektwerbung. Linguistische Analysen kulturspezifischer Marketingkommunikation. 2., verbesserte und überarbeitete Auflage. Tostedt (Attikon). (= Beiträge zur Wirtschaftskommunikation 21).
NIELSEN, Martin (2001): The company brochure as a genre: Towards a textogram based on Danish and German brewery brochures. In: Hermes 27, 215–228.
NIELSEN, Martin (2003): Mailings kontrastiv: Werbebriefe in Dänemark und Deutschland. In: Ders. (Hrsg.): Wirtschaftskommunikation im Wandel. Dynamik, Entwicklung und Prozessualität. Wiesbaden (DUV). (= Europäische Kulturen in der Wirtschaftskommunikation 3). 55–75.
STÖCKL, Hartmut (2007 a): „Der gedruckte Verkäufer" – ein medienlinguistisches und textstilistisches Profil des Produktkatalogs. In: Villinger, Claudia/Gerzymisch-Arbogast, Heidrun (Hrsg.): Kommunikation in Bewegung. Multimedialer und multilingualer Wissenstransfer in der Experten-Laien-Kommunikation. Festschrift für Annely Rothkegel zum 65. Geburtstag. Frankfurt am Main u. a. (Lang). 187–216.
VESALAINEN, Marjo (2001): Prospektwerbung. Vergleichende rhetorische und sprachwissenschaftliche Untersuchungen an deutschen und finnischen Werbematerialien. Frankfurt am Main u. a. (Lang). (= Finnische Beiträge zur Germanistik 7).
WIEDERWOHL, Isabella (2006): Verpackungen als multimodale Texte am Beispiel von Schokoladenschleifen. In: Eckkrammer, Eva Martha/Held, Gudrun (Hrsg.): Textsemiotik. Studien zu multimodalen Texten. Frankfurt am Main u. a. (Lang). (= sprache im kontext 23). 83–105.

(28) Zerlegen Sie den Anzeigentext für Vagisan FeuchtCreme (Abb. 14) in einzelne Texthandlungen, Teilhandlungen und Zusatzhandlungen. Inwiefern weicht die Anzeige von Ihren Erwartungen an den Prototyp der Verkaufsanzeige ab? Belegen Sie dies, indem Sie eine Anzeige suchen, die Sie für typisch halten, und deren Texthandlungsstruktur der analysierten Anzeige gegenüberstellen.

(29) Vergleichen Sie zum einen die Text- und Teilhandlungen der Anzeigen der beiden Energieversorger bp (Abb. 8: 80) und Total (Abb. 21: 184) miteinander und zum anderen die beiden Anzeigen der Autohersteller Alfa (Abb. 24 a und 24 b: 200 f.) und Toyota (Abb. 31: 283). Bestimmen Sie die (verschiedenen) Prototypen, denen Sie die vier Anzeigen zuordnen würden. Vergleichen und diskutieren Sie Ihre Zuordnungen in Bezug auf das Kriterium ‚Produkthersteller vs. Dienstleister' sowie in Bezug auf die jeweiligen Werbeziele (vgl. Kap. 2.2.3).

4.2.2 Persuasive Funktionen von Sprache

 Ein methodisches Problem bei der Untersuchung von Werbesprache ist die auf eine Analyse einzelner sprachlicher Phänomene folgende Interpretation ihrer Funktion und Wirkung. Häufig fehlt eine solche völlig, wenn nur Vorkommnisse und Häufigkeiten konstatiert werden, ohne daraus Schlussfolgerungen zu ziehen. Was aber sagen uns Ergebnisse zu dem in Anzeigen bevorzugten Satzbau, zur Wahl und Häufigkeit der rhetorischen Figuren, zu den entdeckten Wortspielen und Anglizismen? In sprachwissenschaftlicher Terminologie ausgedrückt: Wie lassen sich die strukturell-systematischen Erkenntnisse über die „Gestalt" der Werbesprache funktional in Bezug auf die Werbeintention (oder symptomatisch für Zeitströmungen und die gesellschaftliche Situation) interpretieren?

Eine Möglichkeit besteht darin, die Ergebnisse mit der persuasiven Funktion der Werbetexte in Beziehung zu setzen. In Abschnitt 2.2.3 wurde erläutert, dass die beabsichtigte Werbewirkung komplex ist: Es soll die Aufmerksamkeit auf die betreffende Werbung gelenkt werden, damit sie ausdrücklich wahrgenommen wird. Die Werbebotschaft soll verstanden werden und so auf die Einstellung des Rezipienten einwirken, dass ein Produktimage aufgebaut und verfestigt wird bzw. eine Kaufabsicht entsteht. Diese Kaufabsicht soll so ausgeprägt sein, dass sie tatsächlich zur Handlung und am besten zur Handlungswiederholung führt, wobei die Handlungswiederholung in der Regel weniger auf die Werbung als vielmehr auf die guten Erfahrungen mit dem einmal gekauften Produkt zurückgeht.

Um diese Wirkungen zu erreichen, ist Werbesprache persuasiv gestaltet (wobei *persuasiv* ‚überredend, überzeugend' gegenüber *manipulativ* ‚jmd. ohne sein Wissen und oft gegen seinen Willen beeinflussend' vorzuziehen ist, weil es nicht so negativ konnotiert ist und mehr Spielraum für die Art der damit bezeichneten Strategien offen lässt). Um persuasiv wirken zu können, ist Werbesprache prinzipiell stark intentional, konstruiert und inszeniert, Merkmale, die ebenfalls unter 2.3 bereits besprochen wurden. Harmut Stöckl schlägt zur Interpretation einzelner stilistischer Elemente vor, deren konkrete Funktionen im Persuasionsprozess zu untersuchen, wobei einzelnen Elementen auch Mehrfachfunktionen zugeschrieben werden können.

> Wollen wir beschreiben, wie **Stilwirkungen** innerhalb eines persuasiven Textes **instrumentalisiert** werden, so muß der in einem Text ablaufende persuasive Prozeß in einzelne Teilschritte bzw. -funktionen aufgegliedert werden. Die verschiedenen Stilelemente, Struktur- und Sinntypen können dann in ihren Wirkungsdimensionen auf die unterschiedlichen persuasiven Funktionen bezogen werden. (Stöckl 1997: 68; Hervorhebungen im Original)

Stöckl schlägt folgende Teilfunktionen vor (Stöckl 1997: 71–77):

a. AUFMERKSAMKEIT UND INTERESSE AKTIVIERENDE FUNKTION: Bestimmte sprachliche und visuelle Elemente (wie Typografie oder auffällige Wörter) wecken das grundsätzliche Interesse am Kommunikationsvorgang und halten es (unterschiedlich stark) während des Lesens/Hörens der Werbebotschaft aufrecht. Es werden demnach die beiden AIDA-Funktionen *attention* und *interest* zusammengelegt, da eine funktionale Trennung verschiedener sprachlicher Merkmale sehr schwierig wäre. In Einzelfällen ließe sich hier aber möglicherweise noch weiter differenzieren (z. B. wenn zwar eine auffällige Schrift Aufmerksamkeit erregt, aber erst die ungewohnte Rezipientenansprache oder eine Frage das Interesse weckt, so dass der Text tatsächlich gelesen wird).

b. VERSTÄNDLICHKEITSFUNKTION: Hierzu zählen die Elemente, die sicher stellen sollen, dass die Werbebotschaft verstanden wird, und zwar zuerst einmal in ihrer Intention. Ein inhaltliches Verständnis aller Textaussagen kann unterschiedlich stark angestrebt sein, je nach beworbenem Produkt und entsprechender Sprachwahl (z. B. ist es bei der Verwendung fachsprachlicher bzw. pseudofachsprachlicher Ausdrücke selten das Ziel, dass deren Denotate und die damit getroffenen Aussagen im Einzelnen verstanden werden, sondern es geht eher um das allgemeinere Verständnis, dass Forschung und Wissenschaft glaubwürdig die Qualität des Produkts gewährleisten).

c. AKZEPTANZFUNKTION: Obiges Beispiel zeigt bereits, dass es auch Stilmittel (wie z. B. Fachwörter oder die Argumentation mit Autoritäten) gibt, die vor allem bewirken sollen, dass der dargestellte Sachverhalt annehmbar, glaubwürdig und akzeptabel erscheint. Nur was (zumindest auf den ersten Blick) glaubwürdig scheint und akzeptiert wird, kann die Einstellung zu einer Sache positiv und im Sinne des Senders beeinflussen.

d. ERINNERUNGSFUNKTION (bei Stöckl „Behaltens- bzw. Retentionsfunktion"): Hierzu zählen alle Stilelemente, die dazu geeignet sind, die Erinnerung an die Werbebotschaft und den Werbetext zu erleichtern und zu verstärken (wie z. B. Wiederholung, Reim und Alliteration).

e. VORSTELLUNGSAKTIVIERENDE FUNKTION: Wenn es durch bestimmte Formulierungen oder Gestaltungsweisen gelingt, die Vorstellungskraft des Rezipienten zu aktivieren und zu steuern, indem ihm z. B. die Möglichkeiten, die ihm mit dem Erwerb des Produkts plötzlich offen stehen, anschaulich vor Augen geführt werden, kann ihnen eine vorstellungsaktivierende Teilfunktion zugewiesen werden.

f. ABLENKUNGS- BZW. VERSCHLEIERUNGSFUNKTION: Diese Teilfunktion übernehmen diejenigen Stilelemente, die geeignet sind, die Persuasionsabsicht in den Hintergrund treten zu lassen. Je stärker der Rezipient von der Werbe- und Überredungsabsicht abgelenkt wird, desto weniger sträubt er sich wahrscheinlich gegen vorgebrachte Argumente.

g. ATTRAKTIVITÄTSFUNKTION: Mit Witz, Ironie oder Spannung kann es Werbung gelingen, dass die Rezeption intellektuelles Vergnügen und Unterhaltung einschließt und deswegen bewusst geschieht. Attraktive Werbung erfüllt häufig leichter die Teilfunktionen der Aufmerksamkeitserregung und der Erinnerungserleichterung, andererseits kann eine besonders witzige und originelle Gestaltung auch den nachteiligen Effekt haben, dass man sich zwar an den Witz erinnert, aber vom Produkt abgelenkt wird und sich daher nicht mehr erinnert, wofür eigentlich geworben wurde.

 Bei Stöckl werden bereits relativ detailliert bestimmte sprachliche Mittel aufgezählt, denen diese oder jene Teilfunktion zukommt. Eine solche Festlegung im Vorhinein ist riskant, wenn sie den Blick auf den Einzelfall versperrt und zu nachlassender Sorgfalt bei der Interpretation führt. Erst im konkreten Zusammenwirken verschiedener sprachlicher (und übrigens auch visueller) Strategien können einzelnen Stilmitteln Teilfunktionen zugewiesen werden.

Literaturtipps

STÖCKL, Hartmut (1997): Werbung in Wort und Bild. Textstil und Semiotik englischsprachiger Anzeigenwerbung, Frankfurt am Main u.a. (Lang). (= Europäische Hochschulschriften. Reihe XIV: Angelsächsische Sprache und Literatur 336).

Neuere Literatur

Zur Ablenkungs- und Verschleierungsfunktion gibt es einen besonderen Beitrag STÖCKL, Hartmut (2008a): Was hat Werbung zu verbergen? Kleine Typologie des Verdeckens. In: Pappert, Steffen u.a. (Hrsg.): Verschlüsseln, Verbergen, Verdecken in öffentlicher und institutioneller Kommunikation. Berlin (Schmidt). 167–192.

 Eine Funktionszuweisung von werbesprachlichen Elementen im obigen Sinn sollte im Grunde bei allen Fragen vorgenommen werden, die in den folgenden Kapiteln gestellt werden. Daher an dieser Stelle nur zwei kurze Aufgaben:

(30) Welche persuasive Funktion übernimmt die Umfrage innerhalb der Vagisan-Anzeige (Abb. 14: 126)?

(31) Vergleichen Sie den Fließtext der BMW-Anzeige (Abb. 20: 175) mit dem der Toyota-Anzeige (Abb. 31: 283): Inwiefern unterscheiden sich die beiden hinsichtlich ihrer persuasiven Funktion(en)?

4.2.3 Argumentation

Wer Werbesprache untersucht, befindet sich hinsichtlich der Argumentation in einem gewissen Dilemma: Werbung ist, wie oben (2.3.2 und 2.3.3) erläutert, eine inszenierte Form einer zudem einseitigen Kommunikation. Sie wird also aufgrund ihrer Ziele, Produkte und Dienstleistungen zu verkaufen, nicht unbedingt in rationalem Sinn argumentieren, wie wir das normalerweise von einem Gesprächspartner erwarten, und wir können auch keine Einwände gegen ihre Argumente vorbringen, aus der sich eine Diskussion ergeben würde. Trotzdem können Argumentationsstrategien in der Werbung herausgearbeitet werden, die allerdings entsprechend den zugrunde liegenden kommunikativen Bedingungen bewertet werden müssen.

Zuerst eine allgemeine Definition von ‚Argumentation':

Argumentation, eine Rede mit dem Ziel, die Zustimmung oder den Widerspruch wirklicher oder fiktiver Gesprächspartner zu einer Aussage oder Norm (‚für' bzw. ‚gegen' deren Wahrheit bzw. Gültigkeit dann argumentiert wird) durch den schrittweisen und lückenlosen Rückgang auf bereits gemeinsam anerkannte Aussagen bzw. Normen zu erreichen. Jede im Verlauf einer solchen Rede erreichte Zustimmung zu einer weiteren Aussage oder Norm (über die Ausgangssätze hinaus) kennzeichnet einen Schritt der A[rgumentation]; die einzelnen Schritte heißen die für (bzw. gegen) die zur Diskussion gestellte Aussage bzw. Norm vorgebrachten ‚Argumente'. (Enzyklopädie Philosophie und Wissenschaftstheorie 1980: 161)

In der Werbung geht es zwar mitunter um die Rechtfertigung der Gültigkeit von Aussagen (in Risiko- oder Krisensituationen zum Beispiel), aber meist doch eher um eine „Begründung", dass das Angebotene besser ist als das der Konkurrenz bzw. dass das Angebotene überhaupt wünschenswert, brauchbar und also zu haben notwendig ist. Es ist damit die wichtige Voraussetzung gemäß obiger Definition gegeben, dass der Produzent bei der Konzeption der Werbung davon ausgehen muss, dass diese Aussagen strittig sind, dass es für den Rezipienten bzw. potenziellen Konsumenten also noch keineswegs erwiesen ist, dass das betreffende Produkt das Beste ist und er es dringend braucht.

Argumentation in der Werbung ist immer monologische (oder konvergente) Argumentation, die im Gegensatz zur dialogischen Argumentation nicht in Form von Rede und Gegenrede aufgebaut ist, sondern die so beschaffen sein muss, dass mögliche Einwände schon prophylaktisch ausgeräumt werden. Dass die Begründung eine Scheinbegründung sein kann, da es dem Sender nicht auf Objektivität und vollständige Diskussion von Vor- und Nachteilen ankommt, ist hier insofern unwichtig, als sich auch der Rezipient von Werbung klar ist (oder doch klar sein sollte), dass eine persuasive (= überredende) Kommunikation vorliegt. Auch eine persuasive und in diesem Sinn einseitige Argumentation kann demnach zweckrational vernünftig sein, wenn mit ihr das intendierte Ziel, der Beeinflussungsversuch, am besten erreicht werden kann.

 Ein Problem bei der Untersuchung von Argumentation in der Werbung besteht offensichtlich in einer Vermischung von Inhalt und Form der Argumentation. Dies zeigt sich zum Beispiel bei Otto W. Haseloff, der speziell in Bezug auf Werbung die vier Argumentationstypen Plausibilitätsargumentation, moralische Argumentation, rationale Argumentation und taktische Argumentation unterscheidet (jeweils mit verschiedenen Untertypen; Haseloff 1968: 102–105). Dabei vermischt er inhaltliche und formale Kriterien: So sind eine Bezugnahme auf allgemein anerkannte Werte wie ‚Sicherheit' oder ‚Verantwortung' (= moralische Argumentation), das Anführen von Produkterfahrungen und -verwendungssituationen (= Plausibilitätsargumentation) oder die Angabe nachprüfbarer Daten (= rationale Argumentation, Untertyp 2) sachbezogen und **inhaltlich determiniert**, während die taktische Argumentation, zum Beispiel eine bestimmte Art der Auseinandersetzung mit Gegenargumenten, oder eine logische Beweisführung (= rationale Argumentation, Untertyp 1) **zweckorientierte Formen** sind.

So anregend einzelne Untertypen bei Haseloff sind, so sollten Form und Inhalt doch getrennt werden, weshalb im Folgenden versucht wird, auf der Basis verschiedener Anregungen aus der Forschung formale Besonderheiten und inhaltliche Typen von Werbeargumentation getrennt aufzulisten. Als knappe, aber gut verständliche Einführung bietet sich das Kapitel zur Argumentationslehre von Clemens Ottmers (1996: 67–117) an, dem hier weitgehend gefolgt wird; ausführlichere und komplexere Ausführungen finden sich bei Manfred Kienpointner (1992).

Argumentationsverfahren

Da die Werbung ihrer Argumentation keinen wissenschaftlichen Anspruch zugrunde legt, sondern wie in der Alltagskommunikation mit Wahrscheinlichkeiten operiert, um Entscheidungen und Handlungen herbeizuführen, kann das syllogistische Schlussverfahren ausgeklammert bleiben (Syllogismus = logisch vollkommener Schluss, der absolute und wahre Erkenntnis vermittelt).

Die beiden Argumentationsverfahren, die in Werbung wie Alltagskommunikation verwendet werden, sind die Enthymem- und die Beispielargumentation (siehe zum Folgenden ausführlicher Ottmers 1996: 73–85, auf Werbung angewendet bei Andersson 1997).

a. ENTHYMEMARGUMENTATION

Ein Enthymem ist ein dreigliedriger Argumentationsschritt: Der Geltungsanspruch einer strittigen Aussage wird mit Hilfe einer unstrittigen Aussage, also einem Argument, gestützt oder zurückgewiesen:

> Die dabei zur Hilfe genommene unstrittige Aussage fungiert als *Argument* (auch *Prämisse* genannt), das die strittige Aussage in die *Konklusion* überführen, sie also in einem nicht mehr strittigen ,Schlußsatz' festschreiben soll. Anders ausgedrückt: In der Argumentation wird ein Argument (A) eingesetzt, um eine strittige Aussage glaubhaft, d.h. plausibel zu machen und sie so in eine Konklusion zu überführen (K). Bei diesem Prozeß wird vom Argument auf die Konklusion geschlossen, und zwar mittels eines bestimmten Schlußverfahrens, für das sich in der modernen Argumentationsforschung der Begriff *Schlußregel* (SR) durchgesetzt hat. (Ottmers 1996: 73, Hervorhebung im Original)

Ein Beispiel: Wenn für einen Joghurt damit geworben wird, dass er Vitamine und Calcium enthält, dann ist dies das Argument, das dafür spricht, genau diesen Joghurt zu kaufen (Konklusion), und zwar aufgrund der impliziten Schlussregel, dass der Verzehr von Vitaminen und Calcium gut (oder gar notwendig) für die Gesundheit ist.

Das Enthymem ist also ein Argumentationsverfahren, „bei dem deduktiv vom unstrittigen Allgemeinen auf die Plausibilität des besonderen Falles geschlossen wird" (Ottmers 1996: 74).

In seiner alltagssprachlichen Verwendung weist das Enthymem jedoch noch fünf weitere charakteristische Merkmale auf: Erstens ist es in seiner formalen Struktur nicht festgelegt, zweitens müssen nicht alle drei Enthymemkomponenten explizit aufgeführt werden, drittens zielt die enthymemische Argumentation auf Plausibilität und nicht auf letzte Gewißheit, viertens darf das herangezogene Argument selbst nicht strittig sein, und fünftens basieren solche Enthymemschlüsse auf spezifischen, teils alltagslogischen, teils konventionalisierten Schlußverfahren, die von der rhetorischen Argumentationstheorie in der sogenannten Topik gesammelt und analysiert worden sind. (Ottmers 1996: 74) [Näheres dazu s. u., N. J.]

Nicht zuletzt aufgrund dieser Merkmale bietet sich die Enthymemargumentation auch für die Werbekommunikation an: Sie basiert auf zumeist allseits anerkannten Schlussregeln; diese können wie die Konklusion implizit bleiben und erscheinen dadurch wie Selbstverständlichkeiten; zudem erlaubt die formale Offenheit des Verfahrens auch eine Häufung von Argumenten bzw. eine Kombination und Vermischung mehrerer Argumentationsfolgen. Das erschwert allerdings wiederum die Analyse, weil sich längst nicht in allen Anzeigen und Spots ein einzelner klarer Dreischritt herauskristallisieren lässt. Das von vornherein festgelegte Werbeziel und die sich daraus ergebende Inszeniertheit der Argumentation, die sich nicht selten in Scheinbegründungen äußert, haben zwangsläufig auch Auswirkungen auf die Folgerichtigkeit des Enthymems.

b. BEISPIELARGUMENTATION
Klassischerweise werden zwei Formen der Beispielargumentation unterschieden: das induktive und das illustrative Beispiel. Letzteres dient meist nur der Verstärkung einer enthymemischen Argumentation, indem es die Konklusion abschließend am besonderen Fall veranschaulicht. Beim induktiven Beispiel handelt es sich dagegen „um einen Schluß vom Besonderen auf das Allgemeine durch das Hinzuziehen ähnlich gelagerter Fälle" (Ottmers 1996: 82). Anders als bei einer Schlussregel, die aus dem allgemeinen Meinungs- und Erfahrungswissen hergeleitet werden kann, muss der Übergang vom Argument zur Konklusion mit Hilfe von Beispielen erst aufgebaut werden. Es fällt allerdings oft schwer, induktive (d. h. argumentativ eingesetzte) von illustrativen Beispielen (und damit von der Enthymemargumentation) zu trennen, „weil nicht immer deutlich wird, ob das Beispiel explizit die (meist implizite) Schlußregel stützen oder das Argument stärken soll" (Ottmers 1996: 84). Beide Formen der Beispielargumentation werden daher in der Topik unter dem „Topos aus dem Beispiel" zusammengefasst (siehe unter den alltagslogischen Schlussverfahren unten).

Ein Beispiel für induktive Beispielargumentation ist ein Fernsehspot für die Schokoladen-Spezialitäten von Werther: Der Slogan lautet *Weil du etwas ganz Besonderes bist* und wird im Spot durch verschiedene Szenen umgesetzt, in denen Eltern oder Großeltern einen besonders schönen oder innigen oder lustigen Moment mit ihrem kleinen Kind bzw. Enkel erleben. Dies sind individuelle, aber sprechende Beispiele dafür, dass die eigenen Kinder/Enkel prinzipiell etwas ganz Besonderes sind. Der Schluss, dass man ihnen deshalb Werthers Schokoladenspezialitäten anbieten solle, bleibt im Spot implizit, erschließt sich nicht zuletzt aber auch auf einer intertextuellen Ebene dadurch, dass für die ursprünglichen Bonbons Werthers Echte schon seit Jahrzehnten mit Szenen geworben wird, in denen Großvater und Enkel gemeinsam die Bonbons genießen.

Abbildung 15: Duckstein

Formen von Schlussregeln – Topik

Bei der Enthymemargumentation zeigt sich, dass wir nur eine bestimmte Anzahl fester Schlussmuster verwenden, um vom Argument auf die Konklusion zu schließen. Nach diesen Schlussmustern werden die meisten Argumentationen aufgebaut, ihre Plausibilität misst sich dann an der jeweiligen inhaltlichen Füllung. Dabei lassen sich zwei Typen von Schlussregeln unterscheiden: die quasi-logischen oder alltagslogischen Schlussverfahren und die konventionalisierten Schlussverfahren, die auf Gemeinplätzen, allgemein anerkannten Sätzen oder Autoritäten beruhen. (Das Folgende basiert auf der ausführlichen Darstellung von Ottmers (1996: 86–117); Spezialfälle, die für die Werbung keine Relevanz besitzen, wurden nicht berücksichtigt.)

1. ALLTAGSLOGISCHE SCHLUSSVERFAHREN

Die alltagslogischen Topoi beruhen auf logischen Gesetzen oder sind diesen zumindest ähnlich und werden deduktiv verwendet. Sie stehen für die Alltagskommunikation gleichsam schon bereit, weil sie zum allgemeinen Meinungs- und Erfahrungswissen gehören. Sie sind insofern kontextabstrakt, als sie zwar inhaltliche Bezüge aufweisen, aber **nicht mit den Inhalten der Argumentation identisch** sind. Kontextabstrakte Topoi bieten formale Muster der Bezugnahme, die im konkreten Fall ganz unterschiedlich inhaltlich gefüllt werden können. Zu unterscheiden sind

a. KAUSALSCHLÜSSE, „bei denen Kausalrelationen als Schlußregeln die Plausibilität der Argumentation gewährleisten" (Ottmers 1996: 93): Topos von Ursache und Wirkung – Topos von Grund und Folge – Topos von Mittel und Zweck.

b. VERGLEICHSSCHLÜSSE, bei denen verschiedene Größen (Dinge, Eigenschaften oder auch Wahrscheinlichkeiten) miteinander vergleichend in Beziehung gebracht werden: Topos der Gleichheit oder großen Ähnlichkeit – Topos der Verschiedenheit oder geringen Ähnlichkeit – Topos des Mehr oder Minder (= wenn x wahrscheinlich ist und eintritt, wird y, was wahrscheinlicher ist, erst recht eintreten u. Ä.).

c. GEGENSATZSCHLÜSSE, die als „Topoi der Widerspruchslosigkeit" bekannt sind, weil es um semantische Ausschlussverfahren geht (= wenn x gilt, kann nicht zugleich das Gegenteil von x gelten): Topos der absoluten (= absolut polaren) Gegensätze – Topos der relativen (= polaren, aber skalierbaren) Gegensätze – Topos aus alternativen Gegensätzen (= „Wenn zwischen [gegensätzlichen, aber sich nicht ausschließenden, N.J.] Alternativen entschieden werden muß, dann ist es wahrscheinlich, daß die Wahl auf die bessere und nicht auf die schlechtere Alternative fällt." Ottmers 1996: 103).

d. EINORDNUNGSSCHLÜSSE, bei denen von einem Teil auf etwas Ganzes, Umfassenderes oder umgekehrt vom Umfassenden auf den Teil geschlossen wird: Topos vom Teil und dem Ganzen – Topos von Gattung und Art.

e. TOPOS DES BEISPIELS, bei dem von einem Beispiel auf Allgemeines geschlossen wird.

2. KONVENTIONALISIERTE SCHLUSSREGELN

Diese Schlussregeln ähneln nicht logischen Gesetzen, sondern beruhen allein auf Konvention (z. B. normativen Prämissen, ethischen Präferenzregeln oder Klischees und Gemeinplätzen). Sie sind im Gegensatz zu Ersteren eine völlig offene Klasse, sind sehr viel stärker den Veränderungen im Meinungs- und Erfahrungswissen unterworfen und gewinnen ihre Aussagekraft zudem nur durch die jeweils damit verbundenen Inhalte. Sie sind also im Gegensatz zu den kontextabstrakten alltagslogischen Schlussverfahren kontextrelevant. Trotz der Offenheit der Klasse lassen sich wenigstens drei repräsentative Schlussverfahren unterscheiden:

a. TOPOS DER ANALOGIE: „Wenn eine Sache oder eine Person in einem bestimmten Verhältnis zu einer anderen Sache oder Person steht, dann ist dieses Verhältnis auf andere Relationen zwischen Sachen und Personen übertragbar, wenn Ähnlichkeiten zwischen beiden Relationen bestehen." (Ottmers 1996: 113) Analogie-Argumentation ist in der Autowerbung beliebt, wenn besondere technische Leistungen über die Gleichsetzung mit besonderen Eigenschaften von Tieren (wie Trittsicherheit, Nachtsichtigkeit, Gewandtheit und Beweglichkeit) vermittelt werden.

b. TOPOS DER PERSON: „Wenn eine Person bestimmte Eigenschaften, Verhaltens- oder Handlungsweisen an den Tag legt, dann sind daraus (mit mehr oder weniger großer Wahrscheinlichkeit) andere Eigenschaften, Verhaltensweisen oder Handlungen dieser Person ableitbar." (Ottmers 1996: 115) Beispiele finden sich zahlreich in der Werbung für „gesunde" Lebensmittel (z. B. fettarme Wurst, Mineralwasser, Fruchtdesserts u. a.), in denen jugendliche und sportliche Menschen für einen dynamischen, gesunden und beschwingten Lebensstil stehen.

c. TOPOS DER AUTORITÄT: Dieses Schlussverfahren ist in der Werbung eines der häufigsten. Eine Möglichkeit der Autoritätsargumentation besteht darin, dass der Firmeninhaber oder eine andere Person aus dem werbenden Unternehmen als *persona* (vgl. 2.3.1) auftritt. So werben beim Brillenhersteller Rodenstock Randolf Rodenstock, bei Hipp Babynahrung Claus Hipp oder bei Idee Kaffee Albert Darboven höchstpersönlich für ihre Produkte und stehen damit mit ihrem Namen und Ruf für die Produktqualität ein. Das tun sie zwar automatisch dadurch, dass sie ein bestimmtes Produktprogramm in den Handel bringen, aber ein Auftritt in der Werbung scheint ihre persönliche Haftung zu erhöhen, weil der Verbraucher jetzt den Verantwortlichen zu kennen glaubt.

Als qualifizierte Mitarbeiter eines Unternehmens treten z. B. Fachleute aus den unternehmenseigenen Labors, Entwicklungs- oder Kundenserviceabteilungen auf, wie beispielsweise Ingenieure in der Autowerbung, Chemiker in Kosmetik- oder Putzmittelwerbung oder, als ein konkretes aktuelles Beispiel von 2010, der Leiter der neu eingerichteten „Abteilung für Kundenzufriedenheit" beim Telekommunikationsanbieter 1&1, Marcel D'Avis. Diese nehmen einen anderen Autoritätsstatus ein, sie sind nicht persönlich mit dem Produkt verbunden, sondern belegen seine Qualität aufgrund ihres Expertenstatus. Wirksamer als firmeneigene Experten sind Außenstehende wie die berühmten Zahnärzte, die ein Produkt aufgrund ihrer Berufserfahrung empfehlen.[9] Dabei muss zwar der Inszenierungscharakter gesehen werden (handelt es sich tatsächlich um den Firmeninhaber/um einen Zahnarzt – oder „nur" um einen Schauspieler?), er spielt aber für die Gültigkeitswirkung der Autoritätsargumentation kaum eine Rolle. Autoritätsargumentation ist nicht nur in der Werbung, sondern selbst in den Wissenschaften sehr beliebt und wirkungsvoll. Ein solches Vorgehen ersetzt allerdings nicht die Argumente, sondern verschiebt die Begründungspflicht nur vom Sachverhalt auf die zitierte Instanz, denn auch Autoritäten widersprechen sich nicht selten. Wer also gilt als Experte und warum?

Dass der Topos der Autorität eigentlich eine Schlussregel und nicht schon ein inhaltliches Argument ist, zeigt sich darin, dass die jeweilige Autorität ja ganz verschiedene Argumente für das Produkt anführen kann (die technische Leistung eines Autos, die wirkungsvolle Form der Zahnbürstenborsten, den guten Geschmack und die persönlich garantierte Qualität des Nahrungsmittels, die bewährte Tradition des Hauses etc.). Trotzdem ist der Glaubwürdigkeitsgewinn durch Autoritäten offensichtlich so groß, dass mitunter einfach nur eine Autorität angeführt/gezeigt und auf eine weitere inhaltliche „Füllung" verzichtet wird: Die Autorität selbst wird dann zum Argument.

Ein der Autoritätsargumentation ähnlicher, aber doch etwas anders gelagerter Fall ist die so genannte TESTIMONIALWERBUNG. Hier bezeugt ein Verbraucher, der das Produkt ausprobiert hat, seine Qualität (man denke z. B. an die Werbung für Süßigkeiten oder Milchspeisen für Kinder mit der schon klassisch gewordenen Mütterbefragung). Die Glaubwürdigkeit entsteht nicht durch die Autorität eines vorausgesetzten Mehr-Wissens ganz bestimmter Personen, sondern durch die Zustimmung eines Alltagsverbrauchers zum Produkt, die auf einer Probe oder der Alltagserfahrung basiert. Einen besonderen Status im Hinblick auf die Werbewirksamkeit nehmen bei der Testimonialwerbung populäre Persönlichkeiten ein, da hier die inszenierte persönliche Vorliebe für ein Produkt mit der Popularität der Person zusammentrifft (z. B. Steffi Graf für Barilla Nudeln, Anke Engelke für Hannoversche Versicherungen oder George Clooney für Nespresso oder Martini). Kann die bekannte Persönlichkeit zudem als Fachmann auf dem Gebiet des Produkts gelten (z. B. Michael Schumacher zuerst für Renault, dann für Fiat, seit seinem Comeback 2010 für Mercedes, oder allgemein bekannte Sportler für Mineralwasser und andere „gesunde" Nahrungsmittel), erhöht sich die Glaubwürdigkeit durch die Kombination aus Testimonial und fachlicher Autorität. Laut Derieth spielt für die Rezipienten das vermutete fachliche Wissen in jedem Fall eine größere Rolle als die bloße Prominenz (vgl. Derieth 1995: 82).

Zusammenfassend lassen sich demnach an Autoritäten im weitesten Sinne unterscheiden:

---

9 Die verschiedenen Bewertungen und der Geltungsanspruch der Autoritätsargumentation werden z. B. bei Schöberle 1984: 165–172 diskutiert.

a. der Firmengründer/-besitzer als haftbar zu machender Garant für Herkunft und Qualität,

b. firmenexterne Experten (z. B. Wissenschaftler, Ärzte, Warenteststiftungen u. Ä.),

c. firmeninterne Experten (z. B. aus Entwicklungsabteilungen und Labors),

d. der prominente und zufriedene Verbraucher mit fachlichem Hintergrundwissen (= prominenter Experte oder Halbexperte),

e. der prominente und zufriedene Verbraucher ohne Hintergrundwissen oder Produktbezug (= Testimonial),

f. der „normale" zufriedene Verbraucher (= Testimonial).

Tendenziell nimmt die Glaubwürdigkeit dieser Autoritäten von unten nach oben gesehen zu; zu prüfen wäre dabei aber in jedem Fall auch die Qualität der von diesen Autoritäten gemachten Aussagen zum Produkt.

Die Argumentation in der Werbung darf aufgrund ihres monologischen, stark persuasiven und daher nicht selten inszenierten Charakters nicht uneingeschränkt mit den Regeln der Alltagsargumentation verglichen werden. Deshalb ist im Zusammenhang mit der Argumentationsform immer zu fragen, wie schlüssig die Argumentation ist:

• Werden überhaupt, wenn auch implizit, Schlussregeln der vorgestellten Art verwendet?

• Werden wirklich sachbezogene Argumente gebracht, oder wird hauptsächlich auf der emotionalen Ebene argumentiert?

• Ist die Argumentation einseitig oder zweiseitig, werden also Gegenargumente ignoriert oder explizit thematisiert und ausgeräumt?

Argumentation in der Werbung ist zumeist einseitig, d. h. es werden nur die für das Produkt sprechenden Argumente gebracht und mögliche Gegenargumente weder angesprochen noch widerlegt. Zweiseitige Argumentation, bei der zuerst Gegenargumente angeführt, diese dann aber widerlegt oder durch die positiven Argumente aufgewogen werden, wirkt meist glaubwürdiger und interessanter, bietet sich für die Werbung aber nur unter bestimmten Bedingungen an: Langfristig wirksamer ist zweiseitige Argumentation, wenn die Rezipienten entsprechender Gegenpropaganda ausgesetzt sind, die sie – gestärkt durch die Vorwegnahme durch eine zweiseitige Argumentation – als solche dann erkennen und widerlegen können. Unabhängig von Gegenpropaganda bietet sich zweiseitige Argumentation an, wenn damit gerechnet werden kann, dass es einer starken Überzeugungsleistung bedarf, weil die Rezipienten von vornherein eine negative oder gegnerische Position zum Beworbenen einnehmen. Auf jeden Fall dürfen die angeführten Gegenargumente in beiden Fällen nicht zu trivial sein, da sonst die ganze Argumentation an Glaubwürdigkeit und Tiefe verliert (Behrens 1996: 102 f.).

Argumentationsstrukturen (d. h. beispielsweise die Produktabhängigkeit von bestimmten Schlussverfahren oder Argumenten) sind an und für sich noch nicht umfassend untersucht. Eine noch offene Frage ist z. B., wie Werbung versucht, die an sich höhere Glaubwürdigkeit einer zweiseitigen Argumentation taktisch für sich zu nutzen, indem so getan wird, als ob man Nachteile oder Negatives eingestehen müsste: Berühmt geworden ist die Standortwerbung von Baden-Württemberg: *Wir können alles. Außer Hochdeutsch.* Für Uncle Ben's Rispinos gab es vor Jahren ein Gewinnspiel, das überschrieben war mit *Die Nachteile von Uncle Ben's Rispinos*. Diese Nachteile (*Nichts passt mehr. – Jeder balzt rum. – Keine mag mich. – Alle wollen was.*) entpuppten sich im Text-Bild-Kontext als durchaus positiv, weil es um eine Frau ging, die durch die fettarmen Rispinos verführerisch schlank geworden ist und nun von Männern umworben und von Frauen beneidet wird. (Vgl. weiterführend zum Aspekt einer „inszenierten Negativität", wie sie sich in der Werbung zum Beispiel in phraseologischen Schlagzeilen niederschlägt, den Aufsatz von Sabban 1998a.)

Kennzeichen der Werbeargumentation ist es außerdem, dass die Konklusion häufig implizit bleibt mit dem Ziel, dass der Rezipient selbst schlussfolgert, dadurch stärker involviert wird und den eigenen Schluss dann womöglich für glaubwürdiger hält. Der große Vorteil eines impliziten Schlusses in der Werbung ist, dass die Kaufaufforderung dadurch zumeist subtiler und weniger aufdringlich wirkt. Explizite Schlussfolgerungen haben dagegen den Vorteil, eindeutig zu sein und keinen Spielraum für Missverständnisse oder für von der eigentlichen Werbeintention abweichende Deutungen zu eröffnen.

 Gerold Behrens zitiert aus den Ergebnissen einer Untersuchung, welche Gründe für eine implizite und welche für eine explizite Schlussfolgerung in der Werbung sprechen, rät dann aber aufgrund der Eindeutigkeit eher zum expliziten Schluss (Behrens 1996: 105). Dieser Ratschlag eignet sich meiner Meinung nach für Werbung nur bedingt, da die Werbeintention und damit die Schlussfolgerung, das Produkt sei so gut/preiswert o. Ä., dass man es kaufen bzw. der Konkurrenz vorziehen solle, in der Regel offensichtlich ist und eine explizite Formulierung aufdringlich und kontraproduktiv wirken würde. Eine Alternative sind explizite Konklusionen innerhalb von Anzeigen- und Spottexten, die noch einen oder mehrere Argumentationsschritte **vor** der Kaufaufforderung liegen. Auch hierzu fehlen aber Studien auf der Basis größerer Korpora, um Aussagen über Trends treffen zu können.

Inhaltliche Strategien der Argumentation[10]

Wenn in der Forschung von Werbestrategien die Rede ist, wird darunter oft sehr Unterschiedliches verstanden. Mal sind es ganz allgemein semantische Strategien,

---

10 Anregungen zu inhaltlichen Argumentationsstrategien in der Werbung, die hier zum Teil aufgegriffen werden, finden sich z. B. bei Krüger 1978: 143–163; Herbig 1992: 92, 97; Wehner 1996: 33.

unter die Formen, Inhalte und Intentionen zusammengefasst werden (z. B. Krüger 1978), mal Überzeugungsstrategien mit der Betonung der zugrunde liegenden Werte (Form und Inhalt der Argumentation, z. B. bei Wehner 1996), mal Strategien, die sich vor allem durch ihre sprachliche Form unterscheiden (z. T. bei Sowinski 1998). Im Folgenden meint „Werbestrategie" die **inhaltliche** Argumentationsstrategie, die in einer Anzeige, einem Spot oder einer ganzen Kampagne dominiert.

Die folgende Übersicht versucht dementsprechend die möglichen Inhalte der Argumentation festzuhalten, ist im Sinne der Vollständigkeit aber immer offen für neue Einfälle der Werbetreibenden. Bei einer Untersuchung von Werbestrategien und -argumentationsmustern können die folgenden Aspekte entweder als die jeweils dominante Werbestrategie einer Anzeige bzw. eines Spots identifiziert werden oder auch nur als ein einzelnes Argument, das mit anderen Argumenten kombiniert ist. Die Gliederung in produkt-, sender- und empfängerbezogene Argumente ist nicht als starre Zuordnung zu sehen, sondern als ein Versuch, etwas Ordnung in die Vielfalt zu bringen. Je nach konkreter Ausgestaltung der Argumentation kann beispielsweise der Verweis auf die Herkunft des Produkts neben dem Produktbezug (z. B. Verweis auf natürliche oder regionale Herkunft) auch einen Senderbezug aufweisen (z. B. Nennung des Unternehmens und des Herstellerlandes).

1. PRODUKTBEZOGENE ARGUMENTE:

a. VERWEIS AUF HERKUNFT DES PRODUKTS: Besonders in der Lebensmittelwerbung wird die regionale Herkunft häufig als Qualitätsmerkmal und Hauptargument für das Produkt herangezogen (z. B. im Slogan und der Bildsprache der Biermarke Jever: *Wie das Land, so das Jever. Friesisch herb.* sowie in der Werbung für Milka-Produkte in Alpenatmosphäre; zur *country-of-origin*-Argumentation in der Werbung vgl. z. B. auch Nielsen 2005). Neben der Herkunftsregion als besonderem Markenzeichen kann aber auch die natürliche Herkunft eines Produkts ohne regionale Eingrenzung schon als Argument genügen (vgl. den Produktnamen *Almighurt*). Das Herkunftsargument ist ein offensichtlich persuasiv sehr wirksames Argument, da es bei geeigneten Produkten (wie Lebensmitteln) überaus häufig als Strategie eingesetzt wird.

b. NENNUNG VON PRODUKTEIGENSCHAFTEN: Zum einen können sachliche Argumente wie technische Details, technische Leistungsmöglichkeiten eines Produkts oder Informationen über die inhaltliche Zusammensetzung gebracht werden, wie das sehr häufig bei Autos und technischen Geräten auf der einen Seite (BMW X6: *Serienmäßig mit Dynamic Performance Control;* Medion: *… Mit riesiger 46-Zoll-Diagonale, Full-HD-Auflösung, …*), Kosmetika und Medikamenten auf der anderen Seite geschieht (innéov: *Exklusive Wirkformel mit Taurin*). Diese Argumentation ist empirisch zumindest im technischen Bereich meist nachprüfbar und impliziert einen gewissen Grad an sachlicher Produktinformation. Zum anderen ist aber auch eine eher persuasive Strategie denkbar, wenn die Eigenschaften des Produkts mehr auf einer emotionalen Ebene angesiedelt und nicht im gleichen Maße nachprüfbar sind (etwas sei exklusiv, elegant, modisch oder einfach neu und revolutionär). Diese Vorgehensweise der emotionalen Aufwertung weist in der Regel zugleich einen Empfängerbezug auf (siehe dort).

c. BESCHREIBUNG ODER DEMONSTRATION DER WIRKUNGSWEISE DES PRODUKTS: Die Strategie, Produkteigenschaften zu nennen, ist sehr häufig gekoppelt mit der Beschreibung, wie das Produkt wirkt, welche Vorteile es also aufgrund seiner Inhaltsstoffe für den Konsumenten (oder seine Haut, Gesundheit etc.) hat: *Gewebefestigend und hautstraffend wirkt das transparente Gel Raffermissant* (Hautpflege von Chanel); *Hochwirksame, speziell kombinierte Arzneistoffe dringen tief in das geschädigte Gewebe ein und bekämpfen dort Schmerzen und Entzündung* (medizinische Salbe Mobilat).

d. BESCHREIBUNG ODER DEMONSTRATION TYPISCHER ODER BESONDERER VERWENDUNGSSITUATIONEN: Analog zur letzten Strategie, die geeignetermaßen eher bei Kosmetika, Arzneimitteln und zunehmend bei probiotischen Milchprodukten (Janich 1998b) zum Einsatz kommt, können auch eine bestimmte Verwendungssituation und die darauf bezogenen Leistungsmöglichkeiten des Produkts im Vordergrund stehen. Diese Strategie ist beispielsweise bei Autos sehr beliebt, wenn Straßenlage, Bremsverhalten oder Einparkhilfe durch eine Filmsequenz bzw. ein Bildarrangement demonstriert oder zumindest beschrieben werden.

e. BEWEIS DURCH WARENTESTS: Das Anführen von Ergebnissen aus Produktkontrollen, der Beleg durch ein besonderes Gütesiegel, die Zitierung der Benotung durch die Stiftung Warentest oder andere Instanzen, die für die jeweilige Produktgattung als Autorität gelten (beim Auto z. B. ADAC-Crashtest o. Ä.), sind in der Werbung sehr beliebt und können wegen der zugrunde liegenden Produktüberprüfung eine relativ hohe Beweiskraft beanspruchen, je nachdem als wie zuverlässig die zitierte prüfende Instanz gilt.

f. ANFÜHREN MARKTBEZOGENER ARGUMENTE wie Preis, Beschaffungssituation, Marktlage: Diese Strategie ist besonders dann schlüssig, wenn die gebrachten Argumente nachprüfbar und korrekt sind (z. B. ein günstiger Preis, Sonderangebot etc.). Hierzu könnte man jedoch auch typische Werbeaussagen wie *erstes, einziges, bestes, neuestes* Produkt in Abgrenzung zur Konkurrenz oder „Argumente" wie *noch mehr Geschmack, jetzt noch stärker, mit neuer …-Formel* in Bezug auf die Qualitätsverbesserung des eigenen Produkts zählen, die nur Behauptungsstatus aufweisen.

g. VERGLEICHENDE WERBUNG: Ein Sonderfall der Bezugnahme auf die Marktsituation ist die vergleichende Werbung, die seit 1997 aufgrund einer EU-Richtlinie auch in Deutschland zugunsten größerer Markttransparenz zugelassen ist, solange sie nicht irreführend ist oder gegen die „guten Sitten" verstößt. Sie nimmt eine Zwischenstellung zwischen Produkt- und Senderbezug ein. In diesem Fall ist das einzige inhaltlich festzumachende „Argument", dass das eigene Produkt besser oder billiger ist als ein ganz bestimmtes Konkurrenzprodukt. Oft ist vergleichende Werbung sehr vage gehalten und gar nicht auf Nachprüfbarkeit angelegt, wenn beispielsweise das Möbelhaus Mömax mit Plakataufschriften wie *Keine Lust auf Fleischbällchen?* [Anspielung auf ein typisches Ikea-Essen], *Per Du wegen einer Couch?* [Anspielung darauf, dass der Kunde bei Ikea prinzipiell geduzt wird] oder *Enttäuscht von Billy?* [Name eines Regalsystems von Ikea] auf Ikea anspielt und Ikea mit Schlagzeilen wie *Der Wettbewerb ist hart. Vor allem zwischen MIKAEL und BJURSTA* [abgebildet sind zwei Tischmodelle von Ikea] kontert, in denen der Konkurrent als nicht konkurrenzfähig gezielt ungenannt bleibt. Je konkreter der Vergleich wird, desto eher muss er dagegen überprüfbar sein.

2. SENDERBEZOGENE ARGUMENTE:

a. VERWEIS AUF TRADITION UND ERFAHRUNG: Eine andere Möglichkeit, das Unternehmen in eine Werbekampagne argumentativ einzubringen, als den Firmeninhaber als *persona* auftreten zu lassen (siehe oben: Topos der Autorität), ist das Anführen der Tradition und der Erfahrung. Ein Unternehmen, das schon lange existiert, muss zwangsläufig Erfahrung auf seinem Gebiet haben, und ein Produkt, das seit langem im Handel ist, muss sich als gut erwiesen haben. Es handelt sich hier also um die konventionalisierte Schlussregel, dass eine lange Tradition immer für die Sache spricht. Typische und schon lange ausgestrahlte Beispiele dafür sind Fernsehspots für Dallmayer Kaffee, die im traditionellen Münchner Dallmayer-Haus spielen, oder Whiskey-Werbung, die mit traditionellen Herstellungsverfahren (und zusätzlich der regionalen Produktherkunft) wirbt (z. B. im Fernsehspot für Jack Daniels Tennessee Whiskey: *Wir stellen Jack Daniels immer noch genauso her, wie es Mister Jack persönlich im Jahre 1866 vorgegeben hat. Schon nach dem ersten Schluck werden Sie verstehen, warum das auch immer so bleiben wird.*).

b. VERWEIS AUF AUSZEICHNUNGEN UND PREISE: Auszeichnungen können sich nicht nur auf das Produkt/die Marke (vgl. 1e), sondern auch auf ein Unternehmen beziehen und demonstrieren von Dritten erbrachte Wertschätzung. Ein Beispiel dafür ist die Anzeige von DHL (Abb. 16, siehe Folgeseite).

3. EMPFÄNGERBEZOGENE ARGUMENTE:

a. APPELL AN ÜBERINDIVIDUELLE WERTE: Die Argumentation mit überindividuellen Werten ist in der Werbung sehr häufig anzutreffen, kann aber in ihrer Ausformung stark kulturabhängig sein. Eine Möglichkeit ist, hedonistische Werte anzuführen, die die Lebensqualität des Einzelnen betreffen, wie beispielsweise ‚Lebensfreude‘, ‚Genuss‘, ‚Erfolg‘, ‚Schönheit‘, ‚Jugend‘. Solche Werte werden bevorzugt in der Werbung für Genussmittel, Kosmetika, Mode oder Reisen angeführt (Schütte 1996: 358). Beispiele für hedonistisches Werben sind *Der sahnigste Genuss seit es Quadrate gibt* (Schlagzeile von RitterSport) oder *Meine feinste Crema… wunderbar* (Slogan von Jacob's Caffé Crema), aber auch der BMW-Slogan *Freude am Fahren* (ergänzt in einer Anzeige durch die Schlagzeile: *Ist es nicht Freude, die wir erleben wollen?*). Eine andere Möglichkeit stellt das Zitieren stärker altruistischer Werte dar, die die Gemeinschaft von Menschen betreffen, wie soziale oder körperliche ‚Sicherheit‘, ‚Verantwortung‘, ‚Partnerschaft‘, ‚Familie‘, ‚Umweltbewusstsein‘. Solche Werte werden beispielsweise in der Autowerbung (*Ein*

Abbildung 16: DHL

Mercedes macht das Fahren sicher. Auch wenn man gar keinen Mercedes fährt.) oder für Versicherungen (DVK-Versicherung: *Hält ein Leben lang*) als Argumente genutzt. Christa Wehner hat in ihrer Arbeit eine Längsschnittanalyse der Anzeigenwerbung des 20. Jahrhunderts versucht und dabei mit dem statistischen Auswertungsverfahren der Inhaltsanalyse untersucht, welche Werte zu welcher Zeit bei welchen Produktgattungen bevorzugt eingesetzt wurden (Wehner 1996: bes. 113–125). Das Werben mit Werten basiert in der Regel auf (zumindest vermeintlich) konventionalisierten Schlussregeln und ist dadurch besonders anfechtbar, wenn nämlich die Schlussregel oder der angebliche inhaltliche Zusammenhang zwischen Argument und Konklusion von den Rezipienten nicht akzeptiert werden. Nur Aspekte wie ‚Sicherheit‘ (aufgrund technischer Eigenschaften) oder ‚Umweltverträglichkeit‘ sind empirisch nachprüfbar. Die Argumentation mit allgemein als positiv anerkannten Werten hat persuasiv jedoch ein großes Wirkungspotenzial; man müsste schon zum fast unmöglichen Gegenbeweis antreten, um sie in Bezug auf ein bestimmtes Produkt ablehnen zu können.

b. EMOTIONALE AUFWERTUNG: Die Zitierung von Werten bezweckt eine emotionale Gestimmtheit und eine Verbindung des Produkts mit diesen positiven Werten; insofern handelt es sich auch bei der Werteargumentation um eine emotionale Aufwertung. Aufgewertet werden können Produkte allerdings auch mit allgemeiner gehaltenen und nicht unbedingt gesellschaftlich als Werte anerkannten positiven Aspekten, wenn beispielsweise dem Produkt bzw. dem Konsumenten durch dessen Genuss/dessen Benutzung ein erotisches, exotisches oder exklusives Image verliehen werden soll. Die Grenzen zur produktbezogenen Strategie sind dabei fließend, doch steht im vorliegenden Fall meist der Konsument im Vordergrund, der das Image durch Kauf oder Konsum auf sich übertragen kann. Beispiele wären die After-Eight-Werbung, durch die der Genuss der Mintplättchen etwas vom Charme eines englischen Snobismus‘ bekommt, oder die lebenslustigen Szenen der Bacardi-Rum- oder der Langnese-Werbung.

 Sprachwissenschaftliche Argumentationsanalysen zur Werbung sind immer noch rar, möglicherweise wegen ihrer Komplexität und der Schwierigkeit, die Argumentation konkret auf Sprachliches zurückzuführen. Dabei ist die Argumentation in der Werbung das, was zentral ist, weil sie die Werbebotschaft stützt, wenn nicht eigentlich ausmacht. Zum Beispiel bieten sich hier interkulturelle Vergleiche an, da nicht nur Werte stark kulturabhängig sind (vgl. z. B. Golonka 2009), sondern auch beispielsweise, wer als Autorität wofür zu gelten hat und welchen Stellenwert Autoritäten überhaupt für die Werbung haben können. Reizvoll (und längst nicht erschöpfend untersucht) bleibt auch das Spannungsverhältnis zwischen den Regeln einer schlüssigen Argumentation und der – eine solche von vornherein einschränkenden – Werbeintention. In diesem Sinne ließen sich Alltagsargumentation und Werbeargumentation vergleichen, z. B. wo und wann Schlussregeln und Konklusionen explizit ausgesprochen werden und wann nicht.

Literaturtipps

Gut lesbar und knapp enthält alles Wichtige zur Argumentationstheorie das entsprechende Kapitel bei:
OTTMERS, Clemens (1996): Rhetorik, Stuttgart/Weimar (Metzler). (= Sammlung Metzler. Realien zur Sprache 283). 65–144.
Einen Überblick über Argumentationsformen im Alltag und ihre logische Struktur bietet sehr ausführlich und differenziert:
KIENPOINTNER, Manfred (1992): Alltagslogik. Struktur und Funktion von Argumentationsmustern. Stuttgart/Bad Cannstatt (frommann-holzboog). (= problemata 126).
Der Versuch einer Übertragung solcher logischen Argumentationsmuster auf die Werbung mit Beispielanalyse findet sich bei:
ANDERSSON, Bo (1997): Ist ein ,Muh!' ein relevantes Argument? Überlegungen zur Argumentation in der Werbung. In: Ders./Müller, Gernot (Hrsg.): Kleine Beiträge zur Germanistik. Festschrift für John Evert Härd. Uppsala (Uppsala University Library). 17–32.
Stärker bezogen auf die inhaltliche Füllung der Argumentation und diachron angelegt sind die inhaltsanalytischen Arbeiten von:
WEHNER, Christa (1996): Überzeugungsstrategien in der Werbung. Eine Längsschnittanalyse von Zeitschriftenanzeigen des 20. Jahrhunderts. Opladen (Westdeutscher Verlag). (= Studien zur Kommunikationswissenschaft 14).
CÖLFEN, Hermann (1999): Werbeweltbilder im Wandel. Eine linguistische Untersuchung deutscher Werbeanzeigen im Zeitvergleich (1960–1990). Frankfurt am Main u. a. (Lang).
Eine Verbindung von Argumentations- und Texttheorie (mit konkreten Analysebeispielen) versucht
FRITZ, Thomas (1994): Die Botschaft der Markenartikel. Vertextungsstrategien in der Werbung. Tübingen (Stauffenburg). (= Probleme der Semiotik 15).
Zum Problem Glaubwürdigkeit von Autoritäten und Inszeniertheit der Werbeargumentation findet sich ein Systematisierungsversuch bei
WILLEMS, Herbert/JURGA, Martin (1998): Inszenierungsaspekte der Werbung. Empirische Ergebnisse der Erforschung von Glaubwürdigkeitsgenerierungen. In: Jäckel, Michael (Hrsg.): Die umworbene Gesellschaft. Analysen zur Entwicklung der Werbekommunikation. Opladen/Wiesbaden (Westdeutscher Verlag). 207–230.

(32) Analysieren Sie die folgenden verschiedenen Schlagzeilen aus Mercedes-Anzeigen (alle von 2004) hinsichtlich ihrer Argumentation, d.h. welche Topoi und welche inhaltlichen Strategien lassen sich nachweisen:

a. *„Das war meine Lieblingskurve." „Das sagst Du seit zwei Stunden." Fahren wird intensiver. Die neue Generation der C-Klasse.*

b. *Alle Denken an die Sekunden vor dem Unfall. Wir nutzen schon die Sekunden davor.*

c. *Auch wenn Sie beim Bremsen zögern, treffen Sie eine lebenswichtige Entscheidung.*

d. *Auf dieser Fläche befinden sich 445.735.322.455.939 Nanoteilchen aus Keramik. Da bleibt kein Platz für Kratzer.*

e. *Folge deinem eigenen Stern. Die neue A-Klasse.*

f. *Nur für Erwachsene. Die Technik der Verführung. Die neue CLS-Klasse.*

g. *Tun Sie was für Ihren Rücken. Setzen Sie sich ins Auto.*

h. *Wenn Sie demnächst in eine dunkle Straße abbiegen, ist Ihr Licht schon da.*
i. *Wir sorgen dafür, dass sich Ihre Räder drehen. Und nicht Ihr Auto.*

(33) Analysieren Sie die Duckstein-Anzeige (Abb. 15: 135) und die Listerine-Anzeige (Abb. 9: 82 f.) hinsichtlich des Topos der Autorität: Welche Autoritäten im weitesten Sinn werden hier eingesetzt und wie unterscheiden sie sich hinsichtlich ihrer Glaubwürdigkeit und Überzeugungskraft?

(34) Analysieren Sie den folgenden Anzeigentext für K+S hinsichtlich seiner formalen wie inhaltlichen Argumentationsstrategie:

> (Schlagzeile:) *Wir holen das Beste für die Erde aus der Erde.*
> (Fließtext:) *Wir fördern aus unseren Lagerstätten natürliche Rohstoffe, aus denen wir hochwertige Düngemittel, Industrie- und Salzprodukte herstellen. Dabei greifen wir auf über 100 Jahre Wissen und Erfahrung zurück. Unsere Düngemittel sind eine wichtige Voraussetzung, um die Erträge in der Landwirtschaft zu steigern. So leisten wir einen erheblichen Beitrag zur nachhaltigen Ernährung der Weltbevölkerung. Auch bei der Herstellung vielfältiger Industrieerzeugnisse sind unsere Rohstoffe Kali und Salz unverzichtbar. Mit unseren Produkten bieten wir lebenswichtige Mineralien für Wachstum, Gesundheit und mehr Lebensqualität. Unser Erfolg: weltweite Spitzenpositionen in wachsenden Märkten.*
> (Slogan:) *K+S – Wachstum erleben.*

4.3 Die sprachliche Form: Vom Wort zum Text

4.3.1 Lexik

Bevor über Wörter und ihre Bedeutung geredet werden kann, muss klar sein, was unter der Wortbedeutung zu verstehen ist und wie Denotation, Konnotation und Assoziation voneinander abzugrenzen sind. 1900 löste eine Arbeit Karl Otto Erdmanns (Erdmann 1966; zur Diskussion Dieckmann 1981) eine noch heute andauernde Diskussion über die Wortbedeutung aus. Erdmann unterschied zwischen begrifflichem Inhalt, genannt das DENOTAT, und dem Nebensinn (Begleit- und Nebenvorstellungen, die ein Wort gewohnheitsmäßig in uns auslöst) sowie dem Gefühlswert bzw. Stimmungsgehalt, beides zusammengefasst unter der Bezeichnung KONNOTAT. Nach Erdmann sind Denotat und Konnotat die beiden konventionell festgelegten und damit interindividuell gültigen Teile der Wortbedeutung (Erdmann 1966: 106 f.). Diese Ansicht hat sich zwar weitgehend durchgesetzt, so dass die stärker individuell abhängigen Assoziationen selten zur Wortbedeutung gezählt werden, doch strittig bleibt weiterhin, was alles zum Konnotat zu zählen und wie dieses von der Assoziation abzugrenzen ist.

Heute werden unter dem Konnotat zumeist sowohl emotionale Eindrücke, die mit der Inhaltsseite verbunden sind, als auch stilistisch begründete Gebrauchsrestriktionen für die Ausdrucksseite (*Ross*, *Pferd* und *Klepper* haben z. B. unterschied-

liche Stilwerte) zusammengefasst (Bußmann ²1990: 410). Unter ASSOZIATION
wird in der Psychologie der „Vorgang der Bewußtseinsverknüpfung von zwei
oder mehreren Vorstellungsaspekten" verstanden, der vor allem initiiert wird
durch „bestimmte A[ssoziations]-Gesetze wie zeitliche und räumliche Berührung
(= Kontiguität) sowie Ähnlichkeit und Kontrast zwischen den erlebten Inhalten"
(Bußmann ²1990: 105 f.). Unter Assoziationen kann man in sprachwissenschaft-
lichem Sinn daher ein In-Beziehung-Setzen von Wörtern mit anderen Wörtern
oder außersprachlichen Dingen und Sachverhalten verstehen. Der Unterschied
zwischen Konnotat und Assoziation liegt demnach darin, dass es beim Konnotat
um Begleitvorstellungen geht, die an den Begriff selbst bzw. die damit bezeichnete
Sache gebunden sind (z. B. lässt das Wort oder die Figur *Mutter* nicht nur in der
Werbung an Fürsorglichkeit und Liebe denken, ist also aus gesellschaftlicher Tradition positiv konnotiert). Assoziationen stellen dagegen schon Verknüpfungen zu
anderen Begriffen, d. h. Sachverhalten und deren Bezeichnungen her (bei Mutter
denkt man z. B. an Kind, Vater und Familie).

Unmittelbare Assoziationen zu einzelnen Wörtern, wie sie in psycholinguisti-
schen Tests empirisch nachgeprüft werden, sind in der Regel interindividuell gültig
und orientieren sich an oben genannten Assoziationsgesetzen (Blumenthal 1983:
6). Wird ein Wort jedoch in einen Kontext gestellt (d. h. in einen konkreten Text
eingebettet und in einer bestimmten Kommunikationssituation benutzt), können
sich die Assoziationen verschieben. Sie werden, besonders in ungewöhnlichen
Kontexten, zunehmend subjektiv (Andringa 1979: 246 f.). Assoziationen sind damit besonders stark kontextabhängig und tragen zur „semantischen Dichte" von
Texten bei (Blumenthal 1983: IX).

 Ein Problem, das sich im Zusammenhang mit Werbung stellt, ist folgendes: Wenn Assoziationen zu Wörtern in einem bestimmten Kontext tendenziell subjektiv und individuell
sind, wie können sie dann untersucht bzw. in der Analyse festgestellt werden? Eine Gefahr
bei der Untersuchung von Werbesprache ist daher das „fabulierende Assoziieren" der
Analysierenden, dem die Leser schnell nicht mehr folgen können und wollen. Andererseits
liegt es normalerweise im Interesse der Werbetreibenden, ganz gezielt Assoziationen hervorzurufen oder zu schaffen und nicht einen weiten, ganz individuellen Assoziationsspielraum zu eröffnen, in dem dann auch der Werbeintention zuwider laufende Assoziationen
möglich wären. Trotzdem sollte man bei der Analyse und Interpretation immer besondere
Vorsicht walten lassen, wenn man zum Thema Assoziationen kommt. Sich selbst immer
wieder kritisch zu fragen, ob die aufgestellten Hypothesen im Rahmen des Kontextes ver-
tretbar und nachvollziehbar sind, sollte selbstverständlich sein. Eine Kontrolle, bei der die
vermuteten Assoziationen zumindest durch informelle Befragungen im Bekanntenkreis
überprüft werden, schützt noch besser vor der Versuchung assoziativen Abschweifens.

Zurück zur Natur, sagten die Marillen, dieser Anziehungskraft kann niemand widerstehen! Und so sprangen sie in hohem Bogen zu all den anderen Marillen ins Darbo-Glas. Bei 70% Fruchtanteil war man hier quasi unter sich. Wenn auch Sie dem Ruf der Natur folgen wollen, probieren Sie doch beim nächsten Frühstück die Fruchtaufstriche von Darbo in vielen feinen Sorten.

Abbildung 17: Darbo Naturrein

Literaturtipps

Zur Diskussion der Wortbedeutung und dem Problem der Assoziation siehe allgemein:

ANDRINGA, Els (1979): Text, Assoziation, Konnotation. Königstein im Taunus (Athenäum). (= Empirische Literaturwissenschaft 6).

DIECKMANN, Walther (1981): K. O. Erdmann und die Gebrauchsweisen des Ausdrucks ‚Konnotationen‘ in der linguistischen Literatur. In: Ders.: Politische Sprache – Politische Kommunikation. Vorträge, Aufsätze, Entwürfe. Heidelberg (Winter). (= Sprachwissenschaftliche Studienbücher. 1. Abteilung). 78–136.

NÖTH, Winfried (1975): Wortassoziationen als linguistisches Problem. In: Orbis 24, 5–37.

Bereits mit einem Bezug zur Werbesprache ist besonders folgende Arbeit interessant:

BLUMENTHAL, Peter (1983): Semantische Dichte. Assoziativität in Poesie und Werbesprache. Tübingen (Niemeyer). (= Konzepte der Sprach- und Literaturwissenschaft 30).

 ## Neuere Literatur

Eine neuere, sehr gute Einführung zur Semantik liegt vor mit

LÖBNER, Sebastian (2003): Semantik. Eine Einführung. Berlin/New York (de Gruyter). (= de Gruyter Studienbuch).

 (35) Analysieren und interpretieren Sie in der Darbo Naturrein-Anzeige (Abb. 17: 149) das Wort *Natur* hinsichtlich seiner in der Anzeige aktualisierten Denotate, Konnotate und Assoziationen.

a) Wortarten und Wortbildung

In diesem Abschnitt wird es einführend kurz um die sprachstukturellen Fragen der Lexikologie gehen, d. h. um die Wortartenverteilung und die Wortbildungsmuster, die in der Werbesprache verwendet werden.

Wortarten

Alle Studien zur Werbesprache, die sich auch mit der Wortartenverteilung beschäftigen (Römer [6]1980: 77–81; Schuncke [2]1986; Baumgart 1992: 70 f., 107–111), stellen eine deutliche Bevorzugung vor allem von Substantiven fest. Zweithäufigste Kategorie sind in der Regel die Adjektive, oft dicht gefolgt von den Vollverben. Römer und Baumgart begründen die Substantiv-Dominanz mit der allgemeinen Tendenz zum Nominalstil, den die Werbung aufgreife, die Häufigkeit der Adjektive dagegen mit ihrer Werbefunktion, den Produkten positive Eigenschaften zuzuschreiben. Zu den Verben äußert sich nur Baumgart: Sie dienten zur Personifizierung und Aktivierung, indem den Produkten Handlungen zugeschrieben würden.

Mir scheinen diese Erklärungsversuche als nicht ausreichend und zu oberflächlich. Zwar ist der Nominalstil tatsächlich ein Kennzeichen beispielsweise der Fachsprachen, der Verwaltungssprache und vielleicht auch der Alltagssprache, aber die grundlegende kommunikative Funktion von Substantiven ist die Referenz. Nur mit Substantiven kann autosemantisch auf Gegenstände (wie Produkte) oder Sachverhalte (wie die mit den Produkten zu verbindenden Werte) referiert, d.h. Bezug genommen werden. Von einer Mode des Nominalstils in der Werbung könnte man erst nach einem zweiten Untersuchungsschritt sprechen, nämlich wenn die ausgezählten Substantive überwiegend Nominalisierungen von Verben oder Adjektiven darstellen (was aber in der betreffenden Literatur nicht näher untersucht oder erläutert wird). Denn Nominalstil meint nicht einfach nur ein zahlenmäßiges Übergewicht von Substantiven, sondern dass Substantive deshalb überwiegen, weil sich der Bedeutungsgehalt durch Nominalisierung von den Verben in die Substantive verlagert (wie in Streckformen und Funktionsverbgefügen, z.B. *Besuch machen* statt *besuchen, zum Abschluss bringen* statt *abschließen* usw.).

Adjektive haben nicht nur die Funktion, den Produkten positive Eigenschaften zuzuweisen, wie dies noch bei Römer galt (die nämlich zwischen den in den 1960er Jahren wesentlich häufigeren attributiven und den selteneren prädikativen Adjektiven unterscheidet, Römer ⁶1980: 80). Eine weitere Funktion wird aus dem Ergebnis Baumgarts deutlich, dass Adjektive zumindest in Slogans entweder ganz alleine bzw. in Reihung stehen und immer häufiger auch als Prädikatsnomen (*x ist [Adj.]* = prädikative Ergänzungen) und als Modalangaben vorkommen (z.B. Slogan von Daihatsu: *Überraschend. Überzeugend. Anders.*).

 Bei der Wortartenbestimmung konkurrieren verschiedene Kriterien, z.B. morphologische mit syntaktischen. Daher werden je nach Standpunkt Wörter, die morphologisch zwar Adjektive sind, im Satzzusammenhang aber unflektiert als eigenständige Satzglieder gebraucht werden (z.B. die Modalangaben im Slogan für becel Margarine: *Gesünder leben. Bewusster genießen.*), unterschiedlich klassifiziert: als Adjektive in Adverb-Stellung, als Adjektiv-Adverbien oder als Adverbien. Bei Baumgart gilt offensichtlich prinzipiell das morphologische Kriterium, so dass ein Wort unabhängig von der syntaktischen Verwendung aufgrund der Flektierbarkeit als Adjektiv gezählt wird. Bei den Wortartauszählungen ist daher zu berücksichtigen, dass die Adverbien nicht zuletzt wegen des dominanten morphologischen Kriteriums häufig so schlecht wegkommen! Und wer selbst statistische Wortartenbestimmungen vornehmen will, sollte unbedingt der Klarheit wegen die zugrunde gelegten Klassifikationskriterien erläutern.

Die vielfältigen Verwendungsmöglichkeiten von (morphologischen) Adjektiven in der Werbung sollten daher nicht nur auf die Funktion, Produkte mit werbenden Eigenschaften zu verbinden, reduziert werden (auch wenn dies der grundsätzlichen Funktion des Prädizierens entspricht). Als Modalangaben bestimmen sie z.B. nicht nur die Eigenschaften der Produkte näher (z.B. *Genial gebaut.*, Slogan für den

Honda Civic), sondern vor allem Handlungen, Vorgänge und Zustände, die sich oft stärker auf den Rezipienten als auf das Produkt beziehen (z. B. *Natürlich schön bleiben.*, Slogan der Pflegeproduktserie Nivea Visage). Stehen sie in Slogans oder auch in Schlagzeilen isoliert, also weder eindeutig attributiv noch eindeutig prädikativ, eröffnen sie alle Bezugsmöglichkeiten. Sie können als Aussage über die Eigenschaft des Produkts interpretiert werden, als Aussagen über den Rezipienten, der das Produkt kauft oder verwendet, oder als Qualität einer Handlung, eines Vorgangs oder eines Zustandes, die/der irgendwie mit dem Produkt zusammenhängt (z. B. *Aufregend vernünftig*, Schlagzeile für einen Chrysler Neon; *Einfach besser.*, Slogan für den Renault Laguna).

Vollverben dienen schließlich nicht nur der Personifizierung von Produkten, indem Produkten Handlungen zugeschrieben werden (was allerdings häufig ist), sondern eröffnen auch rezipienten- und produzentenbezogen Handlungsmöglichkeiten. Vollverben sind trotz der Tendenz zum unvollständigen Satz (siehe 4.3.3) in der Werbesprache notwendig, um Werte dynamischer zu vermitteln (*leben, genießen* statt *Leben, Genuss*) oder um Verwendungsmöglichkeiten und Wirkungen aufzuzeigen (als Handlungen, Vorgänge oder Zustände: *pflegen, fahren, hören, glänzen*). Nach Baumgarts statistischer Auswertung liegt der Anteil der Verben an der Gesamtwörterzahl zwar nur bei 8,6 %, in den Slogans aber bei 36,3 % (Baumgart 1992: 109). Ein ähnlich hoher Anteil ist auch für Schlagzeilen zu vermuten.

 Was in der Forschung völlig vernachlässigt wird, ist die Verwendung von Gesprächs- und Abtönungspartikeln (wie *ja, mal, aber, eben, schon*). Bei Römer und Baumgart sind die Partikeln immer nur unter der Rubrik „übrige Wörter" mit Pronomina, Hilfsverben und Artikeln zusammengefasst, eine erste Studie zu Modalpartikeln in der Anzeigenwerbung wurde erst jüngst von Nadine Przybilski (2009) vorgelegt. Da Partikeln Sprechereinstellungen zum Ausdruck bringen können und ein wichtiger Bestandteil gesprochener Umgangssprache sind, wäre zu prüfen, ob sie sich nicht auch in der Werbung zum Auflockern und zur subjektiven Parteinahme eignen. Interessant wäre dabei z. B. die Frage, ob Partikeln in Fernsehspots eher in den Testimonial-Äußerungen befragter Benutzer (siehe dazu 4.2.3, Topos der Autorität) oder auch im Off-Text vorkommen, d. h. ob sie als ein Mittel erkannt und genutzt werden, die Inszeniertheit der Werbesprache vergessen zu machen und den Eindruck spontan gesprochener Sprache zu verstärken.

Wortbildung

An dieser Stelle kann aus Gründen des Umfangs keine Einführung in die deutsche Wortbildungslehre gegeben werden (siehe z. B. Fleischer/Barz ²1995). Es wird vorausgesetzt, dass Termini und Klassifikationen wie *Morphem* (= kleinste bedeutungstragende Einheit der Sprache; Unterscheidung von Basis- und Wortbildungsmorphemen), *Komposition* (= Zusammensetzung; Unterscheidung zwischen Determinativ-, Kopulativ- und Possessivkompositum) sowie *Derivation* (= Ableitung; Unterscheidung zwischen explizit oder implizit) und die dazugehörigen Wortbildungsmuster weitgehend bekannt sind.

Eine Möglichkeit ist, die in der Werbesprache vorkommenden Wortbildungen allgemein zu betrachten und beispielsweise die statistische Verteilung von Komposita gegenüber Derivata zu überprüfen. Interessanter erscheint es aber, den Blick auf die Neologismen einzuengen und die zu untersuchenden Wortbildungen nach dem Grad der Lexikalisierung auszuwählen. Unter NEOLOGISMUS versteht man einen „neugebildete[n], sprachliche[n] Ausdruck (Wort oder Wendung), der zumindest von einem Teil der Sprachgemeinschaft, wenn nicht im allgemeinen, als bekannt empfunden wird" (Bußmann [2]1990: 520). Das heißt, dass Neologismen zwar noch einen Neuheitswert haben und in der Regel noch nicht im Lexikon (= noch nicht lexikalisiert) zu finden sind, aber doch schon einen gewissen Bekanntheitsgrad erreicht haben und ihre baldige Lexikalisierung daher wahrscheinlich ist. Im Unterschied dazu gibt es die so genannten AUGENBLICKSBILDUNGEN (auch AD-HOC-BILDUNGEN oder OKKASIONALISMEN), die erstmalig oder auch einmalig in einem Text auftauchen und bei denen noch nicht abzusehen ist, ob sie sich durchsetzen, also sich zu Neologismen und damit in Richtung Lexikalisierung weiterentwickeln – oder ob sie auf die Verwendung in einem singulären Kontext beschränkt bleiben und damit nie den Weg in das Lexikon finden.

 Ein methodisches Problem ist dabei allerdings gerade die Bestimmung des Grades der Lexikalisierung. Denn da sich Neologismen eben noch nicht in Lexika finden, ist oft schwer zu entscheiden, ob sie sich etablieren werden oder wieder verschwinden. Daher sollte man – zumindest zur Unterscheidung von Neologismen und Ad-hoc-Bildungen – neben dem eigenen Urteil auch die Meinungen anderer Sprachbenutzer einholen (oder auch: die Wortverwendungshäufigkeit an großen Korpora überprüfen), um sich zu vergewissern, ob ein Ausdruck schon einen gewissen Bekanntheitsgrad errreicht hat.

Die Werbung nutzt die Möglichkeit der Augenblicksbildungen sehr häufig für ihre Zwecke und kann damit unter anderem dem Anspruch der Originalität gerecht werden. Dabei wird allgemein das Wortbildungsmuster der Komposition bevorzugt, originelle Ableitungen sind seltener. Ein kurzer, aber ergiebiger Aufsatz zur Komposition in der Werbung ist der von Bernd Spillner (1985) (für eine aktuellere Darstellung siehe Krieg-Holz 2005) . Er stellt auch die Frage nach der Verständlichkeit und Funktion solcher Ad-hoc-Bildungen und kommt für die Werbesprache zu dem Ergebnis:

> Da bei Komposita die syntaktisch-semantischen Relationen nicht explizit zu werden brauchen, lassen sie sich leicht in all jenen Fällen verwenden, in denen solche Relationen unklar oder womöglich gar nicht vorhanden sind. Komposita werden daher oft in Redestrategien verwendet, in denen der Sender bestimmte sprachliche Zusammenhänge nicht angeben kann oder will. (…) Die in Werbetexten der deutschen Gegenwartssprache sehr produktive Kompositabildung muß daher nicht immer zu terminologischer Exaktheit, zur kreativen Bedeutungsdifferenzierung oder zur sprachlichen Ökonomie beitragen, sondern kann im Gegenteil eine Verunklarung der semantischen Relationen und eine auf Auslösung von Einzelkonnotationen reduzierte Information bewirken. (Spillner 1985: 723)

Funktionen von neugebildeten Komposita in der Werbesprache sind nach Spillner prinzipiell die Sprachökonomie (Komposition als Einsparung einer umständlicheren syntaktischen Konstruktion) und die Demonstration von sprachlicher Kreativität und Originalität, evtl. mit witzigem oder poetischem Effekt.

Weitere Funktionen, die von der Motivation[11] und der Wortbildungsbedeutung[12] abhängen (wie muss das Wort paraphrasiert/seine Bedeutung umschrieben werden; in welcher Form beziehen sich die Morpheme aufeinander; kann die Wortbildungsbedeutung paraphrasiert werden oder wird sie erst durch den Kontext klar?), können sein (Beispiele von Spillner 1985: 719–722):

a. genauere Bestimmung eines Grundworts (= Determinativkompositum: *magenzärtlich* ‚zart für den Magen'). Ein Sonderfall ist dabei die Herstellung impliziter semantischer Vergleichsrelationen (*tabakwürzig* ‚würzig wie Tabak', *porentief* ‚so tief wie die Poren');
b. Kombination zweier positiver Aussagen (= Kopulativkompositum: *herbwürzig* ‚herb und würzig zugleich', *mildwürzig* ‚mild und würzig zugleich', *bitterfrisch* ‚frisch und bitter zugleich'). Häufiger Fall ist dabei die Zusammenrückung von nicht zusammenpassenden Wörtern, bei der es nur darauf ankommt, die positiven Konnotationen der einzelnen Konstituenten wahrzunehmen, ohne einen logischen Bezug zwischen ihnen herstellen zu wollen (*Frischeflirt, Vitaminversprechen, kussfrisch, streicheljunge Haut*). Solche Komposita können kaum mehr durch Paraphrase aufgelöst werden und dienen besonders in fremdsprachlicher/fachsprachlicher Form eher der Verunklarung als einer nachvollziehbaren inhaltlichen Aussage (*Biodynamik, aminofunktionelle Substanzen*).

Sind Form und Funktion untersucht, wären die Bekanntheit und Durchsetzungschancen zu diskutieren, die sowohl von der Originalität und damit der Auffälligkeit der Wortbildung als auch von ihrem semantischen Gehalt abhängen. Eine Ad-hoc-Wortbildung der Werbesprache, die in ihrer Konstruktion verständlich und sinnvoll ist, kann durchaus den Alltagswortschatz erweitern und bereichern, auch wenn sie ungewöhnlich oder irregulär gebildet ist (man denke z. B. an *unkaputtbar* aus der Coca-Cola-Werbung: *in der unkaputtbaren Mehrwegflasche*).

 Besonders bei den Wortschöpfungen der Werbesprache macht sich das Manko bemerkbar, dass die Beziehungen zwischen Werbe- und Alltagssprache noch nicht ausführlicher untersucht wurden. Die Werbe-Neologismen sind schon an sich noch kaum systematisch von der Forschung angegangen worden (vgl. nur Krieg-Holz 2005), geschweige denn, dass nach der Übernahmebereitschaft in den alltäglichen Gebrauch (z. B. mit empirischen Erhebungen) gefragt wurde.

---

11 „Eine Wortbildung gilt als motiviert, wenn sich ihre Gesamtbedeutung aus der Summe der Bedeutungen ihrer einzelnen Elemente ableiten läßt (…)." Bußmann [2]1990: 507.

12 Mit Wortbildungsbedeutung ist das verallgemeinerbare semantische Verhältnis zwischen den Konstituenten einer Wortbildungskonstruktion gemeint (Fleischer/Barz [2]1995: 19). Zur Wortbildungsbedeutung findet man am besten durch Paraphrasierung der Wortbedeutung (= Umschreibung mit Hilfe der Wortbestandteile).

Literaturtipps

Zu den Wortarten finden sich allgemeine Hinweise in allen Grammatiken. Zur Auszählung und Häufigkeit in der Werbung finden sich (allerdings recht alte) Ergebnisse bei: RÖMER, Ruth ([6]1980): Die Sprache der Anzeigenwerbung. 6. Auflage (unveränderter Nachdruck der 2., revidierten Auflage). Düsseldorf (Schwann). (= Sprache der Gegenwart 4). [1. Auflage 1968].
BAUMGART, Manuela (1992): Die Sprache der Anzeigenwerbung. Eine linguistische Analyse aktueller Werbeslogans. Heidelberg (Physica). (= Konsum und Verhalten 37).
Zur Wortbildung allgemein:
FLEISCHER, Wolfgang/BARZ, Irmhild ([2]1995): Wortbildung der deutschen Gegenwartssprache. 2., durchgesehene und ergänzte Auflage. Tübingen (Niemeyer). (= Studienbuch).
Gut lesbar mit wichtigen Hinweisen speziell zur Komposition in der Werbung:
SPILLNER, Bernd (1985): Zur Kompositabildung in der deutschen Werbesprache. In: Collectanea Philologica. Festschrift Helmut Gipper zum 65. Geburtstag. Heintz, Günther/Schmitter, Peter (Hrsg.): Baden-Baden (Koerner). (= Saecula Spiritualia 15). Bd. 2, 715–723.

 Neuere Literatur

Bedingungsfaktoren für den Gebrauch von Modalpartikeln in der Werbung erarbeitet
PRZYBILSKI, Nadine (2009): Zum Gebrauch von Modalpartikeln in der Anzeigenwerbung. Eine Korpusanalyse. Saarbrücken (VDM).
Eine erste umfangreichere Studie zur Wortbildung in der Werbung liegt vor mit
KRIEG-HOLZ, Ulrike (2005): Wortbildungsstrategien in der Werbung. Zur Funktion und Struktur von Wortneubildung in Printanzeigen. Hamburg (Buske). (= Beiträge zur germanistischen Sprachwissenschaft 18).

 (36) Analysieren Sie folgende Wortbildungen aus Anzeigentexten hinsichtlich ihrer Form und ihrer semantisch-rhetorischen Funktion:
a. *Perwoll. Pflege für **Wohlfühlmomente**.*
b. *Willkommen in **Ofteuropa*** (Austrian Airlines)
c. *Darmstadts **infokomplettestes** Magazin*
d. *Maximale **Tiefenwirkung** aus der Natur* (Anti-Falten Tagescreme von Dr. Scheller)
e. ***Weißglut*** (Alfa 8C Spider; siehe Abb. 24a: 200)
f. ***Schwedigkeiten*** (Überschrift eines Ikea-Prospekts)

(37) Diskutieren Sie in der Gruppe das im folgenden Zeitungsartikel besprochene Rechtsproblem. Sammeln Sie sprachwissenschaftliche Argumente für und gegen den Münsteraner Richterspruch, indem Sie auch die Entscheidung des Bundesverwaltungsgerichts diskutieren und überlegen, inwiefern die betroffenen Richter ihr Urteil besser begründen könnten. Informieren Sie sich dazu nach Möglichkeit im Markengesetz über die rechtliche Lage (z. B. als Beck-Text bei dtv/München erhältlich, siehe auch die Ausführungen zum Produktnamen unter 3.1.4). Kennen Sie andere, ähnliche Beispiele für Probleme mit der Durchsichtigkeit und Verständlichkeit von Produktbezeichnungen, die Sie diskutieren können?

Quelle: Mittelbayerische Zeitung (Regensburg), 24. März 1999:
Bezeichnung irreführend?
Weiter Streit um Sechs-Korn-Eier
Berlin (dpa). Der seit zehn Jahren dauernde Rechtsstreit um die Bezeichnung „Sechs-Korn-Eier" geht in eine neue Runde. Der 1. Senat des Bundesverwaltungsgerichts hob am Dienstag in Berlin ein Urteil des Oberverwaltungsgerichts Münster auf, das die Bezeichnung als irreführend untersagt hatte (Az.: BVerwG 1 C 1.99). In einem neuen Verfahren müssen die Münsteraner Richter klären, ob die Bezeichnung tatsächlich einen „durchschnittlich informierten, aufmerksamen und verständigen Durchschnittsverbraucher" in die Irre führt. Für ein Verbot reiche die Begründung nicht aus, die Bezeichnung „Sechs-Korn-Ei" sorge bei einem „nicht unerheblichen Teil der Bevölkerung" in die Irre (sic).

b) Fremdsprachiges

Fremdsprachige Elemente in der Werbung – besonders Anglizismen – zählen zu den am intensivsten erforschten Aspekten der Werbesprache (vgl. z. B. Störiko 1995, Schütte 1996, Muhr/Kettemann [2]2004, Bratschi 2005, Schiemichen 2005, Meder 2006, Wetzler 2006, Kupper 2007). Da die Untersuchung von Fremdsprachigem in der Werbung ein beliebtes Thema zu bleiben scheint, sollen an dieser Stelle zentrale Untersuchungsaspekte und einige Ergebnisse vorgestellt werden.

 Methodisch ergibt sich in Bezug auf fremdsprachige Ausdrücke ein Terminologieproblem: das der Abgrenzung von Fremdwort und Lehnwort. Traditionell wird unterschieden zwischen äußerem und innerem Lehngut – äußeres Lehngut zeichnet sich durch eine Übernahme von fremden Morphemen oder Lexemen aus, inneres Lehngut betrifft Wortbildungen, die aufgrund fremdsprachiger Anregung auf der Ausdrucks- oder Inhaltsseite aus einheimischem Sprachmaterial gebildet werden. Das äußere Lehngut wurde und wird noch häufig unterteilt in Fremdwörter, die nicht an die Zielsprache assimiliert bzw. in sie integriert sind (auf Laut-, Schrift- oder Morphemebene), und Lehnwörter, die bereits integriert sind und zum Beispiel nach Zielsprachenmuster geschrieben, flektiert oder ausgesprochen werden. Diese Unterscheidung beruht jedoch auf einem subjektiv-psycholinguistischen Faktum, nämlich wie bekannt oder unbekannt einem einzelnen Sprecher ein entlehntes Wort ist (Greule 1980: 270). Deshalb sollte (wie hier) die Unterscheidung zwischen Fremdwort und Lehnwort aufgegeben werden.

Damit kann eine Definition eines LEHNWORTES gegeben werden, auf die eine Übersicht über die Möglichkeiten der inneren und äußeren Entlehnung folgt:

> Als Folge des Kontaktes zweier Sprachen werden lexikalische Einheiten von einer in die andere Sprache transferiert. Solche Wörter nennen wir unterschiedslos *Lehnwörter*. Die Lehnwörter werden an die entlehnende Sprache assimiliert und so in ihren Wortschatz integriert. Je früher ein Wort entlehnt wurde, desto besser ist die Möglichkeit vollständiger Integration und desto größer sind seine Chancen, vom einzelnen Sprecher nicht mehr als fremd empfunden zu werden. (Greule 1980: 270 f.)

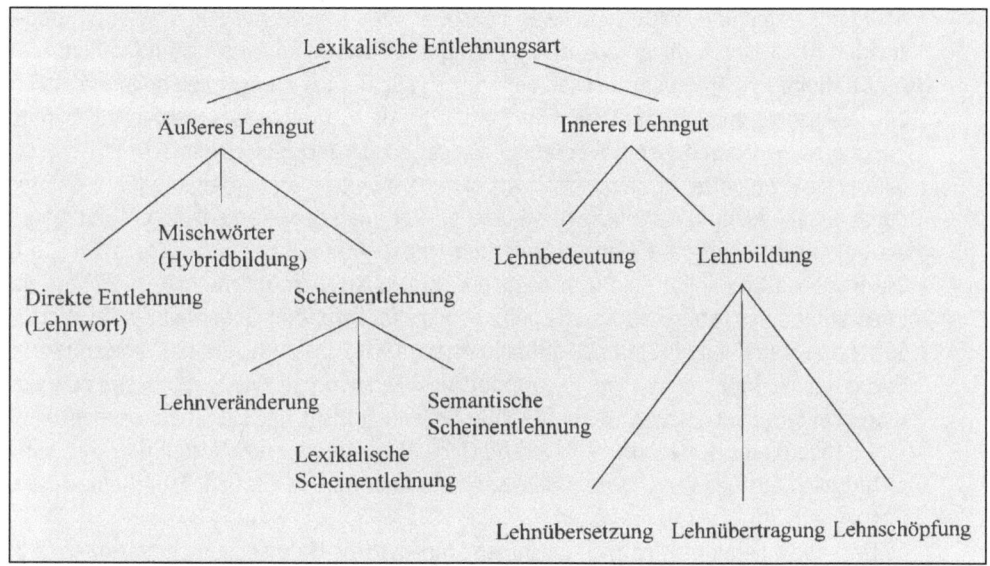

*Schaubild 4: Formen der Entlehnung (modifiziert nach Yang 1990: 16; dazu auch ausführlich
Steinbach 1984: 30–52)*

Was synchron als fremd empfunden wird, ließe sich zum Beispiel anhand der Befragung eines umfangreicheren Fremdwörterbuchs belegen, das ja den Zweck hat,
die Lehnwörter zu erklären, bei denen eine allgemeine Kenntnis noch nicht vorausgesetzt werden kann.

Mit SCHEINENTLEHNUNGEN sind Ausdrücke aus fremdsprachigem Sprachmaterial
gemeint, die in der Ausgangssprache entweder als solche nicht existieren (lexikalische Scheinentlehnung wie *Dressman* oder *Showmaster*), die morphologisch (z. B.
durch Kürzung) gegenüber der Ausgangssprache verändert wurden (Lehnverän-
derung wie *Teenie* oder *Twen*) oder die in der Zielsprache eine neue Bedeutung
zugewiesen bekommen, die sie in der Ausgangssprache nicht hatten (semantische
Scheinentlehnung wie *Flirt* oder *Oldtimer*). In so genannten HYBRIDBILDUNGEN
werden Elemente der Ausgangs- und der Zielsprache miteinander kombiniert (wie
bei *Managerkrankheit* oder *Haarspray*).

Bei LEHNBEDEUTUNGEN werden vorhandene Wörter der Zielsprache durch den
Kontakt mit einer anderen Sprache mit neuen Bedeutungen belegt (so hat sich bei
Kette neben der ursprünglichen, alleinigen Bedeutung ‚Gegenstand aus einzelnen,
beweglichen Gliedern (meist aus Metall)‘ eine zweite Bedeutung ‚Laden-/Restau-
rantkette‘ nach dem englischen Vorbild *chain* eingebürgert, das beide Bedeutungen
aufweist); LEHNÜBERSETZUNGEN stellen Übersetzungen fremdsprachiger Wörter
mittels eigenen Sprachmaterials dar (wie *Taschenbuch* aus *pocket book*); LEHNÜBER-
TRAGUNGEN ähneln Lehnübersetzungen, nur ist die Übersetzung freier (wie bei
Wolkenkratzer aus *sky scraper*); bei LEHNSCHÖPFUNGEN findet dagegen eine vom Vorbild formal unabhängige Wortschöpfung statt (wie bei *Luftkissenboot* statt *hovercraft*).

Allerdings ist bei der Werbesprache zu beachten, dass Lehnwörter wie die häufig untersuchten Anglizismen oft gerade deshalb eingesetzt werden, *weil* sie fremd wirken und
Assoziationen zu Fremdem wecken sollen (vgl. ausführlich an Beispielen Greule/Janich
2001). Ansätze zur Assimilation, zum Beispiel in der Schreibweise, werden bei bereits
integrierten Wörtern daher in Werbetexten sogar wieder rückgängig gemacht (z. B. bei *Ci-
garette* statt *Zigarette*, *Attraction* statt *Attraktion* usw.), oder es werden integrierte Wörter
durch neue, bedeutungsähnliche Ausdrücke ersetzt (man denke an den von Abnutzungserscheinungen geprägten Wechsel zwischen *Frisör – Friseur – Coiffeur – Haarstylist* u. a.).
Die Fragerichtung sollte demnach nicht die sprachhistorisch übliche sein, wie weit die
Integration eines Lehnworts bereits gelungen ist, sondern – im Gegenteil – mit welchen
Strategien Fremdheit als Eindruck aufrechterhalten wird. Insofern wird die Versuchung, in
Bezug auf Werbetexte vom *Fremdwort* statt vom *Lehnwort* zu reden, groß sein. Zuguns-
ten einer terminologischen Klarheit sollte ihr jedoch nicht nachgegeben werden. Eine
Alternative bietet der Ausdruck *fremdsprachige Elemente*, der den Vorteil hat, den Blick
nicht gleich auf das Wort einzuengen, sondern auch fremde Grafien, Morpheme sowie
Syntagmen und Sätze zu umfassen.

Das innere Lehngut wird zwar in einigen Studien in die Untersuchung einbezogen (z. B.
bei Steinbach 1984), ist jedoch eher dann interessant, wenn Werbesprache als Spiegel
alltagssprachlicher Tendenzen untersucht wird. Unter Fragestellungen, die sich mit werbesprachlichen Funktionen von Fremdsprachigem (wie der Signalisierung von „Fremdheit"
und „Internationalität") beschäftigen, kann es weitgehend vernachlässigt werden.

Richtet sich der Blick auf Fremdsprachiges in der Werbesprache, so sind folgende
Fragen von Interesse:

a. Auswahl des Sprachmaterials
- Aus welchen Sprachen werden Ausdrücke übernommen?
- Welche Lexeme (Wortarten, Denotattypen) werden übernommen?
- Werden einzelne Morpheme, Ausdrücke oder ganze Sätze bzw. Texte übernom-
  men?

b. Vorkommen und Verteilung
- Wie viele fremdsprachige Elemente werden übernommen bzw. in wie vielen
  Anzeigen/Spots finden sie Verwendung?
- In welchen Textbausteinen der Anzeige/des Spots finden sich die fremden Aus-
  drücke/Syntagmen?
- Kommen fremdsprachige Elemente in bestimmten Textbausteinen häufiger vor
  als in anderen?
- Lässt sich in der Verteilung der Wortarten und/oder Bezeichnungsinhalte eine
  Abhängigkeit von der Funktion des aufnehmenden Textbausteins feststellen?
- Hat die Produktgattung Einfluss auf Auswahl und Häufigkeit fremdsprachiger
  Elemente?
- Hat die Art des Werbemittels (Anzeige, Fernsehspot, Hörfunkspot) Einfluss auf
  Auswahl und Häufigkeit fremdsprachiger Elemente?

c. GRAFISCHE UND PHONETISCHE FORM DER ÜBERNAHMEN
* Inwieweit werden die Übernahmen morphologisch, phonetisch und grafisch an die deutsche Sprache angepasst?
* Wird mit der Fremdheit auf phonetischer oder grafischer Ebene gespielt?
* Wird die Wortherkunft eines bereits ins Deutsche integrierten Lehnworts durch fremde morphologische, grafische oder phonetische Merkmale wieder neu gekennzeichnet?

d. BEDEUTUNG
* Welche Bedeutungen haben die übernommenen Elemente (Denotat und Konnotat)?
* Lässt sich ein Bedeutungswandel gegenüber der Herkunftssprache oder gegenüber einer bereits in der Alltagssprache etablierten Entlehnung feststellen?

e. FUNKTIONEN
* Welche Funktion übernehmen die fremdsprachigen Elemente im jeweiligen Textbaustein?
* Welche stilistische Absicht wird mit ihnen verfolgt?
* Lassen sich funktionale Unterschiede je nach Sprache, Wortwahl und Art der Integration feststellen?
* Was sagt die Verwendung fremdsprachigen Materials über außersprachliche Aspekte wie Sprachwandel, Wertewandel, Akzeptanz und Assoziationsreichtum verschiedener Einzelsprachen in der Gesellschaft aus?

Damit der Fragenkatalog keine abstrakte Forschungsaufforderung bleibt, werden exemplarisch einige Ergebnisse der grundlegenden und immer noch aktuellen Studie Dagmar Schüttes (1996) zu Anglizismen in der Werbung referiert (mit neu hinzugefügten Beispielen), ergänzt teilweise durch Erkenntnisse neuerer Studien. Schütte hat die Verwendung von Anglizismen in der deutschen Zeitschriftenwerbung diachronisch von 1951 bis 1991 untersucht und sie mit Hilfe der inhaltsanalytischen Methode mit dem gesellschaftlichen Wertewandel in Beziehung gesetzt. Die folgende Darstellung (Schütte 1996: 355–362, weitere Verweise dort) ist grob nach den Gliederungspunkten des Fragenkatalogs geordnet, um die Erkenntnisse nachvollziehbar den obigen Fragen zuzuordnen. Es wird sich aber zeigen, dass bestimmte Aspekte aus den oben thematisch getrennten Gruppen (a–e) in der Untersuchung nicht voneinander isoliert werden können. So können beispielsweise Fragen nach der Integration und der Wortwahl nicht unabhängig davon beantwortet werden, in welchem Textbaustein die betroffenen Anglizismen vorkommen.

Zu a. AUSWAHL:
Hinsichtlich der Denotate, d.h. des jeweils bezeichneten Begriffs, konnte Schütte eine unterschiedliche Verteilung auf die Anzeigentextbausteine feststellen: In Slogans kommen häufiger englischsprachige Bezeichnungen für Produkteigenschaften und Werte vor (z.B. *Better answers*, Slogan von Compaq; *The touch of nature*,

Slogan eines Palmolive-Duschgels; *A class of its own*, Slogan von Rover), in Fließtexten und Schlagzeilen sind es dagegen meist Produkt- und Firmennamen (z. B. *Nivea Hair Care, Poly Country Colors, Beck's Ice* oder der Firmenname *ReSound*) sowie Fachwörter, die aus dem Englischen stammen (z. b. in der Werbung für Unterhaltungselektronik: *Equalizer, Dual Mode Shuttle, Long-Play-Funktion, Receiver, Loudness*).

Tendenziell werden zumeist Substantive übernommen – je mehr ganze Sätze jedoch Eingang in Anzeigen finden, desto mehr nehmen zwangsläufig auch Adjektive und Verben zu (beobachtbar besonders seit 1981; siehe die Beispiele im folgenden Abschnitt b).

Mit Kupper lässt sich eine interessante korpusgestützte Beobachtung ergänzen (Auswertung der SPIEGEL-Anzeigen der Jahre 1971 und 2001): Die wenigsten Anglizismen in der Werbung (unter 15 %) scheinen wirklich aus stilistischen Gründen gewählt zu sein (und zwar auch schon 1971 nicht!), sondern aus ökonomischen, um nämlich internationale und interkulturelle Standardisierbarkeit zu erreichen. Dieses Motiv betrifft vor allem Produktnamen und Slogans, weniger Schlagzeilen oder Fließtexte (ausführlich dazu Kupper 2007: 320–342; siehe auch folgenden Abschnitt b).

Zu b. Vorkommen und Verteilung:
Der durchschnittliche Anglizismen-Anteil pro Anzeige ist in der Zeit von 1951 bis 1991 gestiegen, tendenziell wiesen und weisen immer mehr Anzeigen Anglizismen auf. Seit 1981 hat besonders der Anglizismenanteil in den Slogans stark zugenommen, was unter anderem den Grund hat, dass Slogans immer häufiger vollständig in englischer Sprache gehalten sind (z. B. *Follow your instincts* für Jeans von Henry I. Siegel, *The essence of beauty* für Kosmetik von Juvena, *Let's make things better* für Unterhaltungselektronik von Philips).

Zu dem Ergebnis, dass Slogans zum Zwecke einer internationalen Standardisierung zunehmend ganz auf Englisch gehalten sind (im Gegensatz zu den stärker noch länderspezifischen Schlagzeilen), dass der englische Einfluss also durch eine verstärkte Übernahme von Wendungen gegenüber einer stagnierenden Übernahme von Einzelwörtern komplexer geworden ist, kommt für das Jahr 2001 auch Kupper (Kupper 2007: z.B. 336, 342, 352). Zur diachronen Durchsetzung englischer Slogans in Deutschland bis 2004 vgl. Androutsopoulos u.a. (2004), zu den Gründen für und Wirkeffekten von englischen Slogans in deutscher Werbung vgl. Strobel/Steiner (2006).

 Allerdings scheint die Beliebtheit englischsprachiger Slogans in jüngster Zeit nachgelassen zu haben, möglicherweise seit eine berühmt gewordene Studie der Agentur Endmark (erstmals 2003; wiederholt 2006 und 2009; http://www.endmark.de, Stand 20.03.2010) gezeigt hat, dass es bei der Übersetzung englischsprachiger Slogans massive Verständlichkeitsprobleme selbst bei denjenigen Rezipienten (14–49 Jahre) gibt, bei denen man Englischkenntnisse weitgehend voraussetzen kann. Auffällig ist jedenfalls die Rückkehr verschiedener Marken zu deutschsprachigen Slogans seit 2003/2004: McDonalds: von

Every time a good time zu *Ich liebe es*; SAT1: von *powered by emotion* zu *SAT1 zeigt's allen*;
Parfümerie-Kette Douglas: von *Come in and find out* zu *Douglas macht das Leben schöner.*
(Alle drei englischen Slogans waren Gegenstand der ersten Endmark-Studie von 2003.
Insbesondere die Fehlübersetzung des Douglas-Slogans „Komm rein und finde wieder
raus" errang traurige Berühmtheit und wird seitdem immer zitiert, wenn es um die Un-
verständlichkeit englischsprachiger Werbung geht.) Ob dies eine Trendwende hin zu mehr
Deutsch zumindest bei den Slogans ist, müsste jedoch erst korpusbasiert überprüft und
untersucht werden.

Auch eine Abhängigkeit von der beworbenen Produktgruppe ist statistisch erwiesen (vgl. auch Kupper 2007: 343 f.): Es finden sich mehr Anglizismen in der Werbung für Mode, Technik, Reisen, Kosmetik, Alkoholika und Zigaretten als in der
tendenziell anglizismenärmeren Werbung für Dienstleistungen, Arzneimittel und
alltägliche Konsumgüter. (Schütte versucht auf dieser Basis eine noch differenziertere Unterscheidung nach Produktgruppe – stilistischer Anzeigentyp – Art der Ang-
lizismenverwendung, die mir jedoch als zu starr erscheint; Schütte 1996: 292–297.)
In den 1980er und 1990er Jahren nehmen besonders in der Imagewerbung sowie
in der Werbung für Zigaretten, Autos und technische Produkte wenig integrierte
Anglizismen zur Thematisierung hedonistischer Werte zu (siehe auch unter e) (z. B.
in den Slogans von Marlboro *Come to where the flavor is.* (,Genuss'), dem Jaguar XJR
Don't dream it. Drive it. (,traumhaftes Erlebnis') oder von Apple-Computern *Think
different* (,Individualität')).

Insgesamt erfolgt die Zunahme von Anglizismen in der Zeitschriftenwerbung
nicht gleichmäßig, sondern schwerpunktmäßig bei einzelnen Produktgruppen und
in den exponierten Textbausteinen Slogan und Schlagzeile.

Zu c. GRAFISCHE UND PHONETISCHE FORM:
Der Integrationsgrad von Anglizismen nimmt tendenziell ab. Ein Zusammenhang
besteht dabei zwischen Häufigkeit und Integrationsgrad: Die Anzeigen, deren Anglizismen nur schwach phonetisch, grafisch und morphologisch ins Deutsche integriert sind, sind zugleich Anzeigen, die einen überdurchschnittlich hohen Anglizismenanteil aufweisen. Das liegt unter anderem daran, dass in diesen Fällen
oft ganze Sätze oder Teiltexte in Englisch gehalten sind und sich die Frage der
Integration somit gar nicht stellt. Der Integrationsgrad ist außerdem abhängig vom
aufnehmenden Textbaustein: Am stärksten sind Anglizismen in Fließtexten an die
deutsche Sprache angepasst, am wenigsten in Slogans; Schlagzeilen nehmen eine
Mittelstellung ein.

Zu d. BEDEUTUNG:
Der Bedeutungswandel einzelner Anglizismen und das Bedeutungsverhältnis zwischen Anglizismen und deutschen Wörtern wurde bei Schütte nicht ausdrücklich
untersucht (als Anregung siehe dazu die auf die Pressesprache bezogene Studie
von Yang 1990: 45–117). Zur Frage, für welche Denotate tendenziell Anglizismen
eingesetzt werden, finden sich Anmerkungen unter a. und e.

Zu e. FUNKTIONEN:

Obige Erkenntnisse zur Wortwahl und Integration hängen mit der „Multifunktionalität von Anglizismen" zusammen (Schütte 1996: 356). In Fließtexten besteht häufig die Notwendigkeit zur Benennung neuer Entwicklungen und Gegenstände, weshalb hierfür aus dem Englischen stammende, aber oft relativ stark integrierte Fachwörter vorkommen können. In Slogans (und zum Teil in Schlagzeilen) haben Anglizismen statt einer solchen Bezeichnungs- oder Darstellungsfunktion eher den Zweck, Modernität und Internationalität zu demonstrieren und überraschend zu wirken – oder aber eine interkulturelle Standardisierung zu ermöglichen (vgl. Kupper 2007: z. B. 342). (Der Überraschungseffekt zur Aufmerksamkeitssteigerung wird in Schlagzeilen zum Beispiel oft durch Wortspiele mit dem fremdsprachigen Material erreicht: z. B. *Fun-tastisch* in einer Handy-Anzeige von Swatch, bei der die Tastatur im Vordergrund steht, *Sixt kämpft gegen den Massenteurismus* für niedrige Autoverleihpreise oder *Have an Ice day* als Schlagzeile für West Ice-Zigaretten.)

Schütte kann aufgrund ihres Materials und der dort verwendeten Anglizismen einen „*Werteumbruch* seit den 1960er Jahren sowie eine zunehmende *Wertepluralisierung*" nachweisen (Schütte 1996: 347; Hervorhebungen im Original). Hedonistische Werte und Werte wie ‚Umweltschutz' und ‚technischer Fortschritt' werden wichtiger zu Ungunsten traditioneller Werte wie ‚Familie' und ‚Sparsamkeit'. Anglizismen eignen sich (das zeigt ihre überdurchschnittliche Häufigkeit in argumentativ entsprechend aufgebauten Anzeigen) dabei offensichtlich besonders für die Bezeichnung, aber auch für die assoziative Illustration hedonistischer Werte sowie der Werte ‚technischer Fortschritt' und ‚Internationalität'. Dies kann unter anderem als ein Symptom dafür gewertet werden, dass sich immer mehr Deutsche in ihrem Lebensstil am ‚American Way of Life' orientieren.

Alles in allem lässt sich begründeterweise das Fazit ziehen, „daß Frequenzen und Funktionen von Anglizismen eng mit inhaltlichen Aspekten der Anzeigengestaltung verknüpft sind" (Schütte 1996: 357). Zur Gültigkeit der Aussagen über heutige Tendenzen sollte allerdings beachtet werden, dass der Untersuchungszeitraum der Schütte'schen Studie 1991 endet, dass sich also zum Beispiel hinsichtlich der Produktgruppen und der Häufigkeit von Anglizismen inzwischen wiederum einiges geändert haben könnte (vgl. dazu z. B. die detaillierten Statistiken von Kupper, die bis 2001 reichen, und ihre Interpretation; Kupper 2007: Kap. 5.4).

Ergebnisse zu anderen Fremdsprachen als dem Englischen

Ute Störiko beschränkt sich in ihrer Monografie „Wir legen Word auf gutes Deutsch" (1995) nicht auf englisches Sprachmaterial, sondern vergleicht die Übernahmen aus verschiedenen Einzelsprachen, und zwar getrennt nach den unterschiedlichen Werbemitteln und ihren Möglichkeiten in Schrift, Ton und Bild. Auch aus dieser Arbeit sollen einige der zentralen Thesen kurz vorgestellt werden.

Das Englische hat in der deutschsprachigen Werbung ein deutliches Übergewicht gegenüber anderen Sprachen. Am zweithäufigsten wird aus dem Französischen entlehnt, gefolgt vom Italienischen, wobei Störiko leichte Unterschiede in der Sprachverteilung je nach Werbemittel feststellt (Störiko 1995: 402–407). Die Sprachwahl hängt – wie es sich auch bei Schütte gezeigt hat – von kulturellen Kontakten und Orientierungen, aber auch von einzelnen politischen Ereignissen ab: So konnte Störiko z. B. im Zusammenhang mit „Glasnost" in der ehemaligen Sowjetunion Ende der 1980er Jahre einen Anstieg russischsprachiger Elemente verzeichnen (Störiko 1995: 408 f.). Unbekanntere Sprachen, die sogar ein fremdes Schriftbild aufweisen, werden in der Regel seltener und vor allem mit einer anderen Funktion eingesetzt als das als weitgehend bekannt vorausgesetzte Englisch oder die „Schwellensprachen" Französisch, Italienisch und Spanisch. Besonders bei den unbekannteren Sprachen dominiert die Funktion, durch grafische oder phonetische Fremdheit und durch ihre Seltenheit in der Werbung Aufmerksamkeit zu erregen (Störiko 1995: 431).

Insgesamt hängen Fremdspracheneinsatz und Sprachwahl ganz entscheidend von der Produktgruppe ab, die beworben wird, wozu sich bei Störiko ausführliche Grafiken finden (Störiko 1995: 410–430). Die Nahrungs- und Genussmittelbranche weist nicht nur in allen Werbemitteln den bei weitem höchsten Anteil an fremdsprachigen Elementen auf, sondern auch – zusammen mit der Touristikbranche – die breiteste Palette von „zu Wort kommenden" Einzelsprachen. Die allgemeine Dominanz des Englischen wurde bereits erwähnt; das Französische steht gleichwertig neben dem Englischen nur in der Werbung für Kosmetik und Körperpflege und wird ansonsten relativ häufig noch in Werbung für Nahrungs- und Genussmittel sowie für Schmuck/Uhren/Brillen eingesetzt; das Italienische hat die stärkste Position dagegen in der Hörfunkwerbung für Haushaltsgeräte und Putzmittel!

Vollständig fremdsprachig gehaltene Textelemente oder Werbungen sind eher selten, übereinstimmend mit Schütte erwähnt Störiko vor allem die Slogans. Häufiger sind fremdsprachige Elemente in deutsche Texte integriert.

Einen ähnlichen Ansatz wie Störiko wählt auch Susanne Schiemichen (2005), die ebenfalls weitere Fremdsprachen neben dem Englischen einbezieht, nun aber auch deren Verteilung auf die verschiedenen Anzeigen-Textbausteine und damit ihre unterschiedliche Funktionalität untersucht. Schiemichen kommt zu dem Ergebnis, dass die exotische Sprachenvielfalt früherer Jahrzehnte, wie Störiko sie noch nachweisen konnte, einer Dominanz des Englischen über alle anderen Sprachen gewichen ist (Schiemichen 2005: z. B. 505; zu Xenismen allgemein in deutscher Werbung vgl. auch Bratschi 2005).

Problem Verständlichkeit: Erklärungsstrategien für fremdsprachige Elemente

Störiko skizziert unterschiedliche Strategien, mit denen die Werbetexter versuchen können, die Verständlichkeit zu gewährleisten. Störiko unterscheidet die folgenden formalen und inhaltlichen Möglichkeiten (Störiko 1995: 435–444), die sich in aktuellen Anzeigen oder Spots jedoch kaum finden lassen und eher zur Fachwort- als zur Fremdworterklärung herangezogen werden:

a. FORMAL:
- Erläuterung bzw. Lehnwort in Klammern;
- Markierung des Fremden in Anführungszeichen oder Kursivdruck;
- Trennung von Lehnwort und Erklärung durch Doppelpunkt;
- Erklärung in einer Fußnote, Kennzeichnung durch Asteriskus (*);
- Erklärung durch Kommata abgesetzt;

b. INHALTLICH:
- (meist kontextbezogene) Erklärung eines Ausdrucks (eingeleitet mit Ausdrücken wie *das heißt, mit anderen Worten* etc.);
- Definition;
- Übersetzung, die ohne Überleitung neben dem/den fremdsprachigen Element(en) steht;
- Übersetzung, die mit der fremdsprachigen Passage metasprachlich verbunden wird;
- freie Übersetzung in einem späteren Textabschnitt;
- unvollständige oder fehlerhafte Übersetzung.

Letztendlich ist es jedoch gar nicht immer das Ziel, verständlich im Sinne nachvollziehbarer Wort- und Textbedeutung zu sein. Die Werbung soll wirksam sein, indem die Werbebotschaft als Ganzes verstanden wird. Zu unterscheiden sind demnach Verständlichkeit und Wirksamkeit eines Werbetextes (Störiko 1995: 453). Deshalb haben die aufgezählten Strategien mitunter mehr die Funktion, das Bemühen um gute Verständlichkeit zu suggerieren, als tatsächlich einen Ausdruck treffend zu erklären:

> Fremdsprachiges in der Werbung bewegt sich ständig in der Polarität zwischen angestrebter Unverständlichkeit und Verständlichkeit. Unverständliches fördert die Konnotationen, Verständliches wirkt als Denotation. Dazwischen befindet sich immer ein Bereich des Halb- oder Teilverständlichen. (Störiko 1995: 453)

Eine aktuellere Studie, die stärker noch als Störiko sprachkritisch auf den Anglizismengebrauch eingeht und über die Wahl der Medien, aus denen das Korpus stammt, zusätzlich genderspezifische Aspekte untersucht, ist die von Katarzyna Meder (2005).

Bezüglich der Funktionen, die Fremdsprachiges in der Werbung übernimmt, stimmt Störiko weitgehend mit Schütte (s. o.) überein: Vermittlung von Internationalität und kultureller Authentizität sowie Unterhaltung – aus der Perspektive der Kommunikationsteilnehmer also einerseits eine spezifische Imagebildung für Produkte und Unternehmen sowie eine wirksame Zielgruppenansprache andererseits (Störiko 1995: 454–458).

Es bleibt weiterhin ergiebig, nach dem Einsatz fremder Sprachen in der Werbung zu fragen, wenn man sich nicht allein auf das bereits intensiv erforschte Englisch beschränkt. Bei Störiko angerissene Fragen könnten weiter vertieft werden: Welchen Stellenwert nimmt die „Fremdheit" der Übernahmen ein (siehe auch 4.5.2 und 6.3)? Wird sie betont (z. B. durch fremde Schrift, Flexion o. Ä.) oder wird eine gewisse Integration angestrebt (entweder durch Assimilierung oder durch Erklärung z. B. der Aussprache, wie dies bei der Einführung der koreanischen Automarke *Daewoo* der Fall war)? Wie verhält es sich mit Fehlern: Könnten sie absichtlich gemacht worden sein (zur Aufmerksamkeitserregung oder zur leichteren Verständlichkeit/Aussprache) oder sind es versehentliche Fehler bzw. in der Alltagssprache bereits etablierte Fehler im Umgang mit einzelnen Lehnwörtern (Störiko 1995: 444–450)? Spannend bleibt zudem die Untersuchung von Sprachspielen mit fremdsprachigem Material, die auf allen sprachlichen Ebenen möglich sind und teilweise (z. B. bei McDonald's) zu einer konstanten Werbestrategie ausgebaut werden. Das Beispiel einer älteren Prosecco-Werbung der Marke LineaVini (Plakate, aber auch Spots im Kino) zeigt, dass einzelsprachenbezogene Ver„fremd"ung (im wahrsten Sinn des Wortes) Stilmittel sein kann, ohne dass tatsächlich Lehnwörter übernommen würden: *Donna Wetta! – Senza tio nell!*, jeweils mit dem Untertitel *[Italienisch für Fortgeschrittene]*.

Noch kaum untersucht ist, inwiefern sich verschiedenen Einzelsprachen verschiedene Assoziationen oder Images im Deutschen zuweisen lassen und welche Folgen das auf ihren Einsatz in der Werbung hat (Caldéron 1998). Diese Frage wäre zudem ein guter Ansatzpunkt zu kontrastiver (interkultureller) Forschung (siehe 6.3).

 ## Literaturtipps

Nicht nur umfassend und diachron über Verwendung von Anglizismen in der Werbung, sondern auch zur Veränderung deutscher Alltags- und Wertekultur seit den 1950er Jahren siehe
SCHÜTTE, Dagmar (1996): Das schöne Fremde. Anglo-amerikanische Einflüsse auf die Sprache der deutschen Zeitschriftenwerbung. Opladen (Westdeutscher Verlag). (= Studien zur Kommunikationswissenschaft 16).
Weitere Studien zur zunehmend wichtiger werdenden Rolle des Englischen in der deutschen Werbung:
FINK, Hermann (1997): Von Kuh-Look bis Fit for Fun. Anglizismen in der heutigen deutschen Allgemein- und Werbesprache. Frankfurt am Main u. a. (Lang). (= Freiburger Beiträge zum Einfluß der angloamerikanischen Sprache und Kultur auf Europa 3).
GROSSER, Wolfgang/HUBMAYER, Karl (1998): „Wieso Sabine? – Time to think." Auswirkungen von ‚Global Advertising' auf den deutschen Werbediskurs. In: Kettemann, Bernhard/Stegu, Martin/Stöckl, Hartmut (Hrsg.): Mediendiskurse. verbal-Workshop Graz 1996. Frankfurt am Main u. a. (Lang). (= Sprache im Kontext 5). 29–43.
Mit dem Schwerpunkt des Medienvergleichs sind sozusagen alle in der Werbung vorkommenden Einzelsprachen untersucht bei
STÖRIKO, Ute (1995): „Wir legen Word auf gutes Deutsch." Formen und Funktionen fremdsprachiger Elemente in der deutschen Anzeigen-, Hörfunk- und Fernsehwerbung. Viernheim (Cubus).

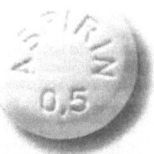
Abbildung 18 a und 18 b: Landesbank Baden-Württemberg (LB BW)

Energiesparlampe mit
integriertem Vorschaltgerät
Erfinder: Osram GmbH
Deutschland, 1985

Innovation. Made in Germany.
Auch bei unseren Finanzierungen.

Innovationen wie die Energiesparlampe entstehen immer dann, wenn es jemanden gibt, der weiterdenkt. So wie die Landesbank Baden-Württemberg. Sie steht Ihnen mit fortschrittlichen Projekten und ihrer treibenden Innovationskraft in Deutschland jederzeit als verlässlicher Partner zur Verfügung. Als eine Bank, die heute schon an morgen denkt, verbinden wir langfristige Visionen mit aktivem Engagement und bringen Sie so immer ein Stück voran. Weitere Informationen finden Sie unter www.LBBW.de

Banking - Made in Germany.

LB≡BW

Neuere Literatur

Inzwischen sind weitere umfangreiche Studien zur Relevanz fremder Sprachen, insbesondere des Englischen, in der Werbung erschienen (in Auswahl):

BRATSCHI, Rebecca (2005): Xenismen in der Werbung. Die Instrumentalisierung des Fremden. Frankfurt am Main u. a. (Lang).

KUPPER, Sabine (2007): Anglizismen in deutschen Werbeanzeigen. Eine empirische Studie zur stilistischen und ökonomischen Motivation von Anglizismen. Frankfurt am Main u. a. (Lang). (= Linguistik International 18).

MEDER, Katarzyna (2006): Anglizismen in der deutschen Werbesprache. Untersucht anhand ausgewählter Frauen- und Männerzeitschriften. Berlin (Logos).

SCHIEMICHEN, Susanne (2005): Das 'fremde Bekannte'. Über die Verwendung von Fremdsprachen in Werbeanzeigen deutschsprachiger Publikumszeitschriften. Norderstedt (Books on Demand).

WETZLER, Dagmar (2006): Mit *Hyperspeed* ins *Internet*. Zur Funktion und zum Verständnis von Anglizismen in der Sprache der Werbung der *Deutschen Telekom*. Frankfurt am Main u. a. (Lang). (= Europäische Hochschulschriften. Reihe 14: Angelsächsische Sprache und Literatur 429).

Mehrere Aufsätze zu Anglizismen in der Werbung, u. a. aus Sicht eines Werbetexters, finden sich außerdem im Sammelband von

MUHR, Rudolf/KETTEMANN, Bernhard (Hrsg.) (²2004): Eurospeak. Der Einfluss des Englischen auf europäische Sprachen zur Jahrtausendwende. 2., korrigierte Auflage. Frankfurt am Main u. a. (Lang). (= Österreichisches Deutsch – Sprache der Gegenwart 1).

(38) Diskutieren Sie den Einsatz der folgenden fremdsprachigen Elemente in Anzeigen hinsichtlich ihrer Form, ihrer Funktion und ihres Produkt-/Unternehmensbezugs:

a. Unterüberschrift einer Postbank-Anzeige: *GOGREEN. Der CO_2-neutrale Versand mit der Deutschen Post.* (Abb. 5: 66)

b. Schlagzeile einer Anzeige für das neue Citroën-Modell C5: *Auto Couture*

c. Slogan von Lacoste: *un peu d'air sur terre* (*air* ist mehrdeutig und kann ,Luft', ,Aussehen' oder ,Melodie' und jeweils Verwandtes bedeuten)

d. Produktname *go blonder* der Haarpflege-Serie *sheer blonde* (siehe gesamten Anzeigentext unter Frage 2: 39 f.)

e. Schlagzeile einer IWC-Herrenuhr: *Für Männer, die bei Blackberry noch an eine Frucht denken* (siehe gesamten Anzeigentext unter Frage 2: 39).

f. Slogan von Bayer: *Science For a Better Life* (Abb. 1: 26; siehe dort auch die englischen Ausdrücke im Fließtext!)

g. Werbetext der Beck's-Ice-Anzeige (Abb. 3: 34): *Entdecke den neuen iceklaren Biermix mit Lime und Mint.*

(39) Diskutieren Sie unter sprachkritischer Perspektive die Kampagne der Landesbank Baden-Württemberg, die – in Zeiten der großen, von den USA ausgelösten weltweiten Finanzkrise (2008 ff.) – mit dem Slogan wirbt: *Banking – Made in Germany.* Beachten Sie dabei die gesamte Anzeigengestaltung und die übrigen Textbausteine der beiden Anzeigen (Abb. 18 a und b).

(40) Suchen Sie Anzeigen oder möglicherweise auch Spots, an denen sich Erklärungs-strategien für fremdsprachige Ausdrücke, wie Störiko sie auflistet (s. o.: 164), nachweisen lassen. Diskutieren Sie in der Gruppe, warum gerade diese fremdsprachigen Ausdrücke erklärt werden.

c) Hochwertwörter – Schlüsselwörter – Plastikwörter

In der Werbeforschung wurde schon früh danach gefragt, wodurch sich denn die Werbesprache auszeichnet, was an ihr besonders auffällig ist. Dabei geht der Blick, wie bei den Varietäten Fachsprache oder Jugendsprache auch, meist zuerst auf den Wortschatz, weil Unterschiede zur Standardsprache in diesem Bereich am stärksten auffallen. Über auffällige Wortneubildungen und Lehnwörter wurde schon gesprochen. Wörter, die eine bestimmte Varietät signalisieren sollen (wie z. B. Fachsprache, Dialekt oder Jugendsprache), werden weiter unten noch thematisiert. Gibt es weitere Auffälligkeiten im Wortschatz der Werbung?

Ruth Römer spricht in ihrer Monografie zur Werbesprache von Hochwertwörtern und Schlüsselwörtern. Mit Hochwertwörtern meint Römer zwar speziell nur solche Ausdrücke, die etwas Wertvolles bezeichnen und – unnötig einschränkend – als Warennamen verwendet werden (Römer [6]1980: 99). Sie spricht dann aber auch bei attributiven Adjektiven wie *echt, ideal, genial, phantastisch, vollendet* etc. von „hoch-wertenden" Adjektiven (Römer [6]1980: 101–104).

Als HOCHWERTWÖRTER können demnach alle diejenigen Ausdrücke bezeichnet werden, die ohne die grammatische Struktur eines Komparativs oder Superlativs geeignet sind, das damit Bezeichnete (bei Substantiven) oder näher Bestimmte/Prädizierte (bei Adjektiven) aufgrund ihrer sehr positiven Inhaltsseite aufzuwerten.

SCHLÜSSELWÖRTER haben demgegenüber nicht nur aufwertende Funktion, sondern sie nehmen auch anzeigen- und produktübergreifend „eine Schlüsselstellung im Gedanken- und Sprachfeld der Werbung" ein (Römer [6]1980: 132). Schlüssel-wörter und Hochwertwörter können sich daher überschneiden: Ein Hochwertwort wird zum Schlüsselwort, wenn es sehr häufig in ganz unterschiedlicher Werbung vorkommt **und** wenn seine Funktion nicht nur in der Aufwertung, sondern in einem entscheidenden Beitrag zur Argumentation und zur Formulierung des Zusatznutzens eines Produkts liegt. Schlüsselwörter sind in ihrer Zugkraft damit auch stärker abhängig von gesellschaftlich relevanten Themen, der semantisch aufwertende Charakter eines Wortes bleibt von diesen dagegen meist (oder zumindest länger) unberührt.

 Das Kriterium zur Bestimmung von Schlüsselwörtern darf damit nicht nur die Häufigkeit sein, sonst kommt man zu Ergebnissen wie Römer und Baumgart, die auch Wörter wie *jetzt, mehr als/noch mehr, mit, noch nie/noch nicht/nie zuvor, ohne* (Römer 1980: 140–145), *gut, mehr, alle* (Baumgart 1992: 146) zu den Schlüsselwörtern zählen. Es sind dies zwar typische (im Sinne von: sehr häufige) Elemente der Werbesprache, aber sie liefern keinen „Schlüssel" der Interpretation, sie propagieren keine besonders auffälligen Werte und weisen nicht auf bestimmte Eigenschaften des Produkts, Anwendungsmöglichkeiten oder andere Verkaufsargumente hin. Neben häufigem Vorkommen sind also der aufwertende Inhalt und das für die Argumentation wichtige Assoziationsfeld relevant zur Bestimmung von Schlüsselwörtern, soll dieser Terminus einen Sinn haben.

Zu klassischen Schlüsselwörtern zählen meiner Erfahrung nach zum Beispiel in der Lebensmittelindustrie *probiotisch*[13], *natürlich* und das Morphem *Bio-*, in der Kosmetikwerbung *natürlich, jugendlich, Schutz, Frische* und *Pflege*, in der Autowerbung *Sicherheit, sicher, intelligent, Technik, Komfort*. Allgemeine Schlüsselwörter, wie sie auch bei Baumgart näher beschrieben werden, sind sicherlich immer noch *Natur, Leben, Geschmack, Genuss, Gesundheit, Lust* und entsprechende Verben (*leben, schmecken, genießen*), *einfach* (vor allem in der Bedienung der Technik), *gesund, frisch* und *leicht* (Baumgart 1992: 123–156), aber auch *Abenteuer, Erlebnis, Zukunft* und *frei/Freiheit*.

Schlüsselwörter können zu Wort- und Assoziationsfeldern zusammengefasst werden, an denen sich Argumentationstrends und Produktkonnotationen wie Erotik, Exotik, Hedonismus, Individualität, Exklusivität, Wissenschaftlichkeit, Fortschrittlichkeit und Natürlichkeit ablesen lassen (siehe auch 4.2.3) (Römer [6]1980: 150–157, Baumgart 1992: 158–170).

Baumgart vergleicht die Schlüsselwörter mit dem von Uwe Pörksen geprägten Begriff der PLASTIKWÖRTER (Baumgart 1992: 172–187). Man mag den von ihr gezogenen Parallelen zustimmen oder nicht – es sollte zuerst die Frage geklärt werden, ob sich die Plastikwörter nicht als sinnvolle Kategorie **neben** den Schlüsselwörtern anbieten. Als Plastikwörter bezeichnet Pörksen eine Erscheinung, die er als Symptom für die „wissenschaftliche Durchdringung des Alltags und seiner Sprache (…) in den letzten Jahrzehnten" (Pörksen [4]1992: 19) ansieht:

> Populäre, umgangssprachliche Begriffe werden in die Wissenschaft oder in eine andere höhere Sphäre übertragen, erhalten hier das Ansehen allgemein gültiger Wahrheiten und wandern nun, autorisiert, kanonisiert, in die Umgangssprache zurück, wo sie zu dominierenden Mythen werden und das Alltagsleben überschatten. (Pörksen [4]1992: 18)

Dabei verlieren sie ihre fest umrissene Bedeutung:

> Ungezählte diffuse Eindrücke werden auf einen Begriff gebracht, an einen Namen geheftet, und dieser Name gewinnt nun eine gewisse Selbständigkeit. (Pörksen [4]1992: 20)

Zu den Plastikwörtern zählt Pörksen zum Beispiel *Entwicklung, Fortschritt, Prozess, Strategie, Struktur, Substanz, System* oder *Zentrum*, ihre Existenz und Beliebtheit in der Alltagssprache sind seiner Meinung nach zugleich ein Indiz für das hohe Prestige des Expertentums in unserer Gesellschaft.

Vergleicht man nun die Wörter, die wir als Schlüsselwörter bezeichnen würden, mit den Pörksen'schen Plastikwörtern, so erweisen sich letztere eher als ein Sonderfall der ersteren: Ein Kennzeichen der Plastikwörter, das nicht allen Schlüsselwörtern schlechthin zugeschrieben werden kann, ist die wissenschaftliche Prä-

---

13 Zur Einführung und Popularität des Wortes *probiotisch* in der Werbung vor allem der 1990er Jahre vgl. Janich 1998b.

gung und damit die besondere Aura, die sie umgibt. Auch wenn Plastikwörter wie Schlüsselwörter in gewisser Weise „Allgemeinplätze" sind und als „Imaginationsfreiräume und Projektionsflächen für die mitschwingenden Assoziationspotenziale werblicher Botschaften" (Baumgart 1992: 181) fungieren – bei den Plastikwörtern wird weniger die Imagination beflügelt, als vielmehr die Assoziation in eine ganz bestimmte Richtung, nämlich die fachsprachliche gelenkt. Die mit den Plastikwörtern verbundenen Konnotationen haben aufgrund ihrer fachsprachlichen Prägungsphase immer etwas mit ‚wissenschaftlich fundiert' und ‚Expertentum', mit ‚Sicherheit' und ‚geprüfter Qualität' zu tun. Sollen also Schlüsselwörter wie *Freiheit, Genuss, natürlich* oder *Leben* einen allgemein emotionalen, weiten und individuellen Assoziationsspielraum eröffnen, so ist die Funktion von Plastikwörtern wie *Dynamik, System, Substanz* und *Technik* eher die, dass auf den ersten Blick eine semantische Konkretheit und Bestimmtheit, eine Verlässlichkeit und Fundiertheit vorzuliegen scheint, die nicht zwingend auch besteht. Bei den emotional ausgerichteten Schlüsselwörtern wissen wir als Rezipienten, dass damit vieles gemeint sein kann, können aber in der Regel durchaus angeben, was sie für uns persönlich bedeuten. Bei den Plastikwörtern verlassen wir uns dagegen darauf, dass sie sach- und fachbezogen sind und einen genau definierten, nachprüfbaren Sinn haben, ohne aber im konkreten Fall immer angeben zu können, was sie bedeuten und worauf sie sich beziehen.

Wegen dieser Unterschiede halte ich es für sinnvoll, drei besondere, semantisch bestimmte Kategorien von Wörtern in der Werbung zu unterscheiden, die alle die grundsätzliche Funktion gemeinsam haben, zur semantischen Aufwertung des Beworbenen beizutragen:

a. HOCHWERTWÖRTER tun dies einfach durch ihr positives Denotat und stehen damit neben rein grammatischen Steigerungsformen.
b. SCHLÜSSELWÖRTER sind eine Untergruppe dieser Hochwertwörter und haben die zusätzliche Eigenschaft, (oft, aber nicht nur) individuelle und emotionale Imaginationen und Assoziationen anzuregen und damit eine Steuerungsfunktion in der Argumentation einzunehmen.
c. PLASTIKWÖRTER können zugleich Schlüsselwörter sein (z. B. *Technik, Sicherheit, Fortschritt, Entwicklung*) und zeichnen sich ebenfalls durch ihre eher vage Inhaltsseite aus, sind aber mit Konnotationen einer ganz bestimmten Art verbunden: Sie dienen nicht zum Wecken von Emotionen, sondern verstärken den Eindruck wissenschaftlicher Qualität und Fundiertheit, sie wirken verlässlich und entpuppen sich doch meist als Luftblasen.

Außerdem können unter dem Aspekt der semantischen Aufwertung natürlich noch die Adjektivkomparation, fachsprachliche Ausdrucksweisen und rhetorische Figuren wie Klimax, Personifizierung und das Phänomen der Entkonkretisierung betrachtet werden, was in diesem Buch jedoch anderen Kapiteln vorbehalten bleibt.

Untersuchungen zu Schlüsselwörtern in der Werbung sind am stärksten „zeitanfällig", d. h. Schlüsselwörter wechseln abhängig von gesellschaftlichen Moden und Veränderungen. Auch aus diesem Grund wurden in diesem Kapitel keine inhaltlichen Forschungsergebnisse angeführt, sondern nur Kategorien diskutiert. Reizvoll bleiben solche Wortschatzuntersuchungen aber gerade wegen dieses gesellschaftlichen Bezugs. Sie bieten ein breites Forschungsfeld gerade bei interdisziplinären Fragestellungen. Die Untersuchung von Plastikwörtern sollte aufgrund ihrer besonderen Rolle im Zusammenhang mit fachsprachlichen Analysen stehen. Was in manchen Arbeiten anklingt, aber noch nicht systematisch betrachtet wurde, ist die diachrone Entwicklung von Hochwertwörtern: Wie schnell nutzen sich Hochwertwörter ab und müssen durch neue ersetzt werden (*super* – *mega* – ...)? Wie behilft sich Werbung überhaupt angesichts solcher Abnutzungserscheinungen?

 ### Literaturtipps

Zum Phänomen der Plastikwörter siehe die allerdings sehr kulturpessimistische Abhandlung von
PÖRKSEN, Uwe ([4]1992): Plastikwörter. Die Sprache einer internationalen Diktatur. 4. Auflage. Stuttgart (Klett-Cotta).
Sehr ausführlich – wenn auch methodisch nur mit gewissen Einschränkungen zu empfehlen – geht Baumgart (im Teil III. Auswertung) auf alle Formen der semantischen Aufwertung ein:
BAUMGART, Manuela (1992): Die Sprache der Anzeigenwerbung. Eine linguistische Analyse aktueller Werbeslogans. Heidelberg (Physica). (= Konsum und Verhalten 37).

 (41) Suchen Sie im folgenden Textausschnitt der Anzeige für den Lexus IS alle Hochwertwörter heraus und begründen Sie die Auswahl durch kurze Beschreibungen der Bedeutungen und der damit verbundenen Assoziationen. Welche dieser Hochwertwörter würden Sie als Schlüsselwörter bezeichnen und warum?

> (Schlagzeile:) *Wundervoll und voller Wunder. Der neue Lexus IS*
> (Fließtext): *Außen faszinierend elegant, innen ein Wunder an Technologie und Komfort. Fühlen Sie feinstes Material und perfekte Oberflächen. Hören Sie den brillanten Klang des 5.1-Surround-Systems von Mark Levinson. Genießen Sie das beruhigende Gefühl maximaler Sicherheit. Erleben Sie Luxus und Dynamik als untrennbare Einheit.*

(42) Analysieren Sie den Anzeigentext für K+S aus Frage 34:147 hinsichtlich der sprachlichen Mittel zur semantischen Aufwertung. Unterscheiden Sie mindestens die dort verwendeten Hochwert-, Schlüssel- und Plastikwörter. Tauchen Probleme bei der Trennung der Wortkategorien auf? Diskutieren Sie diese in der Gruppe und machen Sie gegebenenfalls begründete Gegenvorschläge.

(43) Zeigen Sie am Beispiel der Anzeige des Informationskreises KernEnergie (Abb. 19), wie man trotz der Verwendung negativ konnotierter Ausdrücke wie *ungeliebt, können ... nicht sichern, Kampf, Rückschritt, wird Deutschland seine Klimaziele nicht erreichen* eine in eigener Sache positive Argumentation aufbauen kann.

Abbildung 19: Informationskreis KernEnergie

4.3.2 Phraseologie

Phraseologismen in der Werbung sind vergleichsweise gut untersucht, so dass sich hierzu viel Literatur finden lässt. Ausführlichere Einführungen ins Thema, zu Definition, Klassifikation und Verwendungsmöglichkeiten von Phraseologismen allgemein und zur Phraseologieforschung finden sich beispielsweise bei Palm ([2]1997), Burger ([3]2007) und Donalies (2009). Umfangreichere Studien zur Verwendung und insbesondere zur Modifikation von Phraseologismen in der Werbung stammen von Hemmi (1994), Sabban (1998b und 2012), Balsliemke (2001) und Bass (2006).

Die Terminologie der Phraseologieforschung differiert sehr stark, so dass man manchmal nur schwer einen Weg durch die Vielfalt an Bezeichnungen (wie *Phraseologismus, Phraseolexem, phraseologische Wendung, feste Wendung, Idiom, idiomatische Wendung*) findet. Der Phraseologismus (für diesen Terminus entscheide ich mich hier) wird in der Forschung zudem unterschiedlich weit gefasst (vgl. Burger [3]2007: 14–32). Im weitesten Sinne ist es ein Oberbegriff für alle Syntagmen und Redewendungen, die sich durch ihren Wortgruppencharakter (= bestehen aus mindestens zwei Wörtern: POLYLEXIKALITÄT) und eine relative Stabilität (= FESTIGKEIT) in struktureller und pragmatischer Hinsicht auszeichnen. Festigkeit meint, dass diese Syntagmen immer in einer ganz bestimmten Form gebraucht, gelernt und im Wortschatzgedächtnis als zusammenhängender Ausdruck gespeichert werden, dass sie z. B. nicht ohne weiteres durch Attribute ergänzt (**in Teufels heiße Küche kommen*) oder in ihrem Wortbestand verändert werden können (**in den Rasen beißen* statt *ins Gras beißen*). Nach diesem Verständnis fallen so genannte Kollokationen[14] (wie *Zähne putzen* statt *Zähne bürsten*) ebenso unter die Phraseologismen wie pragmatische Routineformeln (*Guten Tag, Herzlichen Dank*), Sprichwörter (wie *Morgenstund hat Gold im Mund*) oder die so genannten „Geflügelten Worte" (so genannt nach Georg Büchmanns berühmter Sammlung des deutschen Zitatenschatzes: z. B. *Sein oder nicht sein, das ist hier die Frage* aus Shakespeares „Hamlet").

Phraseologismen im engeren Sinn weisen noch ein drittes Merkmal auf, nämlich die IDIOMATIZITÄT (wehalb man dann oft von Idiomen oder idiomatischen Wendungen spricht). Ist eine Wortgruppe idiomatisiert, dann lässt sich ihre Gesamtbedeutung nicht aus der Summe der Bedeutungen ihrer einzelnen Elemente erschließen, d.h. sie ist nicht (mehr) motiviert (z. B. *in Teufels Küche kommen, jmd. ins Bockshorn jagen, jmd. aufs Kreuz legen, mit Kind und Kegel*). Ein Beispiel, an dem der Unterschied zwischen einem idiomatischen Phraseologismus und einer nicht idiomatischen Kollokation sehr schön deutlich wird, ist die Anzeige für den BMW X6 (Abb. 20). Dort wird die idiomatische Wendung *Geschichte schreiben* (im Sinne von ‚berühmt werden') farblich abgesetzt von der mehrfach wiederholten Kollokation

---

14 Kollokationen sind im engeren Sinn „charakteristische, häufig auftretende Wortverbindungen, deren Miteinandervorkommen auf einer Regelhaftigkeit gegenseitiger Erwartbarkeit beruht" und demnach weitgehend semantisch begründet ist, im weiteren Sinn „syntaktisch-semantische Verträglichkeitsbedingungen" (Bußmann [2]1990: 391).

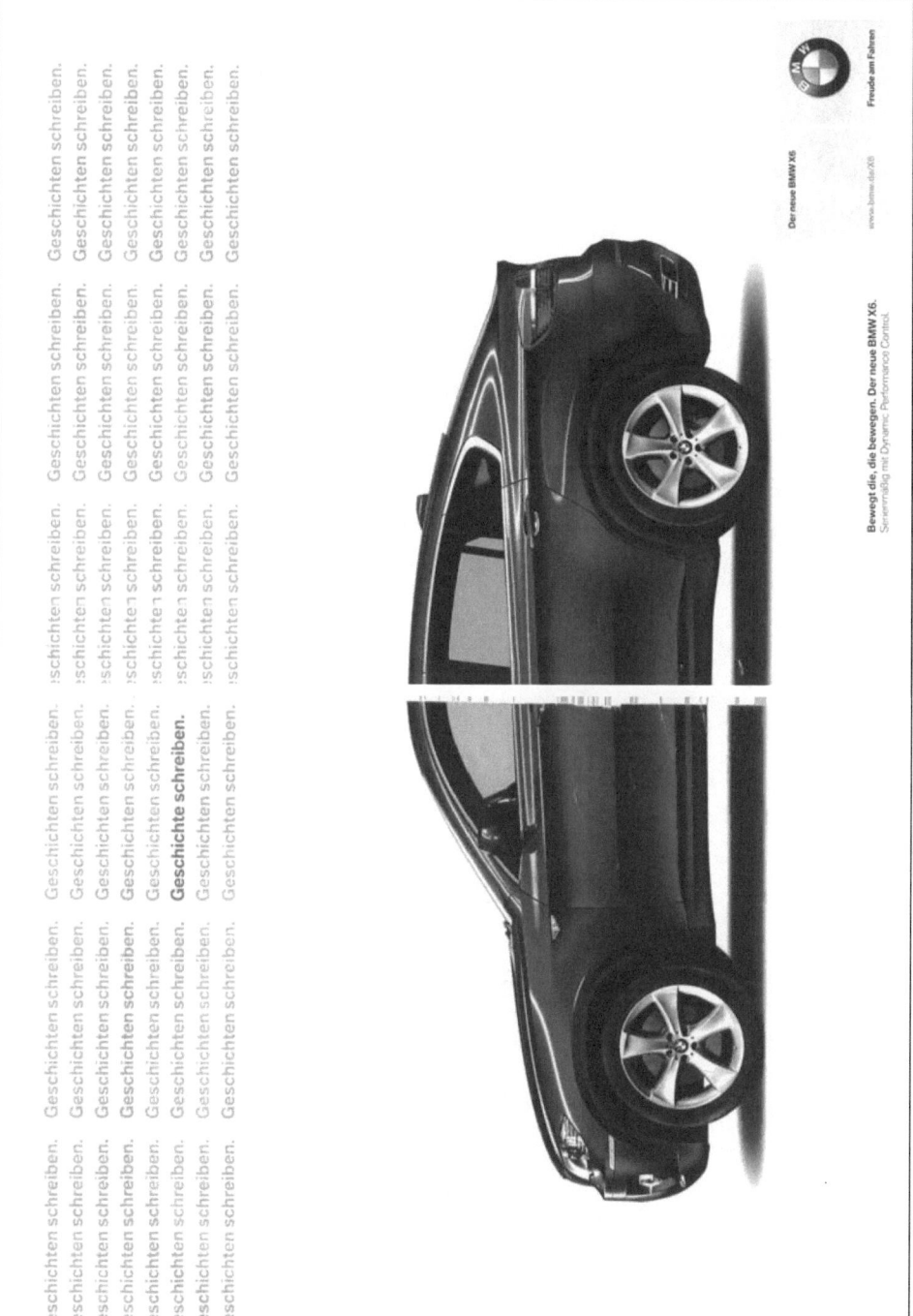

Abbildung 20: BMW X6

Geschichten schreiben. Der BMW soll sich also genau dadurch von anderen Autos unterscheiden, dass er nicht einfach nur eine von vielen Geschichten schreibt, sondern *die* (historische) Geschichte, die Eingang in die Geschichtsbücher finden wird.

Es hat sich in der Phraseologieforschung herausgestellt, dass sowohl das Kriterium der Festigkeit als auch das der Idiomatizität skalierbar sind, d. h. dass es unterschiedliche Grade von Festigkeit und Idiomatizität gibt. Die Festigkeit schließt ein, dass es eine gewisse VARIATION geben kann, sowohl was die lexikalische Füllung als auch was die grammatische Flexibilität eines Phraseologismus betrifft (z. B. neben *einen Trumpf im Ärmel haben* auch *ein As im Ärmel haben* oder *keinen Trumpf mehr im Ärmel haben*; keine Varianten sind dagegen die in Bild und Lexik ähnlichen Phraseologismen *auf die Nase fallen* vs. *nicht auf den Mund gefallen sein*, weil ganz unterschiedliche Bedeutungen vorliegen). Festigkeit und Idiomatizität sind außerdem die Voraussetzungen dafür, dass MODIFIKATIONEN möglich sind, die stilistische Effekte erzeugen sollen (nach Burger zu unterscheiden nach a) semantischer Modifikation ohne formale Modifikation, b) formaler Modifikation ohne semantische Modifikation, c) formale und semantische Modifikation). Dazu zählen zum Beispiel die Aktivierung der wörtlichen Bedeutung eines Phraseologismus (z. B. *Wir kämpfen für Ihr gutes Recht* als Slogan einer Rechtsschutzversicherung oder *Ihr guter Stern auf allen Straßen* als Slogan für Mercedes) oder das lexikalische Spiel mit Phraseologismen (z. B. *Lesen Sie Tacheles* statt *Reden Sie/wir Tacheles* als Schlagzeile für die Financial Times) (zur genaueren Bestimmung von Variation vs. Modifikation vgl. Burger [3]2007: 25–28).

Phraseologismen werden in der Forschung nach unterschiedlichen Kriterien klassifiziert, z. B. nach syntaktischen (Satz, Satzglied(er), Satzgliedteil, Wortartenbeteiligung), nach dem schon erwähnten semantischen Kriterium des Motivationsgrades oder nach Kombinationen von morpho-syntaktischen und semantischen Merkmalen (eine prominente und schlüssige Klassifikation ohne besonderen Bezug auf Werbephraseologismen stammt von Burger [3]2007: Kap. 2).

Eine umfassende, aber nicht mehr ganz aktuelle Arbeit zur Phraseologie speziell in der Werbung von Andrea Hemmi (1994) nutzt eine solche Mischklassifikation, die auf das Handbuch der Phraseologie von Burger/Buhofer/Sialm (1982) zurückgeht, die Hemmi aber im Hinblick auf werbespezifische Besonderheiten modifiziert. Dementsprechend untersucht sie Fernseh- und Radiospots sowie Anzeigen aus Schweizer (!) Medien auf folgende Phraseologismustypen hin (Hemmi 1994: 61–63; alle genannten Beispiele sind im Korpus von Hemmi nachgewiesen: 248–264):

a. VERBALE PHRASEOLOGISMEN (die einen festen Prädikatsverband mit festem Subjekt oder Objekt bilden wie *Augen machen, für jmd./etw. ein Kinderspiel sein, eine gute Figur machen, etwas im Griff haben, sich ein Herz fassen*);

b. STRECKFORMEN (Nominalisierung eines Verbs und Ergänzung durch ein semantisch schwaches neues Verb, nicht idiomatisiert, z. B. *Auswirkungen haben, Pläne machen, ein Risiko eingehen, Interesse haben*);

c. NOMINALE PHRASEOLOGISMEN (die im Gegensatz zu den verbalen Phraseologismen kein prädikatfähiges festes Verb mit sich führen, wie *grauer Alltag, die Nr. 1, offenes Geheimnis, alte Schule, zu viel des Guten, fliegender Start*);

d. ADVERBIELLE PHRASEOLOGISMEN (die Hemmi ausschließt, weil sie kaum kreativ-bewusst eingesetzt würden, die aber erwähnt werden sollen, wie *schön und gut, über kurz oder lang, mehr oder weniger*);

e. MODELLBILDUNGEN (Reihen bildende feste Wortverbindungen, die immer nach dem gleichen Muster gebildet werden, wie *ein x für alle Fälle, von x bis y, à la x, the best of x, rund um x, überall, wo's x gibt*);

f. PHRASEOLOGISCHE VERGLEICHE (wie *halten wie angewachsen, dumm wie die Nacht, Leute wie du und ich*[15], *sich fühlen wie neugeboren, zusammenhalten wie Pech und Schwefel, etw. aufsaugen wie ein Schwamm*);

g. ZWILLINGSFORMELN (auch Paarformeln genannt, wie *hin oder her, mit Rat und Tat, Tag für Tag, (mit) Haut und Haar, (bei) Wind und Wetter*);

h. SPRICHWÖRTER/SPRÜCHE (wie *Ende gut, alles gut!, In der Kürze liegt die Würze, Alte Liebe rostet nicht*);

i. GEFLÜGELTE WORTE (Übernahmen von bekannten Zitaten oder Titeln von Filmen, Büchern etc., die sich von den Sprichwörtern und Sprüchen dadurch unterscheiden, dass ihre Herkunft/ihr Autor bekannt ist, wie *Der Mensch lebt nicht vom Brot allein* (Martin Luther), *Zurück zur Natur* (geprägt in Sinn und Tendenz nach der Philosophie Jean-Jacques Rousseaus, kein echtes Zitat!), *Kleiner Mann, was nun?* (Hans Fallada));

j. ROUTINEFORMELN (auch Gesprächsformeln genannt, z.B. Grußformeln wie *Hallo*, sprechaktspezifische Formeln wie *Herzlich willkommen*, situations- und institutionsgebundene Formeln wie *Vorhang auf* oder *Nächster Halt: ...*);

k. WERBESPRÜCHE (die sich entweder im Alltagsgebrauch wie Phraseologismen eingeprägt haben und so oder abgewandelt auch von anderen Firmen benutzt werden, ohne dass man sie schon im Lexikon finden könnte, oder Formulierungen, die traditionellen Phraseologismen nachgebildet sind, wie *Wenn's ums Geld geht – Sparkasse, After Eights – die feine englische Art, Mach mal Pause – Coca Cola*).

 Die Sprichwörter und Sprüche, die Geflügelten Worte und die Werbesprüche fallen nach der Systematik dieses Arbeitsbuches unter das Thema Intertextualität und werden dort näher untersucht (siehe 4.4.3). Was bei Hemmis Abgrenzung keine Erwähnung findet und sich auch nicht im Korpus spiegelt, sind die verbalen Phraseologismen, die mehrere Substantive und damit mehrere Satzglieder mit sich führen (wie *das Kind mit dem Bade ausschütten, keinen Hund hinter dem Ofen hervorlocken*). Die obige Einteilung nach verbalen, nominalen und adverbiellen Phraseologismen ist demnach eine recht grobe Unterscheidung. Die Struktur ließe sich je nach Bedeutung für die Fragestellung noch genauer differenzieren – z.B. in verbale Phraseologismen, die Streckformen beinhalten (*von Tuten und Blasen keine Ahnung haben*), die – wie oben erwähnt – mehrere Satzglieder

---

15 Bei Hemmi bei den nominalen Phraseologismen eingeordnet; Hemmi 1994: 263.

mit sich führen oder die Teilsätze aufweisen (*wissen, was die Uhr geschlagen hat*). Neben Zwillingsformen fehlen die DRILLINGSFORMEN (wie *heimlich, still und leise – Wein, Weib und Gesang*), und bei den Streckformen wird nicht differenziert zwischen den Streckformen im echten Sinn (kein semantischer Unterschied zum zugrunde liegenden Verb) und den Reihen bildenden Funktionsverbgefügen, die neben der Nominalisierung einen semantischen Mehrwert gegenüber dem Grundverb aufweisen (meistens einen Hinweis auf die Aktionsart: bei Hemmi z. B. *zur Geltung kommen* (= inchoativ/drückt einen Beginn aus im Vergleich zu *gelten*) neben *zur Geltung bringen* (= kausativ/veranlassend, nicht im Korpus)) (zur Unterscheidung siehe Heringer 1989: 106–115).

Hemmi stellt fest, dass 78,7 % der von ihr untersuchten 148 Anzeigen mindestens einen Phraseologismus aufweisen, 62,8 % der insgesamt 118 Radiospots sowie nur 45,7 % der insgesamt 86 Fernsehspots (Hemmi 1994: 64). Sie überprüft die Häufigkeit und Verteilung der einzelnen Phraseologismentypen, die Möglichkeiten ihrer sprachkreativen Modifikation (womit wir bei den Sprachspielen wären, siehe 4.4.1c), ihre Sprachform (Standardsprache/Dialekt/Fremdsprache), ihre Position innerhalb der Werbung (Schlagzeile, Text, Slogan – Spotanfang, -mitte, -ende) sowie ihre Einbettung in den Werbetext (Off-Text, Monolog, Dialog). In einem zweiten Teil befragt sie 30 Probanden, die in ihrer Streuung dem Lesepublikum der untersuchten Zeitschrift entsprechen, inwiefern sie die vorkommenden Phraseologismen kennen, verstehen, ihre Modifikationen durchschauen und wie die phraseologischen Texte auf sie wirken. Die Befragung zeigt, „dass es für viele Personen sehr viel schwieriger ist als erwartet, Phraseologismen in einem Text zu erkennen und zu isolieren", selbst wenn ihnen erklärt wurde, was ein Phraseologismus ist, und sie direkt darauf hingewiesen werden, dass in einer Anzeige, einem Slogan, einem Werbetext eine feste Wendung oder Redensart enthalten ist (Hemmi 1994: 213f.):

> Im Optimalfall, der allerdings selten eintritt, bemerken die Vpn [= Versuchspersonen, N. J.] den Phraseologismus und können ihn in direkter Form aus dem Text herauslösen. Bei einer Modifikation wissen sie, wie die Normalform lautet und was abgewandelt ist; sie realisieren das Spiel mit den verschiedenen Bedeutungsebenen und empfinden dessen Wirkung gemäss den Intentionen der Werbefachleute als aufmerksamkeitserregend, witzig, originell etc. Die Vpn können einen (modifizierten) Phraseologismus hingegen auch mehr unbewusst als vertraut empfinden, ohne dass sie seine Normalform, losgelöst vom Text, nennen können. Im schlechtesten Fall bezeichnen die Vpn den Phraseologismus, nachdem er ihnen in korrekter Form gesagt worden ist, als unbekannt (…). (Hemmi 1994: 213)

Die Ergebnisse des ersten Teils ihrer Arbeit werden hier nicht weiter referiert, da sie sich nur auf Schweizer Werbung beziehen, in der besonders der Dialekt eine ganz andere, bedeutendere Rolle als in Deutschland spielt, so dass sehr viele Phraseologismen in dialektaler Form vorkommen (zu Modifikationen von – teilweise dialektalen – Phraseologismen in Schweizer Printwerbung siehe auch Bass 2006). Hemmis Auswertung ist demnach nur bedingt auf die bundesdeutsche Werbung übertragbar.

Phraseologismen in der Werbesprache sind vor allem deswegen interessant, weil sie sich durch die Möglichkeit der Modifikation besonders dazu eignen, sprachspielerisch verfremdet zu werden oder durch Mehrdeutigkeit zu überraschen oder zu amüsieren (Hemmi 1994: 264). Die Vorschläge, die Hemmi zur Unterscheidung verschiedener Modifikationsverfahren macht (wie Erweiterungen, Substitutionen, Bezüge zum Text und zum Bild; zu letzterem vgl. auch Balsliemke 2001 und Stöckl 2004), sind sämtlich durch die Sprachspielklassifikation im entsprechenden Kapitel abgedeckt (siehe 4.4.1 c) bzw. beziehen sich auf intertextuelle Verfahren (siehe 4.4.3), weswegen an dieser Stelle nicht weiter darauf eingegangen wird.

 ### Literaturtipps

Eine allgemeine und gut verständliche Einführung ins Thema bieten
BURGER, Harald (³2007): Phraseologie. Eine Einführung am Beispiel des Deutschen. 3., neu bearbeitete Auflage. Berlin (Schmidt). (= Grundlagen der Germanistik 36).
PALM, Christine (²1997): Phraseologie. Eine Einführung. 2., durchgesehene Auflage. Tübingen (Narr). (= narr studienbücher).
Zur Phraseologie in der Werbung liegt eine umfangreiche und vor allem intermediale Arbeit vor, die auch mittels Umfrage Verständnis und Einschätzung der Rezipienten berücksichtigt, sich aber vor allem auf die Schweiz bezieht:
HEMMI, Maria (1994): „Es muß wirksam werben, wer nicht will verderben". Kontrastive Analyse von Phraseologismen in Anzeigen-, Radio- und Fernsehwerbung. Bern u. a. (Lang). (= Zürcher germanistische Studien 41).
Unter dem sprachspielerischen Aspekt werden Phraseologismen untersucht bei
DITTGEN, Andrea Maria (1989): Regeln für Abweichungen. Funktionale sprachspielerische Abweichungen in Zeitungsüberschriften, Werbeschlagzeilen, Werbeslogans, Wandsprüchen und Titeln. Frankfurt am Main u. a. (Lang). (= Europäische Hochschulschriften. Reihe 1: Deutsche Sprache und Literatur 1160).
EWALD, Petra (1998): Zu den persuasiven Potenzen der Verwendung komplexer Lexeme in Texten der Produktwerbung. In: Hoffmann, Michael/Keßler, Christine (Hrsg.): Beiträge zur Persuasionsforschung. Unter besonderer Berücksichtigung textlinguistischer und stilistischer Aspekte. Frankfurt am Main u. a. (Lang). (= Sprache. System und Tätigkeit 26). 323–350.
Phraseologische Wörterbücher zum Nachschlagen:
DUDEN. Redewendungen und sprichwörtliche Redensarten. Wörterbuch der deutschen Idiomatik (1992). Bearbeitet von Günther Drosdowski und Werner Scholze-Stubenrecht. Mannheim u. a. (Dudenverlag). (= Duden Bd. 11).
RÖHRICH, Lutz (1991–1992): Das große Lexikon der sprichwörtlichen Redensarten. 3 Bde. Freiburg/Basel (Herder).

 ### Neuere Literatur

Die derzeit neueste allgemeine Einführung in die Phraseologie stammt von
DONALIES, Elke (2009): Basiswissen Deutsche Phraseologie. Tübingen (Francke). (= UTB 3193).
Zur Modifikation von Phraseologismen gibt es inzwischen einige ausführliche Arbeiten mit unterschiedlichen Schwerpunkten:
BALSLIEMKE, Petra (2001): „Da sieht die Welt schon anders aus." Phraseologismen in der Anzeigenwerbung. Modifikation und Funktion in Text-Bild-Beziehungen, Baltmannsweiler (Schneider Hohengehren). (= Phraseologie und Parömiologie 7).

BASS, Nicole (2006): „Muescht Knorr probiere, s'gaht über's Schtudiere!" Phraseologismen und Modifikationen in der Anzeigenwerbung 1928–1998. Baltmannsweiler (Schneider Hohengehren). (= Phraseologie und Parömiologie 17).

SABBAN, Annette (1998b): Okkasionelle Variationen sprachlicher Schematismen. Eine Analyse französischer und deutscher Presse- und Werbetexte. Tübingen (Narr). (= Romanica Monacensia 53).

SABBAN, Annette (2012): Werbekommunikation phraseologisch. In: Janich, Nina (Hrsg.): Handbuch Werbekommunikation. Sprachwissenschaftliche und interdisziplinäre Zugänge. Tübingen (Francke). (= UTB), 89–106.

Zum Vorkommen von Phraseologismen, modifiziert oder nicht, in Slogans und Schlagzeilen bietet auch der folgende Aufsatz einen Überblick:

JANICH, Nina (2006a): Phraseologismen in der Werbesprache: Verwendungsweisen und methodische Probleme. In: Breuer, Ulrich/Hyvärinen, Irma (Hrsg.): Wörter – Verbindungen. Festschrift für Jarmo Korhonen zum 60. Geburtstag. Frankfurt am Main u. a. (Lang). 175–186. (In ähnlicher Form, aber weniger auf methodische als eher auf didaktische Fragen zugespitzt, liegt dieser Aufsatz als Zeitschriftenbeitrag vor: JANICH, Nina (2005): Wenn Werbung Sprüche klopft. Phraseologismen in Werbeanzeigen. In: Der Deutschunterricht 57/5, 44–53.)

 (44) Analysieren Sie die beiden folgenden Anzeigentexte auf ihren phraseologischen Gehalt hin: Welche Typen von Phraseologismen finden Verwendung? Inwieweit sind sie idiomatisch? Werden sie modifiziert? Welche Funktionen haben die Phraseologismen in den Texten?

(Bildtext: ein Mund mit einer Zahnlücke, in der Zahnlücke steht der Text:) *Schließen Sie die Lücke, die die gesetzliche Krankenkasse hinterlässt.*
(Fließtext:) *Die Zahn-Zusatzversicherung ZahnBest. Insgesamt 80 % der Kosten für Zahnersatz werden erstattet. Bislang hieß es, Zähne zusammenbeißen. Denn die Festzuschüsse der gesetzlichen Krankenkassen decken nur einen geringen Teil der Kosten für hochwertigen Zahnersatz. Bei einem Implantat mit Krone sind das z. B. nur ca. 16 %. Mit dem Tarif ZahnBest bekommen Sie dagegen insgesamt 80 % der Gesamtrechnung für Ihren Zahnersatz erstattet. Und das unabhängig davon, für welchen Sie sich entscheiden. Wie Sie die Lücke am besten schließen, erfahren Sie jetzt bei Ihrer Allianz vor Ort oder unter www.allianz.de.*
(Slogan:) *Hoffentlich Allianz.*

(Schlagzeile:) *Zinsen auf hohem Niveau. Vertrauen auf lange Sicht.*
(Fließtext:) *Als eine der führenden Banken Europas bieten wir Ihnen stets Tagesgeldzinsen auf hohem Niveau. Aktuell marktstark 5,65 %. Kaupthing Edge garantiert zudem, dass der Tagesgeldzins bis 2012 immer über dem EZB-Leitzins liegen wird. Durch die Online-Kontoführung ist für Sie der Kontozugriff rund um die Uhr komfortabel, sicher und gebührenfrei.*
Kapitalstark, profitabel und bestens aufgestellt – die Kaupthing Bank ist für ihre Kunden auf lange Sicht hervorragend gerüstet. Kaupthing möchte Ihr Vertrauen durch Leistung und Servicequalität gewinnen. Wenn Sie für Ihr Geld einen besonders attraktiven Zinssatz und eine Langfrist-Zinsgarantie wollen, besuchen Sie uns noch heute im Internet.
(Slogan:) *Kaupthing Bank. Thinking beyond.*

(45) Analysieren Sie die Phraseologismen der folgenden Schlagzeilen aus Anzeigen für die ARAG Rechtschutzversicherung (alle von 2004): Liegen Modifikationen vor? Sind diese semantischer und/oder formaler Natur?

a. *Recht bei Links. Wer schützt mich im Internet?*
b. *Renovierungspflicht? Wenn der Vermieter bei blauen Wänden rot sieht*
c. *Schöne Bescherung oder nicht? Habe ich Anspruch auf Weihnachtsgeld?*
d. *Spitz pass auf. Wer haftet für Vierbeiner im Straßenverkehr?*
e. *Von einem, der auszog. Welche Rechte habe ich bei Eigenbedarf?*

4.3.3 Syntax

Die Syntax ist ein in der Werbesprachenforschung eher vernachlässigter Bereich. In frühen Arbeiten wie denen von Joachim Stave (1963, 1973) stehen syntaktische Auffälligkeiten wie der unvollständige Satz im Vordergrund, und auch in Ruth Römers umfassender Untersuchung fehlt der Satzbau selbstverständlich nicht (Römer ⁶1980: 164–172). Auskünfte über bevorzugte Satzarten und Satzlängen gibt ansonsten aber allenfalls die Sloganforschung (z. B. Baumgart 1992: 67–70, 87–100). Möglicherweise ist die Syntax, Schwerpunktbereich strukturalistischer Sprachbetrachtung, deshalb vernachlässigt worden, weil sie ohne eine Bezugnahme zu Sprachspielen, Sprechakten oder funktional herausgehobenen Werbetextelementen nur wenige Erkenntnisse über das Funktionieren und Wirken von Werbesprache vermittelt. Sie soll daher im Folgenden eher kurz behandelt werden, sozusagen als Grundlage für darauf aufbauende Kapitel zu Rhetorik und Sprachspielen.

Was unter einem Satz zu verstehen ist, ist in der Forschung in den unterschiedlichsten Definitionen festzuhalten versucht worden. In der Regel versteht man unter „Satz" den Verbalsatz, d. h. eine inhaltlich und strukturell relativ abgeschlossene und vollständige Aussageeinheit, in der Satzglieder nach bestimmten grammatischen Regeln um ein Prädikat angeordnet sind. Untersucht werden können die in einem Werbetext vorkommenden inhaltlichen und formalen Satzarten/Satztypen und die Satzlängen.

Die SATZLÄNGE ist ein häufig herangezogenes Kriterium der Verständlichkeit von Texten. In der Werbesprachenforschung werden Satzlängen der Werbung oft mit Satzlängen anderer Textsorten und Kommunikationsbereiche verglichen (bei Römer z. B. mit Satzlängen in Filmdialogen, Römer ⁶1980: 172). Yahya Bajwa hat einen syntaktischen Medienvergleich angestellt (allerdings bezogen auf Schweizer Werbung des Jahres 1995, aktuelle bundesdeutsche Vergleichsdaten fehlen): Tendenziell werden von der durchschnittlichen Satzlänge her in der Hörfunk- und Fernsehwerbung längere Sätze als in Anzeigen verwendet, in etwa der Hälfte der untersuchten Beispiele fanden sich die längsten Sätze jedoch in Printanzeigen (Bajwa 1995: 28). Das überrascht eigentlich nicht, wenn man bedenkt, dass besonders in der Printwerbung der unvollständige Satz sehr beliebt ist (s. u.), andererseits durch das Medium der geschriebenen Sprache längere Sätze möglich sind, ohne gleich die Verständlichkeit in dem Maße zu gefährden, wie dies bei gesprochener Sprache der Fall wäre. 88,4 % aller Sätze (der allerdings nur 37 untersuchten Anzeigen, TV- und Radiospots) enthielten weniger als 15 Wörter, 64,2 % sogar weniger als sieben Wörter (Bajwa 1995: 28). Diese Ergebnisse decken sich mit denen von Römer und Baumgart. Nach Baumgart überwiegt bei den Slogans eine Satzlänge von 4–6 Wörtern (wobei es sich dabei nur selten um vollständige Verbalsätze im obigen Sinn handelt) (Baumgart 1992: 68 f., 96, 99 f.). Das verwundert beim Textelement Slogan auch nicht, da dessen dominante Funktion die Erinnerungs- und Wiedererkennungsfunktion ist. Daher dürfen Ergebnisse zur Syntax des Slogans auch keinesfalls mit Ergebnissen zur Textsyntax verglichen werden, wie Baumgart dies mit Römers Ergebnissen tut, um damit Entwicklungstendenzen nachzuweisen (Baumgart 1992: 98). Römer, deren 100 untersuchte Anzeigen allerdings aus den 1960er Jahren stammen, differenziert sehr sorgfältig nach textarmen und textreichen Anzeigen[16] sowie nach vollständigen und unvollständigen Sätzen, kommt aber tendenziell zu ähnlichen Ergebnissen wie Bajwa (Römer [6]1980: 171 f.)[17]:

	1–6 Wörter	7–14 Wörter
vollständige Sätze in textreichen Anzeigen	27,3 % (= 134 Sätze)	45,7 % (= 224 Sätze)
unvollständige Sätze in textreichen Anzeigen	59,9 % (= 166 Sätze)	30,7 % (= 85 Sätze)
vollständige Sätze in textarmen Anzeigen	45,8 % (= 60 Sätze)	45,0 % (= 59 Sätze)
unvollständige Sätze in textarmen Anzeigen	66,7 % (= 108 Sätze)	26,4 % (= 46 Sätze)

Tabelle 3: Satzlängen in Anzeigen

Die SATZARTEN können entweder inhaltlich beschrieben werden: Aussagesatz, Fragesatz, Ausrufesatz, Befehlssatz – oder formal: einfacher Satz, Satzreihe, Satzgefüge, Satzperiode, Ellipse, Setzung. Eine formale Klassifikation kann ebenfalls zu einer Interpretation der Textverständlichkeit dienen, die inhaltliche Klassifikation ist vor allem dann interessant, wenn man sie im Zusammenhang mit der Sprechakttheorie interpretiert. Man kann nach der Rezipienteneinbindung (durch direkte Anrede, Frage und Ausruf) fragen sowie nach indirekten Sprechakten: Ist ein augenscheinlicher Aussagesatz tatsächlich ein Aussagesatz, d. h. als solcher gemeint? Was ist die Illokution eines Satzes, der die Form einer Frage hat, aber nicht als solche gemeint ist?

---

16 Textreiche Anzeigen sind in Römers Material 50 Anzeigen mit jeweils 100 bis 250 Wörtern, textarme Anzeigen 50 Anzeigen mit jeweils bis zu 70 Wörtern (Römer [6]1980: 79).

17 Römer schlüsselt die Satzlängen noch feiner auf in 1–3 Wörter, 4–6, 7–9, 10–14, 15–20, mehr als 20 Wörter, doch wurden hier die Ergebnisse zu größeren Gruppen zusammengefasst, damit sie sich besser mit Bajwas Ergebnissen vergleichen lassen.

Nach Bajwas Ergebnissen spielen Ausrufe-, Aufforderungs- und Fragesätze gegenüber dem Aussagesatz eine eher untergeordnete Rolle, wobei Ausrufesätze häufiger seien als Fragen und Aufforderungen (Bajwa 1995: 42; Schweizer Werbung!). Römer dagegen äußert sich überhaupt nicht zu den inhaltlichen Satzarten, bei Baumgart wird dieser Aspekt nur beim Thema Interpunktion kurz gestreift.

Bajwa stellt außerdem fest, dass der UNVOLLSTÄNDIGE SATZ in den Printmedien überwiegt (in 59 % aller Sätze), während in Fernsehspots 43 % der Sätze und in Radiospots nur 24 % der Sätze unvollständig sind. Bei Römer ist der Anteil unvollständiger Sätze noch nicht so hoch: In textreichen Anzeigen findet sie nur 36,1 % unvollständige Sätze (277 von insges. 767 Sätzen), in textarmen Anzeigen immerhin 55,3 % (162 von insges. 293 Sätzen) (Römer [6]1980: 168). Welche Funktionen der so häufige unvollständige Satz allerdings hat, bleibt bei diesen statistischen Auszählungen leider unbeantwortet. Dazu finden sich jedoch interessante Ausführungen bei Ulrich Schmitz: In einem Aufsatz zum Verlust der Flexionsfähigkeit betrachtet er unvollständige Sätze nicht nur in einem sprachhistorischen Zusammenhang (nämlich hinsichtlich der Tendenz des Deutschen vom synthetischen zum analytischen Sprachbau), sondern zeigt auch auf, wie Flexionsverzicht und Ellipsen in der Werbung gezielt zur Aufmerksamkeitserregung und Komprimierung von Information genutzt werden (vgl. Schmitz 1999: 160–168).

 Der Wert statistischer Auszählungen zur Syntax in der Werbung liegt darin, dass sich allgemeine Tendenzen aufzeigen lassen, die mit den Ergebnissen zu anderen Textsorten verglichen werden können. Ähneln z. B. Länge und Komplexität der Sätze in fachwortreichen Kosmetikanzeigen dem Satzbau in Fachtexten? Lässt sich die Sprache der Anzeigen syntaktisch eher mit geschriebener oder mit gesprochener Alltagssprache vergleichen? Ein Problem dabei ist, dass sich auch für andere Textsorten und Kommunikationsbereiche immer nur Tendenzen und Näherungswerte ermitteln lassen (z. B. unterscheiden sich medizinische Fachtexte sicherlich von literaturwissenschaftlichen). Vergleichbarkeit und Aussagekraft solcher Vergleiche sind demnach anfechtbar.

 Was bislang noch kaum – außer von Stave (1973) und Schmitz (1999) – unternommen wurde, ist eine Einbettung syntaktischer Untersuchungen in pragmatische Fragestellungen: z. B. der oben angesprochene Vergleich der Satzart mit der tatsächlichen illokutionären Funktion der Äußerung. Da die Tendenz zum unvollständigen Satz (derzeit) als erwiesen gelten kann und in Anzeigen auch gut zu beobachten ist, ließe sich umgekehrt fragen, wann und warum manche Sätze nicht nur vollständig, sondern in ihrer Form sogar erstaunlich komplex sind. Daneben sind aber auch die strukturellen Fragen noch längst nicht alle untersucht, z. B. das Verhältnis von Aktiv- und Passivkonstruktionen in Werbetexten sowie die Häufigkeit verschiedener Satzbaupläne.

Abbildung 21: Total

Literaturtipps

Hilfen zur Satzbestimmung finden sich in allen Grammatiken.

Die aktuellsten Ergebnisse zur Syntax in der Werbung finden sich im Rahmen eines intermediären Vergleichs, allerdings auf die Schweiz bezogen, bei

BAJWA, Yahya Hassan (1995): Werbesprache – ein intermediärer Vergleich. Dissertation Universität Zürich.

Interessante Hinweise zur Funktion und Rolle des unvollständigen Satzes in der Werbung finden sich bei

SCHMITZ, Ulrich (1999): AUSFAHRT waschen. Über den progressiven Untergang der Flexionsfähigkeit. In: Osnabrücker Beiträge zur Sprachtheorie (OBST) 60, 135–182, bes. 160–168.

 (46) Vergleichen Sie die thematisch ähnlichen Anzeigen von Total (Abb. 21) und ABB (Abb. 22: 190) unter syntaktischer Perspektive miteinander: Welche Satzarten, Satzlängen und Satzbautypen werden gewählt? Diskutieren Sie, ob sich den unterschiedlichen syntaktischen Stilen unterschiedliche Funktionen zuordnen lassen.

4.3.4 Textgrammatik

Die Textgrammatik, die einen Teilbereich der Textlinguistik umfasst (siehe 4.2.1), untersucht die so genannten transphrastischen (= satzübergreifenden) verbalen und semantischen Verflechtungsmittel, die aus einzelnen Sätzen einen Text machen.

 Bei der Werbesprache ergibt sich dabei sofort das Problem der Satzdefinition und Satzabgrenzung. Die Interpunktion stellt in der Werbung ein wichtiges Gestaltungsmittel dar (siehe 4.5.1) und wird dazu genutzt, meist relativ unabhängig von grammatischen und orthografischen Regeln Sinneinheiten zu markieren, die in ihrer Form oft keine vollständigen Sätze bilden (Satz hier als Verbalsatz aufgefasst = regelgemäße Konstruktion von Satzgliedern, die sich auf ein Prädikat beziehen). Um dieses Problem zu lösen, ist es angebracht, statt von Sätzen von textgrammatischen (Analyse-)Einheiten zu sprechen und deren Grenzen so zu ziehen, dass ihnen abgeschlossene Aussageeinheiten zugrunde liegen – auch entgegen der Interpunktion, wenn beispielsweise parataktisch koordinierte Hauptsätze vorliegen. Die Gliederung eines Textes in solche textgrammatischen Einheiten (TE) ist demnach ein erster Analyseschritt und bedarf im Einzelfall durchaus der Diskussion.

Zentrale Termini der Textgrammatik sind KOHÄRENZ und KOHÄSION. Kohäsion bezeichnet den mit grammatischen und syntaktischen Mitteln hergestellten Zusammenhang von Sätzen an der Textoberfläche. Mit KOHÄRENZ ist in einem engeren Sinn der semantische Sinnzusammenhang eines Textes gemeint, der sich aus der Kohäsion ergibt (Bußmann ²1990: 389f.). Die enge Auffassung von Kohärenz führt jedoch zu Abgrenzungsschwierigkeiten gegenüber der Kohäsion, denn die formale Satzverknüpfung geht untrennbar mit einer thematischen Verknüpfung auf der semantischen Ebene einher. Kohärenz sollte demnach weiter gefasst werden als ein umfassenderes pragmatisches Phänomen: Eine Ansammlung von Sätzen wird unter anderem aufgrund der Kommunikationssituation als Text aufgefasst, ist also pragmatisch kohärent aufgrund von Art und Ort der schriftlichen Fixierung oder des Äußerungszusammenhangs und aufgrund der Sender-Rezipienten-Konstellation. Kohärenz umfasst demnach alles, wodurch ein Rezipient eine Ansammlung von Sätzen als einen Text erkennt: die kommunikative Gesamtfunktion, die auf eine Senderintention zurückzuführen ist, die grammatischen und verbalen Mittel sowie die semantischen Zusammenhänge, die auf satzübergreifender Ebene Teile zu einem Ganzen verknüpfen.[18]

Es sind verschiedene Vertextungsmittel zu unterscheiden (siehe dazu ausführlich Greule 1991, Langer 1995, zur Wiederaufnahme auch Brinker [4]1997: 27–44):

1. WIEDERAUFNAHME/REKURRENZ:
    a. EXPLIZITE WIEDERAUFNAHME: Mehrere Ausdrücke eines Textes beziehen sich auf dasselbe außersprachliche Referenzobjekt, d.h. zwischen ihnen herrscht Referenzidentität. Die explizite Wiederaufnahme mit Referenzidentität wird auch Koreferenz genannt. Eine Koreferenzkette beginnt mit einem Bezugsausdruck, der normalerweise autosemantisch und mit einem unbestimmten Artikel versehen ist, und setzt sich mit Verweisausdrücken fort; diese können synsemantische Pronomen (*Jetzt gibt's den neuen iMac von Apple. – Sein absolut cooles Design .../Denn er ist schnell.*), Wortwiederholungen (= identische Repetition: *den neuen iMac von Apple – Packen Sie Ihren iMac aus – Hallo iMac!*) oder (echte oder häufiger textgebundene) Synonyme sein (*Jetzt gibt's den neuen iMac von Apple. Ein Computer, der ...*). Der bestimmte Artikel signalisiert, was der Autor an welcher Stelle im Text als bekannt voraussetzt (aufgrund textimmanenter Einführung oder aufgrund kontextuellen Wissens beim Rezipienten). In der Werbung ist der Bezugsausdruck allerdings sehr häufig bereits mit einem bestimmten Artikel versehen, da sofort auf ein ganz bestimmtes Produkt hingewiesen werden soll. Um Spannung zu erzeugen, lässt sich die typische anaphorische Verweisrichtung (*ein Computer – der Computer – er*) umkehren in eine kataphorische (*er – der Computer*). Lassen sich mehrere einzelne Referenzobjekte zu einer Gruppe zusammenfassen, was in der Werbung nur bei so genannter Kollektivwerbung vorkommt, sind Phänomene wie Referenzvereinigung (*Petra und Eva spielen. Sie ...*) bzw. Referenzauflösung (*Die beiden gehen. Klaus geht nach links, Peter nach rechts.*) oder Referenzerweiterung (*Hunde und Katzen sind gezähmt. Alle Haustiere ...*) bzw. Referenzverkürzung (*Fünf Kinder spielten gestern. Heute sind es nur drei.*) möglich.
    b. IMPLIZITE WIEDERAUFNAHME: In diesem Fall herrscht zwischen Bezugs- und Verweisausdruck keine Referenzidentität, sondern nur eine logische, onto-

---

18 Albrecht Greule verzichtet z.B. gänzlich auf den Terminus der Kohäsion (Greule 1991). Der erweiterte Kohärenz-Begriff findet sich auch bei Bußmann als Alternative ([2]1990: 389).

logische oder kulturelle Kontiguität (logisch: *Sieg – Niederlage*; ontologisch: *Elefant – Rüssel*; kulturell: *Straßenbahn – Schaffner*). Die ontologisch motivierte implizite Wiederaufnahme ist in der Werbung besonders häufig, wenn nämlich Details herausgegriffen und beschrieben werden: *Jetzt gibt's <u>den neuen iMac</u> von Apple. – Sein absolut cooles <u>Design</u> wird von seinem <u>Innenleben</u> noch übertroffen.*

   c. STRUKTUR-REKURRENZ: Mit Struktur-Rekurrenz sind alle Wiederholungen struktureller Merkmale gemeint, die dem Text Kohärenz verleihen können, also Rekurrenz der Tempus- und Modusformen, Wiederholung syntaktischer Konstruktionen (z. B. durch Parallelismus) oder phonologische Rekurrenz wie Reim und Alliteration (siehe unter 4.4.1 b).

2. DEIXIS: Deiktika sind Ausdrücke, die auf Zeit-, Raum- und Personenstrukturen hinweisen. In mündlichen Texten findet zumeist eine Situierung des Äußerungsinhaltes gegenüber der so genannten *Ego-hic-nunc*-Origo statt, d. h. alles wird von der Perspektive des *ich/hier/jetzt* aus gesehen. In schriftlichen Texten kommt neben temporaler, lokaler und personaler Deixis vor allem auch Textdeixis vor, also der Hinweis auf Textelemente (*Wie <u>oben</u> beschrieben ...*).

3. KONNEXION: Durch Konnektoren werden logisch-grammatische Verknüpfungen zwischen den Sätzen hergestellt. Sie gliedern den Text in seiner logischen Abfolge. Zu den Konnektoren zählen transphrastisch eingesetzte Konjunktionen (*aber, denn*), Partikeln mit gliedernder Funktion (*auch, nur*), Konjunktionaladverbien (*daher, deswegen*), inhaltlich aufzufüllende Ausdrücke wie *das Argument, die Tatsache, der Grund dafür* etc. oder auch der Doppelpunkt.

4. ISOTOPIE: Unter Isotopie versteht man eine Verknüpfung auf der semantischen Ebene durch die Rekurrenz semantischer Merkmale. Die Isotopie geht damit weit über Koreferenz (da keine Referenzidentität herrschen muss) und über Formen der impliziten Wiederaufnahme (da keine Kontiguität nachweisbar sein muss) hinaus, kann aber mehrere Koreferenzketten beinhalten. Ein weiterer Vorteil ist, dass auch Verben Elemente von Isotopieketten sein können, während zur Koreferenz in der Regel nur Nomina gerechnet werden. Zu einer Isotopiekette zählen demnach alle Ausdrücke, die ein gemeinsames semantisches Merkmal aufweisen, das so genannte Klassem der jeweiligen Isotopiekette. Verweisrichtung und -abstand sind bei der Isotopie weniger wichtig. Wird ein Text von mehreren Ketten dominiert (= Isotopienetz), ist die Frage interessant, wo sie sich wie überschneiden bzw. wie sie in ihrer Verteilung miteinander kombiniert werden. (Zu Isotopieebenen in der Werbung siehe weiter unten noch detaillierter.)

 Die Abgrenzung zwischen der auf Kontiguität basierenden impliziten Wiederaufnahme und der Isotopie erscheint mir problematisch. Im Prinzip kann man auf die Kontiguität verzichten, wenn man das Isotopiemodell ernst nimmt, denn dann werden alle Fälle von impliziter Wiederaufnahme durch die Isotopie abgedeckt (z. B. gehören zu einer Isotopiekette in einer Autoanzeige alle Ausdrücke, die Produktdetails bezeichnen, weil sie alle das semantische Merkmal ,zum Auto gehörig' aufweisen). Der zentrale und beachtenswerte Unterschied zwischen den verschiedenen Formen von Wiederaufnahmen (denn auch die

Isotopie kann ja als eine solche aufgefasst werden, da semantische Merkmale wieder aufgenommen werden) liegt darin, dass mit dem Phänomen der Koreferenz der Fall der Referenzidentität abgedeckt ist, während über die Isotopie alle weiteren Ausdrücke in den Blick kommen, die semantisch lockerer und eben nicht aufgrund gemeinsamer Referenz zusammenhängen. Der einzige Vorteil, den die Kontiguität als eigene Form beanspruchen kann, ist, dass sie im Gegensatz zur Isotopie bereits etwas über die Art der Beziehung zwischen den Ausdrücken aussagt.

In größerem Umfang wurde das oben dargestellte textgrammatische Analysemodell bislang noch nicht auf Werbung angewandt, sei es aufgrund der Satzproblematik, sei es aufgrund der Kürze der Texte, sei es aufgrund der Vielfältigkeit der Anzeigengestaltung.

Es liegen aber zum Beispiel zwei Staatsexamensarbeiten an der Universität Regensburg vor, in denen Vertextungsstrategien (Sabinsky 1996) und Isotopie (Kemmeter 1997) in Anzeigen untersucht wurden. Markus Sabinsky, der detailliert und exemplarisch fünf Anzeigen analysiert, kommt zu folgendem Ergebnis (Sabinsky 1996: 83, 85 f.): Am markantesten und häufigsten ist das Prinzip der Wiederaufnahme, das in den Werbetexten meist in Form von Koreferenzketten (besonders durch die sehr häufige Wiederholung von Produkt- und Herstellername) umgesetzt wird. Auf der semantischen Ebene werden die Koreferenzketten durch Isotopieketten ergänzt. Weitere markante Verflechtungsmittel sind kataphorische Verweise (zum Beispiel in Form von Fragen, denen eine Antwort folgt) und indirekte Deiktika (*Jetzt* können *Sie* beim Arbeiten richtig Gas geben. Schlagzeile einer Anzeige für Toshiba Notebooks), die zur Inszenierung einer Gesprächssituation dienen, während Konnektoren weniger von Bedeutung sind oder ganz weggelassen werden.

Versucht man den einzelnen Vertextungsstrategien Funktionen innerhalb der beabsichtigten Werbewirkung zuzuweisen, so dienen Koreferenzketten vor allem der Einprägsamkeit, die verschiedenen Isotopieebenen dem Aufbau eines Produktimages und der Weckung von Interesse und Wünschen. Die kataphorischen Verweise erzeugen eine gewisse Spannung und dienen damit vor allem der Aufmerksamkeitserregung und dazu, die Rezipienten bei der Stange zu halten, während die Deixis das Leseinteresse durch die Gesprächsinszenierung aufrechterhalten bzw. zur Glaubwürdigkeit beitragen soll.

Karin Kemmeter hat die fünf Produktgattungen Auto, Lebensmittel, Kosmetika, Arzneimittel und langlebige Gebrauchsgüter anhand von jeweils fünf Anzeigen auf ihre Isotopieebenen untersucht und kommt zu dem Ergebnis, dass die Anzeigen durchschnittlich drei bis vier Isotopieebenen aufweisen. Bis auf die langlebigen Gebrauchsgüter weisen die Produktgruppen produktspezifische Isotopieebenen auf: Anzeigen zu Autos z.B. die Ebenen ‚Auto‘ und ‚Sicherheit‘, Kosmetikanzeigen die Ebenen ‚entgegenwirkende Hilfe‘ und ‚Haut betreffend‘, Arzneimittelwerbung die Ebene ‚wirken/heilen‘ und die Anzeigen für Lebensmittel eine Ebene ‚Qualität‘ (Kemmeter 1997: 123). Auffällig ist aber weiterhin, dass in fast allen Anzeigen für Autos und Lebensmittel und in allen Anzeigen für langlebige Gebrauchsgüter mindestens eine Isotopieebene vorkommt, die sich nur schwer mit dem Produkt in Verbindung bringen lässt: Sie ist die Grundlage einer produktfernen „Story", die Leseanreiz schafft (Kemmeter 1997: 124).

Kemmeter stellt aufgrund ihrer Analyse eine dreifache Funktion der Isotopie in der Werbung fest:

> Durch bestimmte originelle semantische Ebenen, die sich auch im Bildmaterial wiederfinden, soll die Aufmerksamkeit (Attention) des Rezipienten erregt werden. Zweitens setzen die Isotopieebenen inhaltliche Schwerpunkte, die in den Augen des Werbetexters für die jeweilige Zielgruppe von besonderem Interesse sind. Drittens dienen Isotopieebenen der Betonung und Hervorhebung besonderer, positiver Produkteigenschaften. (Kemmeter 1997: 125).

 Die beiden zitierten Staatsexamensarbeiten greifen in einem ersten Schritt zentrale textgrammatische Aspekte auf, behandeln diese aber jeweils nur an einem sehr kleinen Korpus. Um die Ergebnisse als repräsentativ ansehen zu können, müssten diese Fragestellungen unterstützend an weiteren Anzeigen und anderen Produktgruppen untersucht werden. So könnte man Analysen von Textverknüpfungsmitteln sowohl an Anzeigen mit wenig Text als auch an solchen mit umfangreicheren Texten kontrastiv vornehmen und sie mit den möglicherweise ganz anders vorgehenden Fernseh- und Hörfunkspots vergleichen. Bezüglich der Isotopie lässt sich fragen, welche Isotopieketten im Media-Mix als die zentralen angesehen und daher in jeder Werbeform aufgegriffen werden: Weist eine Anzeige dieselben Isotopieketten in ähnlichem Umfang auf wie ein dasselbe Produkt bewerbender Fernsehspot (vgl. auch 3.5)? Funktioniert die Bezugnahme zwischen Spots und Anzeigen zum selben Produkt über textgrammatische Mittel?

 Literaturtipps

Umfassend wird ein textgrammatisches Analysemodell vorgestellt und an Gebrauchstextsorten erprobt bei
LANGER, Gudrun (1995): Textkohärenz und Textspezifität. Textgrammatische Untersuchung zu den Gebrauchstextsorten Klappentext, Patienteninformation, Garantieerklärung und Kochrezept. Frankfurt am Main u. a. (Lang). (= Europäische Hochschulschriften. Reihe 21: Linguistik 152).
Zur Textanalyse einführend, aber zur Textgrammatik recht knapp:
BRINKER, Klaus ([4]1997): Linguistische Textanalyse. Eine Einführung in Grundbegriffe und Methoden. 4., durchgesehene und ergänzte Auflage. Berlin (Schmidt). (= Grundlagen der Germanistik 29). [[7]2010].
Das Thema Isotopie in der Werbung wird im Rahmen einer umfassenderen Fragestellung behandelt bei
HENNECKE, Angelika (1999): Im Osten nichts Neues? Eine pragmalinguistisch-semiotische Analyse ausgewählter Werbeanzeigen für Ostprodukte im Zeitraum 1993 bis 1998. Frankfurt am Main u. a. (Lang). (= Kulturwissenschaftliche Werbeforschung 1).

Abbildung 22: ABB

(47) Führen Sie eine textgrammatische Analyse der ABB-Anzeige (Abb. 22) durch. Über welche Strategien wird hier vor allem Textkohäsion erzeugt?

(48) Arbeiten Sie die Isotopieketten der folgenden Anzeigen heraus und vergleichen Sie sie miteinander: Total (Abb. 21: 184), ABB (Abb. 22), RWE (Abb. 25: 208), Toyota (Abb. 31: 283). Inwiefern sind Thema und Produktbezug der Anzeigen verantwortlich für Überschneidungen und Unterschiede?

4.4 Besondere Werbestrategien

4.4.1 Rhetorik in der Werbung

Als rhetorische Strategien könnte man im Grunde die meisten sprachlichen Mittel bezeichnen, die im Großkapitel 4 besprochen wurden und werden. Schließlich soll die sprachliche Gestaltung die Überzeugungswirkung des Textes verstärken – genauso wie die Lehre der klassischen Rhetorik dazu dient, persuasiv wirksame Reden und Texte zu verfassen. Dieses Teilkapitel ist demnach sozusagen der Rhetorik im engeren Sinn gewidmet und umfasst eine kurze Besprechung der Lehre vom rhetorischen Textaufbau und der rhetorischen Figuren (die ebenfalls zur Rhetorik gehörende Topik ist bereits im Kapitel zur Argumentation besprochen worden, siehe 4.2.3). Außerdem ist der Bereich der Wort- und Sprachspiele in dieses Kapitel aufgenommen worden, und zwar aufgrund eines methodischen Abgrenzungsproblems. Rhetorische Figuren sind in der Regel sprachliche Erscheinungen, die sich entweder durch eine bestimmte (auffällige) Form auszeichnen (z.B. Chiasmus, Dreierfigur, Alliteration) oder – wie die rhetorischen Ersatztropen (z.B. Metapher, Metonymie) – eine besondere Semantik aufweisen. Sprachspiele lassen sich am besten als Abweichungen von Normen oder zumindest von Erwartungen (siehe 4.4.1 c) charakterisieren, doch auch rhetorische Figuren stellen nicht selten Normverstöße dar:

> Curieusement, la plupart des figures rhétoriques désignent des déviations linguistiques; au lieu de collaborer étroitement, la rhétorique et le bon usage entretiennent des relations plutôt hostiles. (Todorov 1965: 301) – Eigenartigerweise stellt die Mehrzahl rhetorischer Figuren linguistische Abweichungen dar; anstatt eng zusammenzuarbeiten, verhalten sich Rhetorik und richtiger Gebrauch recht gegensätzlich zueinander. (Übersetzung N. J.)

Das Problem der Abgrenzung liegt darin, dass ein Sprachspiel häufig dadurch zustande kommt, dass wir eine rhetorische Figur in einer bestimmten Weise einsetzen: Rhetorische Figuren können demnach Mittel zum Sprachspiel sein, aber nicht alle Sprachspiele basieren auf einer rhetorischen Figur (siehe die Beispiele bei Förster 1982/1995). Eine mögliche Abgrenzung ließe sich treffen, wenn man Sprachspiele sehr eng als die sprachlichen Strategien definiert, die einen komischen oder witzigen Effekt erzielen sollen (so dass also nur **die** rhetorischen Figuren dazu zählen, die im Einzelfall **in einer solchen Weise gebraucht** sind). Eine andere Möglichkeit wäre, ganz auf eine Abgrenzung zu verzichten und je nach Erkenntnisinteresse und Problemstellung entweder die rhetorische Tradition oder den sprachspielerischen Impetus in den Vordergrund zu stellen.

a) Rhetorischer Textaufbau

Die antike Rhetorik stellt einen differenzierten Regel- bzw. Empfehlungsapparat zum Abfassen persuasiv erfolgreicher Texte zur Verfügung, indem sie über Redegattungen, Intentionen bzw. Aufgaben des Autors, die jeweils angemessene Ermittlung und Gliederung der Redegegenstände sowie über die sprachlichen Umsetzungsmöglichkeiten belehrt.

An REDEGATTUNGEN sind für die Werbung vor allem die Lobrede (*genus demonstrativum*), allenfalls noch die Beratungsrede (*genus deliberativum*) interessant. Zu den Aufgaben des Redners bzw. seinen Zielen zählen das Belehren (*docere*), das Beweisen (*probare*), das Für-sich-Gewinnen (*conciliare*), das Erfreuen (*delectare*), das emotionale Bewegen (*movere*) und das Anstacheln (*concitare*) – größtenteils Funktionen, die sich unterschiedlich stark ausgeprägt auch in der Werbung finden lassen (siehe 4.2.2).

Die Rhetorik lehrt nun nicht nur, wie ein Text aufgebaut und sprachlich gestaltet sein sollte, sondern auch, wie man bei der TEXTPRODUKTION sinnvoll vorzugehen habe (dazu Spang 1987: 43–52): Die *inventio* ist der erste Schritt, nämlich das Sammeln von Gedanken und Argumenten, die zum Thema, dem Publikum und der Redeintention passen, d. h. die angemessen und publikumswirksam erscheinen. In der *dispositio* soll zu einer wirksamen Anordnung dieser Argumente gefunden werden, was Hand in Hand mit der *elocutio*, der sprachlichen Ausgestaltung, stattfindet. In den nächsten Schritten, der *memoria* und der *actio*, wird die äußerlich fertige Rede dann eingeübt und mit Blick auf eine wirksame Präsentation geprobt. Besonders für *dispositio* und *elocutio* stellt die Rhetorik eine ganze Reihe von Hilfen und Regeln bereit: zum REDESCHEMA bzw. Textaufbau einerseits (= *dispositio*), zu sprachlichen QUALITÄTSKRITERIEN (= *elocutio*) andererseits, zu denen Angemessenheit in Bezug auf den Redegegenstand (*aptum*), Sprachrichtigkeit (*puritas*), Klarheit und Verständlichkeit (*perspicuitas*) und die Ästhetik des sprachlichen Ausdrucks (*ornatus*) zählen. Zum *ornatus* gehören beispielsweise die rhetorischen Figuren (siehe weiter unten).

Werbetexter folgen dieser Anleitung normalerweise zumindest im ersten Teil – dem Auffinden, Ordnen und der sprachlichen wie bildlichen Ausgestaltung der Argumente (Spang 1987: 73–79). Inwieweit allerdings die sprachlichen Qualitätskriterien der *elocutio* für den Sonderfall der Lobrede, wie er in der Werbung vorliegt, Geltung haben, ist zu diskutieren. Zwar würde die Werbung sicherlich nicht an Wirkungskraft verlieren, wenn sie sich prinzipiell an die rhetorischen Grundtugenden halten würde, doch folgen manche Anzeigen und Spots durchaus auch einer Strategie, die zum Beispiel die Sprachrichtigkeit bewusst verletzt (z. B. Verona Pooth in einem Spot für die Auskunft von Telegate: *Da werden Sie geholfen!*) oder statt auf Verständlichkeit auf *obscuritas* (Unverständlichkeit) bzw. *ambiguitas* (Mehrdeutigkeit) setzt, zum Beispiel durch Einsatz von Fach- und Pseudofachsprache bzw. Sprachspielen (siehe jeweils dort).

Das REDESCHEMA der *dispositio*, d. h. die Anleitung zu einem optimalen Aufbau eines persuasiven Textes, ist in seiner Grundform viergliedrig: *exordium – narratio –*

argumentatio – peroratio (siehe dazu den Überblick bei Ottmers 1996: 54–60 und die Übertragung auf die Werbung bei Spang 1987: 76 und Fischer 1968: 7 f.):

a. Das *exordium* ist der Redeanfang, in dem die Kontaktaufnahme mit dem Publikum erfolgt: Die Aufmerksamkeit soll geweckt (*attentum parare*) und das Publikum positiv gestimmt werden (*captatio benevolentiae*), z. B. indem sich der Redner als besonders glaubwürdig erweist. Die Funktion des *exordium* übernimmt in der Werbeanzeige zumeist die Schlagzeile, oft in Kombination mit dem Bild. Elemente, die der *captatio benevolentiae* dienen, können allerdings auch im Text oder im Spotaufbau immer wieder eingestreut sein (z. B. wenn ein Fachmann oder der Firmengründer als *persona* auftreten).

b. Die *narratio*, die oft mit der *argumentatio* verschmilzt, umfasst die Schilderung eines Sachverhalts/des Rede- bzw. Textthemas. Die *argumentatio* dagegen bezeichnet den Abschnitt der Rede, in dem die Argumente pro und contra vorgebracht werden. In der Werbung lassen sich *narratio* und *argumentatio* dann trennen, wenn der Fließtext in eine Produktvorstellung und -beschreibung sowie in eine Aufzählung von Kaufargumenten (wie z. B. Anwendungsmöglichkeiten) zerfällt. Häufig wechseln sich jedoch beschreibende und argumentative Textteile ab bzw. sind wirksam miteinander kombiniert.

c. Die *peroratio* ist der Redeschluss, in dem das Vorherige wirksam wiederholt und zusammengefasst wird, um die Emotionen der Zuhörer zu wecken. Der *peroratio* entspricht in der Werbung im Prinzip der Slogan, auch wenn er zumeist nicht als inhaltliche Zusammenfassung einer einzelnen Werbeanzeige, sondern eher als eine prägnante Formulierung der Anzeigen übergreifenden Werbebotschaft angesehen werden muss (siehe 3.1.3).

Zusammenhänge zwischen rhetorischem Redeschema und Anzeigenaufbau sind bislang erst ansatzweise Thema der Forschung gewesen (Fischer 1968, Spang 1987, Schüler 2008), Studien zum rhetorischen Aufbau des Fernsehspots fehlen ganz. In einer Magisterarbeit an der Universität Regensburg wurde anhand der Empfehlungen von Werbetextratgebern untersucht, inwieweit zumindest in der Werbelehre Elemente der traditionellen Rhetorik aufgegriffen werden:

Die inhaltlichen Ähnlichkeiten zwischen Rhetorik und Werbetextproduktion reichen von den Rede- bzw. Anzeigenteilen bis zur *elocutio* bzw. den Sprachempfehlungen und darüber hinaus. Das *attentum parare* im *humile genus* [= schlichter Stil; N. J.] trifft ebenso auf die Ratgeberempfehlungen zur Schlagzeile zu wie die Argumentationstopik auf die Erschließung eines USPs bzw. weiterer Verkaufsvorteile, oder die zusammenfassende, appellative Funktion der *peroratio* auf den Slogan. Klare Entsprechungen haben die Ansprüche an Redner und Werbetexter besonders in den Forderungen der ersten beiden Tugenden, der Sprachrichtigkeit und Verständlichkeit. Beim *ornatus* bzw. den sprachlichen Mitteln wird beiderseits der vorsichtige und gezielte Einsatz von Archaismen, Fremdwörtern und Neologismen oder die Bedeutung der kunstvollen Anordnung der Wörter im Satz durch geeigneten Rhythmus (*compositio*) betont. Sogar die Auffassung, den Stil am Redegegenstand und nicht am Textproduzenten auszurichten, teilen sich Rhetorik und Werbetext. [… Aber:] Zwar sind die Empfehlungen zur Abfassung wirk-

Abbildung 23: Gardena

samer Werbetexte ziemlich genau den rhetorischen Stadien zuzuordnen – ihre Präsentation in den Ratgebern aber ist es nicht. Die Einzelaspekte werden in sich geschlossen abgehandelt, es mangelt in den allermeisten Fällen an einer inneren, aufeinander aufbauenden Verbundenheit, die an das didaktisierte, systematische Vorgehen der Rhetorik erinnern könnte. (Hübner 1996: 101–103)

b) Rhetorische Figuren

Im Folgenden sollen kurz die wichtigsten rhetorischen Figuren dargestellt werden. Ihre Verwendung in der Werbung, ihre unterschiedliche Beliebtheit und Häufigkeit sowie ihr Persuasionspotenzial sind in Arbeiten zu Sprachspielen (siehe dort) und zum persuasiven Sprachgebrauch in der Werbung recht ausführlich behandelt (z. B. Förster 1982/1995; Spang 1987: 2. Teil; Stöckl 1997; zur Definition und Übersicht über rhetorische Figuren allgemein siehe Ottmers 1996: 155–198 und Sowinski 1991: 104–108). Der folgende Überblick orientiert sich an Kurt Spang (1987: 91–239), da sich dort auch Beispiele aus der Werbung finden. Da Spang trotz übersichtlicher Gliederung sehr viele Figuren beschreibt, wurde die folgende Auflistung um alle eher seltenen Figuren oder um Phänomene, die bereits in den Kapiteln Syntax und Argumentation besprochen wurden, gekürzt.

1. Positionsfiguren
- ANASTROPHE = ungewöhnliche Wortstellung: *Es gibt Dinge, die kann man nicht kaufen.* (statt *die man nicht kaufen kann*) (aus einem Anzeigentext für Eurocard). – *So klein, Sie werden die Welt mit anderen Augen sehen.* (statt: *..., dass Sie die Welt mit anderen Augen sehen werden*; zugleich elliptisch, s. u.) (Schlagzeile einer Anzeige für ein Ericsson Handy).
- PARALLELISMUS = parallele Konstruktion zweier oder mehr Sätze oder Syntagmen: *Doofe Idee: das Mebel. Messer plus Gabel in einem. – Gute Idee: Der Plusbrief. Umschlag plus Marke in einem.* (Haupttext einer Anzeige der Post: auch typo-

grafisch parallel angeordnet mit entsprechender Illustration) – *Schützt unter Wasser. Schützt im All. Schützt auf der Erde.* (zugleich Anapher, s. u.) (dreiteilige Schlagzeile in einer Anzeige für den Renault Laguna, jeweils mit drei unterschiedlichen Bildern versehen: Mann im Tauchanzug, Mann im Raumfahrtanzug, Mann im Renault).

- CHIASMUS = spiegelbildliche Konstruktion zweier Sätze oder Syntagmen, bei der die Satzglieder quasi über Kreuz stehen. Auch wenn es sich hierbei nicht um Sätze handelt, könnte man doch bei den Plakaten für die Zigarettenmarke Rot Händle Blond von Chiasmen sprechen: *Rot. Zauber. Zauber. Blond.* – *Blond. Innen. Außen. Rot.* – *Jekyll. Rot. Blond. Hyde.*

2. Wiederholungsfiguren

a. WIEDERHOLUNG GLEICHER ELEMENTE

- GEMINATION = unmittelbar aufeinanderfolgende Wiederholung desselben Wortes innerhalb eines Satzes: *Eßt mehr Tomaten! Tomaten Tomaten!* (schlagzeilenartiger Text einer Anzeige für Ketchup von Devely).
- ANAPHER = zwei aufeinanderfolgende Sätze oder Syntagmen beginnen mit demselben Wort: *JET KRAFTSTOFF ist nicht gerade aufregend: Immer gleich hohe Qualität, immer penibel kontrolliert und immer gleich gut zum Motor.* (aus dem Anzeigentext einer Jet-Anzeige).
- EPIPHER = zwei aufeinanderfolgende Sätze oder Syntagmen enden mit demselben Wort: *Würzt scharf. Ißt scharf.* (Anzeige für WMF Gewürzmühlen). (Die Kombination aus Anapher und Epipher wird SYMPLOKE genannt.)
- POLYSYNDETON = aufeinanderfolgende Satzglieder werden mit derselben Konjunktion eingeleitet: *Es gibt verschiedene Möglichkeiten, durchs Leben zu kommen. Sehr sicher. Oder sehr bequem. Oder sehr schnell. Oder? Wieso eigentlich oder?* (Teiltext einer Anzeige für den Ford Focus).
- ALLITERATION = Anfangslaute bzw. -silben werden wiederholt: *Göteborg in Gütersloh oder in Gera, Gießen, Gifhorn oder auch bei Ihnen zu Hause im Wohnzimmer. Grünpflanzen. Ganz meine Welt.* (Anzeigentext des Pflanzeninformationsdienstes) – *Wenn Winzer Wunder wirken.* (Schlagzeile für kalifornischen Wein von Ernest & Julio Gallo).
- ENDREIM = die Endsilben von Wörtern reimen sich: *Der neue Riesen – probieren Sie diesen!* (Ende eines TV-Spots für Riesen-Storck Karamellbonbons) – *Ich trink Ouzo. Was machst du so?* (Schlagzeile für eine Gemeinschaftswerbung von Ouzo-Herstellern).

b. WIEDERHOLUNG ÄHNLICHER ELEMENTE

- PARONOMASIE = Kombination klangähnlicher, aber semantisch und etymologisch unterschiedlicher Wörter: *Power vom Bauer. Die Fitmacher aus deutschen Landen. CMA* (Slogan einer Sammelanzeige für Erzeugnisse der deutschen Landwirtschaft).
- DIAPHORA = Wiederholung desselben Wortes, aber in unterschiedlichen Bedeutungen: *Man muß nicht groß sein, um groß zu sein.* (Schlagzeile und z. T. schon Slo-

gan für den Kleinwagen VW Lupo) – *Behindert ist man nicht, behindert wird man.* (Schlagzeile eines Plakats für die Aktion Sorgenkind, jetzt Aktion Mensch).

- WIEDERHOLUNG EINZELNER MORPHEME in unterschiedlicher morphologischer Umgebung (durch Flexion oder Wortbildung): *Damit im Alter alles beim Alten bleibt.* (Schlagzeile einer Anzeige der WWK Versicherung) – *Nur die Wirklichkeit wirkt wirklicher.* (Schlagzeile einer Anzeige für einen Drucker von Hewlett-Packard).
- KLIMAX/GRADATION = Aneinandereihung verschiedener Wörter, die auf der semantischen Ebene eine Steigerung ausdrücken: *Gut. Besser. Paulaner.* (Slogan für Paulaner Bier).

3. Erweiterungsfiguren

- ANTITHESE = Kombination von Gegensätzen: *So groß kann klein sein* (Slogan des VW Polo) – *Für alle, die von vornherein wissen, was sie hinterher ziehen.* (Schlagzeile einer Anzeige für den Subaru Legacy).
- OXYMORON = sehr enge Verbindung gegensätzlicher Ausdrücke (z.B. durch Attribuierung) zur Ausdruckssteigerung: *Tradtionell innovativ* (Slogan von Becker Autoradio).

4. Kürzungsfiguren

- ELLIPSE = Aussparung einzelner Satzglieder im Satz: *Wie unser Kraftstoff: Langweilig, aber kaum zu verbessern.* (Schlagzeile einer Anzeige von JET; abgebildet ist ein roter Gummistempel zum Freimachen des Abflusses). Sonderfälle: a) ZEUGMA = Verknüpfung zweier syntaktisch oder semantisch ungleicher Konstruktionen durch ein gemeinsames Prädikat (häufig als Stilblüten gewertet): *Papier ist geduldig. Der Stern nicht.* (Schlagzeile einer Anzeige für die Zeitschrift STERN); b) ASYNDETON = Weglassen der Konjunktionen: *Papier ist geduldig [doch, aber] Der Stern nicht.*

5. Appellfiguren

- RHETORISCHE FRAGE = Frage, die keine Antwort verlangt und erwartet, sondern der Bestätigung von Vorausgesetztem dient: *Erledigen Sie Ihre Bankgeschäfte etwa nicht zu Hause?* (Schlagzeile einer Postbank-Anzeige für Online-Banking) – *Wollen Sie weiter für etwas bezahlen, das Sie nicht gesagt haben?* (Schlagzeile einer Anzeige der VIAG Interkom zu Telefongebühren).
- AUSRUF: *Eßt mehr Tomaten!* (Schlagzeile einer Anzeige für Tomatenketchup von Devely) – *Bingo!* (Schlagzeile einer Anzeige für West-Rollies-Zigaretten).
- APOSTROPHE = direkte Anrede eines spezifischen Publikums/Adressaten: *Gucken Sie nicht so. Tun Sie was!* (Schlagzeile eines Plakats für Lucky-Strike-Zigaretten, abgebildet ist eine offen stehende, leere Zigarettenschachtel).

6. Tropen

- METAPHER = figurativ/bildlich motivierte Ersetzung eines Ausdrucks durch einen anderen auf der Basis eines gemeinsamen Dritten (*tertium comparationis*): *Ein Herz aus purer Kraft.* (aus einem Anzeigentext für den Fiat Barchetta; gemeint ist der Motor) – *So unterstützen Sie ... den natürlichen Aufbau Ihres Hautschutzmantels.* (aus einem Anzeigentext für Pond's Kosmetik).

- SYNÄSTHESIE = Verknüpfung zweier unterschiedlicher, realer oder fiktiver Sinneswahrnehmungen: *Da werden Ihre Ohren Augen machen!* (Schlagzeile für einen Videorecorder von Nordmende) – *Selten ist jemand so weit gegangen, damit Sie Musik hautnah erleben können.* (Schlagzeile für ein Pioneer Autoradio).

- METONYMIE = Ausdrucksersetzung aufgrund eines räumlichen, zeitlichen oder kausalen Zusammenhangs: *Fischer im September* (Werbung für Fischer Taschenbücher; nach Spang 1987: 216).

- SYNEKDOCHE = Ersetzung eines Ausdrucks durch einen anderen aufgrund einer Teil-für-Ganzes-Relation (*pars pro toto*) oder einer Ganzes-für-Teil-Relation (*totum pro parte*): *Dahinter steckt immer ein kluger Kopf.* (= *pars pro toto*; langjährige Anzeigenkampagne der FRANKFURTER ALLGEMEINEN ZEITUNG).

- ANTONOMASIE = Verwendung eines Appellativs statt eines Eigennamens oder umgekehrt: *Bei uns hat jede Uhr ihre eigene Geschichte. Und einige von ihnen haben sogar ein Lange Geschichte.* (Schlagzeile einer Anzeige für den Juwelier Wempe, abgebildet ist eine Armbanduhr von A. Lange & Söhne).

- LITOTES = Ausdrucksverstärkung durch Verneinung des Gegenteils: *Nichts ist unmöglich* (Slogan von Toyota) – *Alles andere als gewöhnlich.* (aus einem TV-Spot für den Honda Civic).

- HYPERBEL = Übertreibung/Übersteigerung ins Unwahrscheinliche: *Haare wie neu geboren und glänzend wie noch nie.* (aus einem TV-Spot für Polykur Shampoo).

- EUPHEMISMUS = beschönigender Ausdruck statt eines tabuisierten Ausdrucks: *Ramend Abführtee: Ramend hilft – mit rein pflanzlichen Wirkstoffen – der Natur sanft nach, wenn etwas in Unordnung geraten ist.* (nach Spang 1987: 227). (Meinem Eindruck nach wird der Euphemismus in der Werbung derzeit kaum genutzt, im Gegenteil: Man scheint sich momentan nur dadurch hervorheben zu können, wenn man möglichst deutlich und direkt ist, wie in folgenden Fernsehspot-Beispielen: *Faktu Akut – und Hämorrhoiden haben Frieden. – Wenn die Prothese wackelt: Protefix mit Nasshaftkraft.*)

- PERSONIFIKATION = Verlebendigung unbelebter Gegenstände: *Weil unsere Haut Durst auf Gesundheit hat.* (Schlagzeilen-Teil einer Anzeige für das Thermalwasser von Vichy) – *Die Rolex Day-Date kennt alle Wochentage. Und sie spricht 26 Sprachen.* (Schlagzeile einer Rolex-Anzeige).

- ENTKONKRETISIERUNG/HYPOSTASIERUNG = Abstrahierung von einem Gegenstand (Entkonkretisierung) bzw. Verdinglichung eines Abstraktums (Hypostasierung): *Pflege, die man spürt. Fitness, die man sieht.* (Schlagzeile einer Anzeige für Nivea Pflegedusche Fitness: im ersten Teil Entkonkretisierung (statt Duschgel o. Ä.), im zweiten Hypostasierung).

- IRONIE = formal nicht abweichend, aber semantisch gegensätzliche Determinierung durch Kontext und/oder Referenz. Der Sprecher meint das Gegenteil von dem, was er sagt, oder meint es zumindest anders, als er es sagt: *Ikea – das unmögliche Möbelhaus* (Slogan für die schwedische Möbelhauskette Ikea, nach Förster 1982/1995: 161; inzwischen ersetzt zuerst durch *Ikea – Entdecke die Möglichkeiten*, jetzt *Lebst du schon – oder wohnst du noch?* – (In einem Rover-Fernsehspot wird ein bieder wirkender Mann mit einem Brett vor dem Kopf gezeigt:) *Er ist bereits stolzer Besitzer der Holzmenge, die der Rover 600 im Innenraum hat.*

Nach einer formalen Bestimmung der in einem Text vorliegenden rhetorischen Figuren müsste im Einzelfall nach ihrer Funktion gefragt werden (siehe dazu 4.2.2 zu den persuasiven Funktionen von Sprache). Die Funktion hängt dabei nicht nur von der Art der Figur, sondern auch von deren Positionierung im Anzeigentext ab (also ob sie sich in der Schlagzeile, dem Slogan oder dem Fließtext befindet). Da offensichtlich bestimmte Figuren beliebter sind und häufiger verwendet werden als andere, ließe sich in der Interpretation nach den Gründen dafür fragen. Zum Beispiel ist die Ironie ein Stilmittel, das gerade in der Werbung eher vorsichtig und sparsam eingesetzt wird, da Ironie – wird sie nicht erkannt – zu Missverständnissen führen und damit leicht der Werbeintention entgegenwirken kann.

Rhetorische Figuren sind ein sehr häufiges Gestaltungsmittel in der Werbung, fallen aber oft vor allem dann auf, wenn sie außerdem einen witzigen Effekt erzielen (und damit nach unserer Klassifikation schon zu den Sprachspielen zu zählen wären). Die Frage ist allerdings, ob die Werbetexter diese Figuren bewusst und aufgrund ihrer Kenntnis der Rhetorik-Lehre verwenden, oder ob es sich nicht in den meisten Fällen um Gestaltungsmittel handelt, die uns allen als Sprachbenutzern so vertraut sind, dass wir sie verwenden, ohne uns ihrer besonderen Struktur oder Semantik und damit ihres Figuren-Charakters bewusst zu sein.

 Auch wenn die rhetorischen Figuren in der Werbung bereits mehrfach Gegenstand der Forschung gewesen sind, so fehlen doch weitgehend durch größere Textkorpora gestützte Erkenntnisse über mögliche Produktspezifität, unterschiedliche Beliebtheit und Geeignetheit (!) der einzelnen Figuren, über ihre Verteilung auf Werbetextelemente und damit ihre von der Positionierung abhängige Funktion.

 Literaturtipps

Eine gute, allgemeine Einführung in die Rhetorik bietet
OTTMERS, Clemens (1996): Rhetorik. Stuttgart/Weimar (Metzler). (= Sammlung Metzler. Realien zur Sprache 283).
Mit stärkerem Bezug zur Werbung und Beispielen aus Werbetexten führt Spang in die Rhetorik ein:
SPANG, Kurt (1987): Grundlagen der Literatur- und Werberhetorik. Kassel (Edition Reichenberger). (= Problemata Semiotica 11).
Zum Zusammenhang von Werbung und Rhetorik allgemein nimmt Ludwig Fischer Stellung, weitere Beispiele für rhetorische Figuren in der Werbung werden ausführlicher bei Uwe Förster besprochen:
FISCHER, Ludwig (1968): Alte und neue Rhetorik. Überlegungen zur rhetorischen Analyse von Werbetexten. In: Format. Zeitschrift für verbale und visuelle Kommunikation 17, 2–10.
FÖRSTER, Uwe (1982/1995): Moderne Werbung und antike Rhetorik. In: Der Sprachdienst 5 (1995), 154–167. Erstmals erschienen in: Sprache im technischen Zeitalter 81 (1982), 59–73.

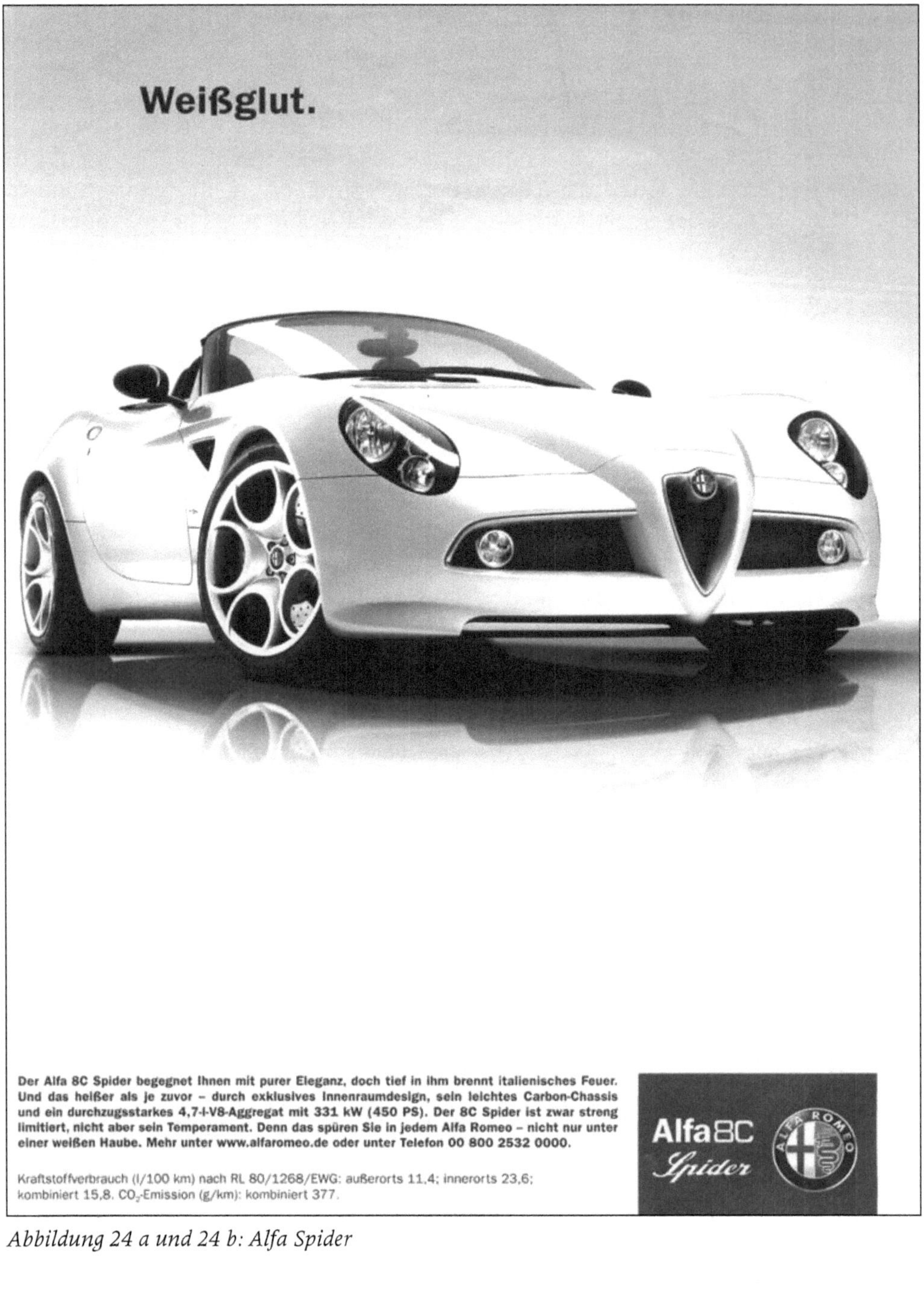

Weißglut.

Der Alfa 8C Spider begegnet Ihnen mit purer Eleganz, doch tief in ihm brennt italienisches Feuer. Und das heißer als je zuvor – durch exklusives Innenraumdesign, sein leichtes Carbon-Chassis und ein durchzugsstarkes 4,7-l-V8-Aggregat mit 331 kW (450 PS). Der 8C Spider ist zwar streng limitiert, nicht aber sein Temperament. Denn das spüren Sie in jedem Alfa Romeo – nicht nur unter einer weißen Haube. Mehr unter www.alfaromeo.de oder unter Telefon 00 800 2532 0000.

Kraftstoffverbrauch (l/100 km) nach RL 80/1268/EWG: außerorts 11,4; innerorts 23,6; kombiniert 15,8. CO_2-Emission (g/km): kombiniert 377.

Abbildung 24 a und 24 b: Alfa Spider

Noch nie war Weiß so rot.

Erleben Sie den Alfa Spider „Edizione" – italienische Leidenschaft in ihrer schönsten Form: „Bianco Ghiaccio"-Lackierung • 18˝-Leichtmetallräder im Alfa-8C-Design • rote „Brembo"-Bremssättel vorne • Sportsitze mit dem Exklusiv-Leder FRAU® Foligno • Blue&Me™ Nav • Bi-Xenon-Scheinwerfer • Bose®-Soundsystem. Individueller Fahrspaß jetzt mit 4 Jahren Garantie[1] und Alfa-Zero-Leasing[2]: 0,0 % Zinsen. 0,- € Anzahlung. Mehr Infos unter www.alfaromeo.de

[1] 2 Jahre Fahrzeuggarantie und 2 Jahre Neuwagen-Anschlussgarantie Extension Premium (inkl. Mobilitätsgarantie) der Fiat Teamsys GmbH gemäß deren Bedingungen.
[2] Ein Leasingangebot der Alfa Romeo Bank GmbH zzgl. Überführungskosten bei bis zu 24 Monaten Laufzeit (bei teilnehmenden Händlern).

Neuere Literatur

Zur Rhetorik und Rhetorizität von Werbung siehe die neueren Arbeiten von JANICH, Nina (2009): Rhetorisch-stilistische Eigenschaften der Sprache von Werbung und Public Relations. In: Fix, Ulla/Gardt, Andreas/Knape, Joachim (Hrsg.): Rhetorik und Stilistik. Ein internationales Handbuch historischer und systematischer Forschung. 2. Halbbd. Berlin/New York (de Gruyter). (= Handbücher zur Sprach- und Kommunikationswissenschaft 31.2). 2167–2181. SCHÜLER, Dominic (2008): Kommunikation am Markt. Rhetorik – Medien – Werbung – Konsum. Tübingen (Kairos).

(49) Welche rhetorischen Figuren liegen in folgenden Beispielen vor?

a. *Wir holen das Beste für die Erde aus der Erde.* (K+S)

b. *Schäumt den Alltag einfach weg.* (Kneipp Schaumbäder)

c. *Draußen zu Hause* (Jack Wolfskin)

d. *Mehr Stil für die Straße.* (Citroën C5)

e. *Griechenland. Ein Meisterwerk, das Sie sich leisten können.*

f. *Erleben Sie Literatur, wie Sie sie noch nie gehört haben.* (Hörbuch-Edition „Bibliothek der Erzähler" der Süddeutschen Zeitung)

g. *Anregend. Aufregend. Anders* (Neue Woche)

h. *Das grüne Vergnügen* (Moskovskaja, mit grünem Etikett)

i. *LCDs, die durch Schönheit bestechen, Fernsehen auf riesigen Flächen, bereichert durch traumhafte Klänge wie fabelhafte Gesänge* (Medion)

j. *Alles hat seine Zeit.* (Duckstein, Abb. 15: 135)

k. *Ermüdet. Ermattet. Erschöpft. Erfrischt. Endlich eintauchen in meinen Garten.* (Gardena, Abb. 23: 194 f.)

l. *Noch nie war Weiß so rot.* (Alfa Spider, Abb. 24 b)

m. *Samstags. Sonntags. Immer.* (F.A.Z. Stellenmarkt, Abb. 28: 248)

n. *In Darbo Naturrein kommt nur Natur rein.* (Darbo Naturrein, Abb. 17: 149)

(50) Untersuchen Sie den Text der *sheer blonde*-Anzeige (abgedruckt unter Frage 2: 39 f.) unter rhetorischem Aspekt:

a. Welche rhetorischen Figuren werden verwendet?

b. Versuchen Sie, die Anzeige in Teile zu zerlegen, die dem rhetorischen Redeschema *exordium – narratio – argumentatio – peroratio* entsprechen. Diskutieren Sie möglicherweise auftauchende Schwierigkeiten.

c) Sprachspiele

Mit *Sprachspiel* ist nicht der philosophische Begriff des Wittgenstein'schen Sprachspiels gemeint, sondern der linguistische und literaturwissenschaftliche, der auf das Spiel mit der Sprache abzielt. Eine handliche Definition findet sich in der Literaturwissenschaft. Demnach sind Sprachspiele

> Spiele mit dem gesamten überkommenen Sprachmaterial, die sich den normativen Idealen inhaltlicher Eindeutigkeit und formaler Fixiertheit durch Mehrdeutigkeit und Abwandlung entziehen, vornehmlich um komische und suggestive Wirkungen zu erzeugen. (Kreutzer 1969: 6)

Ein Sprachspiel lässt sich gemäß dieser Definition durch zwei wichtige Merkmale charakterisieren: Von der Form her stellt es eine irgendwie geartete (= spielerische) Abweichung von der sprachlichen Norm oder zumindest von den Erwartungen der Kommunikationsteilnehmer dar, weshalb es beispielsweise grundsätzlich geeignet ist, Aufmerksamkeit zu erregen. Zum anderen erfolgt diese Abweichung absichtlich mit dem Ziel, eine komische, witzige oder – wird „Sprachspiel" weiter gefasst – allgemein persuasive Wirkung zu erzeugen.

Wichtig ist eine Abgrenzung zu den unabsichtlichen (wenn auch teilweise wissentlichen) Normabweichungen, die meist als Fehler aufgefasst und sanktioniert werden. Andrea Dittgen (1989) weist auf ihre jeweils ganz unterschiedlichen Rollen in der Kommunikation hin:

> Im Gegensatz zu den unabsichtlich-bewußten Abweichungen [= Fehler; N.J.] haben diese intendierten Abweichungen [= Sprachspiele; N.J.] eine kommunikative, funktionelle, semantische oder sonstwie geartete Zusatz-Bedeutung. Ob sie vom Rezipienten toleriert werden, hängt ab:
> 1. von dessen Einstellung zu Normen, Regeln und Konventionen,
> 2. davon, ob er die Abweichung als intendierte Abweichung erkennt, die Intention und [die] durch die Abweichung gegebene Zusatz-Bedeutung, die vom Rezipienten mitgemeint ist, nachvollziehen kann,
> 3. unter Umständen auch noch von einem nicht sprachlich bedingten Phänomen, nämlich davon, ob die unterstellte Zusatz-Bedeutung der Abweichungen mit der Einstellung des Rezipienten zum dargestellten Sachverhalt deckungsgleich ist, der Rezipient also die Meinung des Produzenten teilt. (Dittgen 1989: 18)

Intendierte Abweichungen, in unserem Sinn Sprachspiele, beinhalten also im Gegensatz zu Fehlern einen Mehrwert: Ihnen kommt ein gewisser Mitteilungscharakter zu (Dittgen 1989: 19). Allerdings sind durchaus Fälle denkbar, bei denen genau dieser Mehrwert nicht verstanden, das Sprachspiel als solches nicht erkannt und die Abweichung demnach als Fehler eingeschätzt wird. (Dass Markierungen des Sprachspiels daher empfehlenswert seien, um den Gefahren des Missverstehens oder Nichtverstehens vorzubeugen (Sauer 1998: 228f.), ist ein Rat, der von der Werbung eher selten befolgt wird. Eine – z. B. typografische – Markierung reduziert in der Regel den Reiz des intellektuellen Spiels und wirkt dann oft leicht betulich.)

Daher sollten Werbetextproduzenten nach Möglichkeit nicht nur das Verstehenkönnen sicherstellen (siehe Punkt 2 des Zitats), sondern Sprachspiele auch so einsetzen, dass sie die Funktionen persuasiver Sprache erfüllen (siehe 4.2.2): Sie sollen Aufmerksamkeit erregen und den Werbetext attraktiv machen, ohne die Akzeptanz der Werbeaussage zu erschweren (siehe Punkt 3 des Zitats). Dabei hat der Produzent in Bezug auf die Komplexität des Sprachspiels einen Mittelweg zu finden: Die Entschlüsselung des Mehrwerts darf nicht zu schwierig oder aufwendig sein, da die Bereitschaft zu einem solchen Mehraufwand bei der Werberezeption in der Regel gering ist und dadurch genau das verhindert wird, was erreicht werden sollte: das Weiterlesen. (Eine andere Gefahr ist, dass der Mehraufwand zwar in Kauf genommen wird, dass aber vor lauter Rätselraten die Werbebotschaft in den Hintergrund tritt und sich der Rezipient später nur an den Witz, nicht aber an das

Produkt erinnert.) Andererseits führen zu banale Abweichungen leicht zu Langeweile und gefährden die Akzeptanz des ganzen Textes (Sauer 1998: 224–227). Zudem sollten die durch Sprachspiele provozierten Assoziationen zu Textinhalt und Werbeaussage passen, um schiefe Bilder zu vermeiden (Sauer 1998: 233–238).

Voraussetzung für eine gelingende persuasive Wirkung von Sprachspielen ist demnach eine ausreichende (d. h. oft sehr spezifische lexikalische, syntaktische, kommunikative und stilistische) Sprachkompetenz auf Produzenten- wie Rezipientenseite (Dittgen 1989: 25–28).

Sprachspiele sind auf allen sprachlichen Ebenen möglich und die Forschungsliteratur, besonders die literaturwissenschaftliche, bietet eine Fülle von Klassifizierungsvorschlägen oder zumindest von Auflistungen an. Unterschieden wird zumeist grundsätzlich zwischen Einwort- gegenüber Mehrwortspielen (z.B. bei Weber 1980: 47–53) oder zwischen textimmanenten gegenüber kontextuellen Spielen (z. B. bei Sauer 1998: 3.3.3.1 und 3.3.3.2). Bei beiden Vorschlägen halte ich die methodischen Probleme einer klaren und eindeutig nachvollziehbaren Trennung für gravierender als einen möglichen Erkenntnisgewinn; deshalb werden sie im Folgenden vernachlässigt.

Typologisierungsvorschläge werden zum Beispiel anhand des strukturellen Aspekts der sprachlichen Ebene (Phonetik, Morphologie, Lexik, Syntax usw.) oder der formalen Abweichungsmethode (Vertauschen, Ersetzen, Verändern u. Ä.) getroffen (z. B. mit Bezug zur Werbung bei Störiko 1995; Forgács/Göndöcs 1997). Eine andere Möglichkeit besteht darin, die formal unterschiedlichen Typen zu größeren Gruppen zusammenzufassen, die durch die Art der verletzten Regeln (wie bei Weber 1980) oder des beabsichtigten Effektes bestimmt sind (wie bei Dittgen 1989).

 Allerdings werden nicht selten Zweck/Wirkung und Mittel vermengt, anstatt sie methodisch klar zu unterscheiden: Um beispielsweise eine Mehrdeutigkeit zu schaffen, sind formal ganz unterschiedliche Möglichkeiten gegeben (wie Austausch eines einzelnen Wortes, Veränderung der Schreibung, Wörtlichnehmen eines Phraseologismus etc.), weswegen man in einer Typologisierung von Sprachspielen Mehrdeutigkeit oder semantische Verdichtung nicht auf der gleichen Ebene ansiedeln sollte wie syntaktische Figuren, Phraseologismusabwandlungen und Wortbildungsphänomene (diese Fehler machen zum Beispiel Dittgen 1989: Kap. 4.3–4.5, und Sauer 1998: 96–107, während Wabner 2003 weitgehend sorgfältig zwischen „Basistechniken" und „Basiseffekten" trennt).

Formen

Der folgende Klassifizierungsvorschlag ist aus den Anregungen der erwähnten Literatur abgeleitet und versucht eine methodische Trennung von Sprachspielform und Sprachspieleffekt.[19] Versteht man Sprachspiele als kreativen Gebrauch der Sprache,

---

19 Die Klassifizierung der Wortspielverfahren lehnt sich – zum Teil stark modifiziert – an Forgács/Göndöcs 1997 an, von denen auch einige aktuelle Beispiele übernommen wurden. Einen alternativen, nach Effekten sortierten Vorschlag von Sprachspieltechniken bietet Wabner 2003.

der in irgendeiner Form von den konventionellen Erwartungen der Sprachteilhaber abweicht, lassen sich verschiedene Ebenen unterscheiden, denen sich wiederum unterschiedliche Verfahren der Realisierung zuordnen lassen. Diese Verfahren stellen im Grunde eine offene Klasse dar, die je nach den kreativen Einfällen von Werbetextern erweitert werden kann (hier sind demnach die Fälle aufgelistet, zu denen sich Beispiele finden ließen):

1. **Wortspiele:** Die Erwartungen der Rezipienten hinsichtlich der sprachlichen Form werden verletzt, indem Veränderungen am Wort oder Syntagma vorgenommen oder sprachliche Elemente in überraschender oder normwidriger Weise kombiniert werden. Hier lassen sich verschiedene Verfahren unterscheiden, die auf den verschiedenen Ebenen des Sprachsystems angesiedelt sind:

a. PHONETISCHE VERFAHREN:
- Spiele mit Homophonie (= Gleichklang) bzw. Homoiophonie (= ähnlicher Klang) – Beispiele: a) Schlagzeile einer Anzeige für einen Videoprinter: *Märchen-Prints*. Der witzige Effekt wird verstärkt durch das Bild, auf dem sich das Foto eines Frosches vom Fernsehbildschirm löst. b) Schlagzeilen der Werbeplakate für den Walt-Disney-Film „Herkules": *Der HELD, was er verspricht. – HerCOOLes. – Der HELD Sie auf Zack.* c) Slogan eines TV-Spots für Salat-Würzkräuter von Iglo: *Damit würz' was!* d) Plakat-Ankündigung der amerikanischen Wochen bei McDonald's: *You ess, ej!* (als jugendsprachliche Lautverschriftung von *USA*).
- Lautvertauschung, -hinzufügung oder -ersetzung – Beispiele: a) Vertauschung: Plakatwerbung von McDonald's: *Sönnte ein Polo kein. – Leckt schmecker.* b) Hinzufügung: Schlagzeile einer Anzeige von Karstadt/Hertie für einen Bodenstaubsauger: *Unsere saugstarke Leistung*; c) Ersetzung: Werbung der Sixt-Autovermietung für Flug-Mietauto-Kombinationen: *Sixt kämpft gegen den Massenteurismus.*
- Spiel durch Lautverschriftungen (Onomatopöie), die unter dem Aspekt von Orthografie und Wortart in der Regel unkorrekt sind – Beispiele: a) Schlagzeile für Erkältungsmittel von Ratiopharm: *Schnpfn. Huustn. Heisakeit.* Verstärkt wird der Eindruck eines stark verschnupften Sprechers durch die Abbildung, bei der einer Person ein Eimer über den Kopf gestülpt ist. b) Schlagzeile einer Anzeige für die Fluggesellschaft Condor, die für die alkoholische Getränkevielfalt (Bier, Wein und Sekt) ohne Aufpreis wirbt: *plopp – zisch – perl.*
- Spiel mittels rhetorischer Wiederholungsfiguren wie Reim und Alliteration. Bei diesen Beispielen lässt sich allerdings fragen, ob überhaupt ein witziger Effekt entsteht oder ob es sich nicht schlicht um rhetorische Figuren handelt (sprachspielerisch ist sicherlich das dort schon zitierte Beispiel *Ich trink Ouzo, was machst du so?*).

b. MORPHOLOGISCHE VERFAHREN:
- Spiel mit Komparation – Beispiele: a) Plakatwerbung für Hamburger Royal TS und Super Royal TS von McDonald's, bei der das erste und vierte Wort nur aussehen wie Komparative, aber keine sind: *Wieder, größer, satter, lecker.* b) Slogan für

Paulaner Bier, bei dem an Stelle des Superlativs der Markenname erscheint: *Gut.*
Besser. Paulaner.
- Spiel mit ungrammatischen Wortformen – Beispiele: a) Schlagzeile für ein Darm-
  städter Stadtmagazin: *Darmstadts infokomplettestes Magazin.* b) Schlagzeile für das
  Giro-plus-Konto der Postbank: *Überallster.* (Die beiden Beispiele a) und b) ließen
  sich auch der Komparation zuordnen; die Ungrammatizität ist hier jedoch das
  Auffällige.) c) Plakat für Condor Airlines: *räkel – streck – fläz.*
- Spiel durch Wortbildung (Kontamination, Neubildung). Die Übergänge zu den
  ungrammatischen Wortformen sind fließend. – Beispiele: a) Kontamination/
  Wortkreuzung: Schokoladenwerbung von Ritter-Sport: *Minikolaus.* b) Irreguläre
  Neubildung: *unkaputtbar* (Coca-Cola), vgl. auch *infokomplettest* (s. o.).
- Spiel durch Ersetzung, Vertauschung oder Hinzufügung von Morphemen, Sil-
  ben oder Wörtern. Erfolgt diese morphologische Veränderung aufgrund einer
  Klangähnlichkeit, kann sie häufig auch als phonetisches Verfahren interpretiert
  werden. – Beispiele: a) Schlagzeile einer Anzeige für die Energie-Gruppe RWE:
  Für uns ist von Montag bis Sonntag Diensttag. – b) Schlagzeile für ein Handy von
  Swatch: *Funtastisch.*
- Spiel durch Wiederholung von Morphemen, Silben, Wörtern oder Homonymen
  (siehe bei den rhetorischen Figuren Anapher und Epipher) – Beispiele: a) Slogan
  für Warsteiner Bier: *Das einzig Wahre. Warsteiner.* b) Schlagzeile einer Anzeige für
  einen Drucker von Hewlett-Packard: *Nur die Wirklichkeit wirkt wirklicher.*

c. SYNTAKTISCHE VERFAHREN:
- Spiel mittels rhetorischer Satzfiguren wie Chiasmus und Parallelismus – Beispiel:
  Slogan von Bosch: *Genial einfach. Einfach genial.*
- Spiel mit Aktiv und (Vorgangs-/Zustands-)Passiv – Beispiele: a) Schlagzeile einer
  Anzeige der Hermes Kreditversicherung: *Der Unterschied zwischen geliefert haben
  und geliefert sein ist hauchdünn.* b) Schlagzeile eines Plakats für Aktion Sorgenkind
  (jetzt Aktion Mensch): *Behindert ist man nicht, behindert wird man.*
- Spiel mit Verben, die reflexiv und nicht reflexiv vorkommen – Beispiel: Schlag-
  zeile einer Autowerbung: *Heben Sie sich ab, aber heben Sie nicht ab.* (nach Forgács/
  Göndöcs 1997: 55).
- Spiel durch normwidrige Syntax – Beispiele: a) Slogan von Telegate: *Da wer-
  den Sie geholfen.* b) Slogan für Königs Pilsener: *Das König der Biere,* c) Teil einer
  Schlagzeile für den Ford KA: *... denn kleiner ist schöner ist besser.* d) Slogan für die
  Eurocard: *Eurocard. Deutschlands meiste Kreditkarte.*

d. PHRASEOLOGISCHE VERFAHREN: Bei den phraseologischen Verfahren bietet sich
  neben der folgenden formalen noch eine weitere Möglichkeit der Unterscheidung an, nämlich die nähere Bestimmung der zugrunde liegenden Phraseologismen (alltagssprachliche feste Syntagmen, Sprichwörter, literarische Zitate,
  bekannte Werbeslogans, Film- oder Musiktitel, siehe dazu 4.3.2).
- Veränderung eines Phraseologismus durch Ersetzen, Hinzufügen oder Weglassen eines Ausdrucks – Beispiele: a) Ersetzung (= lexikalische Substitution):

Schlagzeile für Sixt-Autovermietung mit der Abbildung eines Jaguars: *Ist die Katze günstig, freut sich der Mensch.* (Referenztext ist der Slogan von Whiskas Katzenfutter: *Ist die Katze gesund, freut sich der Mensch.*) b) Hinzufügung: aus einem Anzeigentext für Mercedes: *Der klügere Gurt gibt nach.*

- Remotivation eines Phraseologismus (d. h. neben der idiomatischen Bedeutung wird auch die wörtliche aktiviert) – Beispiele: a) Aus einem Anzeigentext für den Renault Twingo: *... wie wir auch hoffen, daß Sie nie den Airbag zu Gesicht bekommen werden.* b) Schlagzeile einer Anzeige für Verstärker von Blaupunkt: *Für Leute, die gerne viel um die Ohren haben.* c) Aus einem Text für die kostspieligen Hifi-Anlagen von T+A: *Was ist der Preis des Ruhmes?*
- Kombination von zwei Phraseologismen – Beispiel: Werbung für Energiesparhäuser: *Manche läßt es KALT, wenn die Minister für Umwelt ins Schwitzen kommen.* (nach Forgács/Göndöcs 1997: 61).

e. GRAFISCHE UND ORTHOGRAFISCHE VERFAHREN:
- Spiel mit der Interpunktion – Beispiel: Schlagzeile einer Alfa-Romeo-Anzeige: *ALFA SPIDER. AUF. UND DAVON.*
- Spiel mit Intarsia, d. h. mit der Integration eines Markennamens in ein passendes Appellativ – Beispiele: a) Anzeige für RWE: *VoRWEg gehen mit einem Kohlekraftwerk ...* (Abb. 25) – b) Schlagzeile für den Hifi-TV-Video Combi von Philips: *„Combiniere: in 1 steckt 2."*
- Verfremdung der Orthografie im Zusammenhang mit der Lexembedeutung (z. B. Binnengroßschreibung, Einfügung eines Bindestrichs, von Sonderzeichen oder Ideogrammen) – Beispiele: a) Slogan von Schwarzkopf (für Haarpflegemittel): *Schwarzkopf. HauptSache schönes Haar.* Durch die Binnengroßschreibung wird das Wort remotiviert, *Haupt* bekommt neben der üblichen präfixoiden Bedeutung wieder die Bedeutung ‚Kopf'. b) Schlagzeile einer Opel-Anzeige, die mit dem Fußballer Mehmet Scholl wirbt: *Sports.* Statt des <o> ist das Opel-Logo eingefügt.
- Spiele mit der Verschiebung der Wortgrenzen – Beispiel: Schlagzeile für die Zigaretten West Ice: *Have an Ice Day.* (statt *Have a nice day*).
- Spielereien mit der Typografie (Schriftart und Anordnung) – Beispiele: a) Eine Anzeige für den Peugeot 206 wirbt für die Servolenkung, indem um die kleine Abbildung des Automodells kreisförmig ein Schriftzug angeordnet und von zwei Pfeilen, die die Dreh- und Leserichtung angeben, umrahmt ist: *Wenn Sie Ihre Zeitschrift gerade drehen, um das hier zu lesen, dann wissen Sie auch, wie leicht sich der neue Peugeot 206 mit serienmäßiger Servolenkung steuern läßt.* b) Die Anzeige für das Nachrichtenmagazin FOCUS ONLINE zeigt einen feinen weißen Schriftzug auf rotem Grund, der aussieht, als würde ein Bein eine Treppe betreten. Die Silhouette des Beins: *Auf dem Weg nach oben? In Focus online Job & Karriere finden Sie nützliche Fakten, die Sie im Job weiterbringen können;* die Treppe besteht aus Hinweisen zu Inhalt und Rubriken. c) Andere Möglichkeiten sind, durch die Wahl der Schrift Assoziationen zu bestimmten Fremdsprachen herzustellen (häufig genutzt in der

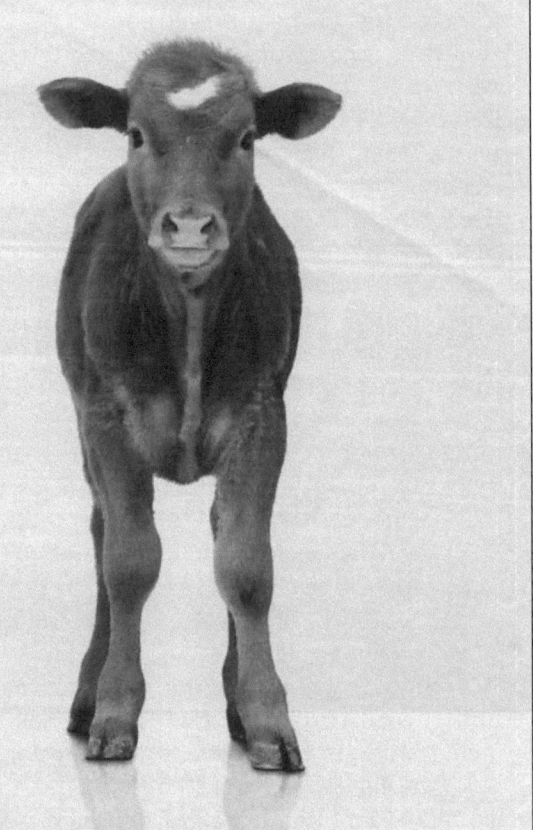

VO**RWE**G GEHEN
MIT EINEM KOHLEKRAFTWERK,
DAS IM GEGENSATZ ZUR VRONI SEINE
EMISSIONEN DEUTLICH REDUZIERT.

RWE investiert bis 2010 mehr als 2 Mrd. Euro in das modernste und effizienteste Kohlekraftwerk der Welt.
Es stößt 30 % weniger CO_2 aus – umgerechnet 6.000.000 Tonnen jährlich. Aber das ist uns nicht gut
genug. Wir realisieren schon bis 2014 das erste klimafreundliche Kohlekraftwerk. Und senken damit
den CO_2-Ausstoß sogar um 90 %. Da staunt nicht nur die Vroni. www.vorweggehen.com

Abbildung 25: RWE

McDonald's-Werbung z. B. für chinesische oder griechische Wochen) (siehe dazu auch die Kapitel 4.5.1 und 4.5.2 zu Interpunktion und Typografie).

f. KOMBINATORISCHE VERFAHREN: Sie fassen Sonderfälle zusammen, die durch die anderen Verfahren nicht abgedeckt werden und die auf der ungewöhnlichen Kombination von sprachlichen Elementen beruhen. Kombinatorische Verfahren verletzen daher meist Kollokationsregeln.[20]

- Spiel mit Antithesen/Antonymien – Beispiele: a) Schlagzeile für den Rover 400: *Je ähnlicher die Dinge werden, desto interessanter werden die Unterschiede.* b) Slogan für Becker Autoradio: *Traditionell innovativ.*
- Kombination von fremdsprachigem und deutschsprachigem Wort- und Morphemmaterial – Beispiele: a) Schlagzeile eines Plakats für Gauloises-Zigaretten: *Très dick.* b) Werbung für Zigarettenpapier: *Dreh bien!* (nach Forgács/Göndöcs 1997: 63) c) McDonald's-Werbung für die mexikanischen Wochen: *Los Wochos.*

2. Kontextspiele: Es werden Erwartungen der Rezipienten verletzt, die sich auf den Zusammenhang von Textinhalt und Kontext/Situation/Textsorte beziehen. Auch hier lassen sich zumindest zwei Verfahren unterscheiden:

a. INTERTEXTUELLE GATTUNGSREFERENZEN UND TEXTMUSTERMISCHUNGEN – Beispiel: Eine Anzeige ist formal wie ein Brief, eine Kleinanzeige oder ein redaktioneller Artikel aufgemacht. Allerdings lässt sich gerade bei den rein formalen intertextuellen Anspielungen fragen, ob man sie überhaupt zu Sprachspielen zählen oder nicht stattdessen unter dem gesonderten Aspekt der Intertextualität untersuchen sollte, die als eine eigenständige Werbestrategie neben Sprachspielen genutzt wird (siehe 4.4.3).

b. SPIEL MIT TEXTSORTENKONVENTIONEN: In der Werbung ist dies z. B. dadurch möglich, dass die Werbeintention oder die Bedingungen des Werbeschaffens explizit thematisiert werden, obwohl allgemein bei Werbung erwartet wird, dass sie ihre werbende Intention bestmöglich verschleiert, um erfolgreich zu sein (erfolgreich im Sinne von nicht zu leicht durchschaubar). – Beispiel: Schlagzeile einer doppelseitigen Mercedes-Anzeige, die nur aus Text besteht: *Dieses eine Mal verzichten wir auf die Abbildung der neuen E-Klasse. Sonst liest das ja doch wieder keiner.*

3. Referenzspiele: Durch ein Spiel mit dem denotativen Bezug von Ausdrücken und Aussagen werden konventionelle Referenzerwartungen durchbrochen. Daher werden hierunter die Verfahren zusammengefasst, die den Referenzbezug ausweiten, vage oder ungewöhnlich werden lassen:

a. PERSONIFIZIERUNG – Beispiele: a) Aus dem Text einer VW-Polo-Anzeige, in der neben dem Polo auch ein Dummy mit rotem Kleid in Marilyn-Monroe-Pose abgebildet ist: *Sogar unsere Dummies lieben den neuen Polo.* b) Schlagzeile einer Anzeige für das „Vivre"-System von Renault, in der groß eine Leitplanke abgebildet ist: *Möchten Sie lieber von ihr geweckt werden oder von uns?*

---

20 Zum Begriff der Kollokation siehe Erklärung in Fußnote 14: 174.

b. SPIEL MIT DER AMBIGUITÄT VON AUSDRÜCKEN UND OFFENER REFERENZ – Beispiel: Werbung für die Telefongesellschaft Arcor (und deren Vorwahlnummer): *Ihre Neue – was für eine Nummer!* Das Oszillieren der Referenz der vagen Ausdrücke *Neue* und *Nummer* wird wesentlich unterstützt durch das Bild, auf der eine Frau den Betrachter aufreizend anblickt. b) Schlagzeile einer Anzeige für Europcar Autovermietung mit der Abbildung dreier Cabrios: *Noch nie waren Oberteile so leicht zu öffnen.* c) Der Fernsehspot für das Gesichtsreinigungsmittel Clearasil Complete beginnt mit einer Straßenumfrage (ohne vorher klargestellten Produktbezug!): *Sag mal, wie war eigentlich dein erstes Mal? (…) Und wie oft machst du es in der Woche? (…) Und was sagt deine beste Freundin dazu?* Auch die Antworten enthalten nur Pronomen und bleiben ohne eindeutige Referenz, so dass aufgrund der konventionellen Interpretation von *dein erstes Mal* bis zum Schluss der Eindruck bleibt, es handele sich um das erste sexuelle Erlebnis und nicht um die erstmalige Benutzung der Gesichtspflege.

c. KONTEXTKOMBINATIONEN, bei denen beispielsweise das Produkt in einen neuen referenziellen Bezugsrahmen gestellt wird. Im Prinzip beruht die Kontextkombination auf der Ambiguität oder Polysemie einzelner Ausdrücke, so dass auch hier die Grenzen fließend sind. – Beispiele: a) *Was man selbst aus zwei Zylindern alles rausholen kann.* Anstelle einer Autowerbung handelt es sich um die Schlagzeile einer Anzeige für Warsteiner Bier, auf der zwei zylinderförmige volle Biergläser abgebildet sind. b) In der Anzeige für die Jahres-Chronik 1998 des SPIEGEL ist eine Tablettenpackung abgebildet. Die einzelnen Dragees geben durch Aufdrucke Informationen zu den Artikeln des Heftes. Schlagzeile: *Gegen Vergeßlichkeit. Die SPIEGEL-Jahreschronik 1998. Rezeptfrei im Handel.*

d. ETABLIERUNG NEUER (möglicherweise nicht genau erschließbarer oder fiktiver) REFERENZOBJEKTE durch Wortschöpfungen – Beispiel: Im schlagzeilenähnlichen Text einer Sixt-Autovermietung-Anzeige wird die Pseudofachsprache mancher Autoanzeigen parodistisch aufgegriffen: *Die neue S-Klasse mit Linguatronic, Comand, AIRmatic und Keyless-Go. Und unseren Preis versteht auch keiner. (Die neue S-Klasse für nur 188,–/Tag).*

e. ANSPIELUNGEN AUF TEXT-BILD-BASIS, bei denen der witzige Effekt nicht durch die sprachliche Form, sondern nur durch die spezifische Kombination von Text und Bild entsteht – Beispiel: *Wie Sie sehen, stellt der neue PEUGEOT 206 alles in den Schatten.* Neben dieser Schlagzeile ist nur das Auto auf weißem Grund abgebildet, das einen Schatten in Form eines großbuchstabigen *ALLES* wirft.

Die dargestellten einzelnen Verfahren und sprachlichen Realisierungsmöglichkeiten sind in der Werbung unterschiedlich beliebt. Wortspiele mit Phraseologismen, Homophonie sowie Referenzspiele sind beispielsweise sehr häufig, die syntaktischen Verfahren oder typografische Spiele speziell mit Ideogrammen und Intarsia dagegen eher selten. Eine solide, korpusbasierte Untersuchung der Häufigkeitsverteilung fehlt allerdings bislang.

Die Klassifzierung zeigt in ihrer recht feinen Differenzierung Idealtypen auf. Diverse Beispiele lassen sich, wie sich oben bereits gezeigt hat, verschiedenen Verfahren gleichzeitig zuordnen, so dass von zahlreichen Kombinationsmöglichkeiten ausgegangen werden muss.

 Forschungsarbeiten zu Sprachspielen in der Werbung erläutern zwar Sprachspiele mit Hilfe des Anzeigenumfelds, berücksichtigen aber selten systematisch, dass Sprachspiele in ganz unterschiedlicher Weise und Umfang mit dem Bild oder dem restlichen Text verknüpft sein können. Zu einer formalen Beschreibung von Sprachspielen in der Werbung gehört daher auch die Beantwortung der Frage, welche Sprachspiele isoliert in einer Anzeige auftauchen und für sich allein verständlich sind, welche dagegen durch den Kotext[21] oder weitere Sprachspiele, welche durch das Bild und welche erst im Zusammenhang mit Kotext und Bild verständlich werden.

Effekte und Wirkungen

Ist die Form bestimmt, geht es in einem nächsten Schritt um Funktion und Wirkung der Sprachspiele. Zu den Funktionen von Sprachspielen in der Werbung wurden oben bereits einige Bemerkungen gemacht. Die verschiedenen Verfahren lassen sich größtenteils allgemein mit einzelnen persuasiven Funktionen von Sprache (s. u.) in Einklang bringen. Sie könnten aber auch mit Hilfe der Sprechakttheorie weiter untersucht werden, wie dies bei Sauer und ansatzweise bei Dittgen geschieht. Eine detailliert verfahrensbezogene Funktionszuweisung sollte jedoch erst am konkreten Beispiel erfolgen.

Was die Wirkung von Sprachspielen betrifft, so kann man unterscheiden zwischen der unmittelbaren Wirkung auf die Semantik des Textes bzw. der Anzeige, die der terminologischen Unterscheidung wegen im Folgenden *sprachspielerischer Effekt* genannt wird, und der Wirkung auf den Rezipienten.

Zuerst zum sprachspielerischen Effekt: In der Regel entfaltet jedes Sprachspiel im Textzusammenhang eine semantische Wirkung, übernimmt quasi eine bestimmte Funktion für den Text, indem es die inhaltlichen Dimensionen und Lesartmöglichkeiten des Textes determiniert bzw. ausweitet (modifiziert nach Dittgen 1989 und Wabner 2003; letzterer unterscheidet Inkompatibilitäten, Verdichtungen und Expansionen, rechnet aber die Mehrdeutigkeit zu den Techniken):

a. MEHRDEUTIGKEIT: Wortspiele mit Homophonie, Wortkreuzungen oder Morphem- und Silbenersetzungen sowie Referenzspiele durch Kontextkombinationen oder auf der Basis von Ambiguität bedingen in der Regel Mehrdeutigkeit. Normalerweise wird in der Kommunikation durch den Ko- und Kontext

---

21 Unter Kotext wird hier „der sprachliche Kontext im Gegensatz zum außersprachlichen bzw. situativen Kontext" verstanden (Lewandowski [6]1994, Bd. 2: 613). Kotext bezieht sich also nur auf die Wort- und Textumgebung, während Kontext auch die „Umstände und situativen Bedingungen einer Äußerung" umfasst (Lewandowski [6]1994, Bd. 2: 595).

festgelegt, welche der möglichen Bedeutungen eines sprachlichen Ausdrucks als aktuelle Bedeutung Geltung hat. Durch Sprachspiele wird diese Eindeutigkeit absichtlich aufgehoben, so dass mehrere verschiedene Bedeutungen aktiviert werden und wie bei einem Vexierbild je nach Blickwinkel mal die eine, mal die andere aufscheint.

b. SEMANTISCHE VERDICHTUNG: Durch die grafischen und typografischen Verfahren, durch Wort- und Morphemwiederholungen, durch die Remotivation von Phraseologismen oder Personifizierung von Produkten entsteht eine semantische Verdichtung, die sich von der Mehrdeutigkeit darin unterscheidet, dass nicht zwei konkurrierende Bedeutungen wirksam werden, sondern dass die aktuelle Bedeutung verstärkt, betont oder assoziativ intensiviert wird. Handelt es sich bei der Mehrdeutigkeit also um eine semantische Expansion, so liegt bei der Verdichtung eine semantische Konzentration vor.

c. SEMANTISCHE UNVERTRÄGLICHKEIT: Durch die kombinatorischen Verfahren, die syntaktischen Spiele mit Aktiv/Passiv und reflexiver/nicht reflexiver Konstruktion sowie viele der Phraseologismusabwandlungen entsteht ein anregendes semantisches Spannungsverhältnis. Die Textmustermischungen könnte man als eine Form kontextueller Unverträglichkeit ansehen, bei der eine Spannung zwischen scheinbarer und tatsächlicher Textsorte entsteht.

d. ERWEITERUNG DER WAHRNEHMUNGSDIMENSIONEN (SYNÄSTHESIE): Durch Lautverschriftungen wird im schriftlichen Medium assoziativ eine weitere, nämlich die akustische Wahrnehmungsdimension eröffnet.

Was die unmittelbare Wirkung auf die Rezipienten angeht, macht Nicole Sauer einen Vorschlag zu einer ersten groben Unterteilung:

a. SPRACHSPIELE, DIE PRIMÄR EMOTIONAL WIRKEN:

> Es bedarf weder der gedanklichen Mitarbeit noch der bewußten Hinwendung zum Stimulus durch den Rezipienten, damit die geschilderten Kategorien [bei Sauer: Reim, Wiederholung, Chiasmus, Dreierfigur, Antonymie; N.J.] als besondere Struktur oder Ausdrucksform erfaßt werden. Ganz im Gegenteil ist es Sinn und Zweck dieser Typen von Wort- und Sprachspielen, dem Rezipientenbewußtsein und somit den kritischen Vorbehalten gegen Werbung allgemein auszuweichen, indem sie direkt an das ästhetische Empfinden gerichtet werden. (Sauer 1998: 175 f.)

Gelingt die „emotionale Aktivierung" (ebd.), erfüllen die betreffenden Sprachspiele vor allem folgende der unter 4.2.2 besprochenen persuasiven Funktionen: Aufmerksamkeitssteuerung, Förderung der Erinnerung, Aktivierung und Steuerung der Vorstellungskraft sowie Ablenkung und Verschleierung des Werbecharakters. Ob dies nun prinzipiell auf die Sprachspiele und rhetorischen Figuren zutrifft, die bei Sauer unter diesem Punkt aufgezählt werden, ist eine andere Frage.

b. SPRACHSPIELE, DIE ÜBER EINE EMOTIONALE AKTIVIERUNG HINAUSGEHEN UND EINE GERINGE KOGNITIVE BETEILIGUNG DES REZIPIENTEN ERFORDERN: Sie sollen nicht nur auf der ästhetischen Ebene auf die Anzeige selbst, sondern auch auf ihren Inhalt aufmerksam machen, indem der Rezipient zwischen Wiedererkennen und Irritation schwankt. (Sauer zählt dazu beispielsweise Anspielungen, Archaismen, Neologismen und logische Brüche; Sauer 1998: 177–180.) Auch diese Sprachspiele erfüllen die Funktion, Aufmerksamkeit zu wecken, können jedoch wahrscheinlich erfolgreicher das Interesse am Text fördern als emotional-ästhetisch wirkende Abweichungen. Inwieweit die anderen persuasiven Funktionen erfüllt werden, hängt jedoch zu sehr vom einzelnen Sprachspiel ab, als dass prinzipielle Zuweisungen möglich wären.

c. SPRACHSPIELE, DIE EINE INTENSIVE KOGNITIVE BETEILIGUNG VORAUSSETZEN: Nicht nur muss das Sprachspiel als solches erkannt werden, es müssen auch die dadurch eröffneten Bedeutungsdimensionen und Unstimmigkeiten eigenständig erfasst und über ihre Geltung im Kontext entschieden werden (Sauer 1998: 180–182). Dies ist bei allen Wortspielen der Fall, die Mehrdeutigkeit oder semantische Verdichtung bewirken. Erst diese etwas anspruchsvolleren Sprachspiele erfüllen in der Regel die Attraktivitätsfunktion, wodurch die Rezeption zu einem intellektuellen Vergnügen werden kann. Der Verständlichkeit dienen sie nur dann, wenn ihre Entschlüsselung nicht zu aufwendig ist, die übrigen Funktionen hängen wiederum vom Einzelfall ab.

Die weiteren Wirkungen, die Sprachspiele auf Einstellung und Handlung des Rezipienten haben, sind im Grunde nur empirisch am konkreten Beispiel zu untersuchen. Sauer versucht sich diesen Wirkungen von theoretischer Seite zu nähern, indem sie Wirkungen als bewertende Stellungnahmen der Rezipienten beschreibt. Die Frage der Werbewirkung geht jedoch auch in diesem Fall in aller Regel über die sprachwissenschaftlich zu leistende Beschreibung hinaus.

 Die vorangegangenen Ausführungen zeigen, dass Sprachspiele zwar ein spannendes, beliebtes und nichtsdestoweniger immer noch ergiebiges Forschungsfeld darstellen, dass ihre Klassifizierung andererseits schwierig ist und ihre Funktion und Wirkungsweise nicht unabhängig vom gesamten Text- und Bildumfeld der Anzeige bzw. des Spots bestimmt werden können. Was bislang noch ein echtes Desiderat der Forschung darstellt, ist, inwiefern Fernsehspots zusätzliche oder ganz andere Möglichkeiten des Sprachspiels als Anzeigen nutzen, wenn beispielsweise Geräusche und Musik zur Unterstützung von Mehrdeutigkeiten herangezogen werden oder ein Sprachspiel erst durch die Betonung beim Sprechen erkennbar wird.

 Literaturtipps

Um Sprachspiele in der Werbung geht es bei:
DITTGEN, Andrea Maria (1989): Regeln für Abweichungen. Funktionale sprachspielerische Abweichungen in Zeitungsüberschriften, Werbeschlagzeilen, Werbeslogans, Wandsprüchen und Titeln. Frankfurt am Main u. a. (Lang). (= Europäische Hochschulschriften. Reihe 1: Deutsche Sprache und Literatur 1160).
EWALD, Petra (1998): Zu den persuasiven Potenzen der Verwendung komplexer Lexeme in Texten der Produktwerbung. In: Hoffmann, Michael/Keßler, Christi-

ne (Hrsg.): Beiträge zur Persuasionsforschung. Unter besonderer Berücksichtigung textlinguistischer und stilistischer Aspekte. Frankfurt am Main u. a. (Lang). (= Sprache. System und Tätigkeit 26). 323–350.

FORGÁCS, Erzsébet/GÖNDÖCS, Ágnes (1997): Sprachspiele in der Werbung. In: Studia Germanica Universitatis Vesprimiensis 1, 49–70.

SAUER, Nicole (1998): Werbung – wenn Worte wirken. Ein Konzept der Perlokution, entwickelt an Werbeanzeigen. Münster u. a. (Waxmann). (= Internationale Hochschulschriften 274).

STÖRIKO, Ute (1995): „Wir legen Word auf gutes Deutsch." Formen und Funktionen fremdsprachiger Elemente in der deutschen Anzeigen-, Hörfunk- und Fernsehwerbung. Viernheim (Cubus).

Neuere Literatur

Einen alternativen Vorschlag zur Systematisierung sprachspielerischer Techniken macht

WABNER, Matthias (2003): Kreativer Umgang mit Sprache in der Werbung. Eine Analyse der Anzeigen- und Plakatwerbung von McDonald's. Online-Publikation: Networx 32 (http://www.mediensprache.net/networx/networx-32.pdf).

(51) Analysieren Sie die folgenden Beispiele in Bezug auf die in ihnen vorkommenden Sprachspiele und die intendierten sprachspielerischen Effekte (ziehen Sie für die Analyse der Effekte ggf. den sprachlichen, visuellen und/oder pragmatischen Kontext heran). Welche Form der Aktivierung liegt jeweils vor?

a. *Liberté, Égalité, Straßenlagé* (Citroën C5)

b. *Form. Vollendet.* (Kaldewei Badewannen; im Bild eine Badewanne von oben, daneben eine halb abgewandte schlanke Frau mit strenger Frisur und im eng anliegenden Kleid in einer Art Flamenco-Pose)

c. *So geht's, altes Haus.* (BHW: Subheadline dazu: *Mit BHW modernisieren und Energie und Geld sparen*; im Bild ein Haus, dessen eine Hälfte unrenoviert, die andere renoviert ist)

d. *Wir kämpfen für Ihr gutes Recht.* (Roland Rechtsschutz, zum Markenzeichen gehört ein Schwert)

e. *Die EMpfehlung des Jahres* (MediaMarkt im Sommer der Fußball-Europameisterschaft 2008)

f. *Viel Tamtam.* (Pfeil zu einer abgebildeten goldenen Kutsche) *Gratis Tomtom.* (Pfeil zu Renault Clio) *Der neue Renault Clio. Da steckt mehr drin.*

g. *Windkraft: eine Idee, der wir Flügel verleihen.* (bp, Abb. 8: 80)

h. *⊖mission* (Schlagzeile für den Smart)

i. *Weißglut.* (Alfa Spider, Abb. 24 a: 200)

j. *Für alle, die mehr als nur diese Seite bewegen wollen.* (F.A.Z. Stellenmarkt, Abb. 28: 248)

4.4.2 Inszenierung von Varietäten

Lange vor der Etablierung des sprachwissenschaftlichen Teilbereichs Soziolinguistik war man sich darüber im Klaren, dass von „dem Deutschen" zu reden eine Abstraktion ist. Schließlich weist die deutsche Sprache neben der Standard(-Schrift-)sprache verschiedene Varietäten oder Subsysteme auf (wie z. B. Dialekte oder Fachsprachen). Die Soziolinguistik hat dieses Wissen zu systematisieren versucht und ein Varietätenmodell entwickelt, das als eine Art „Sprachwirklichkeitsmodell" zu verstehen ist (siehe Abbildung und Erläuterungen bei Löffler ³2005). Die Varietäten werden systematisiert nach dem Interaktionstyp bzw. der Art der Kommunikationssituation (= Situolekte), nach Alter und Geschlecht der Sprecher (= Sexlekte, Alterssprachen), nach Sprechergruppen (= Soziolekte), nach der regionalen Reichweite (= Dialekte), der kommunikativen Funktion (= Funktiolekte) oder dem vermittelnden Medium wie Zeitung, Fernsehen o. Ä. (= Mediolekte). Dabei sind vielfältige Überschneidungen möglich; zudem kann jeder „Lekt" zumindest theoretisch gesprochen und/oder geschrieben vorkommen.

An dieser Stelle soll nicht weiter auf das Varietätenmodell eingegangen werden (zur Einführung in die Soziolinguistik siehe Dittmar 1997 oder Löffler ³2005). Stattdessen werden die drei häufigsten in der Werbung zu bemerkenden Varietäten – Fachsprache, Jugendsprache und Dialekt – herausgegriffen, um ihre Rolle innerhalb der Werbung kurz zu beleuchten.

Weitere Varietäten, die man unter diesem Aspekt untersuchen könnte, sind zum Beispiel die religiöse (z. B. *HalloLuja, lasset uns telefonieren.* Schlagzeile von VIAG Interkom; *Am Anfang waren Himmel und Erde. Den ganzen Rest haben wir gemacht.*, Plakatwerbung von Das Mauerwerk; siehe weitere Beispiele bei Baumgart 1992: 187–207 und eine erste einschlägige Studie von Bauer 2007) oder die poetisch-lyrische Sprache (vgl. dazu aus literaturwissenschaftlicher Perspektive Meyer 2010 oder am Beispiel der Parfumwerbung Holz 2005); beide ließen sich zusätzlich unter einer intertextuellen Perspektive betrachten (vgl. 4.4.3). Auch gibt es kaum Studien zur Frage, ob es eine frauen- bzw. männerspezifische Ansprache der Werbung gibt (siehe bislang aus sprachwissenschaftlicher Perspektive nur die preisgekrönte soziolinguistisch-pragmatische Arbeit von Motschenbacher 2006 zum Englischen).

Besonders weil Fernsehspots gegenüber Anzeigen bislang immer noch wenig untersucht worden sind, zeigt sich auch ein Forschungsdefizit in Bezug auf das Verhältnis von gesprochener und geschriebener Sprache in der Werbung. Die gesprochene Sprache folgt pragmatisch wie systematisch ganz anderen Gesetzmäßigkeiten als die geschriebene (siehe z. B. die Einführung von Schwitalla 1997). Nun wird in der Fernsehwerbung selten spontan gesprochen, so dass die Äußerungen zwar (aus)gesprochen werden, ihnen aber sicherlich schriftlich abgefasste Konzepte in Form von Drehbüchern zugrunde liegen. In der Printwerbung kann gesprochene Sprache imitiert oder inszeniert werden, obwohl sie gedruckt vorliegt. Diese Phänomene, die ganz eigene Sprachgebrauchsweisen erzeugen, wurden von Koch/Oesterreicher (1985) als „konzeptionelle Schriftlichkeit" (im ersten Fall) und „konzeptionelle Mündlichkeit" (im zweiten Fall) beschrieben. Es wäre eine Untersuchung wert zu überprüfen, inwiefern diese unterschiedlichen Konzeptionen in der Werbung vorkommen und wie sie evtl. als Werbestrategie genutzt werden (vgl. dazu auch 3.4).

Literaturtipps

Allgemeine Einführungen in die Soziolinguistik bieten zum Beispiel:
DITTMAR, Norbert (1997): Grundlagen der Soziolinguistik – ein Arbeitsbuch mit Aufgaben. Tübingen (Niemeyer). (= Konzepte der Sprach- und Literaturwissenschaft 57).
LÖFFLER, Heinrich (³2005): Germanistische Soziolinguistik. 3., überarbeitete Auflage. Berlin (Schmidt). (= Grundlagen der Germanistik 28).

 Neuere Literatur

Erste Studien gibt es inzwischen zur Einbindung religiöser Sprache, poetischer Sprache und von Genderlekten:
BAUER, Sabine (2007): Religiöser Wortschatz in der Printwerbung. Analyse aktueller Anzeigen und Plakate aus ausgewählten Branchen. Saarbrücken (VDM).
HOLZ, Peter (2005): Die Sprache des Parfums. Eine empirische Untersuchung zur Grammatik, Metaphorik und Poetizität des Parfumwerbetextes. Hamburg (Dr. Kovač). (= Philologia 70).
MEYER, Urs (2010): Poetik der Werbung. Berlin (Schmidt). (= Allgemeine Literaturwissenschaft – Wuppertaler Schriften 13).
MOTSCHENBACHER, Heiko (2006): „Women and Men Like Different Things"? – Doing Gender als Strategie der Werbesprache. Marburg (Tectum).

a) Fachsprache

Die Fachsprachenforschung ist ein weites und seit den 1970er Jahren intensiv bearbeitetes Feld innerhalb der Sprachwissenschaft (siehe z.B. die Einführungen von Fluck ⁵1996 oder Roelcke ²2005). Eine sehr gute Definition für Fachsprache geben Dieter Möhn und Roland Pelka:

> Wir verstehen unter Fachsprache heute die Variante der Gesamtsprache, die der Erkenntnis und begrifflichen Bestimmung fachspezifischer Gegenstände sowie der Verständigung über sie dient und damit den spezifischen kommunikativen Bedürfnissen im Fach allgemein Rechnung trägt. Fachsprache ist primär an Fachleute gebunden, doch können an ihr auch fachlich Interessierte teilhaben. Entsprechend der Vielzahl der Fächer, die man mehr oder weniger exakt unterscheiden kann, ist die Variante ‚Fachsprache' in zahlreichen mehr oder weniger exakt abgrenzbaren Erscheinungsformen realisiert (…)." (Möhn/Pelka 1984: 26)

Die vielen, besonders im Wortschatz zum Teil sehr unterschiedlichen Fachsprachen des Deutschen sind demnach Funktiolekte: Sie dienen einer zweckgerichteten und effektiven, dabei weitgehend emotionsfreien Kommunikation zwischen Fachleuten über die Gegenstände ihres Faches. In der Werbung liegt jedoch ein Sonderfall vor: Es kommunizieren ja nicht Fachleute über einen fachlichen Gegenstand, sondern Werbetexter richten sich an ein breites, meist laienhaftes Publikum und verwenden zur Gestaltung ihrer Werbebotschaft fachliche Ausdrücke – oder solche, die nur so aussehen!

Zur Fachsprache in der Werbung liegt eine umfangreiche Studie vor (Janich 1998a), in der Bilder, Texte und Argumentationsmuster in Anzeigen und Fernsehspots für die Produktbranchen Auto, Kosmetik und Unterhaltungselektronik auf ihre Fachlichkeit hin untersucht wurden. An dieser Stelle werden die wichtigsten Ergebnisse kurz referiert.[22]

Werbung unterscheidet sich in ihrer Intention und daher auch im Gebrauch fachsprachlicher Elemente grundsätzlich von Fachtexten oder halbfachlichen, populärwissenschaftlichen Texten. Sie dient nicht primär der (möglichst verständlichen) Vermittlung von Fachinhalten, sondern will effektiv für ein beworbenes Produkt (Kauf-) Interesse wecken. Deshalb spielt auch die Verwendung von fachsprachlichen Elementen eine andere Rolle: Die Verständlichkeit der Inhalte steht nicht unbedingt im Vordergrund, wichtiger ist oft, dass die Ausdrücke äußerlich wie Fachwörter wirken, um wissenschaftliche Autorität ausstrahlen zu können. Die Merkmale, die fachsprachlicher Kommunikation zu eigen sind, wie Genauigkeit, expressive Neutralität (= Fehlen von Konnotationen) und Sachbezogenheit sind in der Gestaltung von Anzeigen- und Spottexten unwichtig bzw. wären in manchen Fällen gar kontraproduktiv. Damit hängt auch das Phänomen zusammen, dass Werbetexter „Fachwörter" oft erst für ihre Zwecke kreieren, also den Rezipienten werbespezifische Wortschöpfungen anbieten, die vom Verwendungszusammenhang und von ihrer Ausdrucksseite her Fachwörter eines bestimmten Faches zu sein scheinen.

 Da weder Werbetexter noch Rezipienten in der Regel Fachleute des Faches sind, aus dem die Produkte stammen (also z. B. bei der Autowerbung Kraftfahrzeugtechniker, bei Kosmetik Pharmazeuten oder Mediziner), handelt es sich bei Fachsprache in der Werbung aus Sicht der Kommunikationsteilnehmer um nicht-fachliche Kommunikation. Daraus ergeben sich Probleme für die Fachwort-Definition: Bleibt ein Fachwort ein Fachwort, wenn es von Laien für Laien benutzt wird? Kann man noch von Fachsprache reden, wenn der Verwendungszweck nicht der ist, sich sachadäquat und zweckrational über die Gegenstände des Fachs zu verständigen? So wichtig die konkrete Sprachverwendung für eine Abgrenzung zwischen Fach- und Alltagssprache bzw. zwischen Fachwort und alltagssprachlichem Wort ist, so hilflos bleiben wir dennoch in einer Kommunikationssituation wie der der Werbung, in der „Fachwörter" mal durchaus im Sinne ihrer fachsprachlichen Funktionen mit mehr oder weniger vollständiger fachlicher Bedeutung, mal in oberflächlicher, rein wirkungsbezogener, oft also gegenteiliger Absicht benutzt werden. Trotzdem fällt uns beim alltäglichen Lesen und Hören von Werbung auf, dass Werbetexte Wörter enthalten, die wir intuitiv als Fachwörter identifizieren würden, meist, weil sie uns schwer verständlich erscheinen (so z. B. bei Römer [6]1980: 119 ff.; Baumgart 1992: 122, 232). Andererseits kann die Verständlichkeit gerade kein Kriterium für eine Zuordnung sein, da es sowohl innerhalb von Fachsprachen als auch in der Alltagssprache leichter und schwerer verständliche Wörter gibt.

---

22 Die folgenden Ausführungen sind leicht modifiziert und gekürzt dem Aufsatz „Werbung als Medium der Popularisierung von Fachsprachen" (Janich 1999) entnommen.

Bezogen auf Werbung und die dort vorliegende spezielle Kommunikationssituation bietet sich folgender Abgrenzungsversuch an (Janich 1998a: 35–44):

1. Ein FACHWORT IM ENGEREN SINN nennen wir jeden Ausdruck, der seinen Sitz in der Praxis hat, der also mit einem fachspezifischen Denotat (das sich von einem möglicherweise parallel existierenden alltagssprachlichen unterscheidet) von Fachleuten innerhalb der Fachkommunikation tatsächlich verwendet wird. Ob ein Wort ein Fachwort in diesem engen Sinn ist, lässt sich mit Hilfe von Fachwörterbüchern, Fachlexika und Fachliteratur überprüfen.

2. FACHSPRACHLICH IM WEITEREN SINN ist in Werbetexten alles, was aufgrund seiner Ausdrucksseite (die z. B. fremdsprachlich oder nach fachsprachlichem Muster mit Ziffern, Initialen oder aus umfangreichen Morphemverbindungen gebildet ist) oder durch den umgebenden Kontext geeignet ist, einen fachsprachlichen Eindruck zu erwecken. Hier lassen sich noch einmal zwei Gruppen differenzieren:

    a. FACHLICH ASSOZIATIVE AUSDRÜCKE, zu denen beispielsweise die unter 4.3.1 c besprochenen Plastikwörter wie *Dynamik*, *Effekt* oder *System* zu zählen sind, die also noch Reste eines fachlichen Denotats, vor allem aber einen fachlichen Konnotationsraum aufweisen,

    b. PSEUDOFACHSPRACHLICHE AUSDRÜCKE, die Fachlichkeit nur vortäuschen sollen, ohne inhaltlich noch einen konkreten Bezug zu einem fachlichen Referenzobjekt zu haben, die also sehr unspezifische Assoziationen an Fachlichkeit wecken sollen.

Je nach Produktgattung bzw. Branche können der Einsatz fachsprachlicher Mittel, eine fachlich anmutende Textgestaltung sowie wissenschaftlich oder technisch wirkende Bildelemente ganz unterschiedliche Ausprägungen und argumentative Funktionen haben und sich durch ihren tatsächlichen Fachbezug unterscheiden:

- In der AUTOWERBUNG stehen in der Regel eine unterhaltsame Anzeigen- und eine meist sehr stark emotional gefärbte Spotgestaltung im Vordergrund. Fachwörter wie *Airbag, Katalysator, Doppel-Querlenker-Hinterachse, McPherson-Federbein* dienen der Bezeichnung von Produktelementen und -eigenschaften und sind – beispielsweise mit Hilfe eines Wörterbuchs oder Lexikons – intersubjektiv als Fachwörter nachprüfbar und nachschlagbar. Weder Syntax noch Textgestaltung orientieren sich an fachsprachlichen Modellen; und wenn auch durch Autoritätsargumentation oft ein fachlicher Bezug hergestellt wird und die Texte nicht frei sind von pseudofachsprachlichen Elementen, so dient in diesem Fall Fachsprache vor allem dem Aufzählen technischer Details und damit bis zu einem gewissen Grad der (Produkt-)Information. Eine zentrale Absicht ist zwar auch hier der Beweis technischer Qualität; sie unterscheidet sich aber zumindest in der Ausführung von der rein oberflächlich auf Prestige abzielenden Inszenierung von Wissenschaftlichkeit.

- Eine solche ist besonders in der KOSMETIKWERBUNG zu finden. Zahlreiche pseudofachsprachliche Ausdrücke wie *Pflegevitamin, Tiefenformel, Bodysplash, A.H.A.-
Komplex, Langzeit-Aufbauwirkung, 12-Stunden-Feuchtigkeitsdepot* und komplexe,
modisch-fremdsprachliche Produktnamen wie *Multi-Actif Anti-Capiton, R-Vinca-
line* oder *Plénitude Revell-A³* verstärken neben den tatsächlichen Fachwörtern
aus Medizin, Biologie und Pharmazie den wissenschaftlichen Eindruck, den die
Werbetexte auch äußerlich machen, indem sie wie redaktionelle Artikel gestaltet
sind oder Fußnoten verwenden. Fachsprache wird mehr zur Verstärkung der
Glaubwürdigkeit als zum Informieren verwendet, was man auch daran sieht,
dass viele Texte trotz komplexer Syntax nicht in sich logisch schlüssig sind und
dass „echte" Fachwörter irreführend verwendet werden (z. B. *der Hauptwirkstoff
Alginat*, obwohl *Alginate* (Plural!) eine pharmazeutisch-biologische Sammelbe-
zeichnung für Quasi-Emulgatoren ist). Besonders in Fernsehspots wird diese
Form inszenierter Wissenschaft durch stilisierte Trickfilmdarstellungen von chemischen Prozessen unterstützt, die einer Überprüfung ihres eigentlichen Aussa-
gegehalts nicht standhalten.
- Sehr viel Ähnlichkeit mit der Kosmetikwerbung hat die WASCH- UND REINI-
GUNGSMITTELWERBUNG, die allerdings in der Regel auf den Werbeträger Fernsehen beschränkt ist. Die Argumente sind produktbedingt teilweise andere, aber
das Muster ist dasselbe: Es werden Elemente der chemischen Fachsprache mit
Prestige- und Inszenierungsfunktion eingesetzt und chemische Prozesse verein-
facht in Filmsequenzen veranschaulicht. Nicht umsonst lassen sich sogar Aus-
drucksübertragungen feststellen, wenn ein *Anti-Ageing-Effekt* – als Werbeargument ursprünglich nur bei Hautcremes üblich – auch einem Waschmittel in
Bezug auf seine Gewebe erhaltende Wirkweise zugesprochen wird. Ein Trend
im ersten Jahrzehnt des 21. Jahrhunderts ist in dieser Branche die Bewerbung
„antibakterieller" Produkte (nicht mehr nur bei spezifischen Reinigungsmittel-
Marken wie Sagrotan oder Domestos, sondern vom Müllbeutel über das Ge-
schirrspülmittel bis zum Weichspüler und sogar bei Taschentüchern als Werbeargument aufgegriffen). Dieser „Zusatznutzen" ist möglicherweise aufgrund der
in diesen Jahren thematisierten Vogel- und Schweinegrippe und den akuten
Gefahren entsprechender Grippe-Pandemien so beliebt geworden.
- Offensichtlich sind TECHNISCHE PRODUKTE weniger anfällig für eine pseudo-
wissenschaftliche Werbung. Hier erwartet der Verbraucher technische Informationen, und da diese leicht nachprüfbar sind, eröffnen sie keine große
werbeschöpferische Freiheit. Allerdings sieht man sowohl in der Werbung für
Unterhaltungselektronik als auch in der für Mobiltelefone, dass kreative Wortschöpfungen für technische Systeme oder Funktionen beliebt sind, die durch
ihre Esoterik und unverständliche Aufblähung häufig ebenfalls nur pseudofachsprachlichen Charakter haben (z. B. *Vollogik Steuerung, Top-Megatext, Megalogic-
System, Super-Flatline-Bildröhre – Voice-Mail, Pop-up-and-Phone-Mechanismus*).
- COMPUTERWERBUNG scheint momentan noch am stärksten auf für den Laien
schwer verständliche Fachsprache angewiesen zu sein, da die Vergleichbarkeit

der Angebote auf der Basis ‚Preis gegenüber technischen Eigenschaften' beruht. Deshalb kann kaum auf auch nicht-fachsprachlich darstellbare Werbeargumente wie Design oder Benutzungserlebnisse ausgewichen werden (man denke z. B. an das „Fahrgefühl" in der Autowerbung). Allerdings wird in der Regel die Sache oft unnötig kompliziert gemacht, wenn zu viele firmenspezifische oder jargonhafte Bezeichnungen wie *PowerPC-RISC Prozessor, OptiClear Coating* oder *Spreadsheet-Anwender* eingeführt werden.

- Ein noch anhaltender Trend seit Mitte der 1990er Jahre ist die Verwendung von Fachsprache in der LEBENSMITTELWERBUNG, die mit Wörtern wie *probiotisch, Oligofructose, Stoffwechselfunktion, ungesättigte Fettsäuren, ACE-Komplex* und *Fermentation* (vor allem auf Produktverpackungen) statt der bisher weitgehend üblichen Naturbelassenheit biotechnologisches Know-how demonstriert (Janich 1998b) und in Richtung der inszenierten Wissenschaftlichkeit der Kosmetikwerbung tendiert.

Aus diesen Ausführungen geht hervor, dass Fachlichkeit in der Werbung sehr unterschiedlich ausgeprägt sein kann (sei es praxisbezogene Produktinformation, sei es inszenierte Wissenschaftlichkeit), und dass sie vor allem durch unterschiedliche sprachliche wie optische Mittel realisiert wird: Fachwörter – Argumentationsmuster wie die Autoritätsargumentation – Textlayout – Fußnoten – technische Zeichnungen, Grafen oder Schematisierungen chemischer Prozesse – Gestaltung der Produktnamen. Sogar die Farbwahl kann einen fachlichen Eindruck unterstützen.

Wer Werbung auf Fachliches hin untersucht, sollte daher mindestens folgende Fragen an die Anzeigen und Spots anlegen:

- Welche sprachlichen, bildlichen und/oder typografischen Mittel werden eingesetzt, um eine Anzeige/einen Spot fachlich erscheinen zu lassen?
- Welche dieser Mittel können als fachlich im engeren Sinn gelten (d. h. würden von Fachleuten als Mittel der Fachkommunikation anerkannt bzw. lassen sich in ihrer fachlichen Bedeutung beschreiben), welche als nur assoziativ fachlich und welche als pseudofachsprachlich und damit letztlich als irreführend?
- Inwiefern sind Auswahl und Kombination dieser fachlichen Gestaltungsmittel von der angesprochenen Zielgruppe und der beworbenen Produktgruppe abhängig?
- Welche Funktion übernehmen fachsprachliche, assoziativ fachliche und pseudofachsprachliche Gestaltungsmittel im Rahmen der Werbeintention?

(Zum methodischen Vorgehen einer fachsprachlichen Analyse siehe detaillierter Janich 1998a: 31–51 und 54–65.)

 Forschungsdefizite gibt es vor allem bei der Frage nach der Verständlichkeit von Fachsprachen in der Werbung (siehe Janich 1998a: 195–213) und nach der Bedeutung der Werbung für die Fachsprachenvermittlung in die Alltagssprache (Janich 1999, 2001a). Beide

Fragestellungen bieten sich für empirische Studien an – oder für eine Seminardiskussion an ausgewählten Beispielen! Interessant ist außerdem die Inbezugsetzung von Fachlichkeitstrends und konkreten fachlichen Argumenten mit Themen des aktuellen gesellschaftlichen Diskurses (wie die Beispiele antibakterieller Reinigungsmittel oder probiotischer Lebensmittel zeigen, vgl. auch 6.2). Solche Trendstudien müssten korpusbasiert, d.h. auf Grundlage umfangreicher Textkorpora, vorgenommen werden, um Zusammenhänge verlässlich aufzeigen zu können.

Literaturtipps

Eine ganzheitliche Untersuchung von fachlichen Konzepten und ihren Ausprägungen in der Werbung findet sich bei
JANICH, Nina (1998a): Fachliche Information und inszenierte Wissenschaft. Fachlichkeitskonzepte in der Wirtschaftswerbung. Tübingen (Narr). (= Forum für Fachsprachen-Forschung 48).
Mit der Rolle der Fachsprache in der Werbung beschäftigen sich außerdem
GIPPER, Helmut (1979): Fachsprachen in Wissenschaft und Werbung. Erkenntnisgewinn und Irreführung. In: Mentrup, Wolfgang (Hrsg.): Fachsprachen und Gemeinsprache. Jahrbuch 1978 des Instituts für deutsche Sprache. Düsseldorf (Schwann). (= Sprache der Gegenwart 46). 125–143.
JANICH, Nina (1998b): Probiotisch – Die Biotechnologie prägt einen neuen Naturbegriff. Eine fachsprachlich-semiotische Untersuchung von Lebensmittelwerbung. In: Kodikas/Code. Ars Semeiotica 21, Heft 1–2, 99–110.
Um die Frage nach den Auswirkungen des werblichen Fachsprachengebrauchs auf Alltagssprache und Alltagswissen geht es in
JANICH, Nina (1999): Werbung als Medium der Popularisierung von Fachsprachen. In: Niederhauser, Jürg/Adamzik, Kirsten (Hrsg.): Wissenschaftssprache und Umgangssprache im Kontakt. Frankfurt am Main u.a. (Lang). (= Germanistische Arbeiten zu Sprache und Kulturgeschichte 38). 139–151.
JANICH, Nina (2001a): Fachliches in der Werbung. Formen des Wort- und Wissenstransfers. In: Wichter, Sigurd/Antos, Gerd (Hrsg.): Wissenstransfer zwischen Experten und Laien. Umrisse einer Transferwissenschaft. Frankfurt am Main u.a. (Lang). 257–274.

(52) Analysieren und vergleichen Sie den Fachsprachengebrauch der Anzeigen für Biotherm (Abb. 26) und innéov (Abb. 13: 121).
a. Mit welchen sprachlichen und/oder bildlichen Mitteln wird der Eindruck von Fachlichkeit erzeugt? Unterscheiden Sie begründet zwischen fachlich im engeren Sinn, assoziativ fachlich und pseudofachlich/pseudofachsprachlich.
b. Diskutieren Sie in der Gruppe den tatsächlichen Informationsgehalt der zwei Anzeigen.

(53) Analysieren Sie die Anzeige von Bayer (Abb. 1: 26, abgedruckt im SPIEGEL) auf ihren Fachsprachengebrauch und ihre fachliche Argumentation hin. An wen richtet sich diese Anzeige? Lässt sich hier im Vergleich mit den obigen Anzeigen ein anderes Fachlichkeitskonzept nachweisen? Diskutieren Sie den Terminus „Adressatenspezifität" an dieser Anzeige.

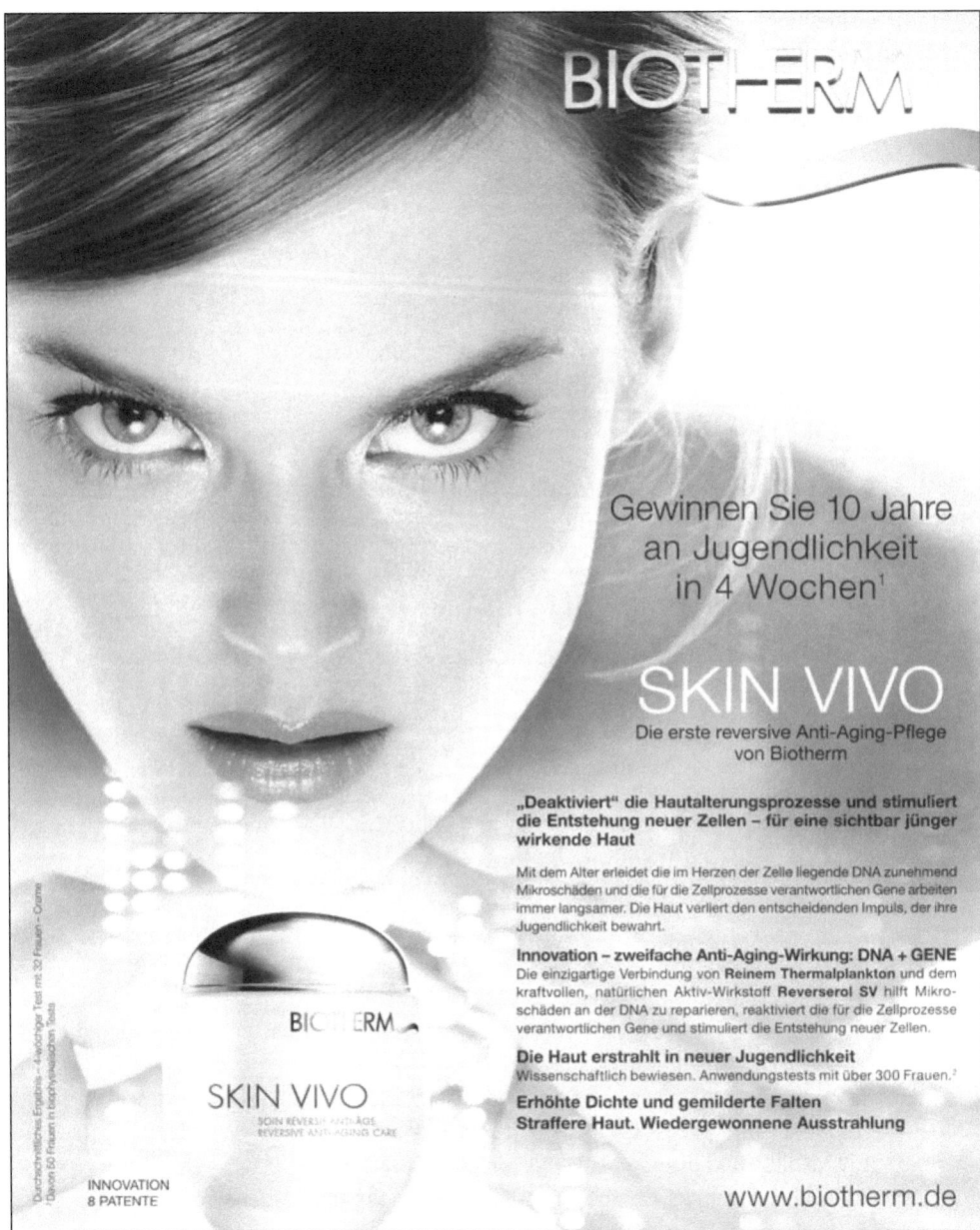

Abbildung 26: Biotherm

b) Jugendsprache

Jugendsprache in der Werbung ist ein weiteres Thema, das von der Forschung erst in jüngster Zeit beachtet wurde. Erste Aufsätze aus sprachwissenschaftlicher Sicht untersuchen Gemeinsamkeiten zwischen Jugend- und Werbesprache (Buschmann 1994) oder beschreiben ein empirisches Projekt, in dem Werbeagenturen und Jugendliche dazu befragt werden, wie und nach welchen Kriterien Werbung für Jugendliche gemacht wird und wie diese bei den Jugendlichen selbst ankommt (Anthonsen u.a. 1998). Neuere, umfangreichere Studien wie die von Janja Polajnar (2005), Meike Homann (2006) oder Kai Richter (2006) legen ihr Augenmerk auf Kinder und Jugendliche als Zielgruppe von Werbung und analysieren unter dieser Perspektive Fernsehwerbung (Polajnar), unter kontrastiver Perspektive englische, deutsche und spanische Anzeigenwerbung (Homann; ähnlich kontrastiv auch der Aufsatz von Ehrhardt 2007) oder diachron Anzeigen der letzten 50 Jahre, wie sie in einem kinderspezifischen Medium (MICKY MAUS) geschaltet wurden (Richter).

Bevor mögliche Analysekriterien und einzelne Ergebnisse diskutiert werden, muss jedoch der Versuch gemacht werden, Jugendsprache zu definieren. Dies kann schon allein deshalb nur ein Versuch bleiben, weil sich die Forschung trotz zahlreicher Bemühungen noch nicht auf eine Definition von „Jugend" geeinigt hat: Soll man diese am Alter, an soziologischen Kriterien (= in der Ausbildungszeit; biologische, aber noch keine soziale Reife), am Selbstgefühl der Betroffenen festmachen? Trotz dieses gravierenden Problems wird jedoch allgemein postuliert, es gebe eine (vorwiegend gesprochene) Varietät wie Jugendsprache (oder besser: viele Formen/„Sprechstile" von Jugendsprache), die sich durch bestimmte Merkmale auszeichne. Allerdings stellen Peter Schlobinski u.a. aufgrund einer empirischen Studie fest, dass die Vorstellungen von Erwachsenen (und sogar teils von Jugendlichen!) von „Jugendsprache" meist übertrieben sind und wenig mit der Realität zu tun haben (Schlobinski u.a. 1993: 207). Jugendsprache sollte daher als abstrakter Überbegriff für eine Sammlung von Sprechstilen benutzt werden, die sich weniger durch ganz besondere lexikalische Merkmale als vielmehr durch den spielerischen und experimentellen Umgang mit Sprache auszeichnen und von einer bestimmten Altersgruppe bzw. verschiedenen auch sozial definierbaren Gruppen gesprochen werden. Die einzelnen Sprechstile weisen zwar durchaus sprachliche Charakteristika auf, diese sind „aber eher ‚High-Lights' in einer überwiegend umgangssprachlich geführten Kommunikation" (Schlobinski u.a. 1993: 211; ergänzend siehe den offeneren Ansatz bei Androutsopoulos 1998: 1.1–1.3, vor allem im Hinblick auf die Beschreibbarkeit lexikalischer Merkmale; siehe auch den Überblick bei Neuland 2008).

Wurde Jugendsprache bislang eigentlich immer als eine Art Sondersprache mit sozialer Identifikations-, Abgrenzungs- und zum Teil sogar Protestfunktion beschrieben, so stellen Schlobinski u.a. eine ganz andere, beachtenswerte These auf, die auch auf der Selbsteinschätzung von Jugendlichen beruht:

> Der spielerische Umgang mit der Sprache hat weniger die Funktion, sich von anderen jugendlichen Gruppen oder Erwachsenen abzugrenzen, sondern ist vielmehr ein Experimentieren mit Themen, mit sprachlichen Regeln und Konventionen, ist ein Erproben der sozialen und diskursiven Kompetenz. (Schlobinski u. a. 1993: 211 f.)

Matthias Buschmann vergleicht die Merkmale, die in der Forschung für Jugendsprachen als charakteristisch gelten, mit der Werbesprache, und kommt zu dem Schluss, dass Werbe- und Jugendsprache folgende Gemeinsamkeiten und Unterschiede aufweisen (Buschmann 1994: 222–225):

- *Gemeinsam* ist ihnen die Tendenz zu hyperbolischer (= übertreibender) Ausdrucksweise, Bildhaftigkeit, lockerem, spielerischem Umgang mit Sprachnormen, die Bevorzugung von Phraseologismen, Anglizismen, indirekten Sprechakten und Ausdrücken mit weitem Assoziationsspielraum. Durch den Hang zu ständigem Ausprobieren neuer sprachlicher Formen ist bei beiden Varietäten zu vermuten, dass sie zum Sprachwandel beitragen.
- *Wichtige Unterschiede* liegen jedoch in der Intention, die hinter dieser Sprachverwendung jeweils steht: Ob sich Jugendliche nun aus Protest von der Sprache der Erwachsenen abgrenzen oder – nach Schlobinski, s. o. – ihre Sprachkompetenz spielerisch erproben wollen, ihre Intentionen und damit auch ihr Sprechen unterscheiden sich von der immer zweckgebundenen, inszenierten Form der Werbesprache, mit der ein Publikum angesprochen und für wirtschaftliche Ziele gewonnen werden soll. Ein weiterer Unterschied liegt deshalb auch darin, dass Werbesprache nicht in derselben Form provozierend, drastisch oder vulgär ist, wie es Jugendsprache sein kann.

Das Überraschende an der empirischen Studie von Buschmann ist, dass er nach der Auswertung von Anzeigen (aus dem Jahr 1993) aus Jugendzeitschriften (250 Anzeigen) und dem SPIEGEL (250 Anzeigen) zu dem Ergebnis kommt, dass nicht nur im SPIEGEL-Korpus keine eindeutig jugendsprachlichen Elemente nachweisbar waren, sondern dass dies auch auf 90 % der Anzeigen aus den Jugendzeitschriften zutraf: Nur zwölf Anzeigen (4,8 %) wiesen „vorsichtige Anklänge" an Jugendsprache auf und nur neun Anzeigen (3,6 %) waren eindeutig und teilweise überzogen jugendsprachlich gestaltet (Buschmann 1994: 227). Zu einem ähnlichen Ergebnis kommt auch Homann, die Anzeigen aus deutschen, englischen und spanischen Jugendzeitschriften auf jugendsprachliche Elemente und Vertextungsstrategien untersucht hat:

> Es finden sich kaum sprachliche Elemente, die den – hier pauschal formulierten – Kriterien von Jugendsprache der Abgrenzung, Identifikation und vor allem Unverständlichkeit für Außenstehende entsprechen. Dennoch sind sprachliche Elemente zu vermerken, die von der Standardvarietät abweichen und bei denen davon auszugehen ist, dass sie auf eine jugendliche Zielgruppe abgestimmt sind. (Homann 2006: 266)

Zu solchen sprachlichen Phänomenen, die auf eine jugendliche Zielgruppe hinweisen, weil sie zuerst einmal *nichtstandardsprachlich* sind, gehören mit Homann (2006: 261):

a. eindeutig jugendspezifische Abweichungen vom Standard in Bezug auf:
- Lexik und Phrasen
- Abkürzungen (auch SMS-Sprache)
- Schreibweisen
- Anglizismen
- Anrede
- comicartige Lautmalerei
- Neologismen

b. allgemein umgangssprachliche Abweichungen vom Standard in Bezug auf:
- Lexik/Formulierungen
- Mündlichkeit
- Anglizismen

Diese und weitere sprachliche Mittel werden bei Polajnar (2005: 57–82) systematisch unterschieden nach 1) EXPLIZITEN ADRESSIERUNGSFORMEN wie Anrede, Begrüßungen, Verabschiedungen und Aufforderungen, und nach 2) IMPLIZITEN ADRESSIERUNGSFORMEN wie der Verwendung von jugendsprachlichen Ausdrücken aller Art.

 Untersuchungen zur Jugendsprache in der Werbung stehen prinzipiell vor dem Problem, Umgangssprachliches von Jugendsprachlichem unterscheiden zu müssen. Es gibt daher die Möglichkeit, neben der Markierung UMGANGSSPRACHLICH noch zwischen JUGENDTYPISCH/ALTERSPRÄFERENTIELL und JUGENDSPEZIFISCH/ALTERSEXKLUSIV zu differenzieren, um Graduierungen zwischen ‚eindeutig nicht jugendsprachlich' und ‚eindeutig jugendsprachlich' zuzulassen (Polajnar 2005: 71; Androutsopoulos 1998: 27). Es lässt sich demnach nicht vermeiden, in der Analyse kontextbezogen zu interpretieren, inwiefern umgangssprachliche oder auch werbesprachliche Merkmale „vor dem jugendspezifischen Hintergrund interessant" (Homann 2006: 261) und damit zumindest jugendtypisch sind.

Aus dem „vorsichtigen" Einsatz jugendtypischer Elemente in der Werbung lässt sich zweierlei schlussfolgern: Zum einen scheinen doch einige Argumente gegen die Verwendung von Jugendsprache in der Werbung zu sprechen, wie sie Buschmann aufzählt und wie sie bei Anthonsen u.a. durch die Umfrage bei Schülern und in Werbeagenturen auch bestätigt werden: Jugendsprache ist sehr schwer nachzuahmen, wirkt in Werbung fast nie authentisch und birgt daher die Gefahr, nur als peinliche Inszenierung und Anbiederungsversuch empfunden zu werden (Buschmann 1994: 228; Anthonsen u.a. 1998: 169–172). Zudem verfügen viele Ausdrücke der Jugendsprache nur über eine geringe soziale Reichweite. Insgesamt widerspricht die Verwendung von Jugendsprache in der Werbung den ganz anderen Intentionen jugendlicher Sprecher, nämlich originell, exklusiv und ungebunden in ihrem Sprachgebrauch zu sein (Buschmann 1994: 226).

Zum anderen bestätigen die Untersuchungsergebnisse im Grunde die These von Schlobinski u. a., dass sich jugendliches Sprechen eben nicht – wie oft in der Forschung behauptet – so ohne weiteres an konkreten, feststehenden sprachlichen Merkmalen erkennen und belegen lässt.

 Untersuchungen zur Jugendsprache in der Werbung sollten daher über die Untersuchung sprachlicher Merkmale hinausführen, wie dies auch die Studien von Polajnar und Homann zeigen, die eben nicht nur nach „linguistic markers" suchen, sondern auch andere Adressierungsstrategien untersuchen wie beispielsweise den Einsatz von Kindern und Jugendlichen als Kommunikatoren/*personae* im primären oder sekundären Kommunikationskreis (vgl. 2.3.1) sowie die Verwendung jugendspezifischer intertextueller Bezüge, Argumentations- oder Vertextungsstrukturen (im jeweils tabellarischen Überblick bei Polajnar 2005: 59 und Homann 2006: 192–194).

 Es bleibt ein interessantes Forschungsfeld zu untersuchen, wie Kinder und Jugendliche über Werbung angesprochen werden, ohne dabei gegen schutzrechtliche Bestimmungen zu verstoßen (Polajnar 2005: 14–17) und ohne der Gefahr der Anbiederung durch aufdringliche oder unglaubwürdige Imitation von Jugendsprache zu erliegen. Mit Homann (2006) und Richter (2006) liegen zwar Arbeiten vor, die Anzeigen aus Kinder- und Jugendzeitschriften unter die Lupe genommen haben, bei denen von vornherein von der Zielgruppe Jugend ausgegangen werden kann. Doch gibt es noch zu wenige Studien, die auch medien- und produktübergreifend kinder- und jugendspezifische Adressierungsstrategien sowie Formen der Mehrfachadressierung identifizieren würden.

Polajnar gewährt am Beispiel Fernsehwerbung für Kinderlebensmittel vs. Spielzeug nur erste Einblicke in die Verteilung der von ihr differenzierten a) kinderspezifischen, b) kinderdominanten, c) gleichgewichteten, d) elterndominanten und e) elternspezifischen Spots (Polajnar 2005: 55). So weisen Spots für Kinderlebensmittel ein wesentlich breiteres Spektrum dieser Adressierungsstrategien auf, wenden sich also häufiger an Kinder *und* Eltern; Spielzeugspots dagegen sind im Allgemeinen stärker kinderspezifisch gestaltet und variieren weniger in den Adressierungsstrategien. Eine solche Strategie setzt Kinder und Jugendliche als eine selbständige und finanzstarke Käufergruppe voraus (Polajnar 2005: 203–206).

Folgende Fragestellungen zum Beispiel müssten weiter an umfangreicheren Anzeigen- und Spotkorpora diskutiert werden:

- Wie überschneiden sich Jugend-, Umgangs- und Werbesprache, d. h. welche sprachlichen Elemente in Werbung lassen sich unter welchen Kontextbedingungen als jugendtypisch oder jugendspezifisch klassifizieren?
- Welche paraverbalen, nonverbalen und visuellen Mittel (Typografie, Bilder und Farben, Kommunikatoren und Figuren etc.) werden eingesetzt, um Kinder und Jugendliche zielgruppenadäquat anzusprechen (siehe dazu Anthonsen u. a. 1998: 165–168)?

- Bei welchen Produktgruppen ist Jugendsprache eher erwartbar bzw. wo wird sie tatsächlich verwendet? Welche Rolle spielen Werbeträger und Werbemittel dabei?
- Liegt produktabhängig eine Mehrfachadressierung vor, die über die Ansprache von Kinder und Jugendlichen hinausgeht? Wie lässt sich eine solche belegen?

 ## Literaturtipps

Eine neuere Arbeit zur Jugendsprache allgemein ist
SCHLOBINSKI, Peter/KOHL, Gaby/LUDEWIGT, Irmgard (1993): Jugendsprache. Fiktion und Wirklichkeit. Opladen (Westdeutscher Verlag).
Zur Jugendsprache in der Werbung:
BUSCHMANN, Matthias (1994): Zur „Jugendsprache" in der Werbung. In: Muttersprache 104, 219–231.
ANTHONSEN, Julia/GOTTSCHLICH, Mirja/KIEL, Torben/MICHEL, Robert (1998): „Keine Macht dem Drögen!" Kommerzielle und politische Werbung für Jugendliche. In: Schlobinski, Peter/Heins, Niels-Christian (Hrsg.): Jugendliche und ‚ihre' Sprache. Sprachregister, Jugendkulturen und Wertesysteme. Empirische Studien. Opladen/ Wiesbaden (Westdeutscher Verlag). 147–178.

 ## Neuere Literatur

Eine aktuelle Einführung in die Jugendsprache und ihre Erforschung bietet
NEULAND, Eva (2008): Jugendsprache. Eine Einführung. Tübingen (Francke). (= UTB 2397).
Die umfangreiche Arbeit über Jugendsprache von Androutsopoulos kann geradezu als Nachschlagewerk jugendsprachlicher Stilmittel verwendet werden:
ANDROUTSOPOULOS, Jannis (1998): Deutsche Jugendsprache. Untersuchungen zu ihren Strukturen und Funktionen. Frankfurt am Main u.a. (Lang). (= VarioLingua 6).
Zur Zielgruppe Kinder und Jugendliche in der Werbung liegen die oben genannten Studien vor, die ganz unterschiedliche Schwerpunkte setzen:
HOMANN, Meike (2006): Zielgruppe Jugend im Fokus der Werbung. Verbale und visuelle Kodierungsstrategien jugendgerichteter Anzeigenwerbung in England, Deutschland und Spanien. Hamburg (Dr. Kovač).
POLAJNAR, Janja (2005): Strategien der Adressierung in Kinderwerbespots. Zur Ansprache von Kindern und Eltern im Fernsehen. Wiesbaden (DUV). (= Europäische Kulturen in der Wirtschaftskommunikation 7).
RICHTER, Kai (2006): Zielgruppe Kind. Sprachliche Veränderungen der Anzeigenwerbung in 50 Jahren Micky Maus. Online-Publikation: Networx 47 (http://www.mediensprache.net/de/networx/docs/networx-47.asp).
Ein weiterer sprachkontrastiv arbeitender Aufsatz zur Verwendung von Jugendsprache in Werbung liegt vor mit
EHRHARDT, Claus (2007): Himmlisch hip – teuflisch hot. Jugendsprache in der deutschen und italienischen Werbekommunikation. In: Neuland, Eva (Hrsg.): Jugendsprachen: mehrsprachig – kontrastiv – interkulturell. Frankfurt am Main u.a. (Lang). (= Sprache – Kommunikation – Kultur 5). 251–267.

(54) Analysieren Sie den Gebrauch von Jugendsprache im folgenden Anzeigentext. Diskutieren Sie in der Gruppe, ob die Anzeige authentisch wirkt oder nicht.

> (Schlagzeile:) *Is your ... XXL enough? XXL Power Gel von Shockwaves*
> (Text:) *Für Stylo-Maniacs, die immer eine XXL-Portion Gel brauchen. Das neue XXL Power Gel. Ultrastark im Haar, extra viel im Topf, supereasy anzuwenden – bis zum letzten Rest.*
> (Slogan:) *Shockwaves. Style to connect!*
> (Abbildung: Jugendlicher mit strubbeliger Frisur; der Text ist in einer graffitiähnlichen Typografie abgedruckt)

(55) Sammeln Sie alle Anzeigen aus einem Heft einer Jugendzeitschrift (z. B. Bravo) und untersuchen Sie, in wie vielen Anzeigen Jugendsprache verwendet wird. Lassen sich in der Verwendung von Jugendsprache und einer auf Jugendliche ausgerichteten Argumentation produktspezifische Strategien erkennen? Wie wirken diese Anzeigen auf Sie hinsichtlich ihrer Authentizität und argumentativen Glaubwürdigkeit?

c) Dialekt

Dialekt kommt aus dem Griechischen und bedeutet ‚die im Umgang gesprochene Sprache'. Dialekte sind Varietäten, deren Merkmal ihre regionale Gebundenheit ist. Ein Dialekt ist damit die gesprochene Umgangssprache eines bestimmten Gebiets, das sich zu Gebieten mit anderen Dialekten abgrenzen lässt. Der Dialekt weist eigentlich keine Schriftlichkeit auf (auch wenn es schriftlich fixierte Mundartdichtung gibt), d. h. es existieren für ihn auch keine offiziell normierten orthografischen oder grammatischen Regeln (Bußmann ²1990: 177).

Das ergibt für die Untersuchung von Dialekt in der Werbung die Situation, dass sie weitgehend auf Fernsehen und Hörfunk, also die Medien gesprochener Sprache, beschränkt ist. Dialekt in der Werbung ist von der sprachwissenschaftlichen Forschung allerdings bislang eher stiefmütterlich behandelt worden, was nicht zuletzt mit der Medienspezifität und dem damit verbundenen Mehraufwand (Aufnahme, Verschriftlichung etc.) zu tun haben wird. Eine gewisse Ausnahme macht die schweizerdeutsche Werbung, die schon häufiger Gegenstand sprachwissenschaftlicher Dialektforschung geworden ist (z. B. Christen 1985, Hemmi 1994, Bajwa 1995): Laut der statistischen Untersuchung von Yahya Bajwa wurden in der deutschsprachigen Schweiz Anfang der 1990er Jahre 45 % der Radio-Spots vollständig im Dialekt gesprochen gegenüber 18 % hochdeutschen und 14 % gemischtsprachigen Radio-Spots (Korpusgröße: 96 Spots). Im Fernsehen ist die Verteilung polarisierter: 53 %-Dialekt-Spots stehen 47 % hochdeutschen Spots gegenüber (Korpusgröße: 123 Spots) (Bajwa 1995: 100). Da der Dialekt in der Schweiz, anders als in weiten Teilen der Bundesrepublik, einen hohen Stellenwert auch in der öffentlichen Kommunikation hat, lassen sich für die Schweiz sogar Dialektvorkommen in Anzeigen nachweisen (siehe die Anzeigenbeispiele bei Christen 1985: 125–129, z. B. die Schlagzeile einer Anzeige für Ovomaltine-Schokolade *Häsch Dini Ovo hüt scho ghaa?* oder Schlagzeile und Slogan für Bico-Matratzen *Für jedi Poschtur*

gits ä Bico-Matratze. – Für ä tüüfa gsundä Schlaaf – Bico Matratzen.) Ein solch hoher
Anteil wird für Deutschland (zumindest im Fernsehen) bei weitem nicht zutreffen;
bei den Radio-Spots ist allerdings zu beachten, dass sie häufig nur regional ausgestrahlt werden und daher zumindest in denjenigen Regionen für Dialekt offen
sind, in denen dieser einen hohen gesellschaftlichen Stellenwert hat (wie in Süddeutschland). In Spots für ein regionales Publikum werden sich die auffälligsten
Dialektausprägungen finden, um dadurch eine möglichst große Identifikation mit
dem Publikum zu erreichen (Wurm 1998: 25). In den Printmedien taucht der
Dialekt auch in der Schweiz nur satz- oder wortweise auf, es finden sich keine
Anzeigen, die vollständig im Dialekt abgefasst wären (Bajwa 1995: 100; einzelne
Gegenbeispiele allerdings bei Christen 1985).

Aus den Ergebnissen bei Bajwa lassen sich Schlüsse auch für den Dialektgebrauch in bundesdeutscher Funkwerbung ziehen, die von Erich Straßner (1983)
und in einer Examensarbeit an der Universität Regensburg zum bairischen Dialekt
(Wurm 1998) bestätigt werden:

Dialekt wird im Fernsehen häufiger von Darstellern im Bild als von Off-Spre-
chern gesprochen (Bajwa 1995: 100), wobei es sich bei diesen Darstellern oft um
bekannte Persönlichkeiten handelt, deren regionale Herkunft bekannt oder gar ein
„Markenzeichen" ist – so von Schauspielern, Kabarettisten oder Sportlern (Straßner 1983: 1521–1523; so sind auch einige der untersuchten Radio-Spots bei Wurm
1998 von dem bayerischen Kabarettisten und Schauspieler Ottfried Fischer gesprochen). In diesem Fall profitiert der Werbetext von der Prominenz des Sekundärsen-
ders bzw. der *persona*; der Dialekt muss dabei allerdings nichts mit dem beworbenen
Produkt zu tun haben.

Eine andere Möglichkeit, die Straßner vernachlässigt, ja fast verneint (Straßner
1983: 1523), ist die Werbung für Produkte mit regionalem Bezug, bei der es weniger auf die Gestalt des Sprechers als gerade auf die verwendete Sprache ankommt.
Beispiele hierfür sind die Milka-Werbung, die häufig mit einem österreichisch-
bairischen Kunstdialekt die alpenländische Herkunft betont, eine Werbekampagne
von McDonald's für die Fischwochen, bei denen zwei Norddeutsche in einem sehr
gemäßigten Platt über die Fischgerichte „schnacken" oder andere Beispiele aus der
Milch-, Joghurt-, Käse- oder Bierwerbung.

Allgemeine Bedingung für Dialektwerbung scheint jedoch eine gute Verständlichkeit zu sein, und zwar auch für Hörer, die nicht mit dem Dialekt aufgewachsen
sind: Häufig wird kein echter Dialekt gesprochen, sondern eine abgeschwächte,
umgangssprachliche Misch- oder gar Kunstform (Straßner 1983: 1521, Wurm
1998: 45; man denke auch an einen TV-Spot für Schweizer Käse, bei dem der
Sprecher die schweizerische Herkunft nur durch einen verstärkten Einsatz von Rei-
belauten durchschimmern lässt, an keiner Stelle aber in Schwyzerdytsch verfällt).
Außerdem schaltet sich dann oft ein hochdeutsch sprechender Off-Sprecher ein,
der die zentrale Werbeaussage formuliert oder wiederholt.

Wer Dialekt in der Werbung untersucht, hat demnach folgende Fragen zu beantworten:

- Welche Teiltexte des TV-/Hörfunkspots sind im Dialekt gesprochen? Welche Teiltexte sind dagegen hochdeutsch gehalten? Wie begründet sich diese Verteilung?
- Wer spricht im Spot Dialekt (Männer vs. Frauen, Prominente)?
- Welcher Dialekt wird gesprochen (und wie rein bzw. konsequent)? Hängt die Wahl des Dialekts mit dem Unternehmen (*author*; Primärsender), der Werbeargumentation/dem Zusatznutzen (z. B. Produktherkunft) oder dem (evtl. prominenten) Sprecher (*persona*, Sekundärsender) zusammen?
- Äußern sich die Dialektmerkmale stärker auf der Lautebene oder eher in der Wahl des Wortschatzes?
- Ist im Fernsehen Dialektverwendung mit Bildern oder Filmszenen verknüpft, die den regionalen Bezug verstärken (bilden den landschaftlichen Hintergrund z. B. Berge und Almen oder Dünen, Leuchttürme und Meer; treten die Sprecher in Trachten auf; werden andere Elemente des Brauchtums gezeigt usw.)?
- Welche Funktion hat der Dialekt in der Werbung (abhängig vom Produkt und der Werbereichweite)?

Für letztere Frage stehen nach den obigen Ausführungen bislang drei Antworten zur Verfügung (die aufgrund der schmalen und veralteten Forschungsbasis aber erweiterungsfähig sein können):

1. Entweder ist der Dialekt das individuelle Kennzeichen eines prominenten Sprechers, der dadurch leicht erkennbar ist und auf einer volkstümlichen Ebene womöglich glaubwürdiger erscheint, oder
2. der Dialekt dient in regionalen Hörfunkspots zur regionalsprachlichen Identifikation mit dem Publikum und ist daher oft stärker ausgeprägt als in überregional gesendeten Spots, oder
3. der Dialekt betont sprachlich die spezifische regionale Herkunft eines Produkts und ist im Fernsehen daher häufig mit einer regional eindeutig lokalisierbaren Kulisse und möglicherweise mit anderen volkstümlichen Requisiten verknüpft (*country-of-origin*-Prinzip).

Bei 1. hat der Dialekt eine senderbezogene Funktion, bei 2. eine rezipientenbezogene und bei 3. eine produktbezogene Funktion.

 Das Beispiel Ottfried Fischer zeigt, dass der Grund für Dialektgebrauch auch nur darin liegen kann, dass ein Prominenter als *persona* die Werbebotschaft kommuniziert: Ursprünglich machte Ottfried Fischer dialektale Werbung nur für das bayerische Möbelhaus Hiendl (Sitz Passau und dann auch Regensburg, Slogan von Fischer: *Mehr sog i net!*). Inzwischen macht er die (immer noch dialektale) Fernseh- und Radiowerbung für die gesamte Kette der vorwiegend aus Süddeutschland kommenden XXXL-Möbelhäuser (Bierstorfer, Hiendl, Lutz, Mann Mobilia, Neubert, Siegle), von denen Hiendl nur noch eines ist. Statt des Markenzeichens eines regionalen Unternehmens ist der Dialekt hier nur noch Markenzeichen einer Person.

Auf ein weiteres methodisches Problem muss noch hingewiesen werden: Nicht nur, dass durch die Beschränkung auf Fernsehen und Hörfunk prinzipiell der Mehraufwand entsteht, die Spots vor ihrer Analyse verschriftlichen/transkribieren zu müssen – um Dialekt nachweisen und in seiner Ausgestaltung untersuchen zu können, muss diese Transkription außerdem auf phonetischer Grundlage erfolgen. Das heißt, dass man nicht so verschriftlichen kann, wie man auch geschriebene Sprache notieren würde, sondern dass man die genaue Lautgestalt beachten muss. Und das geht nur mithilfe einer Lautschrift, für die es dialektspezifische Vorschläge gibt (z. B. Löffler 2003; Barbour/Stevenson 1998: 309–312).

 Wie aus den Ausführungen deutlich geworden ist, fehlen noch systematische Studien zum Dialektgebrauch in der bundesdeutschen Werbung. Da für die Situation in der deutschsprachigen Schweiz Forschungsliteratur vorhanden ist, könnte sie als methodischer Anknüpfungspunkt und als Vergleichsbasis dienen, was die soziale Rolle des Dialekts betrifft. So wäre es z. B. ein lohnenswerter Versuch, regionale Hörfunkwerbung im Norden und Süden Deutschlands auf Dialektgebrauch hin zu untersuchen und zu vergleichen, da der Dialekt in verschiedenen Regionen Deutschlands einen ganz unterschiedlichen Stellenwert in der Alltagskommunikation besitzt. Analog zu Studien über die Beliebtheit verschiedener Dialekte könnten deren Ranglisten am Einsatz von Dialekten in der Werbung überprüft werden: Welche Dialekte finden überhaupt Eingang in die überregionale Werbung, welche nicht? Noch gar nicht untersucht ist die Frage, welche Rolle Dialekte (noch/wieder?) in einem globalen Medium wie dem Internet spielen, d. h. ob Dialekt dort nicht nur die neue alte Funktion der Identitätssicherung, sondern auch der gezielten Differenzierung von der Konkurrenz übernehmen kann (vgl. z. B. das Unternehmen Heymountain Cosmetics („Frischekosmetik von der Schwäbischen Alb"), das neben englischen Produktnamen auch schwäbische verwendet (z. B. *Breschtlengsgsälzhäfele*) und mit schwäbischer Identität „für Schwaben und Nichtschwaben" wirbt; http://www.heymountain.com/breschtlengsgsaelzhaefele-75-ml.222.html, Stand 20.03.2010; zum *country-of-origin*-Prinzip vgl. auch Nielsen 2005).[23]

 Literaturtipps

Einführend zur Dialektforschung:
LÖFFLER, Heinrich (2003): Dialektologie. Eine Einführung. Tübingen (Narr). (= narr studienbücher).
Zum Dialekt in der Werbung: Beide Titel sind auf die Schweiz bezogen und daher nur bedingt auf die bundesdeutsche Situation übertragbar:
BAJWA, Yahya Hassan (1995): Werbesprache – ein intermediärer Vergleich. Dissertation Universität Zürich.
CHRISTEN, Helen (1985): Der Gebrauch von Mundart und Hochsprache in der Fernsehwerbung. Fribourg (Schweiz) (Universitätsverlag). (= Germanistica Friburgensia 8).

 (57) Diskutieren Sie die Bewertung und Funktion von Dialekt im 1999 kreierten Slogan für Baden-Württemberg *Wir können alles. Außer Hochdeutsch.* Informieren Sie sich über die Homepage des Bundeslandes über diese Werbekampagne. Vergleichen Sie diese PR-

---

23 Für den Hinweis auf dieses Unternehmen und seine schwäbische Strategie danke ich meiner Studentin Christina Eckert.

Strategie Baden-Württembergs mit der schwäbischen Werbestrategie des Unternehmens Heymountain Cosmetics (http://www.heymountain.com/).

(58) Sammeln Sie Fernseh- und Radiospots und versuchen Sie dabei, Beispiele für verschiedene deutsche Dialekte zu finden: Für welche Produkte wird mit welchem Dialekt geworben? Lassen sich hier Unterschiede zwischen Fernseh- und Radiowerbung feststellen? Hat der Dialekt hier eine Funktion im Hinblick auf die Autoren-/*persona*-Identität, die Rezipientenansprache oder das Markenimage? Wird die im Dialekt ausgedrückte Regionalität durch weitere gestalterische Mittel unterstützt?

4.4.3 Intertextualität

Intertextualität ist eigentlich ein literaturwissenschaftlicher Terminus, der in den 1960er Jahren von der bulgarischen Literaturwissenschaftlerin und Semiotikerin Julia Kristeva auf der Basis von Michail Bachtins Konzept der „Dialogizität" eingeführt wurde, und zwar um zu einem radikal neuen Literaturverständnis zu gelangen: Der Autor und der Einzeltext werden zugunsten eines Universums von Texten aufgegeben, die vielfältig miteinander verwoben sind. In der Literaturwissenschaft entwickelte sich dann ein moderateres Modell, bei dem Intertextualität als Bezeichnung für unterschiedliche Referenzbezüge zwischen Texten diente. Hört man heute den Fachausdruck *Intertextualität*, ist damit also in der Regel die Frage gemeint, wie ein Autor bzw. Text auf andere Autoren und Texte anspielt, sie zitiert, nachahmt (= plagiiert), parodiert oder karikiert (zur Theoriegeschichte und den verschiedenen Auslegungen von Intertextualität siehe ausführlich Linke/Nußbaumer 1997 und Janich 2008).

Da Werbung voller Anspielungen steckt, sei es auf Literatur, Sprichwörter, Liedtitel und -texte oder auf andere Werbetexte, lässt sich der Intertextualitätsbegriff auch für die Werbesprachenforschung nutzbar machen (Janich 1997b, Fix 1997).

Als methodisch handhabbare Arbeitsdefinition bietet sich folgende an:

Intertextualität ist eine konkret belegbare Eigenschaft von einzelnen Texten und liegt dann vor, wenn vom Autor bewusst und mit einer bestimmten Absicht auf andere, vorliegende einzelne Texte oder ganze Textgattungen/Textsorten durch Anspielung oder Zitat Bezug genommen wird, und zwar unabhängig davon, ob er diese Bezüge ausdrücklich markiert und kenntlich macht oder nicht. Den Bezug nehmenden Text nennen wir „Phänotext"; der Text, auf den Bezug genommen wird, heißt „Referenztext".

Ohne zu tief in problematische Theorieunterschiede oder Abgrenzungsprobleme einzusteigen, können von der Art ihrer Bezugnahme und ihrer Struktur her folgende Grundformen von Intertextualität unterschieden werden, die auch miteinander kombiniert auftreten können[24]:

---

24 Die folgende Klassifikation stammt von mir, basiert aber auf den verschiedenen Vorschlägen, wie sie bei Fix 1997, Holthuis 1993 und Karrer 1985 gemacht werden. Ein alternativer Klassifikationsvorschlag zu intertextuellen Bezügen in Werbetexten findet sich ausführlich ausgearbeitet bei Opiłowski 2006.

Einzeltextreferenz	Gattungs- oder Systemreferenz
1. vollständige oder unvollständige Übernahme (Zitat) a) markiert b) unmarkiert	5. Mustermetamorphose
2. Anspielung durch Übernahme von (meist syntaktischen) Strukturen bei lexikalischer Substitution	6. Mustermontage/Mustermischung
3. Anspielung durch Übernahme zentraler lexikalischer Elemente bei struktureller Modifikation	7. Musterbrechung
4. Anspielung über den visuellen Kode	8. Anspielung über den visuellen Kode

Schaubild 5: Formen von Intertextualität

Zur Veranschaulichung:

1. Eine mehr oder weniger vollständige Übernahme von Referenztexten oder deren Elementen ist ein Zitat und kann markiert, also mit Anführungszeichen oder einer Quellenangabe versehen, oder unmarkiert eingesetzt werden. Beispiele für MARKIERTE ZITATE bietet eine ältere Anzeigenkampagne für Schokoladenpralinen von Merci, bei der über der Abbildung des Konfekts merci pur jeweils verschiedene Zitate von Oscar Wilde, Johann Wolfgang von Goethe, Giacomo Leopardi und anderen gestellt sind (z.B. *„Es kommt für jeden der Augenblick der Wahl und der Entscheidung." Oscar Wilde*). Ein anderes älteres Beispiel sind die schmalen Anzeigenstreifen von Yamaha Hifi, bei denen über einer Zeichnung der zitierten Person – ohne Anführungszeichen, aber mit Personenangabe – ein Zitat steht, das mit Musik zu tun hat (z.B. *Was Musik ausspricht ist ewig, unendlich und ideal. Richard Wagner*).

   Beispiele für UNMARKIERTE ZITATE sind z.B. die Anzeigen, deren Schlagzeile zum Beispiel *Wie es euch gefällt* (= deutscher Titel einer Komödie von William Shakespeare) (z.B. bei dem Softwareunternehmen Java oder einer Anzeige für die Servicebetriebe am Bahnhof) oder *Manche mögen's heiß* (= deutscher Titel des Marilyn-Monroe-Films „Some like it hot") (z.B. für die Tabakmarke Schwarzer Krauser No. 1) lauten.

2. Mit ANSPIELUNG DURCH ÜBERNAHME VON (MEIST SYNTAKTISCHEN) STRUKTUREN BEI LEXIKALISCHER SUBSTITUTION ist gemeint, dass eine Anspielung aufgrund des ähnlichen Satzbaus, einer übernommenen syntagmatischen Struktur oder der gleichen Anordnung von Teiltexten vorliegt, die aber durch lexikalische Substitution unterschiedlich stark verfremdet ist, also durch die Ersetzung einzelner Wörter durch andere. Ein Beispiel ist die Anzeige für den Kia Rocsta: *Brave Autos kommen in die Garage. Der Rocsta kommt überallhin.*, das auf einen populären Buchtitel „Brave Mädchen kommen in den Himmel, böse überall hin." von Ute Ehr-

hardt anspielt. Um noch ein Beispiel aus 1) aufzugreifen: Auch *Manche mögen's heiß* wird gerne verfremdet übernommen: *Manche mögen's sicher* (VW Polo) oder *Manche mögen's easy* (Software von Markt & Technik).

3. Die ANSPIELUNG DURCH ÜBERNAHME ZENTRALER LEXIKALISCHER ELEMENTE BEI STRUKTURELLER MODIFIKATION sieht dagegen so aus, dass einzelne markante Wörter (z. B. Schlüsselwörter) oder kleinere Wortgruppen übernommen werden, ohne in die ursprüngliche Struktur des Referenztextes eingebettet zu bleiben. Beispiele sind *Entdeck die Leichtigkeit des Seins* in einer Anzeige für einen Performance-Drink Fit for Fun (Anspielung auf Milan Kunderas Buchtitel „Die unerträgliche Leichtigkeit des Seins") oder *Täglich frisch gepreßt* als Schlagzeile einer Anzeige für den Bundesverband Druck (Anspielung auf den Werbeslogan von Dittmeyer's Valensina: *Schmeckt wie frisch gepresst*).

 Als ein weiterer Typus könnte die ANSPIELUNG AUF DIE STRUKTUR eines Referenztextes postuliert werden, um z. B. einen Fall wie *Lucky Strike. Sonst nichts.* (Phänotext) als Antwort auf die Frage in *Campari. Was sonst?* (Referenztext) und damit als intertextuellen Bezug interpretieren zu können. Die Referenzbeziehung zwischen diesen beiden Texten erscheint allerdings relativ lose und intersubjektiv nicht zwingend, zumal Markierungen fehlen. Alternativ ließe sich eine solche Form der Intertextualität über eine formal offene Kategorie INHALTLICHE ANSPIELUNG erfassen, die über das Aufgreifen von Schlüsselwörtern des Referenztextes hinausgeht bzw. auf anderen Merkmalen als Struktur und Lexik basiert. Eine solche Kategorie entspräche dann in etwa der ebenfalls sehr offenen vierten Kategorie bei Karrer (= Anspielung auf einen Referenztext ohne Reproduktion seiner Elemente oder Struktur), erscheint aber bei so kurzen Referenztexten wie Werbetexten, die sich meist selbst auch wieder nur auf kurze Phänotexte beziehen, weniger gut nachweisbar als z. B. in literarischen Texten, bei denen andere Formen der Markierung möglich sind.

4. BILDLICHE ANSPIELUNGEN ÜBER DEN VISUELLEN KODE kommen häufig zu obigen Strategien hinzu, beispielsweise in der VW Polo-Anzeige *Manche mögen's sicher*, bei der ein Dummy im fliegenden roten Kleid in der klassischen Marilyn-Monroe-Pose neben dem Polo steht. Sie benötigen die Verbindung mit direkten oder verfremdeten Zitaten in der Regel allerdings nicht, um erkannt zu werden. So warb die Deutsche Bahn AG mit Anzeigen und Plakaten, auf denen die Augsburger Puppenfiguren Jim Knopf und Lukas, der Lokomotivführer, (aus dem Kinderroman von Michael Ende) abgebildet sind: *„Potzblitz", staunte Lukas, „Sparpreise ab 199 Mark?!"* (Schlagzeile). Asterix und Obelix essen in einem Fernsehspot begeistert die „Zauberwaffel" Hanuta, die Comicfamilie Flintstone (deutsch: Fred Feuerstein) testete schon vor Jahren den neuen Opel Corsa.

Die bisherigen Beispiele bezogen sich auf Einzeltextreferenzen, d. h. als Referenztext liegt ein einzelner, identifizierbarer Text vor. GATTUNGS- ODER SYSTEMREFE-RENZEN, die zur typologischen Intertextualität gezählt werden, sind Anspielungen auf ganze Textgattungen oder Textsorten, aus denen sich nicht mehr ein einzelner Referenztext herauslösen lässt.

In der Werbung sind umfassende Nachahmungen werbungsfremder Textsorten sehr beliebt. Es lassen sich je nach Art des Umgangs mit der Referenztextsorte folgende Formen unterscheiden (leicht abweichend Fix 1997: 98 und Opiłowski 2006: 33–39):

5. MUSTERMETAMORPHOSEN: affirmative, kritische oder manipulative Nachahmung eines fremden Textmusters, z.B. eine Whopper-Werbung der Fast-Food-Kette Burger King, die wie ein Flugblatt der Wahlwerbung aufgemacht ist (kurz vor der Bundestagswahl 1998), oder wenn Anzeigen ein Layout und einen Textaufbau wie Briefe (z.B. eine Anzeige der Müller Maßhemden Manufaktur) oder redaktionelle Artikel (z.B. viele Kosmetik-Anzeigen) bekommen. Erkennbar ist diese Strategie meist daran, dass in Zeitschriften am Kopf der Anzeige klein die Bezeichnung *Anzeige* angebracht wird, um Missverständnisse zu vermeiden und den rechtlichen Vorgaben zu genügen. Besonders beliebt sind Mustermetamorphosen bei der Direktwerbung, die per Post an die Verbraucher geht. So verschickte z.B. die Telekom im Sommer 1999 einen Führerschein *Lizenz zum Überholen* als Werbung für T-ISDN, zusammen mit einem Führerschein-Prüfungsbogen, bei dem sich alle Multiple-Choice-Fragen auf die „Datenautobahn" und ISDN bezogen.

6. MUSTERMONTAGEN/MUSTERMISCHUNGEN: harmonische oder konfrontative Kombination verschiedener Muster (vgl. z.B. die Anzeigen für den Plusbrief, Abb. 6: 74, und von Asstel. Abb. 7: 75).

7. MUSTERBRECHUNGEN: punktueller Verstoß gegen einzelne Struktur- oder Formulierungsmerkmale eines Textmusters. Hierzu könnte man die bereits früher zitierte Werbekampagne „Print wirkt" zählen, da hier „Originalwerbung" mehr oder weniger original abgebildet wird, nur dass der ursprüngliche Anzeigentext durch den mehrfach wiederholten Ausdruck *Print wirkt* ersetzt wurde. Die Anzeigen bleiben jedoch weiterhin Anzeigen, aber nicht mehr für Produkte, sondern für Printwerbung als solche. Auch die Anzeige für neon (Abb. 27, siehe Folgeseite) lässt sich hierzu zählen.

8. ANSPIELUNGEN ÜBER DEN VISUELLEN KODE der Gattungsreferenz unterscheiden sich von 4. nur dadurch, dass die Anspielung allgemeiner ist, dass also statt Jim Knopf oder Asterix z.B. eine (nicht näher identifizierte) Prinzessin auftritt (wie z.B. beim Fiat Seicento Young), die auf die Gattung Märchen anspielt, oder ein Frauengespenst in einer schaurigen Burg (wie z.B. beim Schokoriegel Duplo), das auf die Gattung Schauerroman verweist.

 Eine bildliche Anspielung kann übrigens ganz entscheidend durch die Musikbegleitung unterstützt werden, weshalb zu fragen ist, ob sich nicht sogar eine Kategorie MUSIKALISCHE ANSPIELUNG aufstellen ließe: Ein Fernsehspot für das Haarfärbemittel Poly Brillance von Schwarzkopf zeigt eine Frau vor einem surrealen Hintergrund, der an einen geschliffenen Rubin o. Ä. erinnert. Zu dem nicht ganz zeitgemäß wirkenden Farben- und Formenspiel wird eine Musik eingespielt, zu der eine Frauenstimme auf Englisch singt und die durch einzelne Motive ganz deutlich an die Filmmusik der James-Bond-Filme erinnert. Durch

Abbildung 27: neon

> Musik und die filmische Darstellung wirkt der ganze Spot fast wie ein klassischer Filmvorspann eines etwas älteren James-Bond-Films, der ebenfalls in der Regel Frauengestalten in verfremdeten Bildsequenzen zeigt.

Mischformen sind jederzeit möglich. Irritierend ist zum Beispiel die Kombination einer strukturellen (also lexikalisch verfremdeten) Anspielung (2) mit einer Zitatmarkierung (1), wie dies in der Schlagzeile einer Mallebrin-Anzeige (Mittel gegen Halsschmerzen) der Fall ist: *Gurgeln oder lutschen, das ist hier die Frage! William Shakespeare.* Zitat und lexikalische Anspielung (1 + 3) sind kombiniert in der oben bereits angeführten Yamaha-Anzeige mit dem Wagner-Zitat. Hier finden sich nämlich im Fließtext weitere Sprachspiele, die auf Wagner-Werke anspielen und somit einen Bezug zum Aufhänger herstellen:

> *Ob Wagner die schönsten Opern schrieb, ist Geschmacksache. Daß sich bei HiFi der* **Ring** *erst mit einem guten CD-Spieler schließt, ist eine Tatsache. Der CDX-993 ist unser* **Meistersinger**. *Dagegen hört sich manch anderer* **trist an**. (Hervorhebung N. J.)

Die Feststellung, welche Form von Intertextualität vorliegt, ist jedoch erst ein erster Schritt. Schon bei den Beispielen wird vielleicht aufgefallen sein, dass Intertextualität unterschiedlich schnell erkennbar und die Bindung an den Referenztext verschieden stark ist. Um diese Unterschiede besser beschreiben zu können, bietet sich der theoretische Versuch Manfred Pfisters (1985) an, den Grad der Intertextualität zu bestimmen. Hierzu müssten von Fall zu Fall bzw. von Beispielgruppe zu Beispielgruppe folgende Aspekte näher beleuchtet werden:

a. Wie hoch ist der Grad an REFERENTIALITÄT, wie auffällig wird ein Referenztext thematisiert? Auffällig kann entweder heißen, dass unverändert übernommen wird (Zitat), dass besonders zentrale Textstellen übernommen werden oder dass das Übernommene als solches markiert wird (durch die Typografie, durch Anführungszeichen, durch direkte oder indirekte Quellenangaben etc.).

b. Je stärker die STRUKTURALITÄT, desto intensiver die Intertextualität. Strukturalität meint den Umfang und die Ähnlichkeit mit der Struktur des Referenztextes. Wird also beispielsweise eine Anzeige in Form eines Briefes gestaltet, mit Briefkopf, Anrede, Textteil und Gruß mit Unterschrift, ist der Grad an Strukturalität extrem hoch. Werden nur einzelne prägnante Lexeme übernommen, ist er sehr niedrig.

c. Die SELEKTIVITÄT hängt eng mit den ersten beiden Aspekten zusammen: Je pointierter und leichter als Zitat erkennbar der Referenztext oder seine Elemente aufgegriffen werden, umso intensiver die Intertextualität. Im Unterschied zur Referentialität liegt der Schwerpunkt hier auf der Auswahl des Zitierten, weniger auf Umfang oder Markierung, und ist besonders dann interessant, wenn es sich um längere Referenztexte handelt.

d. Die KOMMUNIKATIVITÄT bezieht sich darauf, wie bewusst die Anspielung Produzent und Rezipient wird. Da Werbetexter in der Regel versuchen, Anzeigen und Spots gezielt auf eine bestimmte Wirkung hin zu gestalten, kann man ins-

gesamt davon ausgehen, dass Intertextualität von ihnen ganz bewusst eingesetzt wird, um Aufmerksamkeit zu wecken, witzige Effekte zu erzielen oder
vom Image klassischer Dichter zu profitieren. Eine ganz andere Frage ist, ob
die Textproduzenten selbst immer wissen, woher sie ihre Anleihen nehmen,
denn Zitate, die zu allgemeinen „geflügelten Worten" geworden sind, lassen sich
spontan oft nur noch schwer einem bestimmten Autor oder Referenztext zuordnen. Was den Bewusstwerdungsprozess beim Rezipienten betrifft, so kommt
dies auf die Strategie und den Referenztext an. Intertextualität in der Werbung
ist prinzipiell nur sinnvoll (im Sinn erfolgreichen kommunikativen Handelns
der Werbetreibenden), wenn sie vom Rezipienten erkannt wird. Ob der Werbetexter allerdings versucht, auf die Bezüge ausdrücklich hinzuweisen, hängt
vom Referenztext ab. So ist es bei dem Ziel, dem Produkt einen poetischen oder
seriösen Anstrich zu geben, indem man Klassiker zitiert, angebracht, dies als
Zitat kenntlich zu machen und den berühmten Namen sozusagen als Zeugen
anzuführen. Spielt eine Anzeige dagegen auf eine andere Werbung an, um einen
witzigen Effekt (z. B. durch Bildbruch/Katachrese) zu erzielen (wenn z. B. der
Referenztext *Have a break. Have a Kitkat*, Slogan von Kitkat-Schokoriegel, für eine
Sixt-Anzeige zur Autovermietung abgewandelt wird in die Schlagzeile *Have a
break. Have a Cat*, unter der ein Jaguar-Modell abgebildet ist), muss der Rezipient
schon selbst auf die Zusammenhänge kommen, da ein Hinweis nicht nur wett-
bewerbsrechtlich problematisch wäre, sondern auch die Pointe verderben würde, ähnlich einem nicht verstandenen Witz, der seine Witzigkeit beim Erklären
verliert.

e. AUTOREFLEXIVITÄT meint die Thematisierung und explizite Reflexion der intertextuellen Bezüge des neu produzierten Textes. Sie könnte aus oben genannten
Gründen bei manchen Zitaten vielleicht eine Rolle spielen, kommt aber insgesamt für Werbung allein schon wegen Platzmangels und dem Bestreben, kurze
Texte abzufassen, eher selten in Frage.

f. Mit DIALOGIZITÄT wird die Beziehung zwischen Referenz- und Phänotext auf
der inhaltlichen und der kommunikativ-intentionalen Ebene beschrieben. Welches Ziel verfolgt der Produzent mit der Anspielung und wie erreicht er dieses
durch die Wahl eines ganz bestimmten Referenztextes? Je stärker die semantische Spannung zwischen Referenz- und Phänotext ist, umso intensiver wirkt
auch der intertextuelle Bezug.

Sind Form und Grad der Intertextualität bestimmt, bieten sich für die Interpretation
verschiedene weiterführende Fragestellungen an:

- Welche Funktion haben intertextuelle Anspielungen in der Werbung?
- Welche Referenztexte werden aus welchem Grund ausgewählt?
- Bieten sich bestimmte Textgattungen für bestimmte Produktgattungen beson-
  ders an?
- Welche Annahmen der Werbetreibenden über das Wissen und die Einstellungen
  der Verbraucher lassen sich aus der Wahl bestimmter Referenztexte erschließen?

- Welcher argumentativen Strategie soll Intertextualität im jeweils untersuchten Fall dienen?
- Passen die Anspielungen überhaupt zu den Produkten oder verselbständigt sich die Strategie in dem allgemeinen Bemühen, möglichst originelle und kunstvolle Werbung zu produzieren? (Oder passen die Anspielungen – im Gegenteil – nicht, weil sie zu platt und zu einfallslos sind?)
- Welche Teile der Anzeige bzw. des Spots werden für intertextuelle Bezüge genutzt (Schlagzeile, Slogan, Text, Bild)?
- Werden kombinierte, die ganze Anzeige umfassende Strategien bevorzugt?
- Wie gut ist aus Rezipientensicht die Anspielung auf den Referenztext (bzw. seine Herkunft) erkennbar?
- Wie wirken die Anspielungen auf die Rezipienten? Genügt zum Beispiel eine witzige Anspielung, damit man sich nicht nur die Anspielung, sondern auch das damit beworbene Produkt merkt?
- Welche Rückwirkungen hat Intertextualität auf die Referenztexte und ihre Geltung als Textsorte (Fix 1997)?

Methodische Schwierigkeiten liegen zum einen in der Textdefinition (bei welchen Anspielungen darf man noch von zugrunde liegenden Referenz**texten** sprechen; wie verhält es sich zum Beispiel mit Sprichwörtern einerseits, mit Kunstobjekten andererseits (Bilder, Statuen u. Ä.)?), zum anderen in der genauen Bestimmung und Abgrenzung der Formen von Intertextualität. Dass es diese Schwierigkeiten gibt, liegt möglicherweise auch daran, dass man jegliche Werbekommunikation aufgrund ihrer Bezugnahme auf gesellschaftliche Tendenzen als intertextuell ansehen könnte und man Intertextualität daher – je nach den eigenen methodischen Einschränkungen – unter Umständen nur schlecht als Einzelstrategie isolieren kann. Ein weiteres Problem ist die Erkennbarkeit: Wenn der/die Untersuchende lange nachforschen muss, um die Quellen für Anspielungen zu finden und aufzudecken, kann man dann noch von einer wirksamen Werbestrategie sprechen? Intertextualität in der Werbung könnte – wenn ihr Witz in ihrer möglichst guten Erkennbarkeit liegt – ein Barometer für gesellschaftliche Trends und ein Indikator für die Bekanntheit von Referenztexten sein.

Intertextualität ist ein für die Werbung noch längst nicht erschöpfend behandeltes Gebiet. Da die intertextuellen Bezugnahmen auf andere Werbetexte immer häufiger werden, stellt sich besonders die Frage, wie es mit der wettbewerbsrechtlichen Problematik und dem Ideenschutz aussieht (siehe Janich 1997b). Andererseits könnten die Beispiele von Werbung-in-Werbung-Intertextualität als Belege für die (vorausgesetzte) Bekanntheit von Werbetexten genutzt werden, um über diesen Weg Aussagen auch über das Verhältnis von Werbesprache und Alltagssprache zu treffen. Zudem ist die Frage noch nicht wirklich diskutiert, ob nicht Werbung an sich ein prinzipiell intertextuelles Phänomen darstellt (vgl. hierzu auch Kap. 6.2). Welche Konsequenzen hätte dies für den wissenschaftlichen Umgang mit Werbung? Ebenfalls erst ansatzweise diskutiert wurde bislang die Frage nach dem Stellenwert von Intertextualität und ihrer Funktion in der Werbung (Keßler 1998: 281).

Literaturtipps

Allgemein zum Konzept der Intertextualität siehe die ergiebige Aufsatzsammlung (mit den zitierten Beiträgen zur Markierung, dem Grad und Formen der Intertextualität):

BROICH, Ulrich/PFISTER, Manfred (Hrsg.) (1985): Intertextualität. Formen, Funktionen, Anglistische Fallstudien. Tübingen (Niemeyer). (= Konzepte der Sprach- und Literaturwissenschaft 35).

Ein weiteres Standardwerk stammt von:

HOLTHUIS, Susanne (1993): Intertextualität. Aspekte einer rezeptionsorientierten Konzeption. Tübingen (Stauffenburg). (= Stauffenburg Colloquium 28).

Beispiele speziell aus der Werbung werden diskutiert bei

FIX, Ulla (1997): Kanon und Auflösung des Kanons. Typologische Intertextualität – ein ‚postmodernes' Stilmittel? Eine thesenhafte Darstellung. In: Antos, Gerd/Tietz, Heike (Hrsg.): Die Zukunft der Textlinguistik. Traditionen, Transformationen, Trends. Tübingen (Niemeyer). (= Reihe Germanistische Linguistik 188). 97–108.

JANICH, Nina (1997b): Wenn Werbung mit Werbung Werbung macht ... Ein Beitrag zur Intertextualität. In: Muttersprache 107, 297–309.

KESSLER, Christine (1998): Diskurswechsel als persuasive Textstrategie. In: Hoffmann, Michael/Dies. (Hrsg.): Beiträge zur Persuasionsforschung. Unter besonderer Berücksichtigung textlinguistischer und stilistischer Aspekte. Frankfurt am Main u. a. (Lang). (= Sprache. System und Tätigkeit 26). 273–291.

Zum Nachschlagen der Referenztexte empfehlen sich z. B.

BÜCHMANN, Georg ([32]1972): Geflügelte Worte. Der Zitatenschatz des deutschen Volkes. 32. Auflage. Vollständig neubearbeitet von Gunther Haupt und Winfried Hofmann. Berlin (Haude & Spenersche Verlagsbuchhandlung).

DUDEN. Zitate und Aussprüche. Herkunft und aktueller Gebrauch (1993). Bearbeitet von Werner Scholze-Stubenrecht. Mannheim u. a. (Dudenverlag). (= Duden Bd. 12).

 Neuere Literatur

Einen knappen Überblick über Typen von Intertextualität und Klassifikationsmöglichkeiten intertextueller Bezüge bietet

JANICH, Nina (2008): Intertextualität und Text(sorten)vernetzung. In: Dies. (Hrsg.): Textlinguistik. 15 Einführungen. Tübingen (Narr). 177–196.

Eine umfangreichere Studie über Intertextualität in der Werbung mit einer alternativen Klassifikation liegt vor mit

OPIŁOWSKI, Roman (2006): Intertexualität in der Werbung der Printmedien. Eine Werbestrategie in linguistisch-semiotischer Forschungsperspektive. Frankfurt am Main u. a. (Lang). (= Kulturwissenschaftliche Werbeforschung 5).

 (59) Geben Sie den Referenztext zu folgenden Phänotexten an und bestimmen Sie jeweils die Form der intertextuellen Anspielung. Diskutieren Sie, wie „gelungen" die interextuelle Strategie ist, indem Sie die sprachspielerischen Effekte mit Blick auf die inhaltliche Aussage, den Produktbezug und die Bekanntheit des jeweiligen Referenztextes analysieren.

a. *Windkraft: eine Idee, der wir Flügel verleihen.* (bp, Abb. 8: 80)

b. *Ich denke, also lease ich.* (Sixt Autoverleih)

c. *Der Stoff, aus dem das Leben ist. / Der Stoff, aus dem die Wahrheit ist.* (neon, Abb. 27: 236)

d. *Treffen sich ein Franzose, ein Deutscher, ein Engländer, ein Spanier, ein Italiener, ein Türke, ein Pole, ein Däne, ein Belgier…* (European School of Management)

e. *Der Club der guten Bücher* (Club-Bertelsmann)

f. *Und ewig lockt das Mittelmeer* (Aida Reiseveranstalter, Anzeige für eine Kreuzfahrt)

g. *Morgen, Kinder, werd' ich fliegen* (Condor Fluggesellschaft)

h. *Wenn du denkst, du denkst, dann denkst du nicht allein: die Macht des Unbewussten* (Geo Magazin)

(60) Analysieren Sie den (im Folgenden transkribierten) Fernsehspot des Elektronik-Marktes Saturn hinsichtlich seines intertextuellen Potenzials (vgl. auch http://www.wikio. de/video/2934511#, Stand 20.03.2010):

> Zu sehen ist zuerst ein in der Umlaufbahn des Planeten Saturn schwebendes Lokal „Cooper's Bar". (Schnitt) Im Lokal: Zu sehen ist die Silhouette von drei Personen, die dramatisch im Gegenlicht der offenen Tür stehen. (Schnitt) Der Barkeeper, gespielt von Alice Cooper, schaut irritiert. (Schnitt) Einer der Außerirdischen ruft erschreckt: „Außerirdische!". (Schnitt) Ein anderer Außerirdischer schaut ebenfalls unsicher. (Schnitt) Die Silhouetten entpuppen sich als eine dicklich-biedere dreiköpfige Familie, die selbst ängstlich wirkt. Die Mutter fragt unsicher: „Entschuldigung, ist *das* hier der Mediamarkt?". (Schnitt) Kurze Stille in der Bar, die Außerirdischen wirken perplex. (Schnitt) Der vorher als zweiter eingeblendete Außerirdische antwortet: „Wir sind doch nicht blöd!". Er selbst und die Umstehenden lachen. (Schnitt) Der Vater fragt die Mutter: „Und jetzt?" (Schnitt) Der Barkeeper antwortet: „Und tschüss!" (Schnitt) Man sieht, wie er mit der Hand einen Hebel neben sich an der Wand herunterdrückt. (Schnitt) Unter der Familie öffnet sich eine Falltür und die drei Personen stürzen ins All. (Schnitt) Der Barkeeper: „Alles 'ne Frage der Technik." Die Filmszene endet, stattdessen wird per Off-Stimme Werbung für ein konkretes Produkt von Saturn gemacht.

4.5 Paraverbales und Nonverbales

In den Kapiteln zu Fernseh- und Hörfunkspot (3.2 und 3.3) wurde bereits auf den Begriff des Textdesigns hingewiesen, der in der jüngsten Diskussion dann eingesetzt wird, wenn verschiedene Präsentationsformen medialer Kommunikation und damit meist multimodale Texte Gegenstand der Analyse werden. Für den Zusammenhang „Paraverbales und Nonverbales" ist *ein* Problembereich aus dieser Diskussion besonders interessant: „die Analyse des multimodalen Charakters der Medienkommunikation und der damit verbundenen Einordnung der Aspekte Form, Funktion und Inhalt in eine allgemeine Zeichen- und Kommunikationstheorie" (Bucher 2007: 53). Strenggenommen macht die paraverbale Ebene als eine „sprachbegleitende" einen Text noch nicht zum multimodalen Text. PARAVERBAL sind bei gesprochener Sprache Phänomene wie Intonation, Betonung, Sprachmelodie und -rhythmus, dialektale oder fremdsprachige Akzente, Lachen, Hüsteln

u. a., bei geschriebener Sprache die Interpunktion. Doch werden in der Werbung paraverbale wie NONVERBALE Elemente (Mimik, Gestik und äußeres Erscheinungsbild einer Person, im geschriebenen Text Typografie und Bildqualität, im weiteren Sinn dann aber auch Bild und Film, Musik, Geräusch u. a.) als intendierte Zeichen eingesetzt und sollten daher über eine semiotische Analyse miterfasst werden.

Weil dieses Buch den Schwerpunkt auf die Beschreibung von Printwerbung legt, werden im Rahmen dieses Kapitels nur die Interpunktion (4.5.1), die Typografie (4.5.2) und das Verhältnis von Text und Bild (4.5.3) besprochen. Zur Analyse und Interpretation von Musik und Geräusch finden sich bereits Anmerkungen unter 3.2 und 3.3. Dass aber z. B. auch Gestik und Mimik in Print-, mehr aber noch in Filmwerbung eine wichtige Rolle spielen, zeigt zum Beispiel eine ältere Schweppes-Kampagne, die mit dem „Schweppes-Gesicht" geworben hat: Wer Schweppes trinkt, sei demnach daran erkennbar, dass sich sein Gesicht durch den herb-erfrischenden Geschmack in spezifischer Weise verzieht. Dies wurde durch Demonstration mit Verbrauchern ebenso kommuniziert wie über Fotos. Das Äußere von Personen wird zudem – egal ob in Print- oder Filmwerbung – ganz entscheidend zur Kontextualisierung genutzt (z. B. äußerliche Erkennbarkeit von Experten durch Labor- oder Handwerkerkleidung, Zielgruppenidentifikation über entsprechend elegant oder jugendlich gekleidete *personae* usw.).

4.5.1 Interpunktion

Die Zeichensetzung wird in der Forschung über Werbesprache zwar immer wieder angesprochen, wenn es um die Syntax in Anzeigen geht, ist als eigenes Thema aber bislang noch kaum in den Blick gerückt. Ein eigenes Kapitel widmet nur Manuela Baumgart der Interpunktion (Baumgart 1992: 100–106), auf deren Ergebnisse im Folgenden Bezug genommen wird, auch wenn sie zum Teil aktualisiert werden müssen.

Das beliebteste Satzzeichen in den Anzeigen, besonders aber im Slogan, ist zweifellos der PUNKT. Bei den Slogans zeigt sich geradezu eine Inflation bei der Punktsetzung. Stellte Ruth Römer Ende der 1960er Jahre noch fest, dass Slogans selten von Satzzeichen begleitet würden (Römer [6]1980: 166), und korrigiert Baumgart dieses Ergebnis mit Blick auf die 1980er, dass nach dem Produktnamen oder am Ende des Slogans inzwischen fast immer ein Punkt stehe (Baumgart 1992: 101), so nehmen die Punktsetzungen in derzeitigen Anzeigen (und zum Teil auf Plakaten) so stark zu, dass nicht selten Aussageeinheiten durch den Punkt aufgespalten werden:

- *ALFA SPIDER. AUF. UND DAVON.* (Anzeige für Alfa Spider: Schlagzeile; aufgrund der Position im unteren Anzeigenteil zugleich als Slogan wirkend.)
- *Die neue Kraft. Für Ihre Sicherheit. Für Ihr Vermögen – The Future. Together. Now.* (Anzeige für Axa Colonia Versicherung: Schlagzeile und Slogan.)

Achim Zielke plädiert aus Sicht des sprachwissenschaftlich geschulten Werbefachmanns dafür, den Punkt so zu nutzen, dass er nicht der Grammatik vollständiger deutscher Sätze folgt, sondern als Mittel zur Abgrenzung von einzelnen Sinneinheiten und Werbeaussagen dient, um die Verständlichkeit und Prägnanz der Werbeanzeige zu erhöhen (Zielke 1991: 165). Dem würde die Anzeige von Axa Colonia entsprechen; bei dem Alfa-Spider-Beispiel entsteht ebenfalls eine andere Dynamik durch den Punkt hinter *auf: auf und davon* wird geteilt in zwei eigenständige Bewegungsabschnitte.

Der Punkt kann folgende Funktionen haben:

a. Er grenzt ab (z. B. einzelne Werbeaussagen voneinander oder den Produktnamen vom Slogans: *Nichts ist unmöglich. Toyota*, Abb. 31: 283),

b. verkürzt und verdichtet die Aussage, indem er häufig das Prädikat ersetzt (*Audi *heißt/bedeutet Vorsprung durch Technik, Der neue Seat Toledo * ist Aufregend gut gebaut.*),

c. reiht aneinander, möglicherweise steigernd (*Samstags. Sonntags. Immer.*, Abb. 28: 248) und

d. setzt gleich (z. B. den Produktnamen mit der Werbeaussage, siehe obige Beispiele):

> Der Punkt dient zur Unterstreichung der Sloganbehauptung, er vermittelt Abgeschlossenheit, Unantastbarkeit und Nachdruck und imitiert die Kurzsätzigkeit gesprochener Sprache, indem er zum Senken einer gedachten Stimmführung zwingt und eindrucksvolle Pausen entstehen läßt. (Baumgart 1992: 101)

Als gegenläufige Tendenz ist festzustellen, dass häufig zwischen Produktname und Sloganaussage kein Punkt mehr steht, sondern der Produktname grafisch – durch Stellung, Schrift, Farbe oder Einbettung in ein Logo – vom Sloganrest abgesetzt wird. Dadurch wird der Punkt nicht mehr dafür benötigt, dem Slogan eine zweigliedrige Struktur (Name – Werbeaussage) zu verleihen (z. B. bei den Anzeigen von Krombacher (Abb. 2 b: 33), Toshiba (Abb. 4: 54) oder Deutsche Post (Abb. 6: 74)).

Der DOPPELPUNKT trennt weniger stark zwischen den Aussagen und verweist dafür stärker auf ihre logische Verbindung. Durch den Doppelpunkt werden Erwartungen auf das Folgende gerichtet, er kann dabei aber ebenso wie der Punkt ein Prädikat in elliptischen Aussagen ersetzen:

- *Wie unser Kraftstoff: Langweilig, aber kaum zu verbessern.* (im Bild ein Abflussreiniger mit Stiel und Gummistopfen) – *Wie unser Benzin: Frisch gezapft und in vier wirklich leckeren Sorten* (im Bild ein Kuheuter) (Schlagzeilen der Anzeigen für Jet-Kraftstoff),

- *Wir unterbrechen das Programmheft für etwas Werbung: 0180/55580.* (Schlagzeile einer kleinformatigen Anzeige von Mercedes-Benz in einer Programmzeitschrift),

- *Riecht gut und schmeckt gut: MOODS.* (Slogan einer Anzeige für MOODS-Zigarillos von Dannemann),

- *Neu: hohes C plus Gutes aus Milch.* (Schlagzeile einer Anzeige und eines Plakats für Milch-Fruchtsaftgetränke der Marke hohes C),

- *Typisch Kaffeetante: Immer Zeit für KRÖNUNG light* (Schlagzeile einer Anzeige für den Kaffee Krönung light von Jacob's).

Der Doppelpunkt lässt sich sogar als Überleitungsmittel zwischen Text und Bild nutzen: Unter der fett und groß gedruckten Schlagzeile *Safer Sex:* befindet sich die Abbildung zweier aufeinander liegender Jeans. Klein darunter steht, quasi als Kern der Werbeaussage: *Nie ausziehen.*

Seltener als der Punkt trennt auch ein GEDANKENSTRICH im Slogan Produktname von Sloganaussage und übernimmt dabei in ähnlicher Weise die Funktion, Produkt und Werbeaussage gleichzusetzen: *Kléber-Reifen – die richtige Wahl.* Weitere Funktionen des Gedankenstrichs, wie man sie auch in anderen Textsorten nachweisen kann, sind:

a. die Gegenüberstellung echter oder scheinbarer Gegensätze (*Halbes Koffein – Volles Verwöhnaroma.* Slogan der Kaffeesorte Krönung light von Jacob's),
b. die Abgrenzung und Betonung eines bestimmten Syntagmas/Satzgliedes (*Die gute alte Zeit: kein Streß, keine Sorgen – und keine schönen Kinderfotos.* Bildunterschrift unter einem verschwommenen, alten Kinderfoto in einer Anzeige für eine Minolta-Kamera mit der Schlagzeile: *Ihre Kinder sollen es mal besser haben.*),
c. nach einer Denkpause das Anhängen einer weiteren Aussage an einen Satz, oft zum Zwecke der Betonung (aus einem Anzeigentext für Kléber-Reifen: *Er ist sehr wirtschaftlich, bietet neben einem ausgewogenen Leistungsspektrum auch gute Haftung auf nassen Straßen – und sein angenehm ruhiges Fahrverhalten macht den DYNAXER HP ganz nebenbei zu einem zuverlässigen Babysitter.*),
d. die folgerichtige Verbindung zweier Syntagmen, wobei der Gedankenstrich ähnlich wie ein Doppelpunkt eingesetzt wird (*Down under – Zeit für eine Wende.* Schlagzeile einer Anzeige für Winfield-Zigaretten).

Das KOMMA ist weniger gut für eine bewusste und auffällige Strukturierung von Werbeaussagen geeignet, da es Aussageeinheiten nicht deutlich voneinander absetzt, sondern eher eine verbindend-gliedernde Funktion besitzt (nach Baumgart wirkt es „schwächer" und „weicher" als der Punkt; Baumgart 1992: 103 f.). In den Fließtexten wird es normalerweise weitgehend entsprechend der schriftsprachlichen Norm verwendet. Zur Verwendung im Slogan räumt Baumgart trotz obiger Einschränkung ein, auch das Komma könne als „effektives Element beim Sloganaufbau eingesetzt" werden (Baumgart 1992: 104). Die Beispiele, mit denen sie dies begründet, weisen jedoch nur auf die allgemein-klassischen Funktionen des Kommas hin, nämlich die Abgrenzung von Nebensätzen und Aufzählungen zum besseren Leseverständnis. Das Komma als „weicheres" Trennmittel in dreigliedrigen Slogans, wofür Baumgart ebenfalls Beispiele anführt (ebd.), scheint weitgehend zugunsten des Punkts aus der Mode gekommen zu sein. Alles in allem wäre es daher interessanter zu überprüfen, an welchen Stellen ein Komma fehlt, obwohl wir es eigentlich erwarten würden, und ob dem eine bewusste Strategie zugrunde liegt.

Auch AUSRUFE- UND FRAGEZEICHEN werden bei Baumgart nur auf ihr Vorkommen in Slogans hin untersucht, so dass sie zu dem Schluss kommen kann, das Fragezeichen werde kaum verwendet, da Slogans nur sehr selten in Frageform konzipiert seien. Das Ausrufezeichen sei für Slogans oft zu aufdringlich und daher ebenfalls selten (Baumgart 1992: 104 f.). Anders sieht es aber mit den Schlagzeilen aus. Rhetorische und Neugier weckende Fragen sind eine beliebte Form für den Aufhänger oder auch den Textanfang einer Anzeige, so dass sich – abgesehen vom Slogan – in Werbetexten durchaus häufiger Fragezeichen finden:

- *Keine Idee, wie sich die Finanzierung des eigenen Hauses tragen soll? Mit BHW schaffen Sie das.* (Schlagzeile einer Anzeige der BHW Bausparkasse),
- *Was tun, wenn der Job die Gesundheit kostet?* (Schlagzeile der WWK-Versicherung).

Die Funktion des Fragezeichens ist daher immer, Aufmerksamkeit zu erregen, zum Weiterdenken und vor allem Weiterlesen anzuregen.

Das Ausrufezeichen scheint wegen seines verstärkenden und (laute) Rufe/Ausrufe signalisierenden Charakters allerdings auch in Schlagzeilen zumeist als zu aufdringlich empfunden zu werden, es findet sich dort weniger häufig als das Fragezeichen:

- (erste Seite einer Anzeige:) *Gesucht: Felix!* – (zweite Seite:) *Endlich gefunden!* (Schlagzeile einer Anzeige für Katzenfutter der Marke Felix),
- *„United, sag' I, United!" München – Washington nonstop.* (Schlagzeile einer Anzeige für United Airlines mit Abbildung des Münchner Aloisius im Himmel),
- *„Meine selbstaufgenommene CD – so einmalig wie ich!"* (Schlagzeile einer Anzeige für den Philips CD-Recorder),
- *Geil! Noch 'ne Camel inner Jacke!* (Schlagzeile einer Anzeige/eines Plakats für Camel-Zigaretten).

In vielen Anzeigen werden die Ausrufe dabei den *personae*/Sekundärsendern in den Mund gelegt (wie z. B. dem Münchner im Himmel oder einer jungen Frau in der Philips-Anzeige), so dass es weniger aufdringlich wirkt.

Nicht zu vernachlässigen ist die Rolle der DREI PUNKTE. Baumgart nennt für den Slogan die Funktionen

a. Signalisierung, dass etwas (zumeist das Prädikat) ausgelassen wurde (*Singer … immer ein guter Weg*),
b. das Setzen einer „dramatisch" wirkenden Pause (*Cin, Cin … Cinzano*) und
c. „das Verweisen auf etwas nicht Implizites, über den Slogan hinausgehendes" (*Nonchalance beflügelt die Sinne …*) (Baumgart 1992: 105 f.; auch die Beispiele stammen von ihr).

Die Funktion einer Pause scheinen die drei Punkte fast nur noch in älteren, traditionellen Werbeelementen einzunehmen (*Otto … find' ich gut.* Langjähriger Slogan für das Otto-Versandhaus). In Slogans tauchen sie allerdings kaum mehr auf. Was

Baumgart nicht erwähnt, wofür sich aber einige Beispiele finden lassen, ist die optische Zerstückelung von Aussagen, bei denen die drei Punkte auf eine Fortsetzung hinweisen:

- Eine Anzeige für den Peugeot 306 ist in vier Bilder aufgeteilt. Bei den ersten drei steht der Peugeot groß vor einer Winter-Berglandschaft: (1) *So beeindruckend kann das Matterhorn sein ... (2) ... oder die herrliche Landschaft in der Schweiz ... (3) ... oder die idyllische Pension von Heidi und Peter.* Das vierte Bild zeigt einen begeisterten Vater, der einer weniger begeisterten Familie Dias zeigt: (4) *Findet jedenfalls der Fotograf.*
- Eine Anzeige für den Freelander von LandRover besteht sogar aus sechs Bildern: fünfmal sind Ampeln (meist rot) abgebildet, auf dem sechsten Bild steht das Auto vor Bergkulisse mit Regenbogen: (1) *Montag ... (2) Dienstag ... (3) Mittwoch ... (4) Donnerstag ... (5) Freitag ... (6) Samstag/Sonntag.*
- Eine Anzeige für den Duft Magic Musk von Gammon zeigt ein sparsam bekleidetes Paar in zärtlich-erotischer Pose. Der Text ist über das Bild verteilt: *Mit diesem Duft ... – ... kann dir ... – ... alles passieren.*

Die drei Punkte ermöglichen also neben Pausensetzung und der Anregung, Ungesagtes selbst weiterzudenken, auch das Erzählen von Bildergeschichten, indem sie Zusammengehörigkeit bzw. den Fortsetzungscharakter einzelner Teile signalisieren.

Was bei Baumgart fehlt, ist die Besprechung von Anführungszeichen und Klammern. Beides wird jedoch in der Werbung bewusst zur typografischen Gestaltung genutzt.

ANFÜHRUNGSZEICHEN signalisieren normalerweise wörtliche Rede, Okkasionalismen oder eine Distanz des Schreibers zum Gesagten. In der Werbung, in der es von nicht-lexikalisierten Neubildungen wimmelt und eine Distanz zum Gesagten selten zur Intention des Textes passt, überwiegt die Markierungsfunktion für wörtliche Rede oder Zitate:

- *„Jeder Augenblick ist von unendlichem Wert."* Seneca (Schlagzeile bzw. Text einer Anzeige für das Konfekt merci pur),
- *„United, sag' i, United!"* (Schlagzeile einer Anzeige für United Airlines mit der Figur des Münchners im Himmel),
- *„Ich bremse auch für Männer."* (Schlagzeile einer Peugeot-106-Anzeige, bei der eine Frau am Steuer im Begriff ist, einen männlichen Anhalter mitzunehmen).

Die Anführungszeichen signalisieren hier, dass nicht der Werbetreibende selbst spricht, sondern eine Autorität, ein Produktnutzer oder ein anderer Sekundärsender. Das heißt jedoch nicht, dass jede Aussage aus anderem Mund mit Anführungsstrichen markiert werden müsste, weshalb bei der Untersuchung der Anführungszeichen auch die Frage interessant ist, an welchen Stellen sie zu erwarten wären und warum sie im einen oder anderen Fall weggelassen werden.

Was in der professionellen, überregionalen Werbung kaum zu beobachten ist, bei regionaler Werbung oder auf Ladenschildern aber vorkommt, ist ein nicht nachvollziehbarer Gebrauch von Anführungsstrichen – wahrscheinlich aus einer Mode heraus, mit Anführungsstrichen einzelne Ausdrücke betonen zu wollen. Da diese Funktion normalerweise nicht mit diesen Zeichen verbunden wird, ergibt ein solcher Gebrauch eine komische oder irritierende Wirkung: *Unser Reisebüro in der ...-straße berät „Sie" gerne* (Plakat für ein städtisches Reisebüro in einem Linienbus).

Auch KLAMMERN werden in der Werbung als grafische Mittel bewusst eingesetzt:

- *Ich will [Kind] sein.* (Plakat für Misereor; keine Wirtschaftswerbung!),
- *Senza tio nell! [Italienisch für Fortgeschrittene]* (Plakat für Prosecco blû von LineaVini).

Ein anderes, schon etwas älteres Beispiel ist die Einführung der Automarke Daewoo, die unter anderem mit Plakaten unterstützt wurde, auf denen ein Mund und darunter die lautsprachliche Entsprechung des Markennamens *[dæ:ju:]* abgebildet war. In diesem Fall entsprechen die Klammern einer durch Fremdsprachenwörterbücher bekannten sprachwissenschaftlichen Notation von Lautfolgen. In den anderen Beispielen dienen die Klammern entweder schlichtweg der Betonung (Misereor) oder werden – wie in anderen Textsorten auch – als Signal für eine ergänzende Information verwendet (Prosecco blû).

Bei einer Untersuchung der Interpunktion in Werbetexten müsste auf Folgendes geachtet werden:

- In welchem Textbaustein der Werbung wird welche Interpunktion verwendet? (Bislang fehlt zum Beispiel noch jeder systematische Vergleich, ob die Interpunktion in Schlagzeile und Slogan nach ähnlichen Prinzipien erfolgt.)
- Liegt ein Verstoß gegen die Rechtschreibung vor? Wenn man davon ausgehen kann, dass ein solcher gezielt erfolgte – was ist dann der Grund?
- Welche Satzzeichen übernehmen welche Funktion bzw. sollen welche Wirkung erzielen? Decken sich diese Funktionen mit denen, die man im Allgemeinen, d. h. in orthografisch korrekten Alltagstexten mit ihnen verbindet?

Eine interessante weiterführende Frage wäre, inwieweit der Computer dazu beiträgt, neue Möglichkeiten der Zeichensetzung und Zeichenverwendung für die Werbung zu eröffnen (man denke z. B. an die Imitation von Dateinamen durch Punktsetzung: z. B. *absolutvodka.com* für einen schwedischen Wodka). Auch sind an dieser Stelle nur die wichtigsten Zeichen der deutschen Syntax besprochen. Wie verhält es sich mit Zeichen wie dem Apostroph ', dem Asteriskus * oder dem *und*-Zeichen &?

(61) Vergleichen Sie die Anzeigen von Total (Abb. 21: 184) und Toyota (Abb. 31: 283) hinsichtlich ihrer Interpunktion. Lassen sich funktionelle Unterschiede feststellen?

Abbildung 28: F.A.Z. Stellenmarkt

4.5.2 Typografie

Neben der Interpunktion, die den Text in einem bestimmten Sinn gliedern soll, spielt auch die Typografie eine wichtige Rolle in der Werbung, d. h. Schriftart, typografische Auszeichnungen, Groß- und Kleinschreibung und das Spiel mit typografischen Mitteln.

Leitfragen typografischer Untersuchungen sollten unter Bezug auf die Zeichentheorie von Rudi Keller (1995) sein (siehe auch 3.1.6):

> [G]ibt es Situationen, in denen typographische Elemente von bestimmten Kommunikationsteilnehmern als Zeichen interpretiert werden? (…) [W]ird ihnen in bestimmten Situationen von bestimmten Kommunikationsteilnehmern ein regelhafter Gebrauch zugeschrieben und bilden sie daher die Basis von Schlussfolgerungen? (Antos/ Spitzmüller 2007: 43)

Das bedeutet für die Einbeziehung der typografischen Ebene in sprachwissenschaftliche Analysen, dass die eingesetzten typografischen Mittel beschrieben und mit Blick auf die betroffenen Teiltexte hinsichtlich ihrer kommunikativen Funktion und Wirkungsweise interpretiert werden müssen (vgl. auch Stöckl 2008b: 21).

Hartmut Stöckl (2008b: 22–33) unterscheidet vier semiotisch relevante Formen von Werbetypografie:

1. SCHRIFTART: Eine Schriftart kann nicht nur durch Form und Farbe zum Markenimage und zur Wiedererkennbarkeit von Werbung beitragen (wie zum Beispiel die immer in gleicher Schriftart weiß auf grauem Grund gesetzten Lucky-Strike-Plakate oder das magentarote T des Telekom-Konzerns (z. B. in *Telekom, T-Home* oder *T-Mobile*)), sondern auch gezielt semiotisch genutzt werden: wenn beispielsweise eine Handschrift oder handschriftenähnliche Schriften verwendet werden, um Persönlichkeit und Individualität auszudrücken, oder eine betont sachliche serifenlose Schriftart, um für die sachliche Eleganz z. B. von Designer-

möbeln zu werben. Zur Schriftart gehören weitere formale Gestaltungsmöglich-keiten wie SCHRIFTGRÖSSE, SCHRIFTFARBE und TYPOGRAFISCHE AUSZEICHNUN-GEN z. B. durch Kursivdruck, Fettdruck oder Versalienschreibung, um einzelne Teiltexte oder Ausdrücke hervorzuheben.

2. TYPOPIKTORIALE ZEICHENSPIELE: „Neben ihrer symbolischen Form als grafische Zeichen für sprachliche Laute bieten Buchstaben auch Raum für gegenständ-lich-ikonische Deutungen, vorausgesetzt, sie werden entsprechend gestaltet." (Stöckl 2008b: 26) McDonald's ist Meister darin, Aktionswochen wie zum Bei-spiel Länderwochen mit Schriften zu bewerben, die man jeweils mit der je-weiligen Sprache verbindet (unterstützt meist durch passende Wortspiele): für den McKropolis mit (nicht korrekt verwendeten) Elementen der griechi-schen Schrift: WAϚ KΩϚTΛϚ? – WΩ GIBTϚ'N ϚΩRBΛϚ?; für China-Wochen mit einer Schrift, die chinesische Pinselzeichen imitiert: *LANG TSU! – SUH PAH!*. Hier hat die Schriftart eindeutig ikonischen Charakter, weil sie aufgrund von Ähnlichkeitsbeziehungen zu assoziativen Schlüssen führen soll: Stöckl (2008b: 27) spricht von „ikonisierender Typographie". Auch Versalienschreibung kann sprachspielerisch und damit typopiktorial eingesetzt werden: *Der HELD, was er verspricht! – HerCOOLes* (Plakat-Schlagzeilen für den Zeichentrickfilm „Herkules" von Walt Disney). Schließlich kann Schrift imitiert werden, indem Gegenstän-de zu Buchstaben oder Ausdrücken verbunden werden (z. B. Lagerhallenre-gale, Paketlaufbänder und Lastenaufzüge, die in einer Anzeige für das Spedi-tionsunternehmen FedEx das links herum geschriebene Wort *Wachstum* (bzw. seine Rückseite) bilden). Die Grenzen zwischen Text und Bild werden damit fließend.

3. MATERIALITÄT: Hierunter werden Strategien gefasst, die entweder „das Mate-rial des Schreibens in den Vordergrund der Wahrnehmung rücken" oder die „die Technik des Schreibens hervorheben" (Stöckl 2008b: 28). Hierzu lässt sich die Anzeige für den Plusbrief zählen (Abb. 6: 74), in der die handschriftliche Beschriftung des Briefs zusammen mit den Bildausschnitten auf die inviduelle Gestaltbarkeit des Briefes und damit den besonderen Produktnutzen verweist (die Materialität ist in diesem Fall zwar ausgeprägter auf der Ebene des Bildes, wird aber durch die typografische Gestaltung unterstützt).

4. PLATZIERUNG VON SCHRIFT IM GESAMTKOMMUNIKAT: Schrift muss immer plat-ziert werden, d. h. die Gestaltung des Textes im Sinne des Layouts fällt bereits hierunter (siehe z. B. das auffällige Textlayout der BMW-X6-Anzeige (Abb. 20: 175)). Schrift kann aber insbesondere so in einer Anzeige platziert werden, dass auch dadurch ein semiotischer Mehrwert entsteht. Hier sind die Grenzen zum typopiktorialen Zeichenspiel fließend: Ein Beispiel ist die Anzeige für Gardena (Abb. 23: 194 f.), in der der Text so ins Bild integriert ist, dass er zuerst Assozi-ationen zu Ermattung zulässt (kleinere Schriftart, schlicht untereinander ange-ordnet, ohne Schwung) und dann das Eintauchen in Wasser symbolisiert (kreis-förmig in die scheinbar über dem Gartenbild liegende und verschwimmende Wasserfläche eingebettet). Ziel von besonderen Platzierungsstrategien ist es in

der Regel, wie beim Sprachspiel eine semantische Verdichtung zu erreichen und die Werbebotschaft typografisch zu unterstützen.

 Diese Kategorisierung von Stöckl kann nicht als ein entweder-oder im Sinn einer systematischen Typologie verstanden werden, da die beschriebenen Phänomene auf verschiedenen Ebenen liegen: So *muss* in *jeder* Printwerbung eine Entscheidung über Schriftart, -größe und -farbe und die Platzierung des Textes getroffen werden – sie *kann* so getroffen werden, dass sich dadurch ein semiotischer Zugewinn, ein semantischer Mehrwert ergibt. Ein solcher semiotischer Mehrwert ist bei typopiktorialen Zeichenspielen ebenso wie bei der Materialisierung von Schreibmaterial oder Schreibprozess immer der Fall und der eigentliche Grund für ihren Einsatz. Letztlich erscheint mir die Kategorie der Materialität nur eine auffällige Untergruppe der Zeichenspiele zu sein (weil selbstreferenziell auf Schrift und Schreiben bezogen); und auch Schriftart und Platzierung können solche Substrategien der Zeichenspiele sein, müssen es aber nicht und sind daher sinnvolle Unterscheidungsgrößen. Zum Problem der Grenzziehung kommt hinzu, dass meist mehrere Aspekte zusammenwirken (also im Rahmen eines Zeichenspiels besondere Schriftarten und/oder -größen in ungewöhnlicher Anordnung; so auch Stöckl 2008b: 31). Den Begriff des „typographischen Dispositivs", den Stöckl (2008b: 31–33; nach Susanne Wehde) verwendet, um typografisch komplexe Anspielungen auf fremde Textsorten zu fassen, braucht man dagegen nicht zwingend, da damit die im Intertextualitätskapitel (4.4.3) charakterisierte Gattungs- oder typologische Intertextualität gemeint ist. Diese ist in aller Regel nicht rein verbaler Natur, sondern stützt sich auch wesentlich auf ein entsprechendes Textlayout.

Auch Typografie hat natürlich eine Funktion für den Text. Stöckl unterscheidet grob vier Grundfunktionen, die je nach Werbetext und eingesetzter Strategie oder Strategiekombination unterschiedlich stark gewichtet sein und sicherlich auch weiter ausdifferenziert werden können (Stöckl 2008b: 33):

a. GLIEDERUNGSFUNKTION: Durch Typografie wird der Textraum visuell strukturiert.
b. BILDFUNKTION: Über Typografie können gegenständliche Formen entstehen, die sich wie Bilder lesen lassen.
c. VERSTÄRKUNGSFUNKTION: Diese Funktion der thematischen Verstärkung entspricht weitgehend der bereits angesprochenen semantischen Verdichtung, wie sie bei den Sprachspielen (4.4.1 c) besprochen wurde.
d. INDEXFUNKTION: Damit ist der konnotative Verweis auf in der sprachlichen Botschaft Mitbedeutetes gemeint, wie z. B. Adressaten- und Sendereigenschaften.

 Typografie wird in der werbelinguistischen Literatur vorwiegend unter sprachspielerischen Aspekten behandelt (vgl. z. B. Moraldo 2009). Was fehlt, ist eine systematische semiotische Aufarbeitung werbetypografischer Gestaltungsmöglichkeiten, die Stöckls Ansatz prüft und ausbaut, zum Beispiel in Form einer Typologisierung von Typoanzeigen, d. h. Anzeigen, die gar kein Bild mehr im klassischen Sinn haben, sondern ihre Botschaft nur über Sprache in unterschiedlicher typografischer Aufbereitung kommunizieren. Weiterführend müsste auch geprüft werden, ob sich die Printwerbung (neben Anzeigen also auch Plakate, Prospekte etc., aber auch Websites und Banner) gleichermaßen solcher typografischen Strategien bedient oder ob bestimmte Textsorten/Werbemittel aufgrund ihrer medial bedingten Rezeptionssituation mehr oder weniger darauf zurückgreifen. Schließlich wäre es interessant zu prüfen, ob die typografische Gestaltung von Text auch in der Fernsehwerbung, die ja durchaus nicht selten mit eingeblendetem Text arbeitet, eine über die Verwendung einheitlicher Markenschriften hinausreichende Rolle spielt.

Neuere Literatur

Außer dem einschlägigen Artikel von Hartmut Stöckl zur Werbetypografie empfehlen sich allgemein zum Einstieg die Sammelbände zum Textdesign und zur Textsemiotik sowie ein ebenfalls grundlegender Beitrag von Ulla Fix zur Materialität von Texten und ihrer stilistischen Funktion:

ECKKRAMMER, Eva Martha/HELD, Gudrun (Hrsg.) (2006): Textsemiotik. Studien zu multimodalen Texten. Frankfurt am Main u. a. (Lang). (= sprache im kontext 23).

FIX, Ulla (1996): Textstil und KonTextstile. Stil in der Kommunikation als umfassende Semiose von Sprachlichem, Parasprachlichem und Außersprachlichem. In: Dies./Lerchner, Gotthard (Hrsg.): Stil und Stilwandel. Bernhard Sowinski zum 65. Geburtstag gewidmet. Frankfurt am Main u. a. (Lang). 106–123. [Wiederabgedruckt in: Fix, Ulla (2007): Stil – ein sprachliches und soziales Phänomen. Beiträge zur Stilistik. Hrsg. von Irmhild Barz u. a. Berlin (Frank & Timme). 87–113.]

ROTH, Kersten Sven/SPITZMÜLLER, Jürgen (Hrsg.) (2007): Textdesign und Textwirkung in der massenmedialen Kommunikation. Konstanz (UVK).

STÖCKL, Hartmut (2008b): Werbetypographie – Formen und Funktionen. In: Held, Gudrun/Bendel, Sylvia (Hrsg.): Werbung – grenzenlos. Multimodale Werbetexte im interkulturellen Vergleich. Frankfurt am Main u. a. (Lang). (= sprache im kontext 31). 13–36.

(62) Analysieren Sie die typografischen Strategien der Anzeige für Singapore Airlines (Abb. 32: 291) sowie der beiden ersten Seiten von Volvo-Anzeigen (Abb. 29 a und b) hinsichtlich Form und Funktion. (Bei 29 a wird für das RSC Überrollschutzsystem im Volvo XC90 geworben, bei 29 b für den Bremsassistenten Pro in den neuen Volvo Sicherheitspaketen.) Diskutieren Sie an diesen Beispielen ggf. Abgrenzungsschwierigkeiten.

(63) Diskutieren Sie in der Gruppe die Funktionen der unterschiedlichen Schriftarten in den Anzeigen für Asstel (Abb. 7: 75), RWE (Abb. 25: 208) und Darbo Naturrein (Abb. 17: 149).

4.5.3 Text und Bild

Zu einer textunabhängigen formalen und semiotischen Bildklassifikation wurde im Kapitel 3.1.6 das Wichtigste gesagt. An dieser Stelle soll es um den Bezug zwischen Text und Bild in der Werbung gehen, denn Text-Bild-Beziehungen in sprachwissenschaftlichen Analysen zu ignorieren hieße, ein konstitutives Element

Abbildung 29 a und 29 b: Volvo (jeweils erste Seite von dreiseitigen Anzeigen)

der Werbekommunikation auszuklammern. Wird nur die sprachliche Seite untersucht, besteht die Gefahr, dass Ergebnisse über die Sprache verzerrt werden, denn Sprache und Bild ergänzen sich in der Werbung gegenseitig und sind aufeinander abgestimmt. Sie stehen daher nicht etwa in einem Konkurrenzverhältnis zueinander, wie es manche sprachwissenschaftlichen Arbeiten zugunsten der Sprache einerseits (z. B. Römer [6]1980: 24–27, Baumgart 1992: 29), werbewissenschaftliche Werke zugunsten der Bilder andererseits (z. B. Kroeber-Riel 1993; vgl die beliebte These „Ein Bild sagt mehr als tausend Worte") unterstellen. Ob Bild oder Text die wichtigere Funktion übernehmen, hängt von der Werbeanzeige bzw. dem Werbespot im Einzelnen ab (zum multimodalen Verstehen am Beispiel Fernsehspot siehe z. B. Bucher 2011). Rationale, sachliche Argumentation lässt sich besser sprachlich leisten, selbst wenn auch in diesem Fall ein Bild die Wirkungsmöglichkeiten von Werbung verbessern kann (Glaubwürdigkeit!). Emotionale Einstellungsbildung funktioniert dagegen leichter über das Bild (Kroeber-Riel 1993: 86).

In den früheren Auflagen dieses Buchs wurden Text-Bild-Beziehungen einerseits im Sinn einer Grobanalyse vor allem unter dem Gesichtspunkt der Informationsverteilung (textzentriert, bildzentriert, reziprok monosemierend, unterwertig, überwertig, ohne Bezugnahme; zum Teil nach Kalverkämper 1993; vgl. auch Rohen 1981 und Geiger/Henn-Memmesheimer 1998), andererseits im Sinne einer Feinanalyse unter semantisch-rhetorischen Aspekten klassifiziert (vgl. die Visualisierungsmethoden nach Gaede [2]1992, der ausgehend von einer Dominanz des

Textes die zugehörigen Bilder als visuelle Analogie, Argumentation, Assoziation, Synekdoche, Kausal- oder Instrumental-Relation, Repetition, Gradation, Determination, Konnexion, Normabweichung und Symbolisierung in Bezug auf den Text kategorisiert). Inzwischen gibt es eine umfangreiche neuere Arbeit von Hartmut Stöckl (2004), der an diesen Ansätzen zu Recht die Kritik übt, dass der erste zu unspezifisch und grobkörnig, der zweite aber zu detailliert und dadurch unübersichtlich und mit Abgrenzungsproblemen überfrachtet sei (Stöckl 2004: 249–252). Er schlägt eine alternative Typologisierung vor, die die Ideen der anderen Ansätze integriert, aber einen Mittelweg zu gehen versucht und deshalb hier als neuer Klassifikationsvorschlag skizziert werden soll (ausführlich bei Stöckl 2004: 252–300, im tabellarischen Überblick 297–299). Die Kriterien für diese neue Typologie sind (Stöckl 2004: 252 f.):

- die ART DES BILDES (also z.B. Beschaffenheit, Form, Farbe und Struktur des Bildes),
- die TEXTSTRUKTUREN (also wie Bilder und Sprache durch ihre Komposition gemeinsam ein Strukturmuster eines Gesamttextes ergeben),
- die SEMANTISCH-PRAGMATISCHEN BRÜCKEN ZWISCHEN SPRACHE UND BILD (also welche Funktionen das Bild für den sprachlichen Text und sprachliche Elemente für das Bild im Hinblick auf die Bedeutungskonstitution und Werbebotschaft übernehmen),
- KOGNITIVE OPERATIONEN ZUR SINNSTIFTUNG ZWISCHEN SPRACHE UND BILD (also welcher Art die kognitiven Operationen sein müssen, um Text-Bild-Gefüge zu entschlüsseln und zu verstehen),
- BILD-BILD-BEZÜGE (also in welchen Relationen verschiedene (Teil-)Bilder in einem Gesamttext zueinander stehen).

Daraus entwickelt Stöckl die folgende Typologisierung:

a. PARALLELISIERUNG VON SPRACHE UND BILD: Hierzu zählt der klassische Fall der visuellen Produktpräsentation, d.h. wenn das Bild etwas zeigt, was der Text benennt (vgl. z.B. die Alfa Spider-Anzeigen, Abb. 24 a und b: 200 f.). Diese Texte sind einfach zu lesen, weil eine Wort-Bild-Passung zugrunde liegt.

b. METONYMISCHE KONZEPTASSOZIATION: Das Bild visualisiert über eine metonymische Relation einen abstrakten Begriff (z.B. ‚Freude‘, ‚Genuss‘, ‚Müdigkeit‘, ‚Jugend‘). In solchen Relationen ist die Bildsemantik in der Regel komplexer und bleibt damit mehrdeutig, der Betrachter ist auf einen vereindeutigenden sprachlichen Kotext (vgl. Fußnote 21: 211) angewiesen. Der kognitive Aufwand beim Verstehen solcher Gesamttexte ist entsprechend höher als bei der Parallelisierung. Ein Beispiel hierfür ist die Anzeige für Beck's Ice (Abb. 3: 34), in der das Titelbild der Zeitschrift TV MOVIE, in der die Anzeige geschaltet ist, so verfremdet ist, dass es wirkt, als sei eine dünne, durchsichtige Eisschicht über das Bild gelegt. Diese Eisschicht metonymisiert die Eigenschaft des Bieres, *iceklar* – und dementsprechend erfrischend – zu sein.

c. SYMBOLISIERUNG: In diesem Fall bietet ein komplexes Bild oder die Kombination verschiedener Bilder eine symbolische Zusammenfassung des Textinhalts, z.B. indem ein Bild durch sprachliche oder bildliche Symbole aufgeladen wird. Als ein Beispiel lässt sich die Anzeige für GOGREEN der Deutschen Post anführen (Abb. 5: 66), in der ein Radfahrer die Anstrengungen der Post im Klimaschutz (= CO_2-Neutralität) symbolisiert. (Trotz der Schlagzeile, in der von *strammen Waden* die Rede ist, geht es bei GOGREEN nicht darum, dass die Post per Fahrrad transportiert wird – dies ist allenfalls bei der Auslieferung der Fall –, sondern dass *durch den Transport entstandene Emissionen in Klimaschutzprojekten ausgeglichen werden*.)

d. METAPHORISIERUNG/LITERALISIERUNG: Der Bezug des Bildes zum Text funktioniert über eine konventionalisierte Metapher: „Dabei literalisieren die Bilder zumeist eine sprachliche Metapher, d.h. sie visualisieren die wörtliche Bedeutung einer Metapher und aktivieren den Bildspendbereich." (Stöckl 2004: 260) Häufig entsteht wie bei der Remotivation von Phraseologismen dabei eine semantische Spannung zwischen wörtlicher und metaphorischer Bedeutung, zwischen der der Betrachter hin und her schwankt. Die Bilder übernehmen dabei die Funktionen der Illustration, Konkretisierung und Hervorhebung wichtiger inhaltlicher Aspekte des Textes. Ein Beispiel hierfür ist die Anzeige für Bayer (Abb. 1: 26), in der der „Climate Footprint", selbst eine Metapher für die negativen Auswirkungen menschlichen Handelns auf das Klima, literalisiert wird, indem ein riesenhafter Fußabdruck im Regenwald abgebildet ist.

e. METAKOMMUNIKATIVER KOMMENTAR ZUM BILD: In einer solchen Relation geht es weniger um eine inhaltliche Passung oder Ergänzung von Text und Bild, sondern um einen Verweis auf formale Produktions- und Zeicheneigenschaften des Bildes auf einer metakommunikativen Ebene. Als Beispiel ließe sich hierzu die „Print wirkt"-Kampagne zählen, denn die Aussage *Print wirkt* bezieht sich ja auf das sprachlich-visuelle Textdesign der jeweiligen Anzeige, das auch ohne weitere Inhalte als Werbung für eine bestimmte Marke identifizierbar ist.

f. BEDEUTUNGSGEGENSATZ UND BEDEUTUNGSANALOGIE: Hier geht es darum, dass über Ähnlichkeit oder Unterschied in der inhaltlichen Aussage von sprachlichem Text vs. Bild logische oder assoziative Bezüge zwischen Text und Bild hergestellt werden und dadurch zum Beispiel die Textinformation prägnanter wird. Beliebt ist diese Strategie der visuellen Analogie in der Autowerbung, wenn die Leistung technischer Systeme durch Vergleiche veranschaulicht und positiv konnotiert werden soll (z.B. die Spurtreue und gute Straßenlage bei schlechtem Wetter durch den Vergleich mit Schlittschuhläufern oder mit Bären, die trittsicher ein nasses, steiniges Ufer bewältigen).

g. FIGURENREDE: Auf dem Bild ist eine Person abgebildet und der Text entspricht einem Zitat dieser Person. Stöckl (2004: 272) nennt dies das „Comicmuster des Sprache-Bild-Bezugs". Diese Strategie lässt sich rhetorisch-argumentativ meist der Testimonialwerbung zuordnen, wird also häufig eingesetzt, wenn zufriedene Verbraucher oder Prominente für ein Produkt werben (z.B. wenn der Literaturkritiker Marcel Reich-Ranicki für das Örtliche (Telefonbuch) wirbt und die Schlagzeile *Der Figurenreichtum dieses Buches ist unübertrefflich* als Zitat verstanden werden kann).

h. ‚FACHLICHE‘ SPRACHE-BILD-BEZÜGE/INFOGRAFISCHES: Dieser Fall liegt vor, wenn fachliche oder fachlich wirkende Abbildungen in einen Werbetext integriert werden. Stöckl unterscheidet hier drei Untergruppen, nämlich a) BILDLEGENDEN (wenn Sprache das Bild im Sinne einer Legende beschreibt), darauf aufbauend b) PROZESSMODELLE (also z. B. Schaubilder und Darstellungen von Systemen, Abläufen oder Relationen) sowie c) DIAGRAMMATISCHES, wenn über Diagramme und Grafen Größen- oder Mengenverhältnisse veranschaulicht werden, meist unterstützt von Zahlen, Prozentzeichen oder Zeichen für Einheiten. Infografische Sprache-Bild-Beziehungen kommen häufig in Werbung für Kosmetik und Körperpflegeprodukte, aber auch in Werbung für technische Produkte wie vor allem Autos vor (vgl. ausführlich Janich 1998a).

i. BILD SOLO: Zu bilddominanter Werbung in diesem Sinn, die auf Erfahrungswissen aufbaut und in der Sprache nur noch dazu dient, über den Produktnamen eine identifizierende Zuordnung zu leisten, zählt zum Beispiel der größte Teil der Parfumwerbung, in der nur noch der Produkt- und Markenname, oft aber nicht einmal mehr ein Slogan abgedruckt ist (zur Parfumwerbung vgl. Holz 2005).

j. VISIOTYP/*IMAGE ICON*: Visiotype sind das Gegenteil der „sprachlosen“ Bilder unter (i), die keiner Kommentierung mehr bedürfen, weil sie auf Erfahrungswissen aufbauen. Visiotype sind demgegenüber so häufig verwendete Bilder, dass sie in ihrer Bedeutung verblassen und unspezifisch werden und damit „nur vage auf einen großen Kreis von möglichen, im jeweiligen Kontext aktualisierbaren Bedeutungen verweisen“ (z. B. das Mutter-Kind-Motiv) (Stöckl 2004: 282).

k. BILDSYNTHESE[25]: Die bisherigen Typen, bei denen der sprachliche Text in der Regel durch *ein* Bild begleitet ist, ergänzt Stöckl durch zwei Teilkategorien, in denen komplexe, also aus *mehreren Einzelbildern* bestehende Bilder Teil des Gesamttextes sind. Hierunter fallen die Bild-Bild-Konstellationen a) MONTAGE UND ADDITION (Zusammenführung zweier oder mehr Bilder in Montagetechnik) sowie b) MISCHUNG UND ‚MORPHING‘ (Mischung und Verschmelzung mehrerer Bilder in einer Gestalt). Ein Beispiel für die Kombination beider Verfahren ist wieder die unter (b) erwähnte Anzeige für Beck’s Ice (Abb. 3: 34), in der erstens das Titelbild der Programmzeitschrift und der „Eisfilm“ zu einem neuen Bild verbunden sind (Mischung/Morphing), zweitens aber auch durch die Montage mit der Bierflasche der Eindruck entsteht, die Bierflasche ermögliche, ‚hinter‘ die Eisschicht zu blicken.

l. BILD-BILD-KONSTELLATION: Schließlich sind Gesamttexte möglich und gerade auch in der Werbung häufig, in denen mehrere Einzelbilder vorkommen (vgl. zum Beispiel die Listerine-Anzeige, Abb. 9: 82 f.). Hierunter zählt Stöckl a) SPE-

---

25 Der Ausdruck *Bildsynthese* stammt von mir, Stöckl verwendet hier nicht ganz eindeutig die Kategorie ‚komplexes Bild‘ im Gegensatz zu den ‚einfachen‘ Bildern der Kategorien (a–j).

ZIFIZIERENDE BILD-BILD-BEZÜGE, in denen zum Beispiel ein Detail aus einem Bild zusätzlich vergrößert abgebildet ist (zum Beispiel der Fall in Werbung für Kosmetik und Körperpflege, wenn Haarwurzeln, Hautzellen oder Zahnhälse vergrößert werden, um Pflegeeffekte zu demonstrieren), b) TEMPORALE BILD-BILD-BEZÜGE, die chronologische Abfolgen darstellen und damit erlauben, ein kognitives Script[26] darzustellen (siehe die Beispiele zum Doppelpunkt: 246), sowie c) VERGLEICHENDE UND KONTRASTIERENDE BILD-BILD-BEZÜGE, in denen auf visueller Ebene Gegenüberstellungen stattfinden, um Gemeinsamkeiten und Unterschiede darzustellen und zu deuten.

Die hier beschriebenen Typen von Sprache-Bild-Bezügen können jeweils für ein Werbekommunikat bestimmend sein, liegen meist aber in Kombination vor.

 Da Stöckl von massenmedialen *Print*texten ausgeht, sind die oben beschriebenen Kategorien vor allem auf die Textsorten Anzeige und Plakat sowie Katalog anwendbar. Fernseh- und Internetwerbung bieten aber auch die Möglichkeit (bzw. basieren darauf), bewegte Bilder einzusetzen; eine entsprechende Kategorie zur Beschreibung von bewegten Bildfolgen fehlt hier jedoch. Entsprechend sind insbesondere die Kategorien (k) und (l) nicht auf Fernsehspots und andere Formen dynamischer Visualisierung anwendbar, und mit Blick auf die übrigen Kategorien werden vermutlich in Spots Mischformen überwiegen statt der Dominanz einzelner Relationen, wie sie bei Anzeigen denkbar und wahrscheinlich ist.

Um das Bild angemessen in eine sprachwissenschaftliche Analyse einzubeziehen, sollten demnach je nach konkreter Fragestellung folgende Untersuchungsaspekte beleuchtet werden:

- Aus welchen funktional bestimmten Bildelementen setzt sich das Werbekommunikat (konkrete Anzeige, Plakat, Prospekt, Website u. a.) zusammen (siehe 3.1.6)? Beim Fernsehspot wäre hier eher unter funktionaler Perspektive nach Schnitttechnik, Typen von Filmsequenzen und Kombination von Film und Standbildern zu fragen.
- Um was für Bilder handelt es sich in zeichentheoretischer Sicht, also wenn das Verhältnis zwischen Bild und Abgebildetem, zwischen *signifié* und *signifiant* betrachtet wird (deiktische, ikonische, konventionalisierte Zeichen) (siehe 3.1.6)? Beim Fernsehspot kann diese Frage nur für zentrale Bildelemente oder Teilsequenzen innerhalb der normalerweise meist ikonischen filmischen Darstellung gestellt werden bzw. es muss die Relation solcher Zeichen zueinander untersucht werden, um Besonderheiten auf dieser semiotischen Ebene zu erfassen.
- Wie lassen sich die Bilder formal näher beschreiben (siehe 3.1.6 und 3.2)?

---

26 Unter einem Script versteht man in der kognitiven Linguistik die Vorstellung, welche Situationen oder Abläufe typischerweise zu einem Begriff gehören (z. B. die Verbindung des Begriffs ‚Hochzeit' mit der Vorstellung eines typischen Ablaufs mit typischen Beteiligten wie Braut, Bräutigam, Trauzeuge und Handlungen wie Eheschwur, Ringetauschen, Kuss).

- Wie ist das Verhältnis zwischen Bild(ern) und sprachlichem Text in der Gesamt-komposition des Werbekommunikats (siehe die obigen Typen nach Stöckl und Kombinationsmöglichkeiten)?
- Welches Ziel soll mit der visuellen Gestaltung innerhalb der Werbeintention erreicht werden? Welche Funktionen hat die jeweils spezifische Sprache-Bild-Beziehung (siehe 4.2.2)?
- Welche kognitiven Operationen sind für das Verständnis des Gesamttextes er-forderlich (d. h. wie hoch ist der Anspruch an den Rezipienten hinsichtlich Ent-schlüsselung und Assoziationsleistung) und welche Wirkung der Sprache-Bild-Komposition kann daher erwartet werden?

Die Typologie von Stöckl, die sich vorwiegend auf Printmedien bezieht und nicht *per se* werbespezifisch ist, könnte an Werbetexten korpusbasiert evaluiert werden: Welche Relationen und Kombinationen sind häufig bzw. weniger häufig, welche Funktionen und Wirkungsabsichten sind damit jeweils in der Werbung verbunden. Zudem müsste die Typologie für Fernsehspots passbar und d. h. wohl erweitert bzw. evtl. auch in Teilen modifiziert werden. Schließlich erscheinen gerade in Bezug auf Sprache-Bild-Bezüge kulturkontrasti-ve Studien lohnenswert (vgl. 6.3).

Literaturtipps

Differenzierte und dennoch handhabbare Beschreibungsvorschläge für Text-Bild-Beziehungen in der Werbung bieten
GAEDE, Werner (1992): Vom Wort zum Bild. Kreativ-Methoden der Visualisierung. 2., verbesserte Auflage. München (Langen-Müller/Herbig).
GEIGER, Susi/HENN-MEMMESHEIMER, Beate (1998): Visuell-verbale Textgestaltung von Werbeanzeigen. Zur textlinguistischen Untersuchung multikodaler Kommunikationsformen. In: Kodikas/Code. Ars Semeiotica 21, 55–74.
Am Beispiel von Schlagzeilen finden sich Anregungen zum Ersetzungs- und Ergän-zungsspiel mit Wort und Bild bei
ROHEN, Helena (1981): Bilder statt Wörter. In: Zeitschrift für Germanistische Lin-guistik 9, 308–325.
Umgesetzt in ein ganzheitliches Analysemodell zum Text-Bild-Bezug von Anzeigen finden sich die Ideen Gaedes und anderer bei Stöckl, der am Beispiel englischer Werbung sehr detailliert auf persuasive, rhetorische und stilistische Aspekte von Text-Bild-Gestaltungen eingeht, dessen Ausführungen aber aufgrund der Termino-logie nicht ganz einfach zu lesen sind:
STÖCKL, Hartmut (1997): Werbung in Wort und Bild. Textstil und Semiotik eng-lischsprachiger Anzeigenwerbung. Frankfurt am Main u. a. (Lang). (= Europäische Hochschulschriften. Reihe XIV: Angelsächsische Sprache und Literatur 336).

Neuere Literatur

Die bislang grundlegendste Arbeit zur semiotischen Analyse von Bildern, zum Ver-hältnis von Sprache und Bild und zur Bildlichkeit von Sprache selbst bietet
STÖCKL, Hartmut (2004): Die Sprache im Bild – Das Bild in der Sprache. Zur Ver-knüpfung von Sprache und Bild im massenmedialen Text. Berlin/New York (de Gruyter). (= Linguistik. Impulse und Tendenzen 3).

Eine werbelinguistische Arbeit zu diesem Thema aus dem romanistischen Kontext stammt von

RENTEL, Nadine (2005): Bild und Sprache in der Werbung. Die formale und inhaltliche Konnexion von verbalem und visuellem Teiltext in der französischen Anzeigenwerbung der Gegenwart. Frankfurt am Main u. a. (Lang). (= Studien zur allgemeinen und romanischen Sprachwissenschaft 10).

Weitere über den werbesprachlichen Zusammenhang hinausführende Diskussionen zum Verhältnis Sprache/Text und Bild bieten außerdem die Sammelbände

FIX, Ulla/WELLMANN, Hans (Hrsg.) (2000): Bild im Text – Text und Bild. Heidelberg (Winter). (= Sprache, Literatur und Geschichte 20).

DIEKMANNSHENKE, Hajo/KLEMM, Michael/STÖCKL, Hartmut (Hrsg.) (2011): Bildlinguistik. Theorien – Methoden – Fallbeispiele. Berlin (Schmidt). (= Philologische Studien und Quellen 228).

(64) Analysieren Sie die Sprache-Bild-Relationen der folgenden Anzeigen:
a. innéov (Abb. 13: 121)
b. LB BW (Abb. 18 a und 18 b: 166 f.)
c. Gardena (Abb. 23: 194 f.)
d. DHL (Abb. 16: 144)
e. Singapore Airlines (Abb. 32: 291)

(65) Analysieren und vergleichen Sie die Sprache-Bild-Strategien der vier Anzeigen Total (Abb. 21: 184), ABB (Abb. 22: 190), RWE (Abb. 25: 208) und Toyota (Abb. 31: 283): Wie wird das allen zugrunde liegende Thema, die Reduktion von CO_2-Emmissionen, in der Komposition des Gesamttextes formal und inhaltlich umgesetzt? Diskutieren Sie Gemeinsamkeiten und Unterschiede und die Gründe dafür (siehe auch Frage 68: 284).

4.6 Eine Art Fazit: „Der" Stil der Werbung?

‚Stil' spielt in der Werbesprachenforschung als explizite linguistische Kategorie bislang überraschenderweise kaum eine Rolle; Arbeiten, die Werbesprache unter explizit stiltheoretischem Blickwinkel untersuchen würden, fehlen noch weitgehend (siehe auch Hoffmann, M. 2002: 413).[27] Zwar wird Werbesprache auf ihre besonderen sprachlichen Charakteristika untersucht (zum Beispiel auf ihre besondere Lexik, Sprachspiele oder rhetorische Figuren), doch werden die Erkenntnisse nur selten hinsichtlich werbesprachlicher Stile oder Stilregister oder gar eines, „des" werbesprachlichen Stils ausgewertet (Ausnahmen sind Hoffmann, M. 2002 und 2012; Janich 2006b und 2010).

An dieser Stelle soll angesichts dieses Forschungsdefizits nur knapp ein Vorschlag skizziert werden, wie in mehrschichtiger Weise der in der Stilistik sehr unterschiedlich definierte Stilbegriff (im Überblick sehr klar bei Fix 2004) Anwendung in der Werbesprachenforschung finden kann: ‚Stil' kann sowohl das WIE beschreiben, d. h. die spezifische, im Text und durch Sprache ausgedrückte Form sprachlichen

---

27 Auch in den früheren Auflagen dieses Arbeitsbuchs fehlte ja bislang die Perspektive ‚Stil'.

Handelns, als auch das WAS, d. h. (sekundäre) Informationen über die Situation, die Selbstdarstellung des Textproduzenten, die Art der Beziehungsgestaltung und das Verhältnis des Textproduzenten zur Sprache. Eine solche Ansicht von Stil integriert sprachsystematische Auffassungen von Stil (Stil als Ausdruck sprachlicher Wahlmöglichkeit) ebenso wie funktionalstilistische (Stil als textsorten- und domänenspezifisches Register) oder pragmatisch-semiotische Auffassungen (Stil als komplexer, sprachlicher wie sozialer Ausdruck).

Um über einen stilistischen Zugang nun Werbetexte in ihrer sprachlichen und semiotischen Vielschichtigkeit fassen zu können, lässt sich unterschiedlich intensiv die Form (Ausdrucksseite), die Botschaft (Inhaltsseite) oder der außersprachliche Bezugspunkt (Referenz) von Werbetexten in den Blick nehmen (vgl. mit einer Beispielanalyse Janich 2006b, knapp zusammengefasst in Janich 2010):

1. STIL ALS SPRACHLICHES REGISTER (Stil als – funktional begründete – Wahl): Im professionellen Prozess der Werbetextproduktion entstehen Texte, deren Wortwahl und syntaktischer wie textueller Aufbau in der Regel sehr durchdacht sind. Sprache wird hier „kontextsensitiv" verwendet, d. h. es wird bei der Verwendung von aufwertendem Wortschatz, rhetorischen Figuren, Varietäten oder Sprachspielen z. B. auf den medialen Kontext, die anzusprechenden Zielgruppen, die Produktspezifität und das argumentative Ziel des einzelnen Werbetextes geachtet. Stil verstanden als sprachliche Form dient vor allem dazu, Aufmerksamkeit und Interesse zu aktivieren und die Verständlichkeit der Botschaft sicherzustellen. Im Sinne sprachlicher Ästhetik ist auch die Attraktivitätsfunktion relevant (vgl. die persuasiven Funktionen nach Stöckl 1997 unter 4.2.2).

2. STIL ALS BOTSCHAFT (Stil als sozial bedeutsame Gestalt): Pragmatische und soziolinguistische Stilbegriffe können genutzt werden, um über die soziale Bedeutung, die durch die sprachliche Form mitvermittelt wird, die Werbebotschaft auf ihr (soziales) Identifikationsangebot hin zu befragen. Denn vom Angebot an Identifikationsmöglichkeiten hängt auch die Entscheidung über zu vermittelnde zentrale Inhalte und Botschaften und damit über die Form ab, in der diese Inhalte angeboten und die sprachliche Handlung ausgeführt wird. Die unter diesem Gesichtspunkt analysierten Stilwirkungen haben die Funktion, die Botschaft für eine bestimmte Zielgruppe akzeptabel zu machen und sie ihr in Erinnerung zu halten. Da das Identifikationsangebot im Vordergrund steht, verdeckt dieses die eigentliche Absicht, vor allem eine Ware oder Dienstleistung zu verkaufen – hinzu kommt also die Ablenkungs- und Verschleierungsfunktion.

3. STIL ALS WARE (Marke als Manifestation und Symbol eines Lebensstils): Mit einem semiotischen Stilbegriff lässt sich Stil in der Werbung schließlich als symbolische Manifestation eines Lebensstils verstehen, der an die Marke gebunden ist und gleichsam miterworben werden kann – Stil prägt und erweitert hier also nicht nur als sozialer Zweitsinn die Botschaft, sondern wird selbst zur Ware, zum Kaufobjekt. Funktionen des semiotisch ganzheitlichen Stils sind vor allem, die Vorstellung (vom angebotenen Lebensstil) zu aktivieren und das Produkt auf

diese Weise mit einer ganz besonderen Attraktivität zu verbinden (vgl. dazu auch Schüler 2008 und die entsprechenden Zitate unter 6.2).

Die drei Zugänge zur Interpretation von Werbetexten als unterschiedliche Repräsentationen von Stil sind nicht als Alternativen der Interpretation gedacht, sondern beziehen sich aufeinander und greifen ineinander: Die sprachliche Gestaltung (= Ausdrucksseite und ihre Konnotationen), die über bestimmte „Stilregister" (Hoffmann, M. 2002) charakterisiert werden kann, ist die Grundlage dafür, dass ein sozialer Zweitsinn als Teil der Werbebotschaft entsteht. Dieser Zweitsinn kann durch weitere Sprachelemente (z.B. Inszenierung bestimmter Varietäten), durch Intertextualität oder Sprachspiele unterstützt werden. Durch zusätzliche Ausdrücke, die eine bestimmte Bedeutung und Referenz aufweisen und damit die Marke als kognitives Konzept unterstützen, entsteht der angebotene und beworbene Lebensstil, der vermeintlich mit der Marke zusammen erworben werden kann.

 ### Neuere Literatur

Wichtige einführende Arbeiten in die Stilistik sind zum Beispiel der knappe Überblicksartikel von Fix und die Einführungen von Eroms und Sandig:
FIX, Ulla (2004): Stil gibt immer etwas zu verstehen. Sprachstile aus pragmatischer Perspektive. In: Deutschunterricht 1, 41–50. [Leicht verändert nachgedruckt in: Neuland, Eva (Hrsg.) (2006): Variation im heutigen Deutsch. Perspektiven für den Sprachunterricht. Frankfurt am Main u.a. (Lang). (= Sprache – Kommunikation – Kultur 4). 245–258.]
EROMS, Hans-Werner (2008): Stil und Stilistik. Eine Einführung. Berlin (Schmidt). (= Grundlagen der Germanistik 45).
SANDIG, Barbara (2006): Textstilistik des Deutschen. 2., völlig neu bearbeitete und erweiterte Auflage. Berlin/New York (de Gruyter). (= de Gruyter Studienbuch).
Zu Stilen und Stilregistern in der Werbung bieten sich als erste Einstiege an:
HOFFMANN, Michael (2002): Werbesprache als ein Gefüge aus Stilregistern. In: Pohl, Inge (Hrsg.): Semantische Aspekte öffentlicher Kommunikation. Frankfurt am Main u.a. (Lang). 413–437.
HOFFMANN, Michael (2012): Werbekommunikation stilistisch. In: Janich, Nina (Hrsg.): Handbuch Werbekommunikation. Sprachwissenschaftliche und interdisziplinäre Zugänge. Tübingen (Francke). (= UTB), 179–195.
JANICH, Nina (2006b): Stil als Ware – Variation in der Werbung. In: Neuland, Eva (Hrsg.): Variation im heutigen Deutsch. Perspektiven für den Sprachunterricht. Frankfurt am Main u.a. (Lang). (= Sprache – Kommunikation – Kultur 4). 189–202.
JANICH, Nina (2010): Rhetorisch-stilistische Eigenschaften der Sprache von Werbung und Public Relations. In: Fix, Ulla/Gardt, Andreas/Knape, Joachim (Hrsg.): Rhetorik und Stilistik. Ein internationales Handbuch historischer und systematischer Forschung. 2. Halbbd. Berlin/New York (de Gruyter). (= Handbücher zur Sprach- und Kommunikationswissenschaft 31.2). 2167–2181.
Zur Frage von Stilen und Stilregistern siehe auch die Literatur unter 4.4.2 zur Inszenierung von Varietäten.

5 Methodische Tipps

5.1 Vorschlag für ein Analysemodell

Was macht man nun, wenn man nicht nur einen einzelnen der beschriebenen Aspekte herausgreifen, sondern Anzeigen und Spots in ihrer sprachlichen und gestalterischen Ganzheit betrachten möchte? In der Forschungsliteratur finden sich relativ wenige Vorschläge für Analysemodelle, d. h. Modelle für eine konkrete, systematische und umfassende Herangehensweise an Werbung. Peter Staigmiller entwirft beispielsweise in seiner Dissertation „Aspekte der Operationalisierung werblicher Kommunikation" (1989) ein sehr aufwendiges Diagramm, bei dem – ausgehend vom Kommunikator – dessen jeweilige Entscheidungen bei der Entwicklung eines Werbetextes abgefragt werden (Staigmiller 1989: 7–13). Der Schwerpunkt liegt dabei auf stilistischen Fragen (welche Wörter oder welche rhetorischen Figuren werden gewählt, aufgrund welcher Konnotationen/Assoziationen usw.). Staigmiller selbst kommt allerdings zu dem Schluss, dass eine solche Hierarchisierung und Formalisierung wenig ergiebig ist, da sie beispielsweise zu wenig die bei der Auswahl jeweils wirksame Autorintention berücksichtigt. Zudem vernachlässigt Staigmiller die Bildkomponente völlig. Wer sich mit Werbung sprachwissenschaftlich beschäftigt, kann sich jedoch nicht auf den rein sprachlichen Aspekt zurückziehen, ohne das Bild zu berücksichtigen. Die in sprachwissenschaftlichen Arbeiten beliebten Rechtfertigungen, die Sprache sei wichtiger (im Sinne der Werbewirksamkeit) als das Bild (z. B. Baumgart 1992: 2 f., 29), vernachlässigen die zahlreichen Bezüge und Bedeutungsbeziehungen zwischen Bild und Text. Oft ist der Text ohne Bild allein gar nicht verständlich oder erhält seine witzige oder vieldeutige Dimension erst durch das Zusammenspiel mit dem Bild (siehe 4.5.3). Es muss also ein Weg gefunden werden, Bilder und Filmsequenzen sinnvoll in eine Analyse einzubeziehen, auch wenn der Hauptgegenstand die Sprache ist.

Einen Kriterienkatalog, der am Kommunikationsmodell von Roman Jakobson orientiert ist, stellt Ingrid Hantsch auf („Textformanten und Vertextungsstrategien von Werbetexten. Ein systematisches Analyserepertoire", 1974). Hier werden (ohne nähere Erläuterung) mögliche Untersuchungsaspekte aufgezählt, sortiert einmal nach den verschiedenen Dimensionen eines sprachlichen Zeichens (Sprecher/Ausdruck, Hörer/Appell, Thema/Darstellung, Kanal/phatische Dimension) und zum anderen nach verschiedenen Kodes (linguistischer, visueller, rhetorischer, ästhetischer und ideologischer Kode). Aufgegriffen und erweitert werden diese Kriterien von Bernhard Sowinski in seinem Überblicksbüchlein „Werbung" (1998: 25–29). Eine solche Kriterienliste ist quasi als „Checkliste" zur Überprüfung nützlich, ob man an wichtige Aspekte der Analyse gedacht hat, oder als Anregung, sich die eine oder andere Fragestellung herauszugreifen. Sie ist jedoch bei weitem kein

Analysemodell, das eine systematische Methode vorschlagen und den konkreten Einstieg in die Werbelinguistik besonders erleichtern würde.

Einen umfassenden und als Ausgangsbasis Gewinn bringenden Vorschlag hat Wolfgang Brandt bereits 1973 gemacht (sein Werbekommunikationsmodell wurde schon unter 2.3.1 erwähnt): „Die Sprache der Wirtschaftswerbung. Ein operationelles Modell zur Analyse und Interpretation von Werbungen im Deutschunterricht". Dieses Modell, das bislang nur von Horst Seyfahrt (1995) und in modifizierter Form von mir (Janich 1998a) aufgegriffen wurde, ist zu Unrecht kaum beachtet worden. Es wird daher im Folgenden näher erläutert und kurz diskutiert, um es dann durch einen darauf basierenden, aber weitgehend modifizierten Vorschlag zu ersetzen. Dieser Vorschlag bezieht auch das derzeit aktuellste, semiotisch-pragmalinguistisch ausgerichtete Analysemodell von Angelika Hennecke ein, das sie an Werbeanzeigen für Ostprodukte erprobt hat (Hennecke 1999: 113–153). Hennecke berücksichtigt wie Brandt Bilder und sogar para- und nonverbale Aspekte wie Typografie und Interpunktion, setzt in ihrer Untersuchung aber einen deutlichen textlinguistischen Schwerpunkt.

Das Brandt'sche Modell

Brandt sieht zwei Analysestufen und drei Synthesestufen vor, um durch die Analyse der Werbeform den Werbeinhalt beschreiben zu können (Brandt 1973, 130–196):

Auf der ERSTEN ANALYSESTUFE sollen die einzelnen „Nachrichten" – jeweils nach ihren Kodes „auditiv", „lingual" und „visuell" getrennt – voneinander isoliert, ihre Verteilung beschrieben und die isolierten Elemente nach bestimmten Merkmalsklassifikationen typisiert werden. So können Bilder (= visueller Code) dadurch bestimmt werden, ob sie dynamisch oder statisch, bunt oder schwarzweiß, formreal oder formabstrakt, wirklich oder unwirklich sind (siehe 3.1.6 und 3.2). Der auditive Komplex des Tons kann unterschieden werden in Musik (z. B. bestimmte Stilrichtung) oder Geräusch (Lautstärke, Herkunft: tierisch, menschlich, technisch) (siehe 3.2). Der linguale Komplex umfasst mehrere zu beschreibende Merkmalsbündel wie Art der Sprachrealisierung (geschrieben, gesprochen, gesungen), Sprache (deutsch, fremdsprachig), Art des Kommunikators (Primärsender: werbende Firma, Sekundärsender: z. B. „Melitta-Mann" oder anonyme Stimme aus dem Off), Laut- und Schriftmerkmale, die von der Norm abweichen, formale Beschreibung der Hierarchie der einzelnen Textelemente zueinander (Primärtext: eigentlicher Anzeigentext, Sekundärtext: anzeigenunabhängig existierender Text, z. B. auf Produktverpackung, mit Werbefunktion in der Anzeige, Tertiärtext: andere Text- und Schriftelemente, die nur atmosphärische, aber keine inhaltliche Rolle spielen).

Auf der ZWEITEN ANALYSESTUFE werden alle Elemente, wiederum nur im Rahmen des jeweiligen Kodes, nach den verschiedenen zeichenkombinatorischen Ebenen (Text-, Satz-, Wort- und Lautebene) auf ihren semantischen Gehalt geprüft, d. h. jedes Element soll auf jeder Ebene ein Denotat, ein Konnotat und mögliche Assoziationen zugewiesen bekommen.

Die ERSTE SYNTHESESTUFE fasst die Ergebnisse der ersten beiden Stufen zusammen und führt so zu einer Gesamtaussage über jeden einzelnen Kode. Die Ergebnisse über die einzelnen Ausdrucksformen sollen dann daraufhin geprüft werden, wie sie zu welch einer Darstellung von Konsument, Produzent und Produkt beitragen.

Auf der ZWEITEN SYNTHESESTUFE werden die Kodes aufeinander bezogen, indem der Text-Bild-Ton-Bezug formal und inhaltlich untersucht und zu einer Gesamtaussage der untersuchten Anzeige/des untersuchten Spots zusammengefasst wird.

Die DRITTE UND LETZTE SYNTHESESTUFE leistet eine Interpretation und eine Wertung des Werbeinhalts auf der Basis der vorherigen Ergebnisse.

 Ein nicht zu unterschätzender Vorteil von Brandts Modell ist, dass es Bild und Ton als gleichberechtigte und für die Gesamtinterpretation notwendige Komponenten neben der Sprache einbezieht und einen Versuch darstellt, die Beschreibung der einzelnen Bild-, Text- und Tonelemente zu systematisieren. Es schreibt andererseits eine sehr detaillierte Vorgehensweise vor, die zahlreiche Wiederholungen mit sich bringt, da Elemente erst isoliert in ihrer Form beschrieben, dann in einem zweiten Schritt isoliert (!) auf ihre Bedeutungen hin befragt und in Syntheseschritten dann wieder zueinander in Beziehung gesetzt werden sollen. Abgesehen von dem Aufwand, der das Modell für ein größeres Anzeigen- oder Spotkorpus ungeeignet macht, ist es gar nicht möglich, beispielsweise Bedeutungen einzelner sprachlicher Elemente zu beschreiben, ohne ihre Einbettung im Kotext und ihre Bildbezüge schon bei diesem Schritt zu berücksichtigen. (Auf das Problem, dass unterschiedliche Kodes wegen ihrer gegenseitigen Determiniertheit oft nicht isoliert voneinander betrachtet werden können, weist auch Hennecke 1999: 115, 118 hin). Abgesehen davon scheinen gewisse Untersuchungsaspekte wenig sinnvoll zu sein (z. B. einige der Typisierungskategorien oder die semantische Beschreibung aller Elemente eines jeden Kodes auf vier zeichenkombinatorischen Ebenen), andere fehlen: So bleiben sprachliche Strategien und Stilmittel und ihre jeweilige Funktion ausgespart. Es handelt sich um ein rein semantisch orientiertes Modell, die Perspektive der sprachlichen Form und der Handlungsaspekt fehlen weitgehend.

Das semiotisch-pragmalinguistische Modell von Hennecke

Angelika Hennecke (1999) schlägt mit Rückgriff auf Ulla Fix und andere vor, den Textbegriff semiotisch auch auf die visuellen Elemente auszuweiten. Eine Werbeanzeige (oder auch ein Fernsehspot) wäre dann als semiotisch komplexer „Supertext" zu betrachten, der aus verschiedenen Teiltexten (einem sprachlichen, einem bildlichen etc.) besteht, die erst zusammen und in jeweils unterschiedlicher Bezugnahme aufeinander einen Inhalt ergeben. In der Regel dominiert dabei eine der Ausdrucksformen bzw. einer der Kodes, der verbale oder der visuelle.

Hennecke kommt für ihren Analysevorschlag zu dem Schluss, dass beide Teiltexte in eine sprachwissenschaftlich-semiotische Untersuchung einbezogen werden müssen und auf ihre Form (Zeichentypen, sprachliche Umsetzung) wie auf ihren

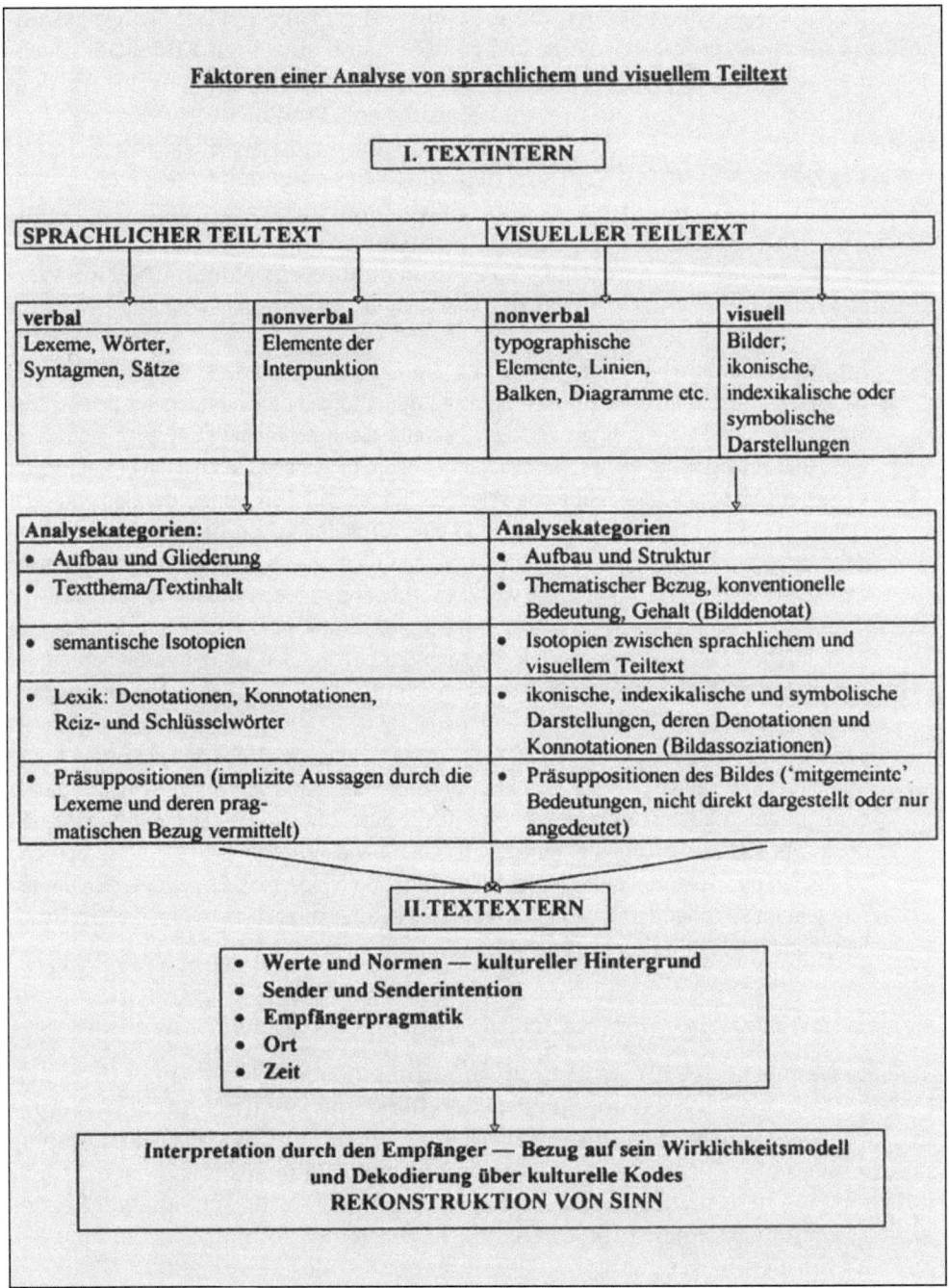

Schaubild 6: Semiotisch-pragmalinguistisches Analysemodell nach Hennecke (1999: 119)

Inhalt (Denotate, Konnotate, Assoziationen) zu untersuchen sind. Kann man auf dieser Basis Aussagen darüber treffen, wie welche textinternen Faktoren zur Textkonstitution beitragen, so müssen diese in einem nächsten Schritt mit den textexternen, nämlich den pragmatischen und kulturellen Faktoren abgeglichen werden, die ebenfalls auf eine ganz spezifische Weise Texte konstituieren. Verkürzt stellt Hennecke ihr Modell in einem Schaubild dar, das dann detailliert von ihr erläutert wird (siehe Schaubild 6).

 Nicht ganz einleuchtend im Sinn einer klaren Trennung erscheint das zweimalige Vorkommen nonverbaler Elemente in den beiden Teiltexten. Auch Henneckes Erläuterungen an späterer Stelle z. B. zum Unterschied zwischen Bildern und Grafiken sind nicht ganz einleuchtend (Hennecke 1999: 138). Aus der dortigen Differenzierung in „sprachlich-verbal", „sprachlich-interpunktiv (nonverbal)", „parasprachlich (typografisch – nonverbal)", „außersprachlich" und „visuell" werden die Zuordnungen im Schaubild nicht wirklich erklärt, Ausführungen und Schaubild scheinen sich in der Aufteilung partiell zu widersprechen. Statt einer in diesem Fall eher verwirrenden Unterscheidung lassen sich im visuellen Teiltext alle Formen bildlicher Umsetzung (Bilder, Grafiken etc.) als nonverbal zusammenfassen – eine differenziertere Sicht bringt dann die später vorgeschlagene Unterscheidung der verschiedenen Zeichentypen (deiktisch, ikonisch, konventionalisiert). Dagegen ist es durchaus sinnvoll, beim verbalen Teiltext die para- und nonverbalen Formen der Umsetzung zu berücksichtigen (vgl. 4.5.1 und 4.5.2).

Synthese und Modifizierung der beiden Modelle – Vorschlag für ein ganzheitliches Analysemodell

Das folgende Analysemodell, das nach seiner ausführlichen Erläuterung in einem Schaubild zusammengefasst wird, versucht alle im Rahmen dieses Buches aufgegriffenen Untersuchungsaspekte zur Werbung aufzugreifen und in ein zusammenhängendes Raster einzubauen. Damit lassen sich Werbeanzeigen und Werbespots umfassend untersuchen. Das Raster lässt sich durchaus auf einzelne Aspekte einengen (wie z. B. nur Textgrammatik oder nur Wortspiele), doch die verschiedenen Analyse- und Synthesestufen geben auch für solche Ausschnittsuntersuchungen den interpretativen Rahmen ab. Inhalt und Form von verbalem und visuellem Teiltext sowie die handlungstheoretischen Aspekte des Supertextes sollten bei jeder Untersuchung auch noch so kleiner sprachlicher Ausschnitte berücksichtigt werden. Da eine vollständige Beispielanalyse zu umfangreich würde und im Prinzip weitgehend durch die ausführlichen Besprechungen in den vorangegangenen Kapiteln abgedeckt ist, sollte das hier vorgestellte Konzept und seine methodische Eignung von Ihnen selbst an einzelnen Beispielen erprobt werden (siehe Aufgabe 66).

1. ERSTE ANALYSESTUFE: ERSTE SKIZZIERUNG TEXTEXTERNER FAKTOREN DER TEXTKONSTITUTION. Vor einer Detailanalyse sollte die zu untersuchende Anzeige (stellvertretend immer auch für Fernseh- und Radiospot) in einen ersten prag-

matischen Kontext eingebettet werden: Um welche Produktbranche geht es und wie ist die ungefähre Marktsituation, in der das Produkt beworben wird (Konkurrenzdruck, Saisonbestimmtheit u. Ä.)? Was ist das Werbeziel, das mit der Anzeige verfolgt wird? Wer ist der Sender? Wer ist der Empfänger der Werbebotschaft (= Zielgruppe)? In dieser ersten Analysestufe sind also die Punkte aus Kapitel 2 „Markt und Kommunikation" zumindest in einem ersten Überblick abzuklären.

2. ZWEITE ANALYSESTUFE: UNTERSUCHUNG VON AUFBAU UND STRUKTUR SOWIE DER FORMALEN GESTALTUNG DER JEWEILIGEN SEMIOTISCHEN KODES BZW. TEILTEXTE. Geht man wie Hennecke von einem semiotisch komplexen Supertext aus, was gerade bei der Werbung aufgrund der wichtigen Rolle des Bildes sehr sinnvoll ist, bietet sich als erster Analyseschritt am Material die Untersuchung der Form an. Zum einen sind Verteilung, Gliederung und sprachstukturelle Gestaltung des verbalen Teiltextes bzw. Kodes zu beschreiben: Welche Textelemente sind wie in der Anzeige verteilt (siehe Kap. 3; Differenzierung nach Brandt in Primär-, Sekundär- und Tertiärtexte)? Lassen sich ihnen schon auf den ersten Blick klassische Funktionen zuweisen (Slogan, Schlagzeile)? Wie sind diese Texte sprachlich gestaltet hinsichtlich ihrer Lexik, ihrer Phraseologie, ihrer Syntax, der textgrammatischen Verknüpfungsmittel wie Koreferenz und Konnexion, hinsichtlich besonderer Stilmerkmale wie Varietäteneinfluss, rhetorische Figuren oder Sprachspiele (siehe im Wesentlichen 4.3 und 4.4)? Ein weiterer Schritt ist, die para- und nonverbale Umsetzung des verbalen Teiltextes zu beschreiben, nämlich Auffälligkeiten der Interpunktion und Typografie (siehe 4.5.1 und 4.5.2). Neben dem verbalen Teiltext ist dann auch der visuelle Kode zu berücksichtigen (siehe 3.1.6): Welche Bildelemente kommen vor? Wie ist ihre Verteilung? Welchen Zeichentypen lassen sie sich zuordnen (deiktischen, ikonischen, konventionalisierten Zeichen, Zeichenmetamorphosen)? Wie ist die Farb- und Formgebung?

3. DRITTE ANALYSESTUFE: UNTERSUCHUNG DES INHALTS DER SEMIOTISCHEN TEILTEXTE UND IHRES GEGENSEITIGEN BEZUGS. Wenn als nächster Schritt die Analyse des Inhalts an die Reihe kommt, so lassen sich verbaler und visueller Teiltext hier nicht mehr isoliert voneinander betrachten. Semantische Bezüge zwischen Bild und Text, so genannte *intratextuelle* Bezüge, müssen an dieser Stelle durch eine integrative Beschreibung herausgearbeitet werden (vgl. 4.5.3). Schon die Trennung von Form und Inhalt (oder: von Oberflächen- und Tiefenstruktur) und damit von zweiter und dritter Analysestufe ist im Grunde problematisch. Sie lässt sich gerade bei Lexik, Phraseologie und Sprachspielen oft nicht konsequent durchhalten. Zweck einer solchen methodischen Trennung ist es jedoch vor allem, den/die Analysierenden zu entlasten. Denn je mehr innerhalb eines Schrittes geleistet werden muss, desto größer ist die Gefahr der Verwirrung und Vermischung der unterschiedlichen Ebenen, dass einzelne Details übersehen werden oder die Ergebnisdarstellung unübersichtlich wird. Werden die sprachlichen Strukturen zuerst zumindest ansatzweise herausgearbeitet, so kann die

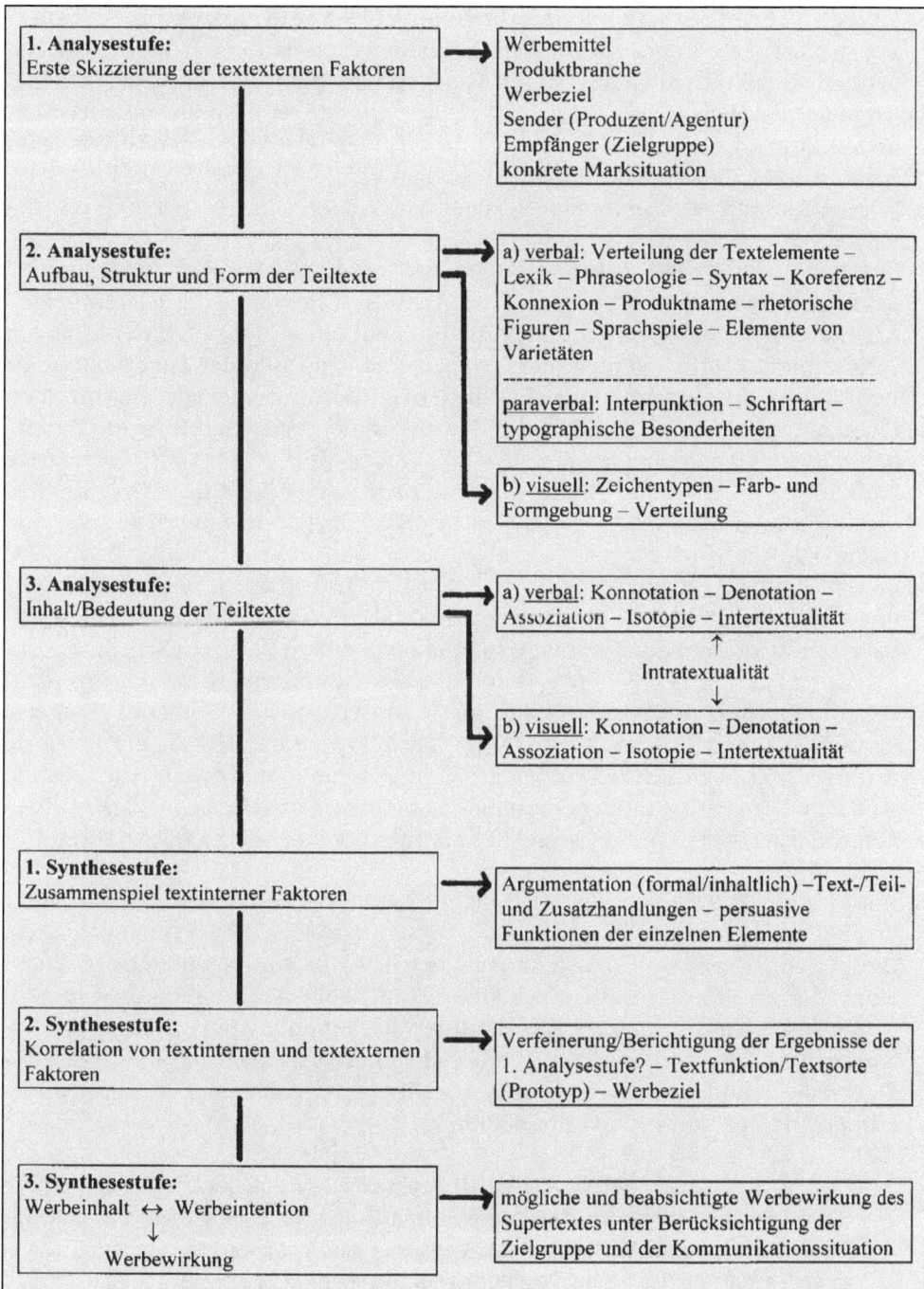

Schaubild 7: Vorschlag für ein ganzheitliches Analysemodell

inhaltliche Beschreibung und Interpretation auf sie aufbauen und zuverlässiger auf sie Bezug nehmen. So müssen an dieser Stelle sicherlich bestimmte Aspekte der vorangegangenen Stufe wieder aufgegriffen und mit semantischen Argumenten abgesichert werden. Welche Denotate, Konnotate und Assoziationen können den festgestellten Elementen zugewiesen werden? In welcher Form liegt (auf der verbalen wie der visuellen Ebene) Isotopie vor (siehe 4.3.4)? Wie steht es mit intertextuellen Bezügen von Bildern und Textelementen (siehe 4.4.3)?

4. ERSTE SYNTHESESTUFE: ZUSAMMENSPIEL DER TEXTINTERNEN FAKTOREN BEI DER TEXT- UND SINNKONSTITUTION. Auf der Basis der Ergebnisse der letzten beiden Analysestufen müssen Inhalt und Form unter handlungstheoretischen Aspekten so zusammengeführt werden, dass ein ganzheitliches Bild des Supertextes entsteht. Wie wirken einerseits die verschiedenen Kodes, andererseits die einzelnen Elemente in ihrer Form und ihrem Inhalt zusammen? Welchen Teil- und Zusatzhandlungen dienen die Elemente der Teiltexte (siehe 4.2.1)? Welche persuasive Funktionen übernehmen einzelne Teile der Anzeige (siehe 4.2.2)? Welche (formale und inhaltliche) Argumentation liegt demnach dem Supertext zugrunde (siehe 4.2.3)?

5. ZWEITE SYNTHESESTUFE: KORRELATION VON TEXTINTERNEN UND TEXTEXTERNEN FAKTOREN. Wurden die Ergebnisse der Analysestufen in der ersten Synthesestufe textintern aufeinander bezogen, so müssen in einem weiteren Schritt die textexternen Faktoren eingebracht und mit den textinternen abgeglichen werden: Was ist aufgrund von Form, Inhalt und Zusammenspiel der Teiltexte die dominante Texthandlung des Supertextes, welchem Prototyp innerhalb der Textsorte Anzeige ist er zuzurechnen? Wie verhalten sich die in der ersten Analysestufe skizzierten kommunikativen Rahmenbedingungen zur Werbebotschaft? Können Aussagen über Werbeziel und Senderintention korrigiert oder konkretisiert werden?

6. DRITTE SYNTHESESTUFE: ABSCHLIESSENDE INTERPRETATION VON WERBEINHALT UND WERBEINTENTION MIT AUSBLICK AUF DIE ANZUNEHMENDE WERBEWIRKUNG. Dieser Schritt lässt sich möglicherweise nicht strikt vom vorherigen trennen, dient also ebenfalls vor allem der Übersichtlichkeit: Am Ende einer Untersuchung sollte eine zusammenfassende Interpretation der Anzeige, ihrer Werbebotschaft und ihrem konkreten Werbeziel stehen, und zwar mit dem Blick auf die mögliche und die beabsichtigte Werbewirkung in Abhängigkeit von der Zielgruppe und der Kommunikationssituation.

 Ein prinzipielles methodisches Problem ist es, ein allgemein gültiges Analyseraster für alle Fragestellungen und für verschiedene Werbemittel und Produktbranchen zu finden. Das Ziel – auch des obigen Vorschlags – sollte es daher sein, eine Grobstruktur für die Analyse zu finden, die sich flexibel an die unterschiedlichen Ansprüche je nach Fragestellung und Untersuchungsmaterial anpassen lässt – d.h.: auch angepasst werden muss!

Literaturtipps

Die ausführlicher besprochenen Analysemodelle, auf denen der hier gemachte Vorschlag wesentlich aufbaut, finden sich bei
BRANDT, Wolfgang (1973): Die Sprache der Wirtschaftswerbung. Ein operationelles Modell zur Analyse und Interpretation von Werbungen im Deutschunterricht. In: Germanistische Linguistik 1–2.
HENNECKE, Angelika (1999): Im Osten nichts Neues? Eine pragmalinguistisch-semiotische Analyse ausgewählter Werbeanzeigen für Ostprodukte im Zeitraum 1993 bis 1998. Frankfurt am Main u. a. (Lang). (= Kulturwissenschaftliche Werbeforschung 1).

Neuere Literatur

Eine Aktualisierung, Modifikation und Erweiterung des Modells (vor allem unter stärkerer Einbeziehung der Faktoren Multimodalität und Kulturalität) bietet
HENNECKE, Angelika (2012a): Analysemodelle für Werbekommunikation. In: Janich, Nina (Hrsg.): Handbuch Werbekommunikation. Sprachwissenschaftliche und interdisziplinäre Zugänge. Tübingen (Francke). (= UTB), 365–379.

(66) Erproben Sie das vorgestellte Analysemodell an den im Buch abgebildeten Auto-Anzeigen (BMW, Abb. 20: 175, Alfa Spider, Abb. 24: 200 f. und Toyota, Abb. 31: 283).
a. Welche Unterschiede und/oder Gemeinsamkeiten lassen sich hinsichtlich der eingesetzten Werbestrategien feststellen?
b. Vergleichen Sie die Ergebnisse mit denen Ihrer Kommilitoninnen und Kommilitonen und diskutieren Sie gemeinsam methodische Probleme und gegebenenfalls Verbesserungsvorschläge. Ziehen Sie für diese Diskussion nach Möglichkeit das überarbeitete Modell von Hennecke (2012a) heran und prüfen Sie den Zugewinn, der sich durch die dort vorgenommenen Modifikationen ergibt.

5.2 Aufbau eines Korpus – ein paar Anmerkungen

Es ist einleuchtend, dass Werbesprache immer an Beispielen untersucht wird, schon allein um eigene Vorurteile oder (auch begründete) Einschätzungen konkret zu überprüfen. Die Frage ist, wie eine solche Beispielsammlung, das so genannte Korpus, auszusehen hat. Reicht die exemplarische Analyse weniger Anzeigen oder Spots? Sollte der Repräsentativität wegen ein ganzer Jahrgang einer Zeitschrift ausgewertet werden? Wie viele -zig oder hunderte Spots und Anzeigen lassen sich statistisch sinnvoll auswerten?

Achim Zielke nimmt zur Korpusfrage kritisch Stellung, indem er eine empirische Arbeit über die Verständlichkeit der Werbesprache (Schuncke 1983) als Beispiel nimmt, in der jeweils 100 Anzeigen von insgesamt elf Produktgattungen untersucht wurden, alles in allem also eine relativ große Menge an Material. Abgesehen von methodischen Schwächen zeigt Zielke auf, dass die zahlenmäßigen

Schwankungen innerhalb der Ergebnisse zu Wortarthäufigkeiten und Satzlängen so groß sind, dass diese eigentlich keine allgemein gültigen Aussagen über Anzeigentexte z. B. der Autowerbung, der Kosmetikwerbung, der Süßwarenwerbung usw. zulassen (Zielke 1991: 38–44). Das stimmt mit der grundlegenden Annahme dieses Buches überein, dass zwar Charakteristika der Werbesprache herausgearbeitet werden können, dass aber prinzipielle Aussagen, bestimmte Werbemittel oder Werbemittel für bestimmte Produktgruppen seien immer so und so gestaltet, kaum getroffen werden können (siehe die „Methodische Vorwarnung" unter 4.1). Werbung definiert sich aufgrund des Konkurrenzdrucks und der Rezeptionssituation durch Originalität, Auffälligkeit und Neuartigkeit, so dass es nicht verwundert, wenn sich die Werbemacher selten daran orientieren (im Sinne der gleichförmigen Nachahmung), wie andere Agenturen für Autos oder Kaffee werben.

Das hat Konsequenzen für den Korpusaufbau. Bei vielen Fragestellungen wie der nach den Sprache-Bild-Relationen ist es wenig sinnvoll, riesige Mengen von Material zu untersuchen, nur um später festzustellen, dass sich die verschiedensten Umsetzungsmöglichkeiten nachweisen lassen. (Bei anderen Fragestellungen zum Beispiel lexikologischer oder syntaktischer Art sind dagegen repräsentative Ergebnisse durchaus dann erwartbar, wenn mit sehr großen, 100 Anzeigen weit übersteigenden Textkorpora gearbeitet werden könnte. Dies setzte jedoch eine umfangreichere Digitalisierung von Werbetexten voraus, die (noch?) nicht wie beispielsweise bei Pressetexten gegeben ist. (Zu methodischen Möglichkeiten der computergestützten Korpusanalyse vgl. z. B. die Einführung von Lemnitzer/Zinsmeister 2006)

Bei exemplarisch-qualitativen Untersuchungen erscheint es auch nicht sinnvoll, strikt jahrgangsweise aus einer Zeitung/Zeitschrift zu sammeln, um Repräsentativität zu erreichen. Je nach Fragestellung kann es viel ergiebiger sein, Material aus verschiedenen Werbeträgern zu sammeln und dann je nach Fragestellung selbst auszuwählen, welche Anzeigen und Spots für die Fragestellung ein möglichst breites Beispielspektrum ergeben. Werden keine ganzheitlichen Analysen angestrebt, die alle oben besprochenen Aspekte berücksichtigen (was bei einer gewissen Gründlichkeit nur für ein sehr kleines Korpus möglich ist), sondern wird Werbung unter einer speziellen Fragestellung untersucht, sollte man deshalb zuerst einmal versuchen, selbst einen Überblick über die vorhandenen Facetten zu bekommen, indem man möglichst viel Werbung in einem ersten Schritt „anschaut". Eine solche noch nicht bis zur Auswertung gehende Beobachtung einer größeren Materialmenge erleichtert die Auswahl der Anzeigen und/oder Spots, die in die Analyse dann konkret einbezogen werden sollen, und stellt auch eine gute Kontrollmöglichkeit für die Ergebnisse dar. Eine kontrollierende Beobachtung macht es möglich, sich in der Analyse selbst auf ein kleineres Korpus zu beschränken, indem man durch die Wahl möglichst unterschiedlicher Beispiele ein breites Spektrum an Möglichkeiten erfasst. Wie groß ein solches Korpus genau zu sein hat und welche Einschränkungen man hinsichtlich des Zeitraums, des Mediums und der Produktbranchen vornimmt, hängt vor allem von der Fragestellung, aber auch vom

Anspruch und Umfang der geplanten Arbeit ab. Deshalb können keine zahlenmäßigen Empfehlungen ausgesprochen werden.

Bei Fernseh- und Radiospots ist außerdem zu beachten, dass nicht nur durch die Aufnahme, sondern besonders durch die Verschriftlichung ein deutlicher Mehraufwand entsteht. Wer sprachliche Phänomene in der Fernseh- und Hörfunkwerbung untersuchen will, **muss** diese zuerst transkribieren: Was genau wird von wem jeweils gesagt; wo sind Pausen und auffällige Betonungen; wie wird dies mit Bildern, Musik, Geräuschen und eingeblendetem Text kombiniert? Dafür bietet sich – untersucht man nicht gerade Dialekt oder fremdsprachliche Akzente, was eine wesentlich kompliziertere phonetische Transkription erfordern würde – eine an die geschriebene Standardsprache angelehnte Transkription in Tabellenform (mit Spalten für gesprochene Sprache, geschriebene Sprache, Bild, Musik/Geräusche) an, bei der man Gleichzeitiges in Text und Bild auch optisch parallel anordnen kann (vgl. 3.2 und 3.3). Und auch die Internetwerbung stellt besondere Anforderungen an die Dokumentation des Materials, da sich z.B. animierte Banner nicht über Screenshots erfassen lassen.

Noch eine kurze Anmerkung zu den Werbeträgern: Wie im Kapitel 2 schon erläutert wurde, richten sich im Fernsehen die Werbeeinblendungen besonders nach dem Programmumfeld. Statt einer Beschränkung auf einen Sender und einen festgelegten Zeitraum bietet sich daher eher die „zappende" Aufnahme an. Nimmt man Werbung in verschiedenen Sendern, zu unterschiedlichen Tageszeiten und in Begleitung verschiedener Sendungen auf, bekommt man am leichtesten ein breites Spektrum von Spots.

Bei Zeitschriften werden häufig der SPIEGEL, manchmal auch STERN oder FOCUS als Materialbasis gewählt, da besonders der SPIEGEL als Prestigemedium gilt, das häufig von anderen Medien zitiert wird und deshalb auch für die Werbebranche eine besondere Rolle spielt. Der STERN gilt oder galt zumindest lange Zeit für die Werbung als ein Medium, in dem alle besonders kreativen Werbetreibenden vertreten sein wollten. Je nach untersuchter Produktbranche können andere Medien jedoch möglicherweise ergiebiger sein (wie Frauenzeitschriften für Kosmetikwerbung, Jugendzeitschriften für Werbung für Jugendliche, Autozeitschriften für Autowerbung usw.). Daher bietet sich auch bei der Anzeigenauswahl eine Kombinationslösung an: Zeitschriften mit breitem Adressatenkreis (wie z.B. den SPIEGEL) ebenso zu nutzen wie Zeitschriften mit einem sehr speziellen Adressatenkreis.

Ein besonderes Problem stellt ein diachron nutzbares Korpus dar, also die Sammlung älterer Werbung, um Entwicklungen und Veränderungen im Zeitverlauf darstellen zu können (zur methodischen Problematik einer solchen historischen Untersuchung siehe 6.1). Ältere Anzeigen lassen sich in alten Zeitschriftenjahrgängen finden, wie sie in Bibliotheken archiviert werden. Auch hier eignet sich besonders – zumindest für die Zeit der Bundesrepublik – der SPIEGEL, der seit 1947 erscheint. Ein Vorteil, die Anzeigen aus Originalzeitschriften zu entnehmen, besteht darin, dass sich wahrscheinlich im redaktionellen Umfeld zugleich Interpretationshilfen für Anspielungen und Werbeaussagen finden lassen.

Zahlreiche Zeitschriftenanzeigen aus der Frühzeit der Werbung enthält beispielsweise die Monografie von Sylvia Bendel (Bendel 1998: insgesamt 1472 vollständig transkribierte Anzeigen des 17. und 18. Jahrhunderts). Zur Untersuchung historischer Werbung bieten sich unter Umständen auch die nach Epochen oder Produktgattungen geordneten Bildbände zur Werbegeschichte an, wie sie vor allem von Michael Weisser, Michael Kriegeskorte oder dem Deutschen Werbemuseum in Frankfurt am Main herausgegeben wurden und werden.

Schwieriger ist die Situation bei Radio- und Fernsehspots. Im Handel erhältlich sind diverse Videokassetten mit Werbespots der 1950er und 1960er Jahre (z. B. herausgegeben vom oben erwähnten Werbemuseum). Manchmal haben auch Anfragen bei Werbeagenturen Erfolg; allerdings hindert die rechtliche Lage (die Unternehmen verweisen hinsichtlich des Copyrights oft auf die Agenturen und umgekehrt) viele daran, Nachfragen mit konkretem Videomaterial zu unterstützen. Manche Unternehmen bringen jedoch zu Jubiläen oder anderen Anlässen Spotsammlungen heraus (z. B. Volkswagen oder Ford), andere archivieren alte Spots neuerdings im Internet. Einen Versuch ist eine solche Anfrage in jedem Fall immer wert. Eine weitere und ganz andere Möglichkeit, an Fernsehspots der 1980er und 1990er Jahre zu kommen, ist eine Anfrage beim Spotarchiv der Abteilung Literatur- und Medienwissenschaft an der Universität Mannheim. Es beinhaltet

> 6862 unterschiedliche, im Werbefernsehen *gesendete Spots* aus sechs europäischen Ländern […], 431 Spots der sogenannten *Musterrollen*, die uns von Agenturen oder von Spot-Produzenten zur Verfügung gestellt wurden. Sie dienen zur Präsentation führender Produktanbieter der Welt und datieren zum Großteil aus der ersten Hälfte der 80er Jahre. […] Ferner haben wir *prämierte Spots* (1176) aus internationalen und nationalen Wettbewerben zusammengestellt […]. Nicht in die Datenbank aufgenommene, aber zur Beschreibung benutzte *spezifische Spotsammlungen* (518) stellen den vierten Teil des Mannheimer Archivs dar (Automobil-, Bier- oder sonstige Sammlungen nach Produkten, Firmen, Agenturen). (Kloepfer/Landbeck 1991: 105; Hervorhebungen im Original)

Ein umfangreiches diachrones Hörfunkspot-Archiv zur freien Nutzung gibt es dagegen neuerdings an der Universität Regensburg (Genaueres zum Aufbau und den Nutzungsmöglichkeiten bei Reimann 2006).

 ### Neuere Literatur

Eine aktuelle Aufstellung von Archiven für Hörfunk- und Fernsehspots bietet
REIMANN, Sandra (2012): Zugänge zu Korpora deutscher Werbung. In: Janich, Nina (Hrsg.): Handbuch Werbekommunikation. Sprachwissenschaftliche und interdisziplinäre Zugänge. Tübingen (Francke). (= UTB), 483–493.
Speziell zum Aufbau und den Nutzungsmöglichkeiten des Regensburger Hörfunkspot-Archivs siehe
REIMANN, Sandra (Hrsg.) (2006): Faszination Hörfunkwerbung – im Wandel. Das Historische Werbefunkarchiv der Universität Regensburg. Regensburg (edition vulpes).

6   Der Blick über den Tellerrand

6.1   Diachronie – ein Interpretationsproblem

Die Untersuchung historischer Werbung bzw. die Frage nach der Entwicklung einzelner Werbestrategien „von – bis" ist ein reizvolles Forschungsthema und wird – wie verschiedene Arbeiten (Bendel 1998; Adam-Wintjen 1998; Fährmann 2006; Bass 2006; Tschörner 2007) zeigen – immer wieder aufgegriffen.

Einleitend daher ein paar kurze Anmerkungen zur Entwicklungsgeschichte der Werbung:

Auch wenn die Bezeichnungen *Reklame* und *Werbung* jüngeren Datums sind und sich erst seit Mitte des 19. bzw. Anfang des 20. Jahrhunderts nachweisen lassen (genauer siehe Sennebogen 2004), so ist das Phänomen „Werbung" doch bereits aus der Antike bekannt, als zumeist durch Ausrufer, in sehr viel begrenzterem Umfang sogar schon durch Wandschriften bestimmte Angebote und Wahlaufrufe publik gemacht wurden. Schriftliche Werbung taucht nach dem Untergang des Römischen Reiches erst wieder im 14. Jahrhundert in Form von Wirtshaus- und Handwerkerschildern auf. Die eigentlichen technischen Voraussetzungen für schriftliche Werbung waren jedoch Papierherstellung (14. Jh.) und der Buchdruck mit beweglichen Lettern (15. Jh.).

Gerold Behrens unterteilt die Werbegeschichte in drei Großphasen, die nichtindustrielle Phase (Antike und Mittelalter), die vorindustrielle Phase (16.–18. Jahrhundert) und die industrielle Phase (seit 19. Jahrhundert) (Behrens 1996: 6). Schon in der vorindustriellen Phase stehen die meisten der heute gängigen Werbemittel zur Verfügung: die physische Warenpräsentation in Auslagen, auf Märkten und Messen; die Markierung durch Warenzeichen und Firmenschilder (auch wenn der Markenartikel im heutigen Sinn erst Ende des 19. Jahrhunderts aufkommt; Sowinski 1998: 5 f.); die Ankündigung – mündlich durch Ausrufer und Marktschreier, schriftlich durch Mauerankündigungen und Plakate; das persönliche Verkaufsgespräch (Behrens 1996: 7).

Mit der Drucktechnik wurde auch die werbliche Massenkommunikation möglich: Die Buchdrucker, die nicht zünftisch organisiert und daher auf Erfolg auf dem freien Markt angewiesen waren, nutzten den Druck als erste für ihre Zwecke. Daher können als Vorläufer der Anzeige Einblattdrucke mit Buchanzeigen, Bücherplakate und -kataloge sowie Titel- und Vorreden in den Drucksachen gelten (Bendel 1998: 24). Die Zeitungsanzeige kommt im 17. Jahrhundert auf, erzielt ihren wirklichen Durchbruch allerdings erst in der zweiten Hälfte des 19. Jahrhunderts (Behrens 1996: 11).

Voraussetzungen für den Aufschwung der Werbung in der industriellen Phase waren Ausweitung der Warenproduktion durch Industrialisierung, Ausweitung der Bildung (= Verringerung des Analphabetismus, zunehmender Bedarf an Druckerzeugnissen), starke Bevölkerungsentwicklung, der Ausbau des Verkehrswesens sowie beständige Neuerungen in der Kommunikationstechnik (Behrens 1996: 12 f.). Max Kjær-Hansen unterscheidet folgende Hauptperioden der Werbung in der industriellen Phase (Kjær-Hansen [2]1975: 31):

- bis 1939: Pionierjahre der Absatzindustrie, Werbung steckt in den Kinderschuhen (eine detaillierte Periodisierung der Zeit von 1850 bis zum Dritten Reich findet sich bei Reinhardt 1993: 429–448);
- 1940–1950: Kriegs- und Rationierungsjahre, kaum Werbung;
- 1950–1955: intensiver Neubeginn mit Auf- und Ausbau der Verkaufsaktivitäten, Werbung setzt in großem Umfang ein;
- ab 1955: Auf- und Ausbau der Wohlstands- und Konsumgesellschaft, Werbung zunehmend auch für teure, langlebige Luxusgüter.

 Bei einer diachronen Untersuchung von Werbung stellt sich jedoch ein nicht zu vernachlässigendes methodisches Problem: Werbung ist eine Form von Kommunikation, die in ihren Inhalten extrem abhängig ist von Zeitströmungen und modischen Trends, also von der jeweiligen aktuellen gesellschaftlichen Situation. Die angemessene Interpretation vieler Anzeigen und Spots hängt daher davon ab, ob die außersprachlichen Bezüge und Anspielungen richtig erkannt werden. Das ist manchmal schon bei der aktuellen Werbung ein Problem, wenn die Anspielungen so versteckt oder auf einzelne gesellschaftliche Ereignisse bezogen sind, dass sie nicht von allen Rezipienten verstanden werden. Wie viel schwieriger ist es da, Werbung richtig zu interpretieren, deren zeitgenössischen Bezug wir nicht mehr kennen!

Drei Beispiele zeitgenössischer Werbung, die allmählich zu historischer Werbung werden, sollen dies verdeutlichen.

1. Die Zigarettenmarke Lucky Strike wurde und wird seit fast 20 Jahren mit Plakaten beworben, die entweder wortspielerischen Reiz haben (Abbildung des Lucky-Strike-Emblems: *Werden Sie Kreisträger*), auf andere Werbung anspielen (Zigarettenpackung auf grünem Hintergrund: *Mit der grünen Wand der Sympathie* – Anspielung auf den früheren Slogan der Dresdner Bank *Mit dem grünen Band der Sympathie*) oder eben auf als bekannt vorausgesetzte Ereignisse, die Medienthema waren. So interpretiere ich die Schlagzeile eines Plakats *Nie wieder Angst im Keller* als eine (als Werbeargument nicht unbedingt gelungene) Anspielung auf das autobiografische Buch „Im Keller" von Jan Philip Reemtsma, dem Erben eines (konkurrierenden!) „Zigarettenimperiums", in dem er seine Situation und seine Ängste während seiner Entführung schildert und das bei seinem Erscheinen (1996) großes Interesse erregte und viel besprochen wurde. Welche Chance hätte ein Forschender in zwanzig, dreißig Jahren, diesen sehr vagen, aber nachvollziehbaren Bezug noch zu erkennen? (Haben Sie es noch erkannt?)

2. 1998 und 1999 begegneten immer wieder Anzeigen der unterschiedlichsten Branchen (und sogar eine Wahlwerbung der SPD), die (unmarkiert) Zitate aus dem legendären Interview mit Giovanni Trappatoni, dem damaligen Trainer der Fußballmannschaft Bayern München, während des hitzigen Kampfs um die deutsche Meisterschaft 1998 brachten: *wie Flasche leer, ich habe fertig.* Nur weil dieses Interview bereits konserviert ist (z.B. in der „Jahres-Chronik 1998. Der Rückblick" des SPIEGEL), werden sich die Bezüge auch später noch rekonstruieren lassen (allerdings nur, wenn man weiß, dass und wo man suchen muss!).

3. Rufen diese Beispiele in einem aktuellen Interpretationsversuch (vermutlich schon) vor allem Verständnislosigkeit hervor, so wird das dritte Beispiel wahrscheinlich eher zu einer falschen Interpretation führen. Aufgrund des Erfolgs des Films „Comedian Harmonists" Ende 1997 wurden in der Werbung von 1998 und noch 1999 deren Schlager zitiert, so in einer Anzeige (und gesungen in einem entsprechenden Fernsehspot) von Schwäbisch Hall: *Veronika, das Geld ist da.* Ohne das Wissen um den Filmerfolg könnte eine heutige Interpretation lauten, im Jahre 1998 mache sich eine Nostalgie hinsichtlich der zwanziger und dreißiger Jahre bemerkbar. Dass dem nicht so ist, sondern dass stattdessen zu dieser Zeit eher die siebziger und achtziger Jahre nostalgisch in Mode und Musikgeschmack auflebten, lässt sich nach einem entsprechenden Zeitabstand erst durch das Studium von Lifestyle- und anderen Magazinen erkennen.

Was an diesen Beispielen deutlich werden sollte: Wer sich entschließt, Anzeigen und/oder Fernsehspots der fünfziger, sechziger oder früherer Jahre zu untersuchen, kann zwar Satzlängen, Wortartenhäufigkeiten oder formale Tendenzen der Textgestaltung aufzeigen, sollte sich aber bereits bei der Untersuchung von Wortspielen, Schlüsselwörtern und Argumentationssträngen und vor allem bei der Interpretation seiner Ergebnisse bewusst sein, dass er/sie nur eine bedingte interpretative Kompetenz besitzt, sofern er/sie nicht mehr Zeitgenosse der entsprechenden Epoche ist.

Es bestehen Möglichkeiten, diesem Dilemma zu entgehen, sie sind jedoch mit viel Arbeit verbunden. Eine Interpretation ist sinnvoll dann möglich, wenn genügend Hintergrundwissen vorhanden ist, das durch das intensive Studium von Zeitungen, Zeitschriften, Nachrichtenmagazinen und eventuell zeitgenössischer Spielfilme erarbeitet werden kann. Eine gewisse interpretative Vorsicht ist jedoch auf jeden Fall angeraten. Ein anderes Problem ist der Aufbau eines Korpus, das auch ältere Werbung einschließt. Dazu finden sich einige Tipps und Hinweise im Kapitel 5.2.

Auf der Basis der Ergebnisse von Sylvia Bendel zur Geschichte der Anzeige im 17. und 18. Jahrhundert (Bendel 1998) werden abschließend die wichtigsten Entwicklungslinien der Werbesprache und der Textsorte „Anzeige" kurz skizziert.

Im 17. und 18. Jahrhundert kann man im Grunde noch nicht von einer Sprache der Anzeigenwerbung sprechen, da die frühen Anzeigen im selben Stil abgefasst sind wie Nachrichten, Briefe und Verwaltungsdokumente (Bendel 1998:

146). Was charakteristisch ist, sind die Sprechhandlungen (siehe 4.2.1), die sich vervielfältigen und aus der Mitteilung über ein bestimmtes Angebot gegen 1800 eine selbstbewusster vorgetragene „werbende Nachricht" machen (Bendel 1998: 182). Auch für die historische Anzeige gelten wirtschaftliche und gesellschaftliche Rahmenbedingungen:

> Während die wirtschaftlichen Bedingungen bestimmen, was der Inserent anbieten *kann* und die gesellschaftlichen Konventionen festlegen, was er sagen *muss* (oder im Falle von Tabus nicht sagen *darf*), so bestimmt die persönliche Einschätzung der Situation durch den Anbieter, was er (zusätzlich) sagen *will*. (Bendel 1998: 181; Hervorhebungen im Original)

Drei Teilhandlungen sind für die Anzeige des 17. und 18. Jahrhunderts obligatorisch und bilden quasi ein Grundgerüst: Nennung des Produkts, explizites Anbieten, Nennung des Verkaufsorts (Bendel 1998: 105). Dieses Grundgerüst wird im Lauf der Zeit beständig um neue Sprechhandlungen und Werbeargumente erweitert, wie zum Beispiel die äußere Beschreibung des Produkts, Hinweise auf Gebrauch und Nutzen sowie auf bisherige Erfolge des Produkts bzw. des Unternehmers (Bendel 1998: 181).

Der auffälligste Unterschied zu heute zeigt sich darin, dass sich die gemachten Aussagen nur auf Produkt und Anbieter beziehen. In den frühen Anzeigen finden sich weder Übertragungen auf den Konsumenten noch psychologische Appelle oder die Thematisierung eines Zusatznutzens wie Prestige, Erotik oder Erfolg (Bendel 1998: 198 f.). Auch lässt sich im 18. Jahrhundert noch keine Tendenz zur Anonymisierung feststellen, sondern im Gegenteil eine Entwicklung „von der Nachricht zum persönlichen, ernstgemeinten und höflich vorgetragenen Angebot des namentlich genannten Anbieters": Neben werbenden Elementen nehmen auch Höflichkeitsfloskeln und Ehrbezeugungen zu (Bendel 1998: 196).

Nicht nur die Produktvielfalt wird größer, auch die Argumentationsmuster verändern sich dementsprechend: Glaube und Magie als Sinnquellen werden verdrängt von Wissenschaft, Rentabilität und Nutzen sowie von den neuen Werten ‚Wohlbefinden', ‚Vergnügen', ‚Natur' und ‚Patriotismus' (Bendel 1998: 196).

Die Zeitschriftenanzeigen des 17. und 18. Jahrhunderts befinden sich immer am Schluss der Zeitung, sind durch Leerzeilen oder Linien vom redaktionellen Teil abgesetzt und selbst typografisch kaum gestaltet (Ausnahme: gelegentlicher Fettdruck einzelner Ausdrücke und ab ca. 1830 Absetzung schlagzeilenartiger Überschriften; Bendel 1998: 7). Spachlich unterscheiden sie sich von heutigen Anzeigen am deutlichsten durch den Satzbau: Statt kurz, einfach und oft unvollständig sind die Sätze lang und komplex, entsprechend dem damaligen Nachrichtenstil der Zeitungen. Es lässt sich im Zeitverlauf zwar eine leichte Tendenz zur Vereinfachung, Verkürzung und Nominalisierung feststellen, die jedoch mit dem heutigen Stil von Anzeigentexten noch nichts zu tun hat (Bendel 1998: 145 f.). Des Weiteren stellt Bendel als sprachliche Merkmale fest: häufige Verwendung der Modalverben *sollen* und *können* (mit anschließendem Passiv), von Adjektiven und superlativischen Ausdrücken, von Fremdwörtern und substantivischen Komposita (Bendel 1998: 145).

Bendel fasst auch die wichtigsten Erkenntnisse der Untersuchung von Karl-Heinz Hohmeister (1981), dessen Untersuchungszeitraum 1800–1975 unmittelbar an ihren anschließt, knapp und prägnant zusammen, so dass sie hier zitiert werden soll (ausführlicher bei Hohmeister 1981: 271–284; zur Situation ab 1900: ab 276):

> Um die Wende zu unserem Jahrhundert finden die grössten Veränderungen statt: Zur nunmehr umfassenden typografischen Gestaltung tritt die Illustration. Das Vokabular wird nochmals breiter und umfasst zunehmend Abstrakta sowie Marken- und Produktnamen. Die Syntax ist im Gegenzug auf einen Telegrammstil zusammengeschrumpft, in dem nominale Kurzformen unverbunden nebeneinander gestellt werden. Neu sind Fragen, die allerdings noch nicht an den Konsumenten gerichtet sind, sondern in fiktiven Dialogen innerhalb der Anzeige geäussert werden, sowie Aufforderungen im Imperativ, in Infinitivsätzen mit ‚Sie‘ oder in modalen Konstruktionen mit ‚man‘. Neu sind auch Ausdrücke, welche die Ware emotional aufwerten und/ oder personifizieren und (…) neu ist die Tatsache, dass Aussagen nicht mehr nur über das Produkt, sondern auch über den Konsumenten gemacht werden. (Bendel 1998: 7 f.)

Zwischen 1900 und 1950 setzt sich die Ansprache homogener Zielgruppen (wie der Hausfrauen, Bücherfreunde oder Gruppen eines bestimmten Alters) durch, bis man um 1950 geradezu auf einen idealisierten und stilisierten Verbrauchertyp stößt, der bis zum Ende des Untersuchungszeitraumes (1975) immer wieder vereinzelt nachzuweisen ist (Hohmeister 1981: 281).

 Literaturtipps

Zur Geschichte der Werbung am ausführlichsten
BUCHLI, Hanns (1962–1966): 6000 Jahre Werbung. Geschichte der Wirtschaftswerbung und der Propaganda. Bd. 1: Altertum und Mittelalter. Bd. 2: Die Neuere Zeit. Bd. 3: Das Zeitalter der Revolutionen. Berlin (de Gruyter).
REINHARDT, Dirk (1993): Von der Reklame zum Marketing. Geschichte der Wirtschaftswerbung in Deutschland. Berlin (Akademie-Verlag).
Allgemein gehaltene sprachwissenschaftliche diachronische Untersuchungen:
ADAM-WINTJEN, Christiane (1998): Werbung im Jahr 1947. Zur Sprache der Anzeigen in Zeitschriften der Nachkriegszeit. Tübingen (Niemeyer). (= Reihe Germanistische Linguistik 197).
BENDEL, Sylvia (1998): Werbeanzeigen von 1622–1798. Entstehung und Entwicklung einer Textsorte. Tübingen (Niemeyer). (= Reihe Germanistische Linguistik 193).
HOHMEISTER, Karl-Heinz (1981): Veränderungen in der Sprache der Anzeigenwerbung. Dargestellt an ausgewählten Beispielen aus dem „Gießener Anzeiger" vom Jahre 1800 bis zur Gegenwart. Frankfurt am Main (Fischer).
Mehr konstatiert als interpretiert oder kritisch hinterfragt finden sich außerdem Ergebnisse bei
STOLZE, Peter (1982): Untersuchungen zur Sprache der Anzeigenwerbung in der zweiten Hälfte des 18. Jahrhunderts. Eine Analyse ausgewählter Anzeigen in den „Leipziger Zeitungen" von 1741–1801. Göppingen (Kümmerle). (= Göppinger Arbeiten zur Germanistik 375).

Nur für Damen!

Ihr sehr ergebener Diener

Das ist der Prinz 4 – als Zweitwagen ein Ruhestifter im täglichen Ehedialog über das Recht am Auto; als Wagen für die Frau des Hauses in allen Situationen richtig: vor dem Geschäftshaus, vor dem Club, vor dem – nun ja – Haus der besten Freundin. Und die männlichen Bekannten sagen: „Prima gewählt! Wußte gar nicht, daß Sie so viel von Technik verstehen. Motor, Bremsen, Lenkung – NSU-Klasse durch und durch. Alle vier Gänge natürlich vollsynchronisiert, eine Schaltung für zwei Finger. Und Platz ist in diesem Auto! Und eine Sicht rundum wie aus der Loge. Kompakte Sache, dieser Prinz 4 – gratuliere!" *Sie sind Königin!*

Fahre Prinz – und ~~Du bist König!~~

Wir schicken Ihnen gern ausführliches Informationsmaterial und wir vermitteln Ihnen, wenn Sie es wünschen, eine unverbindliche Probefahrt. NSU Motorenwerke Aktiengesellschaft Neckarsulm Abt. M1

30 PS, 120 km/h, 5,7 l/100 km, 435 kg Zuladegewicht.

Abbildung 30: NSU (aus: AUTO MOTOR UND SPORT 10/1962)

Neuere Literatur

Es gibt einige wenige neuere diachrone Arbeiten, die jedoch nur zum Teil sprachwissenschaftlicher Natur sind:

HARS, Wolfgang (2001): Lurchi, Klementine & Co. Unsere Reklamehelden und ihre
Geschichten. Frankfurt am Main (Fischer).

REIMANN, Sandra (2008): MEHRmedialität in der werblichen Kommunikation.
Synchrone und diachrone Untersuchungen von Werbestrategien. Tübingen (Narr).

REIMANN, Sandra (Hrsg.) (2006): Faszination Hörfunkwerbung – im Wandel. Das
Historische Werbefunkarchiv der Universität Regensburg. Regensburg (edition vulpes).

SENNEBOGEN, Waltraud (2004): Von *jüdischer Reklame* zu *deutscher Werbung*. Sprachregelung in der nationalsozialistischen *Wirtschaftswerbung*. In: Greule, Albrecht/Sen-
nebogen, Waltraud (Hrsg.): Tarnung – Leistung – Werbung. Untersuchungen zur
Sprache im Nationalsozialismus. Frankfurt am Main u.a. (Lang). (= Regensburger
Beiträge zur deutschen Sprach- und Literaturwissenschaft. Reihe B/Untersuchun-
gen 86). 173–214.

TSCHÖRNER, Kristin (2007): Werbeanzeigen als Spiegel der Gesellschaft. Zur Geschichte einer Textsorte. Saarbücken (VDM).

(67) Vergleichen Sie die NSU-Anzeige von 1962 (Abb. 30) mit heutiger Autowerbung.

a. Welche Gemeinsamkeiten und welche Unterschiede stellen Sie in der sprachlichen
   Gestaltung und der Argumentation fest?

b. Inwiefern ist diese Anzeige „zeitgenössisch"?

c. Versuchen Sie, einen nach heutigen Maßstäben angemessenen neuen Werbetext zu
   formulieren, der die zentralen Argumente (zeitgenössisch angepasst) aufgreift.

6.2   Diskursanalyse – Werbung als gesellschaftlicher Teildiskurs

In einem knappen Ausblickskapitel wie diesem kann leider nicht auf die unterschiedlichen Deutungsmöglichkeiten von ‚Diskurs' und die Traditionen der linguistischen Diskursanalyse seit der Prägung des Begriffs durch den französischen
Philosophen Michel Foucault eingegangen werden. Das Ziel dieses Teilkapitels ist
es vielmehr, im Sinne des „Blicks über den Tellerrand" nicht nur über den einzelnen Werbetext hinauszuschauen, wie das ja auch schon im Kapitel 3.5 durch die
Einbeziehung von Textsortenvernetzungen im Rahmen von Kampagnen gesche-
hen ist, sondern auch über die Werbung als solche: Werbekommunikation ist ja
immer eingebunden in andere mediale Kommunikationsformen und bezieht sich
in ihrer Argumentation explizit oder implizit auf in Politik und Gesellschaft aktuelle Themen, Trends und Einstellungen. Eine oft an die Werbeforschung gerichtete
Frage ist dementsprechend auch, ob Werbung Trends folgt oder Trends setzt. Auch
wenn diese Frage nicht pauschal und abschließend beantwortet werden kann, so
können doch diskursanalytische Analysen Zusammenhänge in konkreten Fällen,

d. h. zu konkreten Themen, rekonstruieren und analysieren. Unter Diskurs soll daher hier ein „textübergreifend[er] Verweiszusammenhang von thematisch gebundenen Aussagen" verstanden werden, der sprachwissenschaftlich „einerseits unter dem Gesichtspunkt der textübergreifenden Zeichenorganisation und andererseits mit Blick auf das im Diskurs manifeste gesellschaftliche Wissen" untersucht werden kann (Warnke 2008: 37). Eine methodische Möglichkeit, dies zu tun, ist die von Ingo Warnke und Jürgen Spitzmüller (2008) entwickelte Diskurslinguistische Mehr-Ebenen-Analyse (DIMEAN), die hier nur knapp skizziert werden kann (ausführlicher außer in Warnke/Spitzmüller 2008 auch in einer demnächst erscheinenden Einführung Spitzmüller/Warnke 2011). Unterschieden werden in DIMEAN

1. eine INTRATEXTUELLE EBENE, auf der a) WORTORIENTIERT (also z. B. Analyse von Namen, Adhoc-Bildungen, Schlüssel- oder Stigmawörtern), b) PROPOSITIONS-ORIENTIERT (also z. B. Analyse von Syntax, rhetorischen Figuren, Präsuppositionen, Implikaturen oder Sprechakten) oder c) TEXTORIENTIERT (z. B. Analyse der visuellen Textstruktur, des Textthemas und der sprachlichen Realisierung von Teilthemen in Teiltexten) gearbeitet werden kann;
2. eine AKTEURSEBENE, auf der a) die INTERAKTIONSROLLEN (z. B. Autor vs. Adressat), b) die DISKURSPOSITIONEN (z. B. die Verteilung von Macht im Diskurs) und c) die MEDIALITÄT (z. B. die Wahl der Medien und Textsorten) eine Rolle spielt;
3. eine TRANSTEXTUELLE EBENE, auf der Aspekte wie Intertextualität, Frames/Scripts, argumentative Topoi, Sozialsymbolik, Ideologien und Mentalitäten untersucht werden.

Je nach Fragestellung und Umfang des Textkorpus kann der Akzent der Untersuchung auf unterschiedliche und unterschiedlich viele Detailaspekte gelegt werden – diskursanalytisch wird eine solche Untersuchung durch die Einbeziehung der Akteurs- und der transtextuellen Ebene, d. h. durch das Hinausgehen über die intratextuelle Ebene, auf der sich die meisten der bisher in diesem Buch besprochenen Fragestellungen bewegen.

 Ein angemessenes Korpus für eine Diskursanalyse zusammenzustellen, ist nicht einfach. Da die Auswahl entscheidend von der Fragestellung abhängt, gibt es dafür auch kein Patentrezept. In kleineren Arbeiten wie studentischen Haus- oder Abschlussarbeiten kann im Prinzip immer nur eine kleine, möglichst sinnvoll zusammengestellte Textauswahl bearbeitet werden: ausgehend von dem Thema, das einen bestimmten Diskurs bestimmt, müssen auf der Ebene der Akteure daher ebenso begründet korpusstrukturierende und -begrenzende Schwerpunkte gesetzt werden wie auf der Ebene der Medien und Textsorten.

Arbeiten zur Werbung als Teil von gesellschaftlichen Diskursen gibt es erst sehr wenige, obwohl sich die Diskursanalyse beispielsweise gut eignen würde, um bei Studierenden beliebte Fragen wie die nach der Rolle der Frau oder des Manns in der Werbung (vgl. Holtz-Bacha 2008) oder nach anderen Stereotypisierungen zu untersuchen. Beispiele für kleinere diskursanalytische Studien sind die von Edgar Hoffmann (2002), der damit kulturelle Schlüsselkonzepte in der russischen Werbung untersucht, oder die von Christine Keßler (1998), die das Phänomen des Diskurswechsels (also z. B. intertextuelle Bezüge zum religiösen oder wissenschaftlichen Diskurs durch Anleihen bei den entsprechenden Varietäten, siehe 4.4.2) als persuasive Textstrategie von Werbung begreift. Einen abstrakteren Ansatz verfolgt Dominic Schüler (2008), der Konsum als gesellschaftlichen und rhetorischen Diskurs auffasst. Als Grund dafür führt er an:

> Als wirtschaftliches Gut erfüllen Konsumgüter eine Funktion; je weiter das Erfüllen dieser Funktion von der Notwendigkeit der Existenzsicherung entfernt ist, desto stärker ist die Frage des „Wie" von gesellschaftlicher Relevanz. Dadurch, dass es sich nicht um einen „Notwendigkeitskonsum" handelt, sondern Konsumalternativen bestehen, trägt das Produkt Bedeutung, die sich nicht nur aus dem Produkt selbst (seinem Image) ergibt, sondern auch durch die Abgrenzung von anderen Produkten. (Schüler 2008: 139)

Für den Diskurs hat dies laut Schüler zur Folge, dass Konsumverhalten (ganz besonders zum Beispiel von prominenten Personen des öffentlichen Lebens) sozial interpretiert wird und jeder – bewusst oder unbewusst – durch seine Entscheidungen für oder gegen einzelne Produkte etwas über sich, seine Werthaltungen und seine Einstellung zur Gesellschaft kommuniziert (z. B. kann das Fahren großer Geländewagen in städtischer Umgebung oder auf Langstrecken sozial als eine gewisse Unbekümmertheit, wenn nicht gar Ignoranz gegenüber Umweltschutz und konkret den globalen Bemühungen zur Verlangsamung des Klimawandels interpretiert werden). Die Werbung wiederum nutzt diese soziale Bedeutungshaltigkeit von Konsumverhalten auch für die konkrete Gestaltung ihrer Kommunikate, wie an der Kategorie 3 „Stil als Ware" im Kapitel 4.6 deutlich wird, und ist damit an der Konstruktion sozialer Wirklichkeit mitbeteiligt:

> Das eigentliche Objekt der Werbung ist das von ihr beworbene Produkt, das von ihr für die Zielgruppe „manipuliert" wird. Verpackt in einem Image, ausgestattet mit irrealen Werten bringt die Werbung das Produkt idealerweise zur Zielgruppe, die ein spezifisches Bedürfnis hat, nicht nach dem Produkt, sondern nach den durch das Produkt symbolisierten Werten. Entsprechend wird im Konsum des Produktes nicht nur der ökonomische, sondern auch der ideelle „Wert" des Produktes realisiert. Die Grenzen der werblichen Persuasion werden in diesem Umfeld genauso eindeutig gesetzt wie die der rhetorischen Arbeit: durch die Akzeptanz des Publikums. Wird der Erfahrungs- und Wissenshorizont des Publikums verlassen, fehlen die Bezugspunkte der Persuasion. Die Werbung leitet ihre Wirkmittel von einem Beziehen auf vorhandene Einstellungen im Bewusstsein des Publikums ab. Ohne ein „Bezugnehmen" ist werbliche Kommunikation nicht möglich. Die Werbung und der daraus resultierende Konsum übernehmen somit eine Funktion, die früher anderen gesellschaftlichen Einrichtungen, wie z. B. der Kunst oder der Religion vorbehalten war: die Präsentation gesellschaftlicher Werte. (Schüler 2008: 179 f.; zitiert ohne Fußnoten)

Es fehlen wie gesagt noch diskursanalytische Detailstudien (neu aber: Janich 2013a), sei es über kulturelle Schlüsselkonzepte und Wertorientierungen in der deutschen Werbung, sei es über die Kommunikation von Stereotypen oder Tabus[28] oder gar deren diachrone Entwicklung (vgl. für mögliche Fragestellungen auch die anderen Teilkapitel 6.1, 6.3 und 6.4). Stärker thematisch orientiert und eingegrenzt könnte beispielsweise nach den Überschneidungen von politischem und/oder wirtschaftlichem Diskurs und nach sprachlichen Gemeinsamkeiten und Unterschieden bei der Thematisierung desselben Sachverhalts geforscht werden. Unter diskursanalytischer Perspektive ist schließlich das Web 2.0 besonders interessant (vgl. 3.4.3): Wie gestaltet sich beispielsweise die Kommunikation in Foren, die von Unternehmen ins Leben gerufen werden, in denen sich Konsumenten dann aber weitgehend frei von Unternehmenseinflüssen über die Produkte austauschen? Wer kommuniziert hier was mit welcher Absicht? Und was kann/darf von wem nicht kommuniziert werden? Wie konstituieren sich hierüber Markenimages ebenso wie soziales Wissen über das Produkt und sein Umfeld? Kann eine solche Kommunikationsform noch der Werbung zugerechnet werden bzw. inwiefern lassen sich in einer solchen Alltagskommunikation „Spuren" der Werbesprache finden?

 Neuere Literatur

Gute Einführungen in DIMEAN und ihre methodische Herleitung vom Foucault'schen Diskursbegriff bieten

WARNKE, Ingo H./SPITZMÜLLER, Jürgen (2008): Methoden und Methodologie der Diskurslinguistik – Grundlagen und Verfahren einer Sprachwissenschaft jenseits textueller Grenzen. In: Dies. (Hrsg.): Methoden der Diskurslinguistik. Sprachwissenschaftliche Zugänge zur transtextuellen Ebene. Berlin/New York (de Gruyter). 3–54.

SPITZMÜLLER, Jürgen/WARNKE, Ingo H. (2011): Diskurslinguistik. Eine Einführung in Theorien und Methoden der transtextuellen Sprachanalyse. Berlin/New York (de Gruyter).

Konkrete diskursanalytische Untersuchungen zur Werbung bieten

HOFFMANN, Edgar (2002): Werbung, Sprache und Kultur. In: Daiber, Thomas (Hrsg.): Linguistische Beiträge zur Slavistik IX. München (Sagner). 97–116.

KESSLER, Christine (1998): Diskurswechsel als persuasive Textstrategie. In: Hoffmann, Michael/Dies. (Hrsg.): Beiträge zur Persuasionsforschung. Unter besonderer Berücksichtigung textlinguistischer und stilistischer Aspekte. Frankfurt am Main u. a. (Lang). (= Sprache. System und Tätigkeit 26). 273–291.

SCHÜLER, Dominic (2008): Kommunikation am Markt. Rhetorik – Medien – Werbung – Konsum. Tübingen (Kairos).

Beispiele (auch nicht-linguistischer Art) für die Untersuchung von Stereotypen in der Werbung, die sich als Forschungsgegenstand auch der Diskursanalyse anbieten, sind

FEMERS, Susanne (2007): Die ergrauende Werbung: Altersbilder und werbesprachliche Inszenierungen von Alter und Altern. Wiesbaden (VS Verlag Sozialwissenschaften).

HOLTZ-BACHA, Christina (Hrsg.) (2008): Stereotype? Frauen und Männer in der Werbung. Wiesbaden (VS Verlag Sozialwissenschaften).

MOTSCHENBACHER, Heiko (2006): „Women and Men Like Different Things"? – Doing Gender als Strategie der Werbesprache. Marburg (Tectum).

---

28 Zu Stereotypen siehe z. B. die nicht-diskursanalytischen Arbeiten von Femers 2007, Holtz-Bacha 2008 und Motschenbacher 2006, zum Tabu z. B. die Arbeit von Waschek 1997.

CO₂ ist nicht das Einzige, worüber wir reden müssen.

Toyota Hybrid Synergy Drive®. Weniger CO₂ und weniger Stickoxide.

Heute spricht die ganze Welt davon, CO₂ einzusparen – und vergisst dabei die Stickoxide. Der Toyota Prius mit Hybrid Synergy Drive® produziert nicht nur weniger CO₂ als herkömmliche Fahrzeuge, sondern auch erheblich weniger Stickoxide – 104 g/km CO₂ und 0,01 g/km Stickoxide, um genau zu sein. Das perfekte Zusammenspiel zwischen Elektro- und Benzinmotor garantiert höchste Effizienz und weniger Schadstoffausstoß. Der leistungsfähige Elektromotor ermöglicht ein fast geräuschloses Anfahren und unterstützt den Benzinmotor zusätzlich beim starken Beschleunigen. Hybrid Synergy Drive® – unser erster Schritt zur Verwirklichung unserer Vision: ein Fahrzeug, das die Luft während der Fahrt sogar säubert! Nichts ist unmöglich.

 www.HybridSynergyDrive.com

Nichts ist unmöglich. **TOYOTA**

Alle angegebenen Werte beziehen sich auf den Toyota Prius mit Hybrid-Synergy-Drive®-Technologie. Kraftstoffverbrauch Prius kombiniert 4,3 l/100 km (innerorts 5,0 l/außerorts 4,2 l) bei CO₂-Emissionen von 104 g/km im kombinierten Testzyklus nach RL 80/1268/EWG.

Abbildung 31: Toyota

(68) Untersuchen Sie den Werbediskurs zum Thema Klimaschutz, wie er sich in folgenden Anzeigen niederschlägt (Bayer, Abb 1.: 26, Krombacher, Abb. 2 b: 33, Deutsche Post GOGREEN, Abb. 5: 66, bp, Abb. 8: 80, Informationskreis KernEnergie, Abb. 19: 173, Total, Abb. 21: 184, ABB, Abb. 22: 190, RWE, Abb. 25: 208, Toyota, Abb. 31: 283): Welche Akteure werden hier ins Spiel gebracht und welche Diskurspositionen nehmen sie ein? Wie wird das Klimaproblem mit Blick auf das Markenimage thematisiert und welche Argumentationsmuster lassen sich finden? Nutzen Sie für eine umfassendere Bearbeitung auch Ihre Ergebnisse zu früheren Übungsfragen (insbes. 1, 29, 43, 46–48, 61, 65).

(69) Versuchen Sie in einem Gruppenprojekt, den Werbe-Teildiskurs zu diesem Thema in einen größeren Zusammenhang zu stellen. Recherchieren Sie zu diesem Zweck im Internet oder in Archiven Medienberichte zum Problem Klimawandel und CO_2-Reduktion aus den Jahren 2008–2010 und überprüfen Sie, wie die Werbung auf die gesellschaftspolitische Debatte Bezug nimmt bzw. auf sie reagiert, z. B. indem Sie untersuchen, welche Wortfelder und semantischen Frames, welche Sprach- und Argumentationsmuster sich auch in der Werbung wiederfinden lassen.

6.3   Interkulturalität – die kontrastive Perspektive

In der „Interkulturellen Kommunikation", die sich in den 1970er und beginnenden 1980er Jahren als eigene Wissenschaftsdisziplin etabliert hat, steht die Kulturabhängigkeit und Kulturspezifität jeglicher Kommunikation im Mittelpunkt.[29] Wertvorstellungen, Traditionen und Konventionen im Denken und Handeln sind kulturell geprägt, weshalb es in der Regel nicht genügt, eine Fremdsprache in ihrem Wort- und Grammatikbestand gelernt zu haben, um interkulturelle Missverständnisse vermeiden zu können. Kulturspezifische Unterschiede in Bedeutungskonzepten und Konventionen der Gesprächsführung oder der Textproduktion müssen bekannt sein, um erfolgreich kommunizieren zu können. (Ein Überblick über Entstehung und Begründung der Interkulturellen Studien mit anschaulichen Beispielen für interkulturelle Missverständnisse findet sich z. B. bei Hess-Lüttich 1994.) Dies betrifft nicht nur so sensible Bereiche wie die internationale Unternehmenskommunikation oder die Politik, sondern auch den Alltag des Einzelnen, der zunehmend in multikulturell geprägten Gesellschaften lebt.

Für die Werbung spielt die Kulturgebundenheit eine besondere Rolle, da ein erfolgreiches Persuasionskonzept auch davon abhängt, inwieweit die möglichen Konnotationen und Assoziationen, die die Rezipienten mit den Werbebotschaften verbinden, kalkulierbar und den Werbern bekannt sind (vgl. dazu den kognitionslinguistischen Zugang von Schmidt 2010). Wendelin Müller (1997) stellt aus werbewissenschaftlicher Sicht Überlegungen an, ob und inwieweit interkulturell

---

29 Da es sich hier um ein Ausblickskapitel handelt, kann nicht weiter auf den komplexen Begriff der Kultur eingegangen werden. Knappe Diskussionen finden sich bei Hennecke 1999: 37–50 und Müller 1997: 24–32; aus Sicht der Germanistik und des Bereichs „Deutsch als Fremdsprache" siehe auch die vielfältigen Literaturhinweise bei Hess-Lüttich 1994.

standardisierte Werbung möglich ist, d. h. *ein* Werbekonzept für *ein* Produkt eines international agierenden Unternehmens, das in *mehreren* Ländern eingesetzt werden kann (vgl. dazu auch die Studie von Hütte 2007). Dagegen spricht vor allem das Vorhandensein unterschiedlicher kultureller Bedeutungen. So wird die Assoziation ‚orientalisch‘ im deutschen Kulturkreis z. B. durch Bild- und Textelemente suggeriert, die auf den Nahen Osten anspielen, während im US-Amerikanischen dies nur durch Anspielungen auf den Fernen Osten/Asien möglich wäre (Müller 1997: 20–23). Dafür spricht aus Sicht der Werbetreibenden die These von der Globalisierung, die kulturelle Unterschiede verwische und eine interkulturell ähnliche Erfahrungswelt bewirke, auf die auch die Werbung aufbauen könnte (Müller 1997: 6–8).

Müller diskutiert ausführlich verschiedene Ansätze der Wirtschaftswissenschaften und untersucht empirisch mit Hilfe von Assoziationstests die kulturspezifischen Interpretationen emotionaler Werbung. Er kommt zu dem Schluss[30], dass sich trotz des intensiver werdenden Kulturaustauschs kaum eine solche interkulturelle Homogenisierung abzeichne, die eine interkulturell standardisierte emotionale Werbung ermöglichen würde. Besonders der ikonische Kode der Bilder ist selten interkulturell übertragbar, nicht zuletzt wegen des Vergangenheitsbezugs aller Kulturen, der trotz allem Kulturaustausch bestehen bleibt. Nur wenige von der Werbung genutzte Prädikate (Prädikat nicht im syntaktischen, sondern im logischen Sinn) lassen aufgrund der internationalen Kulturindustrie interkulturell gültige Assoziationsbereiche erkennen: So wird ‚abenteuerlich‘ sehr häufig mit dem Film bzw. der Figur Indiana Jones assoziiert, ‚futuristisch‘ mit Raumschiff Enterprise, ‚individuell‘ mit dem Marlboro Man, ‚karibisch‘ mit der Rum-Marke Bacardi, ‚magisch‘ mit dem Zauberer David Copperfield oder ‚schlank‘ mit einem Model (Müller 1997: 218). Die Chancen einer Standardisierung sind dagegen bei informativer Werbung größer, und auch Werbung, die nur Erinnerungsfunktion hat, also das Werbeziel der Aktualisierung verfolgt (wie z. B. die international geschalteten Anzeigen für die schwedische Wodka-Marke Absolut Vodka), kann leichter standardisiert werden, da sie kaum Bedeutungsinhalte vermittelt.

Die Möglichkeit interkultureller Standardisierung ist auch abhängig vom Produkt (High-Tech-Produkte lassen sich als so genannte „kulturfreie Produkte" beispielsweise leichter mit einer internationalen Werbestrategie bewerben als Produkte mit einem emotionalen Zusatznutzen; Müller 1997: 19), von der Zielgruppe (Teenager stellen durch die internationalen Trends in Filmen und Musikvideos die am besten standardisiert anzusprechende Zielgruppe dar) und vom jeweiligen Werbeziel (s. o., z. B. Aktualisierungswerbung). Sie ist aber nicht prinzipiell erstrebenswert und widerspricht eigentlich den Grundannahmen des Marketings: der notwendigen Segmentierung von Märkten und der damit immer spezifischer werdenden Marktorientierung und Zielgruppenansprache (Müller 1997: 225).

---

30 Die folgenden Ausführungen stützen sich bes. auf die kritische Zusammenfassung bei Müller 1997: 215–225.

An dieser Stelle kann es aufgrund der Konzentration auf deutschsprachige Werbung nur um erste Anregungen zur Untersuchung gehen, die an exemplarischen Studien veranschaulicht werden. Prinzipiell bieten sich unter dem Dach der interkulturellen Kommunikation verschiedene Frageperspektiven an:

a. Eine Möglichkeit ist der VERGLEICH VON DEUTSCHER WERBUNG MIT NICHT-DEUTSCHER WERBUNG. Voraussetzung dafür ist die Kenntnis der Werbung und Werbesprache des Vergleichslandes, weshalb solche Fragestellungen zum Beispiel für ausländische Studierende oder die Auslandsgermanistik interessant sind, die die Werbung ihres Heimatlandes zum Vergleich heranziehen können. Gegenstand der Untersuchung kann dann von sprachlichen Strategien und Text-Bild-Kommunikation über einzelne Textsorten bis hin zu kulturspezifischen Schlüsselkonzepten und Wertethematisierungen alles sein.

Diese Art von Vergleichsstudien erfreut sich seit einigen Jahren zunehmender Beliebtheit (vgl. Dallmann 1998: Deutschland/Japan; Koskensalo [2]2000: Deutschland/Finnland; Hahn 2000: Deutschland/Frankreich; Vesalainen 2001: Deutschland/Finnland; Dashyan 2006: Deutschland/Armenien; Homann 2006: Deutschland/England/Spanien; Gau 2007: Deutschland/Frankreich; Ising 2007: Deutschland/Russland; Jílková 2007: Deutschland/Tschechien; Minucci 2008: Deutschland/Italien; Fritzmann 2009: Deutschland/Brasilien; Golonka 2009: Deutschland/Polen; Iakushevich 2009: Deutschland/Russland und viele mehr).

Gerade mit Bezug auf die osteuropäischen Länder versprechen kontrastive Untersuchungen spannende Ergebnisse, weil sich dort seit dem Systemwechsel ganz neue Möglichkeiten in einem jetzt nicht mehr sozialistischen Wirtschaftssystem eröffnen. Wirtschaftswerbung kann in den ehemaligen Ostblock-Ländern nicht auf eine jahrzehntelange Entwicklung aufbauen, sondern muss unmittelbar den Ansprüchen und Anforderungen des veränderten Marktes gerecht werden, um mit dem werbeerfahrenen Westen mithalten zu können.

So bieten sich zum Beispiel Vergleiche nach Produktgruppen an: Mariola Sadowska hat in ihrer Magisterarbeit an der Universität Regensburg deutscher Alkohol- und Zigarettenwerbung aus den Jahren 1995–98 entsprechende polnische Anzeigen gegenübergestellt, um daran historisch bedingte Besonderheiten der polnischen Werbung aufzuzeigen. Sie kann folgende Auffälligkeiten und Unterschiede feststellen (Sadowska 1998: 58–64, 85–90): In polnischen Anzeigen tauchen zahlreiche Ausdrücke auf, die auf westliche Werte und Produktstandards anspielen, um die eigenen Produkte aufzuwerten. Dies führt mitunter sogar zu einer „Depolonisierung“ zum Beispiel in der Orthografie. Bei einheimischen Produkten wird trotzdem oft versucht, mit der Vision von Weltläufigkeit auch die polnische Realität und die polnische Produktherkunft zu verbinden (z. B. in der Anzeige für eine Zigarette (in Übersetzung:) *Polnische Zigarette, weltweiter Geschmack*. Das Bild zeigt zuerst schwarz-weiß ein junges Paar mit einem typischen polnischen Kleinwagen, dann in Farbe das Paar mit einem moderneren Wagen – beidesmal rauchen sie jedoch dieselbe Zigarettenmarke (vgl. Sadowska 1998: 61, Nr. 71). Trotz der starken Orientierung am

Westen (sichtbar auch in der Übernahme englischer Slogans oder Schlagzeilen) wird also auch der Nationalstolz als Werbestrategie genutzt, indem z. B. Motive und Personen aus der polnischen Geschichte für die Bildgestaltung oder für Produktnamen (z. B. die Namen polnischer Könige) herangezogen werden. Auffällig ist mit Blick auf die Argumentation, dass in polnischen Anzeigen für Zigaretten und Bier häufiger auf die Form oder die Verpackung als auf den Inhalt oder Geschmack des Produkts eingegangen wird, was möglicherweise noch mit der Umstellung des Wirtschaftssystems zu tun hat. Aus sprachlicher Sicht unterscheidet sich polnische von deutscher Werbung darin, dass sie nur etwa halb so viele rhetorische Figuren verwendet wie die deutsche, dafür aber die Rezipienten fast in jeder dritten Anzeige per *du* anspricht (was in deutscher Werbung eher selten ist), obwohl das *Du* in Polen weit weniger verbreitet ist als in Deutschland. Sadowska interpretiert diese Unterschiede dahingehend, dass sich das polnische Werbesystem noch auf einer Entwicklungsstufe befinde, die die westlichen Länder bereits hinter sich gelassen haben, und daher auch sein Publikum erst an diese neue Werbefreiheit gewöhnen müsse (Sadowska 1998: 89 f.).

Andere Fragestellungen des interkulturellen Vergleichs können sich beispielsweise auf Übersetzungs- und Übertragungsprobleme internationaler Kampagnen (für die polnische Werbung vgl. z. B. Berdychowska 1994), auf kulturspezifische Wertesysteme und ihre Spiegelung in unterschiedlichen Werbestrategien (für die finnische Werbung z. B. Leppälä 1994, für russische Werbung Hoffmann, E. 2002) oder auch auf die Rolle des so genannten *country-of-origin*-Prinzips als Werbestrategie beziehen, d. h. wie wird die jeweilige Landesidentität als Teil des Unternehmens- oder Markenimages thematisiert (vgl. z. B. Nielsen 2005 zum Vergleich deutscher mit dänischer Werbung).

b. Ein Sonderfall des internationalen Werbevergleichs ist die UNTERSUCHUNG DER WERBUNG EINES INTERNATIONALEN UNTERNEHMENS (siehe die obigen Ausführungen zur Standardisierung und die Forschung zur Übersetzungsproblematik), so dass die Werbestrategien für ein und dasselbe Produkt je nach Land miteinander verglichen werden können.

In einer finnischen Magisterarbeit (Nordman 2000, als Zusammenfassung publiziert unter Nordmann 2002) wurden zum Beispiel die schwedische, deutsche und US-amerikanische Imagebroschüre des ursprünglich schwedischen Unternehmens Autoliv (Produktion von Sicherheitssystemen für Autos, mit Töchtern in Deutschland und USA) miteinander verglichen. In jeder Hinsicht (Layout und Präsentation, Argumentation, Inhalte, bei der Herstellung beteiligte Abteilungen, Kundenansprache) konnten hier landeskulturbedingte Unterschiede festgestellt werden. So fallen z. B. Selbstdarstellung und werbende Kundenansprache in der schwedischen Broschüre wesentlich zurückhaltender und bescheidener aus als in der deutschen oder US-amerikanischen, während konkrete technische Information eine sehr viel größere Rolle spielt (vgl. Nordman 2000: z. B. 85 f.). Auch durch solche firmenspezifischen Untersuchungen lassen sich Unterschiede in den nationalen „Werbekulturen" gut herausarbeiten.

c. Eine andere Möglichkeit ist, ETHNOSTEREOTYPE IN DER DEUTSCHEN WERBUNG zu untersuchen, d. h. die sprachlichen, bildlichen (und musikalischen) Mittel, mit denen Produkte ein fremdländisches Image zugewiesen bekommen. Dies sagt nicht nur etwas über produktspezifische Argumentationsstrategien aus, sondern auch etwas über das Verhältnis der Deutschen zu anderen Kulturen bzw. über das Image einzelner Kulturen in Deutschland.

Zur Vorliebe eines „italienischen Zusatznutzens" und dem Bild von Italienern und Franzosen in der deutschen Werbung hat sich z. B. Marietta Calderón (1998) geäußert. Christoph Platen beleuchtet anhand von Werbebeispielen die Rolle von Romanismen in der deutschen Alltags- und Werbekultur (Platen 1999) und vergleicht in einer anderen Studie das Spanien-Bild, wie es jeweils in deutscher, französischer und italienischer Werbung sichtbar wird (Platen 1995). Doris Wagner hat dagegen untersucht, was deutsche Bierwerbung über die deutsche Kultur aussagt (Wagner 2003).

 Die Frage nach Ethnostereotypen in der deutschen Werbung ist noch nicht besonders breit und ausführlich bearbeitet. Z. B. ist noch nicht untersucht worden, welche Nationalitäten überhaupt in der deutschen Werbung vorkommen und welche nicht. Inwiefern hängt die Thematisierung von Nationalitäten mit einem eindeutigen Produktbezug oder evtl. eher mit dem sozialen Image der jeweiligen Nationalität zusammen? Stimmt das Werbeimage einer Nationalität (z. B. in der Nahrungsmittel- und Touristikwerbung) mit ihrem tatsächlichen Image innerhalb der deutschen Gesellschaft überein? In einer durch die Europäische Union geprägten Zeit kann eine Analyse von Klischees in der Werbung möglicherweise interessante Aufschlüsse über mögliche Konflikte im Zusammenleben der Nationen geben und zu einer kritischen Aufdeckung von Vorurteilen führen. Was schwingt z. B. alles an Vorlieben und Ressentiments in der Ricola-Kräuterzucker-Werbung mit, in der ein kleiner, lustig und zugleich etwas pedantisch wirkender Schweizer einmal auf Finnen (natürlich in der Sauna!), einmal auf sportliche Australier beim Beach-Volleyball, einmal auf Chinesen in der Küche trifft? Solche Fragestellungen lassen sich zwar nicht mehr nur sprachwissenschaftlich, sondern besser interdisziplinär beantworten, können sich aber auch auf verschiedene sprachbezogene Aspekte stützen (wie z. B. den Einsatz von Fremdsprachen, vgl. 4.3.1 b).

d. Eine etwas anders gelagerte, weil intrakulturelle Fragestellung, zu der auch eine umfangreiche Studie vorliegt (Hennecke 1999), ist der VERGLEICH WEST- UND OSTDEUTSCHER WERBUNG (aktuell „revisited" in Hennecke 2012b; vgl. auch rückblickend Randhage 2013).

Aufgrund der jahrelangen Trennung Deutschlands in zwei Staaten mit grundsätzlich unterschiedlichem politischem und gesellschaftlichem System waren selbst zehn Jahre nach der Vereinigung noch kulturelle Unterschiede im Sinne unterschiedlicher Wertvorstellungen und verschiedener Assoziationsspielräume zu spüren. Angelika Hennecke stellt zwar in ihrer Arbeit über Werbung für Ostprodukte (1999) eine Asymmetrie des Marktes und Unterschiede in den Werbekonzepten vor allem für ursprüngliche Ostprodukte fest (dazu unten mehr), beleuchtet aber auch die kontroverse Diskussion in den großen Werbeagenturen, ob und inwieweit gesonderte Ost- und West-Kampagnen für dasselbe Produkt nötig sind. So stoßen beispielsweise Slogans wie *Test the West* für West-Zigaretten oder *Da weiß man, was man hat* für Persil auf Ablehnung oder Unverständnis (Hennecke 1999: 76–83; siehe dazu auch den ZEIT-Artikel von Gunhild Freese „Lauter blaue Socken. Zwei Berliner Werber fordern unterschiedliche Kampagnen für Markenartikel in Ost und West", Nr. 27, 25. Juni 1998: 28). Ostspezifische Werbung ist allerdings nur medienspezifisch möglich, im Fernsehen können aufgrund der überregionalen Ausstrahlung verständlicherweise kaum Differenzierungen vorgenommen werden.

Zur Werbung für ursprüngliche Ostprodukte stellt Hennecke fest, dass es nach anfänglich schüchternen Werbeversuchen zu Beginn der 1990er Jahre seit 1993 zu einer Renaissance der Ostprodukte und damit der Etablierung offensiver, selbstbewusster, ostspezifischer Werbestrategien kam. Hennecke findet nach der Analyse einiger ausgewählter Kampagnen (Leckermäulchen-Quark, Waschmittel Spee, Zigarettenmarken fa und Cabinet, Biermarken Landskron und Berliner Pilsner) ihre Ausgangshypothese bestätigt, dass es eine eigenständige Werbung für Ostprodukte gibt, die sich in strukturellen und besonders inhaltlichen Aspekten von westdeutschen Strategien unterscheidet, indem sie sich auf die besonderen Werte, Lebensstile und Einstellungen der Ostdeutschen bezieht und bewusst zur Stärkung eines ostdeutschen Identitäts- und Gemeinschaftsgefühls beiträgt. Werbeargumente sind dementsprechend vor allem Qualität, Tradition (verbunden mit Wiedererkennungswert und Nostalgieappellen), (Regional-)Stolz und ein günstiges Preis-Leistungs-Verhältnis. Nicht selten wird auch offensiv gegen herrschende Vorurteile gegenüber Ostprodukten mittels eines impliziten Vergleichs mit Westprodukten argumentiert (Hennecke 1999: 275–278; dort auch genauer zu Gemeinsamkeiten und Unterschieden). Für die Produkte, die auch in westdeutschen Bundesländern etabliert werden sollen, müssen allerdings neue gemeinsame Werte und Argumente gefunden werden (Hennecke 1999: 279) (zu Werbung im Osten siehe außerdem Schmider 1990, Läzer 1996 und neu Hennecke 2012b und Randhage 2013).

 Der diachrone Vergleich zwischen ehemaliger DDR- und BRD-Werbung wurde bislang vernachlässigt, bietet sich jedoch ebenfalls an, wobei in diesem Fall bei der Interpretation der Unterschiede in einem ganz anderen Maß die verschiedenen politischen und marktwirtschaftlichen Bedingungen berücksichtigt werden müssen (vgl. Randhage 2013).

Eine andere intrakulturelle Fragestellung ist die nach dem Ethno-Marketing in Deutschland, d. h. welche nicht-deutschen Bevölkerungsgruppen in Deutschland mit spezifischer Werbung angesprochen werden. Erste wirtschafts- und kommunikationswissenschaftliche Arbeiten zu diesem Thema sind die allgemeine Studie zum Ethno-Marketing von Wünsche (2009) sowie die von Akin (2008), die deutsche Werbung für die türkische Bevölkerung Deutschlands untersucht.

Interkulturelle Fragestellungen sind kontrastive Untersuchungen, d. h. es müssen Kenntnisse und Stellungnahmen von mindestens zwei Werbekultur-Systemen zugrunde liegen, um sie vergleichen zu können. Dabei ist grundsätzlich der verwendete Kulturbegriff zu klären und dann natürlich der Aspekt, auf den hin die beiden Systeme miteinander verglichen werden sollen.

 ### Literaturtipps

Aus werbewirtschaftlicher Sicht umfassend zu den Standardisierungsmöglichkeiten und mit empirischem Material zu Assoziationspotenzialen von Werbewerten und Werbewörtern:
MÜLLER, Wendelin G. (1997): Interkulturelle Werbung. Heidelberg (Physica). (= Konsum und Verhalten 43).
Zur interkulturellen Kommunikation allgemein und bezogen auf Wirtschaftskommunikation siehe den Sammelband von Bungarten, in dem sich auch der oben erwähnte einführende Aufsatz von Hess-Lüttich findet:
BUNGARTEN, Theo (1994): Sprache und Kultur in der interkulturellen Marketingkommunikation. Tostedt (Attikon). (= Beiträge zur Wirtschaftskommunikation 11).
Eine umfangreiche Studie über Differenzen zwischen Ost- und Westwerbung bietet
HENNECKE, Angelika (1999): Im Osten nichts Neues? Eine pragmalinguistisch-semiotische Analyse ausgewählter Werbeanzeigen für Ostprodukte im Zeitraum 1993 bis 1998. Frankfurt am Main u. a. (Lang). (= Kulturwissenschaftliche Werbeforschung 1).

 ### Neuere Literatur

Die zahlreichen kulturkontrastiven Monografien der letzten Jahre sind oben unter Punkt a) aufgelistet und werden hier nicht noch einmal wiederholt.
Eine neuere Untersuchung zur interkulturellen Werbung bietet
HÜTTE, Immo (2007): Interkulturelles Marketing. Standardisierung und Differenzierung transkultureller Werbung. Saarbrücken (VDM).
Ganz unterschiedliche kulturspezifische und kulturkontrastive Beiträge finden sich z. B. in den Sammelbänden:
DUMICHE, Beatrice/KLÖDEN, Hildegard (Hrsg.) (2008): Werbung und Werbesprache. Eine Analyse im interdisziplinären Kontext. Wilhelmsfeld (Egert).
HELD, Gudrun/BENDEL, Sylvia (Hrsg.) (2008): Werbung – grenzenlos. Multimodale Werbetexte im interkulturellen Vergleich. Frankfurt am Main u. a. (Lang). (= sprache im kontext 31).
JANICH, Nina (Hrsg.) (2005): Unternehmenskultur und Unternehmensidentität. Wirklichkeit und Konstruktion. Wiesbaden (DUV). (= Europäische Kulturen in der Wirtschaftskommunikation 5).

 (70) Analysieren Sie die Anzeige für Singapore Airlines (Abb. 32) daraufhin, welche Kulturstereotype hier sprachlich und visuell kommunziert werden.

(71) Sammeln Sie Werbung von Ricola (Werbespots, z. B. über YOUTUBE, und Printwerbung, siehe auch die Unternehmenswebsite) und untersuchen Sie, wie hier mit eigenen und fremden Kulturstereotypen gespielt wird.

Abbildung 32: Singapore Airlines

6.4   Werbung und Werbesprache in der Kritik

> Die König-Brauerei wirbt in allen Medien mit dem Slogan: „König Pilsner, das König der Biere." Diese unmögliche grammatische Konstruktion tut nicht nur weh, sondern sie stellt einen Tiefschlag gegen die deutsche Sprache dar. Bitte teilen Sie mir mit, was Sie davon halten, wie so etwas erklärbar ist und warum es von den Medien überhaupt angenommen wird. (Schriftliche Anfrage bei der Sprachberatung der Gesellschaft für deutsche Sprache e. V. in Wiesbaden. Zitiert nach: Sprachdienst 4 (1999): 155)

Diese Anfrage bei einem deutschen Sprachberatungsdienst ist ein Beispiel für die verbreitete so genannte laienlinguistische Kritik (= Sprachkritik von Laien) an der Werbesprache. (Die ebendort abgedruckte Antwort der Sprachberatung beginnt bezeichnenderweise auch mit der Aussage: „Die gleiche Frage wurde uns schon mehrfach gestellt; ganz offensichtlich bewegt ‚das König' die Gemüter der Nation.") Ein weiteres Beispiel: Die Initiative „Unwort des Jahres", die mit ihrer Aktion menschenverachtenden und diskriminierenden Sprachgebrauch in der öffentlichen Kommunikation rügt, erhielt an Vorschlägen aus der Bevölkerung für das Unwort des Jahres 2000 auch das Werbewort *durchschnupfsicher, unkaputtbar* wird seitdem jährlich eingesandt!

Werbesprache ist in jedermanns Alltag so präsent, dass sie für viele als Spiegel des allgemeinen Sprachgebrauchs (oder sogar als dessen negatives „Vorbild") gilt und deswegen ganz besonders genau beobachtet wird. Neben grammatischen Regelverstößen (*Da werden Sie geholfen, Das König der Biere, Deutschlands meiste Kreditkarte, Je Mitfahrer, desto günstiger*) und irregulären Wortbildungen (*unkaputtbar, durchschnupfsicher, frischwärts, festnetzgünstig*) stehen in letzter Zeit wieder vor allem die Anglizismen im Zentrum der allgemeinen Aufmerksamkeit und Kritik (laienlinguistisch besonders angegangen vom Verein deutsche Sprache e. V., vgl. http://www.vds-ev.de, Stand 20.03.2010).

Die Sprachwissenschaft hat sich bislang allerdings kaum in diese Diskussion eingeschaltet bzw. die vorhandenen sprachkritischen Äußerungen von Sprachwissenschaftlern sind zum größten Teil schon älteren Datums;[31] so z. B. folgendes Zitat von Horst Dieter Schlosser aus seinem Vortrag „Gegenwartsdeutsch – Gefährdungen und Möglichkeiten einer unbehüteten Sprache", gehalten auf einer Psychologie-Tagung 1986:

> Und was ist mit der Werbung? (…) Ich teile Ihren Protest gegen die Inflation des Nichtssagenden, ich teile Ihren Protest gegen arge Formverstöße in Orthographie, Wortbildung, Satzbau… Jedoch gehe ich jede Wette dafür ein, daß man mir keine drei Beispiele nennen kann, in denen die Werbung etwas völlig Unerhörtes, sprachlich völlig Neues kreiert hätte. Das Verhältnis der Werbung zur Sprache ist opportunistisch, d. h. kein einziger Verstoß gegen die guten sprachlichen Sitten hätte in einem Werbetext irgendeine Chance, wenn die Sprachgemeinschaft für ihn nicht bereits prädisponiert wäre. Was man der Werbung vorwerfen kann, wäre also nur, daß sie manchen schon praktizierten Verstoß gegen ein Minimum an Sprachpflege vervielfacht, ‚penetriert', wie der Fachausdruck der Werbung bezeichnenderweise lautet. (Schlosser 1986: 92)

---

31 Vgl. die kritischen Äußerungen z. B. bei Stave 1973: 211, Januschek 1976 oder – jüngeren Datums – bei Bickes 1995: 8.

Eine sprachwissenschaftlich fundierte Sprachkritik muss jedoch im Unterschied zu laienlinguistischer Kritik angeben können, nach welchen Kriterien und mit welcher Begründung sich einzelne sprachliche Phänomene zum Beispiel in der Werbung als negativ bewerten lassen (z. B. bleibt in diesem Zitat unklar, was man unter „guten sprachlichen Sitten" und unter „argen Formverstößen" zu verstehen hat). Diese Kriterien müssen sich in ihrem Geltungsanspruch nicht zuletzt an der spezifischen Kommunikationssituation (Persuasionsabsicht, Adressaten- und Medienspezifität, Besonderheiten der Rezeptionssituation) orientieren. Außerdem sollte bei einer sprachkritischen Untersuchung von Werbesprache nicht von vornherein ausgeschlossen werden, dass möglicherweise auch „Gutes" nachweisbar ist (wie z. B. das kreative Spiel mit der Sprache und damit auch die Demonstration sprachlicher Möglichkeiten; vgl. Janich 2001b). Ein weiteres methodisches Problem, das sich in bisheriger Werbesprachenkritik häufig gezeigt hat (Fritz 1994: 78 f.) und das zu vermeiden ist, wenn man über vortheoretische Alltagsbemerkungen hinauskommen will, ist die Vermischung von *Sprach*kritik und *Sach*kritik: Wie in Werbung geschrieben und gesprochen wird, ist zu unterscheiden von Urteilen über das Phänomen Werbung selbst und über ihre Persuasionsabsicht.

Wissenschaftlich fundierte sprachkritische Auseinandersetzungen mit Werbesprache fehlen also weitgehend (neu und instruktiv hierzu aber jetzt Bendel Larcher 2012 und Janich 2012a). Außerdem ist das Verhältnis zwischen Werbesprache und Alltagssprache empirisch noch längst nicht befriedigend geklärt (wer beeinflusst wen wie stark unter welchen Voraussetzungen?), das ja für die Begründung von Sprachkritik keine unwichtige Rolle spielt. Wie in verschiedenen Kapiteln dieses Buches bereits festgestellt wurde, tendiert die Werbung zwar in der Regel stärker dazu, vorhandene Tendenzen und Moden aufzugreifen, als das Risiko einzugehen, Eigenes und Neues zu kreieren, das dann womöglich dem Zeitgeist zuwiderläuft. Dies scheint auch die Meinung der Werbemacher selbst zu sein.[32] Ob und inwieweit aber die Werbesprache gerade bei Jugendlichen möglicherweise eine Vorbildfunktion in der Weise einnimmt, dass sie spielerisch oder zitierend nachgeahmt wird und durch die Art ihrer Sprachverwendung grammatische Laxheit oder ein englischdeutsches Sprachgemisch begünstigt (vgl. z. B. Brinkmann/Osburg 1992), ist noch nicht wirklich geklärt.

Werbung ist jedoch nicht nur in sprachlicher Hinsicht Zielscheibe von Kritik (vgl. den Überblick bei Kollmann 1994). Kritisiert wird Werbung auch in Bezug auf ihre Rolle im marktwirtschaftlichen System oder hinsichtlich der von ihr vertretenen und propagierten Werte einerseits, der in ihr aufscheinenden Stereotypisierungen andererseits. Neben ihrer sprachlichen Gestalt und der möglichen Einflussnahme auf den alltäglichen Sprachgebrauch geht es noch weit öfter um ihre Bedeutung in und für die Gesellschaft. Das hat zwar nicht unmittelbar etwas mit Sprachwissen-

---

32 Das ergab sich einerseits bei einem Gespräch mit dem Geschäftsführer der Frankfurter Werbeagentur Lowe & Partners Mitte der 1980er Jahre, andererseits weist auch Schlosser auf eine solche Stellungnahme hin (Schlosser 1986: 92).

schaft zu tun, sollte aber besonders bei der Ergebnisinterpretation sprachwissen-schaftlicher Werbeforschung doch eine Rolle spielen (vgl. auch 6.2):

1. Da gibt es einmal die Kritik am Phänomen Werbung an und für sich, die sich als eine Kritik am herrschenden Wirtschaftssystem äußert (z. B. bei Lütkehaus 2000: „Reklame – Die Pest der Kommerzgesellschaft. Ein Pamphlet").
2. Andere kritisieren zwar nicht die Existenz von Werbung an und für sich, aber ihre derzeitige Form. So weist z. B. Ulrich Eicke (1991) der Werbung in einem idea-len Konzept der sozialen Marktwirtschaft eine aufklärerische und informierende Aufgabe zu, die sie seiner Ansicht nach in der heutigen Form der weitgehend emotionalen Markenartikelwerbung nicht erfülle und aufgrund der tatsächlich nicht mehr vorhandenen Produktunterschiede, über die man informieren könn-te, auch gar nicht erfüllen könne (Eicke 1991: 95–99). Er kritisiert vor allem die Verharmlosung der suggestiven Wirkung der Werbung, die trotz ihrer (selten ein-gestandenen) Manipulationsabsicht immer noch als Verbraucher-„Information" hingestellt werde. Gerade durch den Glauben an den selbstbestimmten, aufge-klärten Verbraucher oder die Schutzbehauptung, Werbung habe heute doch vor-wiegend Kunst- und Kultcharakter, könne die Werbung ungestört ihr persuasives Potenzial entfalten (zu dieser Problematik siehe auch 2.3.3).
3. Eine dritte Richtung von Werbekritik ist die Frage nach den Werten, die in der Werbung (nicht selten in der Form von Stereotypen und Klischees) vertreten werden, nach ihrer Angemessenheit und dem Einfluss auf das Wertebild der Gesellschaft. Zur Veranschaulichung zwei Anzeigenbeispiele aus einem SPIEGEL-Heft vom Oktober 2000: Die Uhrenmarke RADO Switzerland wirbt mit einer jungen und schönen Witwe in Schwarz, die – während sie pflichtschuldig eine Träne vergießt – leise in sich hineinlächelt. Eine Zeitskala, die über dem Bild liegt, verzeichnet zwei Punkte: *8.00 h Mann verloren. – 15.00 h Reich geworden.* Dazu der Slogan *Time changes everything. Except a Rado.* Auch wenn die Anzeigenmacher das Klischee der lustigen Witwe vielleicht nur nutzen wollten, um der Vergänglich-keit mancher Beziehungen (die von ihnen ja vielleicht sogar kritisch gesehen wird) die Unvergänglichkeit ihrer Uhr gegenüberzustellen, so ist das hier vermit-telte Menschenbild doch nicht besonders sympathisch und moralisch sicherlich zweifelhaft. Da eine solche Haltung in der Anzeige nicht explizit kritisiert wird, kann sie von eher oberflächlichen Lesern durchaus als Identifikationsangebot verstanden werden. VW dagegen wirbt mit dem Foto einer ernst blickenden, jungen Farbigen für die *Generation Golf* mit dem darunter stehenden Zitat: „*Ich habe keine Vorurteile gegenüber Menschen mit einer anderen Hautfarbe. Viele meiner Freunde sind Deutsche."* Hier versucht ein Unternehmen, über die Werbung mittels einer Verschiebung der Perspektive einen Beitrag für mehr Toleranz zu leisten (und sich dabei natürlich zugleich auf der Höhe der Zeit zu zeigen, da Fremden-hass in Deutschland ein politisch brisantes Thema ist).

Welches Menschenbild vertritt die Werbung? Kann dies überhaupt so differenziert sein, wie es der gesellschaftlichen Realität angemessen wäre?

Elke Hermann hat in ihrer Staatsexamensarbeit an der Universität Regensburg Fernsehspots unter medienethischer und theologischer Perspektive auf das in ihnen vermittelte Menschenbild untersucht (z. B. Geschlechterstereotype, Darstellungen von Alter und Jugend, Werte als Werbebotschaft) und kommt zu dem Schluss:

> Werbung arbeitet nicht mit einem einzigen Menschenbild. Jeder Spot orientiert sich an anderen Visionen von Menschen. Dabei ist entscheidend, welche Konzeption zu dem Bild paßt, das ein Unternehmen von sich und seinen Produkten vermitteln will. Je nachdem, wie ganzheitlich der Auftraggeber seine Unternehmenspolitik sieht, wird auch das Bild vom Menschen im konkreten Werbespot eindimensional oder vielschichtig ausfallen. Demnach kann man nicht sagen, daß **das** Menschenbild **der** Werbung grundsätzlich defizitär ist. Gemeinsam ist den neuen Sinnentwürfen, daß sie dezentral, flexibel, auf bestimmte Gruppen bezogen und nur für kurze Zeit verbindlich sind. Zum einen zeichnen sie damit ein Bild der pluralen Gesellschaft, in der das Angebot an Lebensentwürfen unüberschaubar geworden ist; zum anderen taugen sie nicht als Orientierungsgrößen für die langfristige Konzeption einer sinnerfüllten Existenz. (Hermann 1999: 89; Hervorhebungen im Original)

Die Konsequenz dürften aber nicht nur Vorwürfe gegen die Medien und die werbenden Unternehmen sein. Auch das Publikum selbst trage Verantwortung: Der Medienpädagogik und verschiedenen Institutionen wie nicht zuletzt der Kirche falle daher die Aufgabe zu, die Rezipienten in einer zunehmend von Medien geprägten Welt zu kritikfähigen Menschen zu erziehen und ihnen die oft fehlende Orientierung zu bieten (vgl. Hermann 1999: 90–104).

Welche Werte in der Werbung eine Rolle spielen und wie sich diese Werte im Zeitverlauf verschieben, ist nicht nur von theologischer (s. o.) oder soziologischer (vgl. z. B. Bau 1995, Hölscher 1998), sondern auch von kommunikations- und sprachwissenschaftlicher Seite untersucht worden (z. B. Wehner 1996, Cölfen 1999, Golonka 2009). Die Frage nach „Werbung und Werten" ist für sprachwissenschaftliche Untersuchungen insofern besonders relevant und interessant, als sich beispielsweise Wortschatzbesonderheiten (Schlüsselwörter, Varietäteninszenierung) und Argumentationsmuster als wertebedingt erklären lassen bzw. umgekehrt Hinweise auf die zugrunde liegenden Werte geben (vgl. 4.2.3). (Insbesondere in kontrastiver Sicht, beim interkulturellen Werbevergleich, spielen die unterschiedlichen Werte eine große Rolle; vgl. 6.3.)

Letztendlich geht es bei Kritik der zweiten und dritten Art um die (moralische und soziale) Angemessenheit der Werbestrategien (vgl. grundsätzlich zum Verhältnis von Ethik und Rhetorik in der Wirtschaftskommunikation z. B. Kuhlmann 1994): Welche Wirkung hat eine rein emotionale Argumentation? Welche Chance hat der Verbraucher, mögliche Unwahrheiten in der Werbung zu erkennen? Welche Rolle spielen heutzutage ideologische Strategien (auch hinsichtlich der Sprachverwendung) und inwieweit sind sie als Mittel der Verkaufsförderung akzeptabel (vgl. z. B. Reichertz 1998 zu religiösen Motiven und Anspielungen an liturgische Sprache)? Kann man an Werbung einen moralischen Anspruch erheben?

Dass diese Fragen bei der Beschäftigung mit Werbung prinzipiell eine wichtige Rolle spielen, zeigen zum Beispiel öffentliche Diskussionen um die umstrittene

Benetton-Werbung der 1990er Jahre mit Bildern von Kriegsopfern und Aids-Kranken, um den Wahrheitsgehalt einzelner Werbeaussagen (vgl. Eicke 1991: 104–111) oder auch um die Grenzen, wann die inzwischen in Deutschland erlaubte vergleichende Werbung unakzeptabel wird (vgl. 4.2.3).

Literaturtipps

Einen soziologischen Überblick über die Kritik an der Werbung, über ihre Geschichte und ihre Argumente gibt
KOLLMANN, Tobias (1994): Der Wandel der Werbung im Spiegel der Kritik. Sinzheim (Pro Universitate).
Speziell zur sprachwissenschaftlichen Auseinandersetzung mit dem Sprachkultivierungspotenzial der Werbung auf der einen Seite, berechtigter und unberechtigter Sprachkritik auf der anderen Seite siehe
JANICH, Nina (2001b): *We kehr for you* – Werbeslogans und Schlagzeilen als Beitrag zur Sprachkultivierung. In: Zeitschrift für Angewandte Linguistik (ZfAL) 34, 63–81.
Zur Diskussion „Werbung und Werte" liegen mehrere Studien vor. Bau und Hölscher fragen aus soziologischer Perspektive auch nach der Wirkung der in der Werbung präsenten Menschen- und Weltbilder auf die Gesellschaft. Cölfen und Wehner arbeiten auf der Basis von Inhaltsanalysen weitgehend deskriptiv den Wertewandel in Werbebotschaften heraus (bei Cölfen auch unter Einbeziehung des Text-Bild-Bezuges):
BAU, Axel (1995): Wertewandel – Werbewandel? Zum Verhältnis von Zeitgeist und Werbung. Anpassung ökonomischer und politischer Werbung an veränderte soziokulturelle Orientierungsgrößen in der Bundesrepublik Deutschland. Frankfurt am Main (Haag und Herchen).
WEHNER, Christa (1996): Überzeugungsstrategien in der Werbung. Eine Längsschnittanalyse von Zeitschriftenanzeigen des 20. Jahrhunderts. Opladen (Westdeutscher Verlag). (= Studien zur Kommunikationswissenschaft 14).
HÖLSCHER, Barbara (1998): Lebensstile durch Werbung? Zur Soziologie der Life-Style-Werbung. Opladen/Wiesbaden (Westdeutscher Verlag).
CÖLFEN, Hermann (1999): Werbeweltbilder im Wandel. Eine linguistische Untersuchung deutscher Werbeanzeigen im Zeitvergleich (1960–1990). Frankfurt am Main u. a. (Lang).

Neuere Literatur

Zur Frage der Berechtigung von Sprachkritik im Hinblick auf Werbetexte kann man nachlesen bei
JANICH, Nina (2007): *Da werden Sie geholfen?* Zur Frage eines „guten" Deutsch in der Werbung. In: Burkhardt, Armin (Hrsg.): Was ist gutes Deutsch? Studien und Meinungen zum gepflegten Sprachgebrauch. Mannheim u. a. (Duden). (= Thema Deutsch 8). 228–240.
Um den Zusammenhang von Sprachkultiviertheit und Werbung geht es auch bei
ZIEGLER, Diana (2008): Zeichen setzen und Zeichen verstehen: Alltagsästhetik und Werbung. Aachen (Shaker).
BENDEL Larcher, Sylvia (2012): Wie Werbung wirkt: Konzept einer wissenschaftlich fundierten Kritik von Werbetexten. In: Aptum. Zeitschrift für Sprachkritik und Sprachkultur 8 (2), 112–132.

JANICH, Nina (2012a): Möglichkeiten und Grenzen einer sprachkritischen Betrachtung von Werbung. In: Aptum. Zeitschrift für Sprachkritik und Sprachkultur 8, H. 2, 97–111.

(72) Der Elektronik-Großmarkt Saturn trat etwa von 2002 bis 2007 mit dem Slogan *Geiz ist geil* auf. Der Slogan war in der Bevölkerung extrem umstritten, er wurde z. B. vielfach und mehrere Jahre lang als Vorschlag für das „Unwort des Jahres" eingesandt. 2007 wurde der Slogan in *Wir lieben Technik. Wir hassen teuer.* geändert. Der aktueller Slogan lautet: *Saturn. Sternhagelgünstig.* Diskutieren Sie die Slogans in Ihrer Arbeitsgruppe unter sprachkritischer Perspektive. Informieren Sie sich dazu ggf. über die wirtschaftliche Situation der Jahre 2002 ff., 2007 und 2009/2010.

Verzeichnis der Abbildungen, Schaubilder und Tabellen

Literaturverzeichnis

1. Nachschlagewerke

BÜCHMANN, Georg ([32]1972): Geflügelte Worte. Der Zitatenschatz des deutschen Volkes. 32. Auflage. Vollständig neubearbeitet von Gunther Haupt und Winfried Hofmann. Berlin (Haude & Spenersche Verlagsbuchhandlung).

BUSSMANN, Hadumod ([2]1990): Lexikon der Sprachwissenschaft. 2., völlig neu bearbeitete Auflage Stuttgart (Kröner).

DUDEN. Redewendungen und sprichwörtliche Redensarten. Wörterbuch der deutschen Idiomatik (1992). Bearbeitet von Günther Drosdowski und Werner Scholze-Stubenrecht. Mannheim u. a. (Dudenverlag). (= Duden Bd. 11).

DUDEN. Zitate und Aussprüche. Herkunft und aktueller Gebrauch (1993). Bearbeitet von Werner Scholze-Stubenrecht. Mannheim u. a. (Dudenverlag). (= Duden Bd. 12).

ENZYKLOPÄDIE PHILOSOPHIE UND WISSENSCHAFTSTHEORIE (1980). Unter ständiger Mitwirkung von Siegfried Blasche u.a., in Verbindung mit Gereon Wolters hrsg. von Jürgen Mittelstraß. Band 1: A–G. Mannheim/Wien/Zürich (Bibliographisches Institut).

ETYMOLOGISCHES WÖRTERBUCH DES DEUTSCHEN ([3]1997). Erarbeitet unter der Leitung von Wolfgang Pfeifer. Ungekürzte, durchgesehene Ausgabe. 3. Auflage München (dtv).

FISCHER LEXIKON PUBLIZISTIK (1989). Das Fischer Lexikon: Publizistik. Massenkommunikation. Hrsg. von Elisabeth Noelle-Neumann, Winfried Schulz und Jürgen Wilke. Frankfurt am Main (Fischer).

GREULE, Albrecht/JANICH, Nina (1997): Sprache in der Werbung. Heidelberg (Groos). (= Studienbibliografien Sprachwissenschaft 21).

HARS, Wolfgang (1999): Lexikon der Werbesprüche. 500 bekannte deutsche Werbeslogans und ihre Geschichte. Frankfurt am Main (Eichborn). (= Eichborn Lexikon).

JANICH, Nina (2013b): Werbekommunikation. Tübingen (Groos). (= Studienbibliografien Sprachwissenschaft).

LEWANDOWSKI, Theodor ([6]1994): Linguistisches Wörterbuch. 3 Bände. Heidelberg (Quelle & Meyer).

LÖTSCHER, Andreas (1992): Von Ajax bis Xerox. Ein Lexikon der Produktenamen. 2., überarbeitete und stark erweiterte Auflage. Zürich (Artemis & Winkler).

MARKENG ([17]1995): Gesetz über den Schutz von Marken und sonstigen Kennzeichen (Markengesetz – MarkenG). Vom 25. Oktober 1994. In: Wettbewerbs- und Kartellrecht. Textausgabe mit ausführlichem Sachverzeichnis und einer Einführung von Wolfgang Hefermehl. 17., neubearbeitete Auflage. München (Becktexte im dtv). 35–100.

RÖHRICH, Lutz (1991–1992): Das große Lexikon der sprichwörtlichen Redensarten. 3 Bde. Freiburg/Basel (Herder).

ROOM, Adrian ([2]1984): Dictionary of Trade Name Origins. London (Routledge).

ROTHFUSS, Volker (1991): Wörterbuch der Werbesprache. Stuttgart (Rothfuss).

WERBUNG IN DEUTSCHLAND 1999. Hrsg. vom Zentralverband der deutschen Werbewirtschaft. Bonn (Edition ZAW).

2. Literatur

ADAM-WINTJEN, Christiane (1998): Werbung im Jahr 1947. Zur Sprache der Anzeigen in Zeitschriften der Nachkriegszeit. Tübingen (Niemeyer). (= Reihe Germanistische Linguistik 197).

ADAMZIK, Kirsten (1994): Zum Textsortenbegriff am Beispiel von Werbeanzeigen. In: König, Peter-Paul/Wiegers, Helmut (Hrsg.): Satz – Text – Diskurs. Akten des 27. Linguistischen Kolloquiums, Münster 1992. Bd. 2. Tübingen (Niemeyer). (= Linguistische Arbeiten 313). 173–180.

ADAMZIK, Kirsten (2000): Was ist pragmatisch orientierte Textsortenforschung? In: Dies. (Hrsg.): Textsorten. Reflexionen und Analysen. Tübingen (Stauffenburg). (= Textsorten 1). 91–112.

ADAMZIK, Kirsten (2008): Textsorten und ihre Beschreibung. In: Janich (Hrsg.) (2008): 145–175.

AKIN, Funda (2008): „Wir wünschen unseren türkischen Kunden ein frohes Weihnachtsfest". Ethno-Marketing – die kommunikative Ansprache von Türken in Deutschland. Saarbrücken (VDM).

ANDERSSON, Bo (1997): Ist ein ‚Muh!' ein relevantes Argument? Überlegungen zur Argumentation in der Werbung. In: Ders./Müller, Gernot (Hrsg.): Kleine Beiträge zur Germanistik. Festschrift für John Evert Härd. Uppsala (Uppsala University Library). 17–32.

ANDRINGA, Els (1979): Text, Assoziation, Konnotation. Königstein im Taunus (Athenäum). (= Empirische Literaturwissenschaft 6).

ANDROUTSOPOULOS, Jannis (1998): Deutsche Jugendsprache. Untersuchungen zu ihren Strukturen und Funktionen. Frankfurt am Main u.a. (Lang). (= VarioLingua 6).

ANDROUTSOPOULOS, Jannis K. u.a. (2004) : Sprachwahl im Werbeslogan. Zeitliche Entwicklung und branchenspezifische Verteilung englischer Slogans in der Datenbank von slogans.de. Online-Publikation: Networx 41 (http://www.mediensprache.net/networx/networx-41.pdf).

ANTHONSEN, Julia/GOTTSCHLICH, Mirja/KIEL, Torben/MICHEL, Robert (1998): „Keine Macht dem Drögen!" Kommerzielle und politische Werbung für Jugendliche. In: Schlobinski, Peter/Heins, Niels-Christian (Hrsg.): Jugendliche und ‚ihre' Sprache. Sprachregister, Jugendkulturen und Wertesysteme. Empirische Studien. Opladen/Wiesbaden (Westdeutscher Verlag). 147–178.

ANTOS, Gerd/SPITZMÜLLER, Jürgen (2007): Was ‚bedeutet' Textdesign? Überlegungen zu einer Theorie typographischen Wissens. In: Roth/Spitzmüller (Hrsg.) (2007): 35–48.

ANTOS, Gerd/TIETZ, Heike (Hrsg.) (1997): Die Zukunft der Textlinguistik. Traditionen, Transformationen, Trends. Tübingen (Niemeyer). (= Reihe Germanistische Linguistik 188).

AUSTIN, John L. (^{2}1979): Zur Theorie der Sprechakte. (How to do things with Words.) 2. Auflage Stuttgart (Reclam). [Erstmals 1962].

AYASS, Ruth (2002): Zwischen Innovation und Repetition: Der Fernsehwerbespot als mediale Gattung. In: Willems (Hrsg.) (2002): 155–171.

BAJWA, Yahya Hassan (1995): Werbesprache – ein intermediärer Vergleich. Diss. Universität Zürich.

BAK, Peter Michael/METZNER, Julia (2009): *Ich, Du* oder *Sie*? Über die Auswirkungen unterschiedlicher Anredeformen bei der Rezeption von Werbeanzeigen. In: Der Sprachdienst 5/09, 151–155.

BALSLIEMKE, Petra (2001): „Da sieht die Welt schon anders aus." Phraseologismen in der Anzeigenwerbung. Modifikation und Funktion in Text-Bild-Beziehungen, Baltmannsweiler (Schneider Hohengehren). (= Phraseologie und Parömiologie Bd. 7).

BARBOUR, Stephen/STEVENSON, Patrick (1998): Variation im Deutschen. Soziolinguistische Perspektiven. Berlin/New York (de Gruyter). (= Studienbuch).

BASS, Nicole (2006): „Muescht Knorr probiere, s'gaht über's Schtudiere!" Phraseologismen und Modifikationen in der Anzeigenwerbung 1928–1998. Baltmannsweiler (Schneider Hohengehren). (= Phraseologie und Parömiologie 17).

BAU, Axel (1995): Wertewandel – Werbewandel? Zum Verhältnis von Zeitgeist und Werbung. Anpassung ökonomischer und politischer Werbung an veränderte soziokulturelle Orientierungsgrößen in der Bundesrepublik Deutschland. Frankfurt am Main (Haag und Herchen).

BAUER, Sabine (2007): Religiöser Wortschatz in der Printwerbung. Analyse aktueller Anzeigen und Plakate aus ausgewählten Branchen. Saarbrücken (VDM).

BAUMGART, Manuela (1992): Die Sprache der Anzeigenwerbung. Eine linguistische Analyse aktueller Werbeslogans. Heidelberg (Physica). (= Konsum und Verhalten 37).

BEAUGRANDE, Robert-Alain de/DRESSLER, Wolfgang Ulrich (1981): Einführung in die Textlinguistik. Tübingen (Niemeyer). (= Konzepte der Sprach- und Literaturwissenschaft 28).

BEHRENS, Gerold (1996): Werbung. Entscheidung – Erklärung – Gestaltung. München (Vahlen). (= Vahlens Handbücher der Wirtschafts- und Sozialwissenschaften).

BEHRENS, Karl Christian (Hrsg.) ([2]1975a): Handbuch der Werbung mit programmierten Fragen und praktischen Beispielen von Werbefeldzügen. 2. Auflage. Wiesbaden (Gabler).

BEHRENS, Karl Christian ([2]1975b): Begrifflich-systematische Grundlagen der Werbung – Erscheinungsformen der Werbung. In: Behrens (Hrsg.) ([2]1975a): 3–10.

BENDEL, Sylvia (1998): Werbeanzeigen von 1622–1798. Entstehung und Entwicklung einer Textsorte. Tübingen (Niemeyer). (= Reihe Germanistische Linguistik 193).

BENDEL, Sylvia (2008): Werbestrategien hinterfragen statt reproduzieren – Plädoyer für eine kritische Wissenschaft. In: Held/Bendel (Hrsg.) (2008): 229–244.

BENDEL LARCHER, Sylvia (2012): Wie Werbung wirkt: Konzept einer wissenschaftlich fundierten Kritik von Werbetexten. In: Aptum. Zeitschrift für Sprachkritik und Sprachkultur 8 (2), 112–132.

BERDYCHOWSKA, Zofia (1994): Sprachliche und kulturelle Aspekte der (internationalen) Produktvermarktung in einem Reformland. In: Bungarten (Hrsg.) (1994): 9–23.

BERGER, Nicola (2008): Was sagt Clementine zur lila Kuh? Fernsehwerbung analysieren und interpretieren. Duisburg (Universitätsverlag Rhein-Ruhr).

BICKES, Hans (1995): Sprachbewertung – Wozu? In: Biere, Bernd Ulrich/Hoberg, Rudolf (Hrsg.): Bewertungskriterien in der Sprachberatung. Tübingen (Narr). (= Studien zur deutschen Sprache 2). 6–27.

BIDLINGMAIER, Johannes ([2]1975): Festlegung der Werbeziele. In: Behrens (Hrsg.) ([2]1975a): 403–416.

BISHARA, Nina (2007): Selbstreferenz in der Werbung: Opake Text- und Bildgestaltung. In: Roth/Spitzmüller (Hrsg.) (2007): 125–142.

BLEICKER, Ulrike (1983): Produktbeurteilung der Konsumenten. Eine psychologische Theorie der Informationsverarbeitung. Würzburg/Wien (Physica). (= Konsum und Verhalten 5).

BLUMENTHAL, Peter (1983): Semantische Dichte. Assoziativität in Poesie und Werbesprache. Tübingen (Niemeyer). (= Konzepte der Sprach- und Literaturwissenschaft 30).

BRANDT, Wolfgang (1973): Die Sprache der Wirtschaftswerbung. Ein operationelles Modell zur Analyse und Interpretation von Werbungen im Deutschunterricht. In: Germanistische Linguistik 1–2.

BRANDT, Wolfgang (1979): Zur Erforschung der Werbesprache. Forschungsansätze. Neuere Monographien. In: Zeitschrift für Germanistische Linguistik 7, 66–82.

BRATSCHI, Rebecca (2005): Xenismen in der Werbung. Die Instrumentalisierung des Fremden. Frankfurt am Main u. a. (Lang).

BRECHTEL-SCHÄFER, Jutta (1972): Analyse der Fernsehwerbung in der BRD – anhand einer Untersuchung der Werbeeinblendungen im ZDF und im Hessischen Regionalprogramm in der Zeit vom 12.2.–7.3.1970. Diss. Universität Marburg.

BRINKER, Klaus ([4]1997): Linguistische Textanalyse. Eine Einführung in Grundbegriffe und Methoden. 4., durchgesehene und ergänzte Auflage. Berlin (Schmidt). (= Grundlagen der Germanistik 29). [[7]2010].

BRINKMANN, Bettina/OSBURG, Anke (1992): Der Einfluß der englischen Allgemein- und Werbesprache auf den Wortschatz von Kindern im Vorschulalter in der ehemaligen DDR und der alten Bundesrepublik – Ein innerdeutscher Vergleich. In: Dies. u. a. (Hrsg.): Ein Staat – eine Sprache? Empirische Untersuchungen zum englischen Einfluß auf die Allgemein-, Werbe- und Wirtschaftssprache im Osten und Westen Deutschlands vor und nach der Wende. Frankfurt am Main u. a. (Lang). (= Europäische Hochschulschriften. Reihe 21: Linguistik 114). 183–328.

BROICH, Ulrich/PFISTER, Manfred (Hrsg.) (1985): Intertextualität. Formen, Funktionen, Anglistische Fallstudien. Tübingen (Niemeyer). (= Konzepte der Sprach- und Literaturwissenschaft 35).

BRUHN, Manfred ([7]2004): Marketing. Grundlagen für Studium und Praxis. 7., überarbeitete Auflage. Wiesbaden (Gabler).

BRUHN, Manfred ([3]2005): Kommunikationspolitik. Systematischer Einsatz der Kommunikation für Unternehmen. 3., überarbeitete Auflage. München (Vahlen).

BUCHER, Hans-Jürgen (2007): Textdesign und Multimodalität. Zur Semantik und Pragmatik medialer Gestaltungsformen. In: Roth/Spitzmüller (Hrsg.) (2007): 49–76.

BUCHER, Hans-Jürgen (2011): „Man sieht, was man hört" oder: Multimodales Verstehen als interaktionale Aneignung. Blickaufzeichnungsstudie zur audiovisuellen Rezeption. In: Schneider, Jan/Stöckl, Hartmut (Hrsg.): Medientheorien und Multimodalität. Ein TV-Werbespot – Sieben methodische Beschreibungsansätze. Köln (Halem). 109–150.

BUCHLI, Hanns (1962–1966): 6000 Jahre Werbung. Geschichte der Wirtschaftswerbung und der Propaganda. Bd. 1: Altertum und Mittelalter. Bd. 2: Die Neuere Zeit. Bd. 3: Das Zeitalter der Revolutionen. Berlin (de Gruyter).

BÜHLER, Karl (1934): Sprachtheorie. Stuttgart (Fischer).

BUNGARTEN, Theo (Hrsg.)(1994): Sprache und Kultur in der interkulturellen Marketingkommunikation. Tostedt (Attikon). (= Beiträge zur Wirtschaftskommunikation 11).

BURGER, Harald ([3]2007): Phraseologie. Eine Einführung am Beispiel des Deutschen. 3., neu bearbeitete Auflage. Berlin (Schmidt). (= Grundlagen der Germanistik 36).

BURGER, Harald/BUHOFER, Annelies/SIALM, Ambros (1982): Handbuch der Phraseologie. Berlin/New York (de Gruyter).

BUSCHMANN, Matthias (1994): Zur „Jugendsprache" in der Werbung. In: Muttersprache 104, 219–231.

CALDERÓN, Marietta (1998): La vita può essere bella, und was nationale Stereotype in Werbewelten dazu beitragen können. In: Rainer, Franz/Stegu, Martin (Hrsg.): Wirtschaftssprache. Anglistische, germanistische, romanistische und slavistische Beiträge. Gewidmet Peter Schifko zum 60. Geburtstag. Frankfurt am Main u. a. (Lang). (= Sprache im Kontext 6). 203–214.

CHRISTEN, Helen (1985): Der Gebrauch von Mundart und Hochsprache in der Fernsehwerbung. Fribourg (Schweiz) (Universitätsverlag). (= Germanistica Friburgensia 8).

CÖLFEN, Hermann (1999): Werbeweltbilder im Wandel. Eine linguistische Untersuchung deutscher Werbeanzeigen im Zeitvergleich (1960–1990). Frankfurt am Main u. a. (Lang).

DALLMANN, Katharina M. (1998): Kultur und Werbung. Eine theoretische und empirische Analyse zum Einfluß kultureller Dimensionen auf die Konzeption und Gestaltung von Werbung am Beispiel deutscher und japanischer Zeitschriftenwerbung. Delmenhorst (Rieck).

DASHYAN, Karine (2006): Deutsche und armenische Werbesprache im Vergleich. Eine linguistische Analyse von Fernsehspots. Frankfurt am Main u. a. (Lang).

DERIETH, Anke (1995): Unternehmenskommunikation. Eine theoretische und empirische Analyse zur Kommunikationsqualität von Wirtschaftsorganisationen. Opladen (Westdeutscher Verlag). (= Studien zur Kommunikationswissenschaft 5).

DICHTER, Ernest (1961): Strategie im Reich der Wünsche. Düsseldorf (Econ).

DIECKMANN, Walther (1981): K. O. Erdmann und die Gebrauchsweisen des Ausdrucks ‚Konnotationen' in der linguistischen Literatur. In: Ders.: Politische Sprache – Politische Kommunikation. Vorträge, Aufsätze, Entwürfe. Heidelberg (Winter). (= Sprachwissenschaftliche Studienbücher. 1. Abteilung). 78–136.

DIEKMANNSHENKE, Hajo/KLEMM, Michael/STÖCKL, Hartmut (Hrsg.) (2011): Bildlinguistik. Theorien – Methoden – Fallbeispiele. Berlin (Schmidt). (= Philologische Studien und Quellen 228).

DITTGEN, Andrea Maria (1989): Regeln für Abweichungen. Funktionale sprachspielerische Abweichungen in Zeitungsüberschriften, Werbeschlagzeilen, Werbeslogans, Wandsprüchen und Titeln. Frankfurt am Main u. a. (Lang). (= Europäische Hochschulschriften. Reihe 1: Deutsche Sprache und Literatur 1160).

DITTMAR, Norbert (1997): Grundlagen der Soziolinguistik – ein Arbeitsbuch mit Aufgaben. Tübingen (Niemeyer). (= Konzepte der Sprach- und Literaturwissenschaft 57).

DONALIES, Elke (2009): Basiswissen Deutsche Phraseologie. Tübingen (Francke). (= UTB 3193).

DUMICHE, Beatrice/KLÖDEN, Hildegard (Hrsg.) (2008): Werbung und Werbesprache. Eine Analyse im interdisziplinären Kontext. Wilhelmsfeld (Egert). (= pro lingua 40).

EBERSBACH, Anja/GLASER, Markus/HEIGL, Richard (2008): Social Web. Konstanz (UVK). (= UTB 3065).

ECKKRAMMER, Eva Martha/HELD, Gudrun (Hrsg.) (2006): Textsemiotik. Studien zu multimodalen Texten. Frankfurt am Main u. a. (Lang). (= sprache im kontext 23).

ECKKRAMER, Eva Martha/THALER, Verena (Hrsg.) (2013): Kontrastive Ergonymie. Romanistische Studien zu Produkt- und Warennamen. Berlin (Frank und Timme).

ECO, Umberto (1972): Einführung in die Semiotik. München (Fink). (= Theorie und Geschichte der Literatur und der schönen Künste. Texte und Abhandlungen 32).

EHRHARDT, Claus (2007): Himmlisch hip – teuflisch hot. Jugendsprache in der deutschen und italienischen Werbekommunikation. In: Neuland, Eva (Hrsg.): Jugendsprachen: mehrsprachig – kontrastiv – interkulturell. Frankfurt am Main u. a. (Lang). (= Sprache – Kommunikation – Kultur 5). 251–267.

EICHLER, Wolfgang (2009): Kommunikation und Sprache in der Wirtschaftswerbung. Ein Studienbuch. Hamburg (Igel).

EICKE, Ulrich (1991): Die Werbelawine. Angriff auf unser Bewußtsein. München (Knesebeck & Schuler).

ERDMANN, Karl Otto (1966): Die Bedeutung des Wortes. Aufsätze aus dem Grenzgebiet der Sprachpsychologie und Logik. Darmstadt (Wiss. Buchgesellschaft). [Unveränd. Nachdruck der 4. Auflage Leipzig 1925. 1. Auflage Leipzig 1900].

EROMS, Hans-Werner (2008): Stil und Stilistik. Eine Einführung. Berlin (Schmidt). (= Grundlagen der Germanistik 45).

EWALD, Petra (1998): Zu den persuasiven Potenzen der Verwendung komplexer Lexeme in Texten der Produktwerbung. In: Hoffmann/Keßler (Hrsg.) (1998): 323–350.

FÄHRMANN, Rosemarie (2006): Die historische Entwicklung der Werbesprache. Eine empirische Untersuchung von Text- und Bildwerbung im Zeitraum vom Ende des 19. Jahrhunderts bis zum Ende des 20. Jahrhunderts. Frankfurt am Main (Lang). (= Angewandte Sprachwissenschaft 20).

FANK, Matthias/RIECKE, Wolfgang (2009): Kommunikationsstrategie in Zeiten von Web 2.0 – am Beispiel der Ford-Werke Deutschland GmbH. In: Janich (Hrsg.) (2009): 241–248.

FEMERS, Susanne (2007): Die ergrauende Werbung: Altersbilder und werbesprachliche Inszenierungen von Alter und Altern. Wiesbaden (VS Verlag Sozialwissenschaften).

FINK, Hermann (1997): Von Kuh-Look bis Fit for Fun. Anglizismen in der heutigen deutschen Allgemein- und Werbesprache. Frankfurt am Main u. a. (Lang). (= Freiburger Beiträge zum Einfluß der angloamerikanischen Sprache und Kultur auf Europa 3).

FISCHER, Ludwig (1968): Alte und neue Rhetorik. Überlegungen zur rhetorischen Analyse von Werbetexten. In: Format. Zeitschrift für verbale und visuelle Kommunikation 17, 2–10.

FIX, Ulla (1996): Textstil und KonTextstile. Stil in der Kommunikation als umfassende Semiose von Sprachlichem, Parasprachlichem und Außersprachlichem. In: Dies./Lerchner, Gotthard (Hrsg.): Stil und Stilwandel. Bernhard Sowinski zum 65. Geburtstag gewidmet. Frankfurt am Main u. a. (Lang). 106–123. [Wiederabgedruckt in: Fix, Ulla (2007): Stil – ein sprachliches und soziales Phänomen. Beiträge zur Stilistik. Hrsg. von Irmhild Barz u. a. Berlin (Frank & Timme). 87–113.]

FIX, Ulla (1997): Kanon und Auflösung des Kanons. Typologische Intertextualität – ein ‚postmodernes' Stilmittel? Eine thesenhafte Darstellung. In: Antos/Tietz (Hrsg.) (1997): 97–108.

FIX, Ulla (2004): Stil gibt immer etwas zu verstehen. Sprachstile aus pragmatischer Perspektive. In: Deutschunterricht 1, 41–50. [Leicht verändert nachgedruckt in: Neuland, Eva (Hrsg.): Variation im heutigen Deutsch. Perspektiven für den Sprachunterricht. Frankfurt am Main u. a. (Lang). (= Sprache – Kommunikation – Kultur 4). 245–258.]

FIX, Ulla/WELLMANN, Hans (Hrsg.) (2000): Bild im Text – Text und Bild. Heidelberg (Winter). (= Sprache, Literatur und Geschichte 20).

FLEISCHER, Wolfgang/BARZ, Irmhild (²1995): Wortbildung der deutschen Gegenwartssprache. 2., durchgesehene und ergänzte Auflage. Tübingen (Niemeyer). (= Studienbuch).

FLUCK, Hans Rüdiger (⁵1996): Fachsprachen. Einführung und Bibliographie. 5., überarbeitete und erweiterte Auflage. Tübingen (Francke). (= UTB 483).

FORGÁCS, Erzsébet/GÖNDÖCS, Ágnes (1997): Sprachspiele in der Werbung. In: Studia Germanica Universitatis Vesprimiensis 1, 49–70.

FÖRSTER, Uwe (1982/1995): Moderne Werbung und antike Rhetorik. In: Der Sprachdienst 5 (1995), 154–167. Erstmals erschienen in: Sprache im technischen Zeitalter 81 (1982), 59–73.

FREESE, Gunhild (1998): Lauter blaue Socken. Zwei Berliner Werber fordern unterschiedliche Kampagnen für Markenartikel in Ost und West. In: ZEIT 27, 25. Juni 1998, 28.

FRIEDRICHSEN, Mike (1998): Marketingkommunikation auf dem Weg ins Internet? Werbewirkungsforschung und computervermittelte Kommunikation. In: Rössler, Patrick (Hrsg.): Online-Kommunikation. Beiträge zu Nutzung und Wirkung. Opladen/Wiesbaden (Westdeutscher Verlag). 207–226.

FRITZ, Thomas (1994): Die Botschaft der Markenartikel. Vertextungsstrategien in der Werbung. Tübingen (Stauffenburg). (= Probleme der Semiotik 15).

FRITZMANN, Maria (2009): Werbe-Welten. Deutsche und brasilianische Fernsehwerbespots im kulturellen Vergleich. Saarbrücken (VDM).

FROMMERT, Susanne (2012): Sprachliche Persuasionsstrategien in der Teleshoppingkommunikation. Eine qualitative Analyse von TV-Ausschnitten des reinen Verkaufsfernsehens aus dem Themenbereich „Küche & Kochen". Tübingen (Narr). (= Tübinger Beiträge zur Linguistik 531).

GAEDE, Werner (²1992): Vom Wort zum Bild. Kreativ-Methoden der Visualisierung. 2., verbesserte Auflage. München (Langen-Müller/Herbig).

GALLERT, Klaus (1998): Markenzeichen aus semiotischer Sicht – Analyse und Generierungsmöglichkeiten. Frankfurt am Main u. a. (Lang). (= Europäische Hochschulschriften. Reihe V: Volks- und Betriebswirtschaft 2226).

GANSEL, Christina (2000): Textsorten, Textmuster und ihre Geschichte. Stellenangebot und argumentativer Werbetext – eine textsortenintertextuelle Entwicklung. In: Deutschunterricht 53/2, 217–227.

GANSEL, Christina (2007): Argumentationsstrategie als „Textdesign" in Stellenangeboten. In: Roth/Spitzmüller (Hrsg.) (2007): 291–305.

GAU, Daniela (2007): Erfolgreiche Werbung im interkulturellen Vergleich. Eine Analyse deutsch- und französischsprachiger Werbung. Tübingen (Narr). (= Forum für Fachsprachen-Forschung 75).

GEIGER, Susi/HENN-MEMMESHEIMER, Beate (1998): Visuell-verbale Textgestaltung von Werbeanzeigen. Zur textlinguistischen Untersuchung multikodaler Kommunikationsformen. In: Kodikas/Code. Ars Semeiotica 21, 55–74.

GENETTE, Gérard (1982): Palimpsestes. La littérature au second degré. Paris. [Dt.: Palimpseste. Die Literatur auf zweiter Stufe. Deutsch von Wolfram Bayer und Dieter Hornig. Frankfurt am Main 1993.]

GIPPER, Helmut (1979): Fachsprachen in Wissenschaft und Werbung. Erkenntnisgewinn und Irreführung. In: Mentrup, Wolfgang (Hrsg.): Fachsprachen und Gemeinsprache. Jahrbuch 1978 des Instituts für deutsche Sprache. Düsseldorf (Schwann). (= Sprache der Gegenwart 46). 125–143.

GLEICH, Uli (1998): Werbung im Internet – Gestaltung und Wahrnehmung. In: Media Perspektiven 7, 367–372.

GOLONKA, Joanna (2009): Werbung und Werte. Mittel ihrer Versprachlichung im Deutschen und im Polnischen. Wiesbaden (VS Research).

GREULE, Albrecht (1980): Erbwort – Lehnwort – Neuwort. Grundzüge einer genetischen Lexikologie des Deutschen. In: Muttersprache 90, 263–275.

GREULE, Albrecht (1991): Möglichkeiten und Grenzen der textgrammatischen Analyse. In: Informationen Deutsch als Fremdsprache (Info DaF) 4, 384–392.

GREULE, Albrecht/JANICH, Nina (2001): ... da weiß man was man hat? Verfremdung zum Neuen in der Werbesprache. In: Stickel, Gerhard (Hrsg.): Neues und Fremdes im deutschen Wortschatz. Aktueller lexikalischer Wandel. Berlin/New York (de Gruyter). (= IdS-Jahrbuch 2000). 258–279.

GRIMM, Petra (1996): Filmnarratologie. Eine Einführung in die Praxis der Interpretation am Beispiel des Werbespots. München (diskurs film).

GROSSER, Wolfgang/HUBMAYER, Karl (1998): „Wieso Sabine? – Time to think." Auswirkungen von ‚Global Advertising' auf den deutschen Werbediskurs. In: Kettemann, Bernhard/Stegu, Martin/Stöckl, Hartmut (Hrsg.): Mediendiskurse. verbal-Workshop Graz 1996. Frankfurt am Main u. a. (Lang). (= Sprache im Kontext 5). 29–43.

HAHN, Stephen (2000): Werbediskurs im interkulturellen Kontext. Semiotische Strategien bei der Adaption deutscher und französischer Werbeanzeigen. Wilhelmsfeld (Egert). (= pro lingua 32).

HANDLER, Peter (1998): (T)Raumschiff Enterprise im Cyberspace: Web-Sprache und Unternehmenskommunikation im Internet. In: Rainer, Franz/Stegu, Martin (Hrsg.): Wirtschaftssprache. Anglistische, germanistische, romanistische und slavistische Beiträge. Gewidmet Peter Schifko zum 60. Geburtstag. Frankfurt am Main u. a. (Lang). 129–153.

HANTSCH, Ingrid (1973): Zur semantischen Strategie in der Werbung. In: Sprache im technischen Zeitalter 42, 93–114. [Wiederabgedruckt in: Nusser (Hrsg.) (1975): 137–159.]

HANTSCH, Ingrid (1974): Textformanten und Vertextungsstrategien von Werbetexten. Ein systematisches Analyserepertoire. In: Nusser (Hrsg.) (1975): 160–166.

HARS, Wolfgang (2001): Lurchi, Klementine & Co. Unsere Reklamehelden und ihre Geschichten. Frankfurt am Main (Fischer).

HARTWIG, Heinz (1963): Werbe-Sprache oder Reklame-Jargon? In: Wirtschaft und Werbung 17, 420–423.

HASELOFF, Otto Walter (1968): Sprache, Motivation und Argumentation. Vortrag, gehalten auf dem 5. Berliner Emnid-Colloquium am 27. und 28.10.1966 (unveröffentlicht).

Zitiert nach: Teigeler, Peter (1968): Verständlichkeit und Wirksamkeit von Sprache und Text. Karlsruhe (Nadolski). (= Effektive Werbung 1).

HEETER, Carrie (1989): Implications of New Interactive Technologies for Conceptualizing Communication. In: Salvaggio, Jerry Lee/Bryant, Jennings (Hrsg.): Media Use in the Information Age. Hillsdale (Erlbaum). 217–235.

HEINEMANN, Wolfgang/HEINEMANN, Margot (2002): Grundlagen der Textlinguistik. Interaktion – Text – Diskurs. Tübingen (Niemeyer). (= Reihe Germanistische Linguistik 230).

HEINEMANN, Wolfgang/VIEHWEGER, Dieter (1991): Textlinguistik. Eine Einführung. Tübingen (Niemeyer). (= Reihe Germanistische Linguistik 115).

HELD, Gudrun/BENDEL, Sylvia (Hrsg.) (2008): Werbung – grenzenlos. Multimodale Werbetexte im interkulturellen Vergleich. Frankfurt am Main u. a. (Lang). (= sprache im kontext 31).

HELLER, Eva (1984): Wie Werbung wirkt: Theorien und Tatsachen. Frankfurt am Main (Fischer).

HEMMI, Maria (1994): „Es muß wirksam werben, wer nicht will verderben". Kontrastive Analyse von Phraseologismen in Anzeigen-, Radio- und Fernsehwerbung. Bern u. a. (Lang). (= Zürcher germanistische Studien 41).

HENN, Burkhard (1999): Werbung für Finanzdienstleistungen im Internet. Eine Studie zur Wirkung der Bannerwerbung. Wiesbaden (DUV/Gabler). (= Gabler Edition Wissenschaft: Interaktives Marketing).

HENNECKE, Angelika (1999): Im Osten nichts Neues? Eine pragmalinguistisch-semiotische Analyse ausgewählter Werbeanzeigen für Ostprodukte im Zeitraum 1993 bis 1998. Frankfurt am Main u. a. (Lang). (= Kulturwissenschaftliche Werbeforschung 1).

HENNECKE, Angelika (2012a): Analysemodelle für Werbekommunikation. In: Janich (Hrsg.) (2012): 356–379.

HENNECKE, Angelika (2012b): Der Osten bleibt schwierig. Werbliche Kommunikation für Ostprodukte 20 Jahre nach der Wende. Theoretisch-methodische Überlegungen zur Analyse von Werbeanzeigen und empirische Untersuchungen. Gießen (Herrmann).

HERBIG, Albert F. (1992): „Sie argumentieren doch scheinheilig!" Sprach- und sprechwissenschaftliche Aspekte einer Stilistik des Argumentierens. Frankfurt am Main u. a. (Lang). (= Arbeiten zu Diskurs und Stil 2).

HERINGER, Hans Jürgen (1989): Lesen lehren lernen. Eine rezeptive Grammatik des Deutschen. Tübingen (Niemeyer).

HERMANN, Elke (1999): Mensch und Werbung. Die Beziehungen des Menschen zu kommerziellen Fernsehwerbespots und ihre ethischen Dimensionen. Staatsexamensarbeit Universität Regensburg.

HERSTATT, Johann David (1985): Die Entwicklung von Markennamen im Rahmen der Neuproduktplanung. Frankfurt am Main/Bern/New York (Lang). (= Europäische Hochschulschriften. Reihe 5: Volks- und Betriebswirtschaft 597).

HERZOG, Ulrich (1991): Text in der Praxis. Essen (Stamm).

HESS-LÜTTICH, Ernest W. B. (1994): Sprache und Kultur: Probleme interkultureller Kommunikation in Wirtschaft und Gesellschaft aus germanistischer Sicht. In: Bungarten (Hrsg.) (1994): 69–94.

HIRNER, Roman (2007): Linguistische Untersuchungen an Werbeheadlines von Anzeigen der FAZ, SZ und des Stern 2004. Hamburg (Dr. Kovač). (= Philologia. Sprachwissenschaftliche Forschungsergebnisse 101).

HOFFMANN, Edgar (2002): Werbung, Sprache und Kultur. In: Daiber, Thomas (Hrsg.): Linguistische Beiträge zur Slavistik IX. München (Sagner). 97–116.

HOFFMANN, Hans-Joachim ([2]1981): Psychologie der Werbekommunikation. 2., neubearbeitete Auflage Berlin/New York (de Gruyter). (= Sammlung Göschen 2093).

HOFFMANN, Michael (2002): Werbesprache als ein Gefüge aus Stilregistern. In: Pohl, Inge (Hrsg.): Semantische Aspekte öffentlicher Kommunikation. Frankfurt am Main u. a. (Lang). 413–437.

HOFFMANN, Michael (2012): Werbekommunikation stilistisch. In: Janich (Hrsg.) (2012): 179–195.

HOFFMANN, Michael/KESSLER, Christine (Hrsg.) (1998): Beiträge zur Persuasionsforschung. Unter besonderer Berücksichtigung tatlinguistischer und stilistischer Aspekte. Frankfurt am Main u. a. (Lang). (= Sprache. System und Tätigkeit 26).

HOHMEISTER, Karl-Heinz (1981): Veränderungen in der Sprache der Anzeigenwerbung. Dargestellt an ausgewählten Beispielen aus dem „Gießener Anzeiger" vom Jahre 1800 bis zur Gegenwart. Frankfurt am Main (Fischer).

HÖLSCHER, Barbara (1998): Lebensstile durch Werbung? Zur Soziologie der Life-Style-Werbung. Opladen/Wiesbaden (Westdeutscher Verlag).

HOLTHUIS, Susanne (1993): Intertextualität. Aspekte einer rezeptionsorientierten Konzeption. Tübingen (Stauffenburg). (= Stauffenburg Colloquium 28).

HOLTZ-BACHA, Christina (Hrsg.) (2008): Stereotype? Frauen und Männer in der Werbung. Wiesbaden (VS Verlag Sozialwissenschaften).

HOLZ, Peter (2005): Die Sprache des Parfums. Eine empirische Untersuchung zur Grammatik, Metaphorik und Poetizität des Parfumwerbetextes. Hamburg (Dr. Kovač). (= Philologia 70).

HOMANN, Meike (2006): Zielgruppe Jugend im Fokus der Werbung. Verbale und visuelle Kodierungsstrategien jugendgerichteter Anzeigenwerbung in England, Deutschland und Spanien. Hamburg (Dr. Kovač).

HUBER, Melanie (2008): Kommunikation im Web 2.0. Konstanz (UVK).

HÜBNER, Hartmut (1996): Rhetorik in der Werbung. Eine produktionsorientierte Untersuchung von Persuasionsstrategien anhand von Werbetextratgebern. Magisterarbeit an der Universität Regensburg.

HUTH, Rupert/PFLAUM, Dieter ([6]1996): Einführung in die Werbelehre. 6., überarbeitete und erweiterte Auflage. Stuttgart/Berlin/Köln (Kohlhammer).

HÜTTE, Immo (2007): Interkulturelles Marketing. Standardisierung und Differenzierung transkultureller Werbung. Saarbrücken (VDM).

IAKUSHEVICH, Marina (2009): *Stydno!* Du sollst dich was schämen! Ein deutsch-russischer Sprachvergleich der Kosmetikwerbung. Frankfurt am Main u. a. (Lang). (= Europäische Hochschulschriften. Reihe 1: Deutsche Sprache und Literatur 1981).

ISING, Svetlana (2007): Deutsche und russische Fernseh-Werbeslogans im Vergleich. Eine linguistische und interkulturelle Analyse. Duisburg (Universitätsverlag Rhein-Ruhr).

JÄCKEL, Michael (Hrsg.) (1998): Die umworbene Gesellschaft. Analysen zur Entwicklung der Werbekommunikation. Opladen/Wiesbaden (Westdeutscher Verlag).

JACOBI, Helmut ([2]1975): Die Planung der Werbestrategien (Werbeobjekt – Werbesubjekt – Werbemittel- und Werbeträgerplanung). In: Behrens (Hrsg.) ([2]1975a): 435–468.

JANICH, Nina (1997a): „Werbesprache" – ein Forschungs- und Werkstattbericht. In: Convivium. Germanistisches Jahrbuch Polen. Hrsg. vom DAAD. Bonn. 411–424.

JANICH, Nina (1997b): Wenn Werbung mit Werbung Werbung macht ... Ein Beitrag zur Intertextualität. In: Muttersprache 107, 297–309.

JANICH, Nina (1998a): Fachliche Information und inszenierte Wissenschaft. Fachlichkeitskonzepte in der Wirtschaftswerbung. Tübingen (Narr). (= Forum für Fachsprachen-Forschung 48).

JANICH, Nina (1998b): Probiotisch – Die Biotechnologie prägt einen neuen Naturbegriff. Eine fachsprachlich-semiotische Untersuchung von Lebensmittelwerbung. In: Kodikas/Code. Ars Semeiotica 21, 99–110.

JANICH, Nina (1999): Werbung als Medium der Popularisierung von Fachsprachen. In: Niederhauser, Jürg/Adamzik, Kirsten (Hrsg.): Wissenschaftssprache und Umgangssprache im Kontakt. Frankfurt am Main u. a. (Lang). (= Germanistische Arbeiten zu Sprache und Kulturgeschichte 38). 139–151.

JANICH, Nina (2001a): Fachliches in der Werbung. Formen des Wort- und Wissenstransfers. In: Wichter, Sigurd/Antos, Gerd (Hrsg.): Wissenstransfer zwischen Experten und Laien. Umrisse einer Transferwissenschaft. Frankfurt am Main u. a. (Lang). 257–274.

JANICH, Nina (2001b): *We kehr for you* – Werbeslogans und Schlagzeilen als Beitrag zur Sprachkultivierung. In: Zeitschrift für Angewandte Linguistik (ZfAL) 34, 63–81.

JANICH, Nina (2002): Wirtschaftswerbung offline und online – eine Bestandsaufnahme. In: Thimm, Caja (Hrsg.): Unternehmenskommunikation offline/online. Frankfurt/New York (Lang). (= Bonner Beiträge zur Medienwissenschaft 1). 136–163.

JANICH, Nina (2004): Wiederholung und Verfremdung – Strategien in Werbung und Werbesprache. In: Der Sprachdienst 48, 73–78.

JANICH, Nina (2005): Wenn Werbung Sprüche klopft. Phraseologismen in Werbeanzeigen. In: Deutschunterricht 57/5, 44–53.

JANICH, Nina (2006a): Phraseologismen in der Werbesprache: Verwendungsweisen und methodische Probleme. In: Breuer, Ulrich/Hyvärinen, Irma (Hrsg.): Wörter – Verbindungen. Festschrift für Jarmo Korhonen zum 60. Geburtstag. Frankfurt am Main u. a. (Lang). 175–186.

JANICH, Nina (2006b): Stil als Ware – Variation in der Werbung. In: Neuland, Eva (Hrsg.): Variation im heutigen Deutsch. Perspektiven für den Sprachunterricht. Frankfurt am Main u. a. (Lang). (= Sprache – Kommunikation – Kultur 4). 189–202.

JANICH, Nina (2007): *Da werden Sie geholfen?* Zur Frage eines „guten" Deutsch in der Werbung. In: Burkhardt, Armin (Hrsg.): Was ist gutes Deutsch? Studien und Meinungen zum gepflegten Sprachgebrauch. Mannheim u. a. (Duden). (= Thema Deutsch 8). 228–240.

JANICH, Nina (2008): Intertextualität und Text(sorten)vernetzung. In: Dies. (Hrsg.) (2008): 177–196.

JANICH, Nina (2008): Textlinguistik. 15 Einführungen. Tübingen (Narr). (= narr studienbücher).

JANICH, Nina (2009): Rhetorisch-stilistische Eigenschaften der Sprache von Werbung und Public Relations. In: Fix, Ulla/Gardt, Andreas/Knape, Joachim (Hrsg.): Rhetorik und Stilistik. Ein internationales Handbuch historischer und systematischer Forschung. 2. Halbbd. Berlin/New York (de Gruyter). (= Handbücher zur Sprach- und Kommunikationswissenschaft 31.2). 2167–2181.

JANICH, Nina (2012a): Möglichkeiten und Grenzen einer sprachkritischen Betrachtung von Werbung. In: Aptum. Zeitschrift für Sprachkritik und Sprachkultur 8, H. 2, 97–111.

JANICH, Nina (2013a): *Allem gewachsen* – Der Klimadiskurs und seine kulturelle Steuerung durch die Wirtschaftswerbung. In: Nielsen, Martin/Andersen, Sophie Esmann/Ditlevsen, Marianne Grove/Pollach, Irene/Rittenhofer, Iris (Hrsg.): Nachhaltigkeit in der Wirtschaftskommunikation. Wiesbaden (Springer VS). (= Europäische Kulturen in der Wirtschaftskommunikation 23), 49–69.

JANICH, Nina (Hrsg.) (2005): Unternehmenskultur und Unternehmensidentität. Wirklichkeit und Konstruktion. Wiesbaden (DUV). (= Europäische Kulturen in der Wirtschaftskommunikation 5).

JANICH, Nina (Hrsg.) (2009): Marke und Gesellschaft. Markenkommunikation im Spannungsfeld von Werbung und Public Relations. Wiesbaden (VS Research). (= Europäische Kulturen in der Wirtschaftskommunikation 15).

JANICH, Nina (Hrsg.) (2012b): Handbuch Werbekommunikation. Sprachwissenschaftliche und interdisziplinäre Zugänge. Tübingen (Francke). (= UTB).

JANICH, Nina/NEUENDORFF, Dagmar (Hrsg.) (2002): Verhandeln, kooperieren, werben. Beiträge zur interkulturellen Wirtschaftskommunikation. Wiesbaden (DUV). (= Europäische Kulturen in der Wirtschaftskommunikation 1).

JANOSCHKA, Anja (2004): Web Advertising. New Forms of Communication on the Internet. Amsterdam (Benjamins). (= Pragmatics & Beyond. New Series 131).

JANUSCHEK, Franz (1976): Sprache als Objekt. „Sprechhandlungen" in Werbung, Kunst und Linguistik. Kronberg im Taunus (Scriptor). (= Monographien Linguistik und Kommunikationswissenschaft 25).

JÍLKOVÁ, Hana (2007): Die deutsche und tschechische Werbesprache. Verbale Strategien in deutschen Slogans und ihre Parallelen in der tschechischen Werbung. Hamburg (Dr. Kovač). (= Philologia 106).

JOLIET, Hans (1990): Anzeigen wirksam gestalten, texten, plazieren. Das aktuelle Standardwerk der Anzeigenwerbung. Landsberg am Lech (Moderne Industrie).

KALVERKÄMPER, Hartwig (1993): Das fachliche Bild. Zeichenprozesse in der Darstellung wissenschaftlicher Ergebnisse. In: Schröder, Hartmut (Hrsg.): Fachtextpragmatik. Tübingen (Narr). (= Forum für Fachsprachen-Forschung 19). 215–238.

KARRER, Wolfgang (1985): Intertextualität als Elementen- und Struktur-Reproduktion. In: Broich/Pfister (Hrsg.) (1985): 98–116.

KASTENS, Inga Ellen (2008): Linguistische Markenführung. Die Sprache der Marken – Aufbau, Umsetzung und Wirkungspotentiale eines handlungsorientierten Markenführungsansatzes. Münster u. a. (LIT).

KELLER, Rudi (1995): Zeichentheorie. Zu einer Theorie semiotischen Wissens. Tübingen (Francke). (= UTB 1849).

KEMMETER, Karin (1997): Die Isotopie als Mittel der Textverflechtung in der Werbung. Staatsexamensarbeit Universität Regensburg.

KESSLER, Christine (1998): Diskurswechsel als persuasive Textstrategie. In: Hoffmann/Keßler (Hrsg.) (1998): 273–291.

KIENPOINTNER, Manfred (1992): Alltagslogik. Struktur und Funktion von Argumentationsmustern. Stuttgart/Bad Cannstatt (Frommann-Holzboog). (= problemata 126).

KIM, Ki Beom (2002): Interaktivität neuer Medien. Zur Konzeptualisierung einer neuen massenmedialen Kommunikationsform. Diss. Universität Bremen.

KJÆR-HANSEN, Max ([2]1975): Heutige Bedeutung der Werbung. In: Behrens (Hrsg.) ([2]1975a): 25–36.

KLEIN, Josef (1991): Politische Textsorten. In: Germanistische Linguistik 106–107, 245–278.

KLOEPFER, Rolf/LANDBECK, Hanne (1991): Ästhetik der Werbung. Der Fernsehspot in Europa als Symptom neuer Macht. Unter Mitarbeit von Ute Werner. Frankfurt a. M. (Fischer).

KLOTZ, Volker (1963): Slogans. In: Nusser (Hrsg.) (1975): 96–104.

KNOBLAUCH, Hubert/RAAB, Jürgen (2002): Der Werbespot als kommunikative Gattung. In: Willems (Hrsg.) (2002): 139–154.

KOCH, Peter/OESTERREICHER, Wulf (1985): Sprache der Nähe – Sprache der Distanz. Mündlichkeit und Schriftlichkeit im Spannungsfeld von Sprachtheorie und Sprachgeschichte. In: Romanistisches Jahrbuch 36, 15–39.

KOENIG, Aaron (1995): Wie die Werber ins Netz gehen. In: Bollmann, Stefan (Hrsg.): Kursbuch Neue Medien. Trends in Wirtschaft und Politik, Wissenschaft und Kultur. Mannheim (Bollmann). 296–300.

KOLLMANN, Tobias (1994): Der Wandel der Werbung im Spiegel der Kritik. Sinzheim (Pro Universitate).

KOSKENSALO, Annikki ([2]2000): Finnische und deutsche Prospektwerbung. Linguistische Analysen kulturspezifischer Marketingkommunikation. 2., verbesserte und überarbeitete Auflage. Tostedt (Attikon). (= Beiträge zur Wirtschaftskommunikation 21).

KREMER, Ludger/RONNEBERGER-SIBOLD, Elke (Hrsg.) (2007): Names in Commerce and Industry. Past and Present. Berlin (Logos).

KREUTZER, Eberhard (1969): Sprache und Spiel im „Ulysses" von James Joyce. Bonn (Bouvier). (= Studien zur Englischen Literatur 2).

KRIEG-HOLZ, Ulrike (2005): Wortbildungsstrategien in der Werbung. Zur Funktion und Struktur von Wortneubildung in Printanzeigen. Hamburg (Buske). (= Beiträge zur germanistischen Sprachwissenschaft 18).

KROEBER-RIEL, Werner (^{3}1991): Strategie und Technik der Werbung. Verhaltenswissenschaftliche Ansätze. 3. Auflage. Stuttgart/Berlin/Köln (Kohlhammer).

KROEBER-RIEL, Werner (1993): Bildkommunikation. Imagerystrategien für die Werbung. München (Vahlen).

KROEBER-RIEL, Werner (^{6}1996): Konsumentenverhalten. 6., überarbeitete und ergänzte Auflage. München (Vahlen).

KRÜGER, Cordula Andrea (1978): Semantische Strategien in der Werbung und ihre pragmatische Bedeutung. Diss. Universität Hamburg.

KUHLMANN, Wolfgang (1994): Rhetorik und Ethik. In: Armbrecht, Wolfgang/Zabel, Ulf (Hrsg.): Normative Aspekte der Public Relations. Grundlagen und Perspektiven. Eine Einführung. Opladen (Westdeutscher Verlag). 35–50.

KUPPER, Sabine (2007): Anglizismen in deutschen Werbeanzeigen. Eine empirische Studie zur stilistischen und ökonomischen Motivation von Anglizismen. Frankfurt am Main u. a. (Lang). (= Linguistik International 18).

LAGE-MÜLLER, Kathrin von der (1995): Text und Tod. Eine handlungstheoretisch orientierte Textsortenbeschreibung am Beispiel der Todesanzeige in der deutschsprachigen Schweiz. Tübingen (Niemeyer). (= Reihe Germanistische Linguistik 157).

LANGER, Gudrun (1995): Textkohärenz und Textspezifität. Textgrammatische Untersuchung zu den Gebrauchstextsorten Klappentext, Patienteninformation, Garantieerklärung und Kochrezept. Frankfurt a.M. u. a. (Lang). (= Europäische Hochschulschriften. Reihe 21: Linguistik 152).

LÄZER, Rüdiger (1996): ‚Schön, daß es das noch gibt' – Werbetexte für Ostprodukte. Untersuchungen zur Sprache einer ost-west-deutschen Textsorte. In: Reiher, Ruth/Ders. (Hrsg.) (1996): Von „Buschzulage" und „Ossinachweis". Ost-West-Deutsch in der Diskussion. Berlin (ATV). 206–228.

LEMNITZER, Lothar/ZINSMEISTER, Heike (2006): Korpuslinguistik. Eine Einführung. Tübingen (Narr). (= narr studienbücher).

LEPPÄLÄ, Kirsi (1994): Kulturelles Wissen in der Werbung. In: Bungarten (Hrsg.) (1994): 130–135.

LINDNER, Rolf (1977): „Das Gefühl von Freiheit und Abenteuer". Ideologie und Praxis der Werbung. Frankfurt am Main/New York (Campus). (= Campus Studium: Kritische Sozialwissenschaft).

LINKE, Angelika/NUSSBAUMER, Markus (1997): Intertextualität. Linguistische Bemerkungen zu einem literaturwissenschaftlichen Textkonzept. In: Antos/Tietz (Hrsg.) (1997): 109–126.

LÖBNER, Sebastian (2003): Semantik. Eine Einführung. Berlin/New York (de Gruyter). (= de Gruyter Studienbuch).

LÖFFLER, Heinrich (2003): Dialektologie. Eine Einführung. Tübingen (Narr). (= narr studienbücher).

LÖFFLER, Heinrich (^{3}2005): Germanistische Soziolinguistik. 3., überarbeitete Auflage. Berlin (Schmidt). (= Grundlagen der Germanistik 28).

LÜTKEHAUS, Ludger (2000): Reklame – Die Pest der Kommerzgesellschaft. Ein Pamphlet. In: Schiewe, Jürgen (Hrsg.): Welche Wirklichkeit wollen wir? Beiträge zur Kritik herrschender Denkformen. Schliengen (Edition Argus). 77–88.

MEDER, Katarzyna (2006): Anglizismen in der deutschen Werbesprache. Untersucht anhand ausgewählter Frauen- und Männerzeitschriften. Berlin (Logos).

MEYER, Urs (2010): Poetik der Werbung. Berlin (Schmidt). (= Allgemeine Literaturwissenschaft – Wuppertaler Schriften 13).

MICHAEL, Bernd M. (2009): Markenkommunikation in einer globalen Gesellschaft. In: Janich (Hrsg.) (2009): 95–109.

MINUCCI, Mirko (2008): Automobilwerbung in Italien und Deutschland. Eine kontrastive, synchrone und diachrone Betrachtung von Plakaten und Printanzeigen im interkulturellen und interdisziplinären Kontext. Wilhelmsfeld (Egert). (= pro lingua 37).

MÖCKELMANN, Jochen/ZANDER, Sönke (³1975): Form und Funktion der Werbeslogans. Untersuchung der Sprache und werbepsychologischen Methoden in den Slogans. 3. Auflage. Göppingen (Kümmerle). (= Göppinger Arbeiten zur Germanistik 26).

MÖHN, Dieter/PELKA, Roland (1984): Fachsprachen. Eine Einführung. Tübingen (Niemeyer). (= Germanistische Arbeitshefte 30).

MORALDO, Sandro M. (2009): Red Bull verleiht Flüüüügel – Occasione da brrrrrivido! Zur mobil- und computervermittelten Graphostilistik in Slogans und Headlines der deutschen und italienischen Anzeigenwerbung. In: Heinrich, Wilma/Heiss, Christine (Hrsg.): Fachsprache, elektronische Wörterbücher, multimediale Datenbanken. Empirische Forschungsansätze der Sprach- und Übersetzungswissenschaft. Festschrift für Marcello Soffritti zum 60. Geburtstag. München (iudicium). 249–262.

MOSER, Klaus (1990): Werbepsychologie. Eine Einführung. München (Psychologie-Verlags-Union).

MOSER, Klaus (2002): Markt- und Werbepsychologie. Ein Lehrbuch. Göttingen (Hogrefe).

MOTSCHENBACHER, Heiko (2006): „Women and Men Like Different Things"? – Doing Gender als Strategie der Werbesprache. Marburg (Tectum).

MUCKENHAUPT, Manfred (1986): Text und Bild. Grundfragen der Beschreibung von Text-Bild-Kommunikationen aus sprachwissenschaftlicher Sicht. Tübingen (Niemeyer).

MUHR, Rudolf/KETTEMANN, Bernhard (Hrsg.) (²2004): Eurospeak. Der Einfluss des Englischen auf europäische Sprachen zur Jahrtausendwende. 2., korrigierte Auflage. Frankfurt am Main u. a. (Lang). (= Österreichisches Deutsch – Sprache der Gegenwart 1).

MÜLLER, Wendelin G. (1997): Interkulturelle Werbung. Heidelberg (Physica). (= Konsum und Verhalten 43).

NEULAND, Eva (2008): Jugendsprache. Eine Einführung. Tübingen (Francke). (= UTB 2397).

NIELSEN, Martin (2001): The company brochure as a genre: Towards a textogram based on Danish and German brewery brochures. In: Hermes 27, 215–228.

NIELSEN, Martin (2003): Mailings kontrastiv: Werbebriefe in Dänemark und Deutschland. In: Ders. (Hrsg.): Wirtschaftskommunikation im Wandel. Dynamik, Entwicklung und Prozessualität. Wiesbaden (DUV). (= Europäische Kulturen in der Wirtschaftskommunikation 3). 55–75.

NIELSEN, Martin (2005): Made in Denmark, sold in Germany – zur Verwendung des Country-of-Origin-Prinzips im dänisch-deutschen Kontext. In: Janich (Hrsg.) (2005): 155–169.

NORDMAN, Jenni (2000): Kulturunterschiede in der Marketingkommunikation am Beispiel von Betriebsbroschüren des Unternehmens Autoliv in Deutschland, Schweden und den USA. Magisterarbeit Åbo Akademi Universität (Turku, Finnland).

NORDMAN, Jenni (2002): Kulturunterschiede in der Marketingkommunikation am Beispiel deutscher, schwedischer und US-amerikanischer Betriebsbroschüren eines internationalen Unternehmens. In: Janich/Neuendorff (Hrsg.) (2002): 31–57.

NÖTH, Winfried (1975): Wortassoziationen als linguistisches Problem. In: Orbis 24, 5–37.

NUSSER, Peter (Hrsg.) (1975): Anzeigenwerbung. Ein Reader für Studenten und Lehrer der deutschen Sprache und Literatur. München (Fink). (= Kritische Information 34).

OPIŁOWSKI, Roman (2006): Intertexualität in der Werbung der Printmedien. Eine Werbestrategie in linguistisch-semiotischer Forschungsperspektive. Frankfurt am Main u. a. (Lang). (= Kulturwissenschaftliche Werbeforschung 5).

OTTMERS, Clemens (1996): Rhetorik. Stuttgart/Weimar (Metzler). (= Sammlung Metzler. Realien zur Sprache 283).

PACKARD, Vance (1992): Die geheimen Verführer. Der Griff nach dem Unbewußten in jedermann. Düsseldorf (Econ). [Erstmals 1957: The hidden persuaders.]

PALM, Christine (1995): Phraseologie. Eine Einführung. Tübingen (Narr). (= narr studienbücher).

PLATEN, Christoph (1995): Pasión por la vida. Spanien-Werbung in Deutschland, Frankreich und Italien. In: Schmitt, Christian/Schweickard, Wolfgang (Hrsg.): Die romanischen Sprachen im Vergleich. Akten der gleichnamigen Sektion des Potsdamer Romanistentages (27.–30.9.1993). Bonn (Romanistischer Verlag). 266–288.

PLATEN, Christoph (1997): „Ökonymie". Zur Produktnamen-Linguistik im Europäischen Binnenmarkt. Tübingen (Niemeyer). (= Beihefte zur Zeitschrift für Romanische Philologie 280).

PLATEN, Christoph (1999): „Vivan Los Wochos!" Romanismen in der bundesdeutschen Alltagskultur. In: Bierbach, Mechtild/Gemmingen, Barbara von (Hrsg.): Kulturelle und sprachliche Entlehnung: Die Assimilierung des Fremden. Akten der gleichnamigen Sektion des XXV. Deutschen Romanistentages im Rahmen von Romania I in Jena vom 28.9.–2.10.1997. Bonn (Romanistischer Verlag). (= Abhandlungen zur Sprache und Literatur 123). 138–154.

POHL, Inge (1994): Neologismen des ostdeutschen Wortschatzes im Beschreibungsbereich von Markennamen und Firmennamen. In: Sommerfeldt, Karl-Ernst (Hrsg.): Sprache im Alltag. Beobachtungen zur Sprachkultur. Frankfurt am Main u. a. (Lang). (= Sprache. System und Tätigkeit 13). 99–123.

POLAJNAR, Janja (2005): Strategien der Adressierung in Kinderwerbespots. Zur Ansprache von Kindern und Eltern im Fernsehen. Wiesbaden (DUV). (= Europäische Kulturen in der Wirtschaftskommunikation 7).

POLAJNAR LENARČIČ, Janja (2012): Werbekommunikation gesprächsanalytisch. In: Janich (Hrsg.) (2012): 143–158.

PÖRKSEN, Uwe (⁴1992): Plastikwörter. Die Sprache einer internationalen Diktatur. 4. Auflage. Stuttgart (Klett-Cotta).

PRZYBILSKI, Nadine (2009): Zum Gebrauch von Modalpartikeln in der Anzeigenwerbung. Eine Korpusanalyse. Saarbrücken (VDM).

RANDHAGE, Sabine (2013): Werbung im Sozialismus. Eine vergleichende Analyse zur ostdeutschen Werbesprache. Frankfurt am Main u. a. (Lang). (= Germanistische Arbeiten zu Sprache und Kulturgeschichte 52).

REICHERTZ, Jo (1998): Werbung als moralische Unternehmung. In: Jäckel (Hrsg.) (1998): 273–299.

REIMANN, Sandra (2008): MEHRmedialität in der werblichen Kommunikation. Synchrone und diachrone Untersuchungen von Werbestrategien. Tübingen (Narr).

REIMANN, Sandra (2012): Zugänge zu Korpora deutscher Werbung. In: Janich (Hrsg.) (2012): 483–493.

REIMANN, Sandra (Hrsg.) (2006): Faszination Hörfunkwerbung – im Wandel. Das Historische Werbefunkarchiv der Universität Regensburg. Regensburg (edition vulpes).

REINHARDT, Dirk (1993): Von der Reklame zum Marketing. Geschichte der Wirtschaftswerbung in Deutschland. Berlin (Akademie-Verlag).

RENTEL, Nadine (2005): Bild und Sprache in der Werbung. Die formale und inhaltliche Konnexion von verbalem und visuellem Teiltext in der französischen Anzeigenwerbung der Gegenwart. Frankfurt am Main u. a. (Lang). (= Studien zur allgemeinen und romanischen Sprachwissenschaft 10).

RICHTER, Kai (2006): Zielgruppe Kind. Sprachliche Veränderungen der Anzeigenwerbung in 50 Jahren Micky Maus. Online-Publikation: Networx 47 (http://www.mediensprache.net/de/networx/docs/networx-47.asp).

ROHEN, Helena (1981): Bilder statt Wörter. In: Zeitschrift für Germanistische Linguistik 9, 308–325.

RÖMER, Ruth (⁶1980): Die Sprache der Anzeigenwerbung. 6. Auflage (unveränderter Nachdruck der 2., revidierten Auflage). Düsseldorf (Schwann). (= Sprache der Gegenwart 4). [Erstmals 1968.]

RONNEBERGER-SIBOLD, Elke (2004): Warennamen. In: Brendler, Andrea/Brendler, Silvio (Hrsg.): Namenarten und ihre Erforschung. Ein Lehrbuch für das Studium der Onomastik. Hamburg (Baar). (= Lehr- und Handbücher zur Onomastik 1), 557–603.

ROSSBACH, Simone (2002): Werbung im WWW und ihre Gestaltung im Vergleich zum klassischen Werbemittel Anzeige. In: Janich/Neuendorff (Hrsg.) (2002): 281–306.

ROTH, Kersten Sven/SPITZMÜLLER, Jürgen (Hrsg.) (2007): Textdesign und Textwirkung in der massenmedialen Kommunikation. Konstanz (UVK).

RUNKEHL, Jens (2011): www.werbesprache.net. Sprachliche und kommunikative Strukturen von Bannerwerbung im Internet. Frankfurt am Main u. a. (Lang). (= Sprache – Medien – Innovationen 2).

RUNKEHL, Jens/JANICH, Nina (2006): Werbesprache im Internet. In: Schlobinski, Peter (Hrsg.): Von *hdl* bis *cul8er*. Sprache und Kommunikation in den Neuen Medien. Mannheim u. a. (Duden). (= Thema Deutsch 7). 299–316.

RUNKEHL, Jens/SCHLOBINSKI, Peter/SIEVER, Torsten (1998): Sprache und Kommunikation im Internet. Ein Überblick. Wiesbaden/Opladen (Westdeutscher Verlag).

SABBAN, Annette (1998a): „Fühlen Sie sich nur nicht angesprochen!" Inszenierte Negativität in der Werbung. In: Wirrer, Jan (Hrsg.): Phraseologismen in Text und Kontext. Phrasemata I. Bielefeld (Aisthesis). (= Bielefelder Schriften zu Linguistik und Literaturwissenschaft 11). 73–95.

SABBAN, Annette (1998b): Okkasionelle Variationen sprachlicher Schematismen. Eine Analyse französischer und deutscher Presse- und Werbetexte. Tübingen (Narr). (= Romanica Monacensia 53).

SABBAN, Annette (2012): Werbekommunikation phraseologisch. In: Janich (Hrsg.) (2012): 89–106.

SABINSKY, Markus (1996): Textkohärenz und Werbung. Textgrammatische Verflechtungsstrategien in Werbeanzeigen. Staatsexamensarbeit Universität Regensburg.

SADOWSKA, Mariola (1998): Die Sprache in der deutschen und der polnischen Anzeigenwerbung im Vergleich. Magisterarbeit Universität Regensburg.

SAMLAND, Bernd M. (2006): Unverwechselbar – Name, Claim und Marke. Freiburg (Haufe).

SANDIG, Barbara (2006): Textstilistik des Deutschen. 2., völlig neu bearbeitete und erweiterte Auflage. Berlin/New York (de Gruyter). (= de Gruyter Studienbuch).

SAUER, Nicole (1998): Werbung – wenn Worte wirken. Ein Konzept der Perlokution, entwickelt an Werbeanzeigen. Münster u. a. (Waxmann). (= Internationale Hochschulschriften 274).

SAUSSURE, Ferdinand de (²1967): Grundfragen der allgemeinen Sprachwissenschaft. Hrsg. von Charles Bally und Albert Sechehaye. 2. Auflage. Mit neuem Register und einem Nachwort von Peter von Polenz. Berlin (de Gruyter).

SCHIEMICHEN, Susanne (2005): Das ‚fremde Bekannte'. Über die Verwendung von Fremdsprachen in Werbeanzeigen deutschsprachiger Publikumszeitschriften. Norderstedt (Books on Demand).

SCHIERL, Thomas (1997): Vom Werbespot zum interaktiven Werbedialog. Über die Veränderungen des Werbefernsehens. Köln (Halem).

SCHLOBINSKI, Peter/KOHL, Gaby/LUDEWIGT, Irmgard (1993): Jugendsprache. Fiktion und Wirklichkeit. Opladen (Westdeutscher Verlag).

SCHLOBINSKI, Peter/SIEVER, Torsten (Hrsg.) (2005): Sprachliche und textuelle Merkmale in Weblogs. Ein internationales Projekt. Online-Publikation: Networx 46 (http://www.mediensprache.net/networx/networx-46.pdf).

SCHLOSSER, Horst Dieter (1986): Gegenwartsdeutsch. Gefährdungen und Möglichkeiten einer unbehüteten Sprache. In. Petri, Harald (Hrsg.): Sprache – Sprachverfall – Sprache im Wandel – Was wird aus unserer Sprache? Bochum (Brockmeyer). (= Schriftenreihe Praktische Psychologie 10). 70–94.

SCHLÜTER, Stefanie (2007): Die Sprache der Werbung. Entwicklungen, Trends und Beispiele. Saarbrücken (VDM).

SCHMIDER, Ekkehard (1990): Werbedeutsch in Ost und West. Die Sprache der Konsumwerbung in beiden Teilen Deutschlands – ein Vergleich. Berlin (Spitz).

SCHMIDT, Christopher M. (2010): Kognitive Modelle in der Wirtschaftskommunikation. Eine kognitionslinguistische Fundierung kulturbedingter Konzeptualisierung. Ohne Ort (Verlag Wissenschaft und Praxis). (= Schriftenreihe Interkulturelle Wirtschaftskommunikation 15).

SCHMITZ, Ulrich (1999): AUSFAHRT waschen. Über den progressiven Untergang der Flexionsfähigkeit. In: Osnabrücker Beiträge zur Sprachtheorie (OBST) 60, 135–182.

SCHMITZ, Ulrich (2002): Qualität und Reklame im WWW. Zur Gestaltung von Internet-Auftritten deutscher Wirtschaftsunternehmen. In: Thimm, Caja (Hrsg.): Unternehmenskommunikation offline/online. Wandelprozesse interner und externer Kommunikation durch neue Medien. Frankfurt am Main u.a. (Lang). 164–184.

SCHMITZ, Ulrich (2003): Lesebilder im Internet. Neue Koalitionen und Metamorphosen zwischen Text und Bild. In: Zeitschrift für Germanistik (Neue Folge) 3, 605–628.

SCHMITZ, Ulrich (2006): Schriftbildschirme. Tertiäre Schriftlichkeit im World Wide Web. In: Androutsopoulos, Jannis u.a. (Hrsg.): Neuere Entwicklungen in der linguistischen Internetforschung. Hildesheim u.a. (Olms). 184–208.

SCHMÜCKLE, Beat/CHI, Tobias (2004): Spam. Linguistische Untersuchung einer neuen Werbeform. Online-Publikation: Networx 39 (http://www.mediensprache.net/networx/networx-39.pdf).

SCHÖBERLE, Wolfgang (1984): Argumentieren – Bewerten – Manipulieren. Eine Untersuchung in linguistischer Kommunikationstheorie am Beispiel von Texten und von Text-Bild-Zusammenhängen aus der britischen Fernsehwerbung. Heidelberg (Groos). (= Sammlung Groos 22).

SCHÖGEL, Marcus/WALTER, Verena (2008): Behavioral Targeting. Chancen und Risiken einer neuen Form des Online-Marketing. In: Meckel, Miriam/Stanoevska-Slabeva, Katarina (Hrsg.): Web 2.0. Die nächste Generation Internet. Baden-Baden (Nomos). 163–188.

SCHÜLER, Dominic (2008): Kommunikation am Markt. Rhetorik – Medien – Werbung – Konsum. Tübingen (Kairos).

SCHUNCKE, Michael (²1986): Schlüsselworte erfolgreicher Anzeigen. 2000 Anzeigen und was sie gebracht haben. 2., überarbeitete Auflage. Bonn (Rentrop).

SCHÜTTE, Dagmar (1996): Das schöne Fremde. Anglo-amerikanische Einflüsse auf die Sprache der deutschen Zeitschriftenwerbung. Opladen (Westdeutscher Verlag). (= Studien zur Kommunikationswissenschaft 16).

SCHWEIGER, Günter/SCHRATTENECKER, Gertraud (⁴1995): Werbung. Eine Einführung. 4., völlig neu bearbeitete und erweiterte Auflage. Stuttgart/Jena (Fischer). (= UTB 1370).

SCHWEIGER, Günter/SCHRATTENECKER, Gertraud (⁷2009): Werbung. Eine Einführung. 7., neu bearbeitete Auflage. Stuttgart (Lucius & Lucius). (= UTB 1370).

SCHWITALLA, Johannes (1997): Gesprochenes Deutsch. Eine Einführung. Berlin (Erich Schmidt). (= Grundlagen der Germanistik 33).

SCOTT, Walter Dill (1903): The Theory of Advertising. Boston (Small, Maynard).

SEARLE, John R. (^{5}1992): Sprechakte. Ein sprachphilosophischer Essay. 5. Auflage. Frankfurt am Main (Suhrkamp). (= Suhrkamp Taschenbuch Wissenschaft 458). [Erstmals 1969: Speech Acts.]

SELTING, Margret u.a. (1998): Gesprächsanalytisches Transkriptionssystem (GAT). In: Linguistische Berichte 173, 91–122.

SENNEBOGEN, Waltraud (2004): Von *jüdischer Reklame* zu *deutscher Werbung*. Sprachregelung in der nationalsozialistischen *Wirtschaftswerbung*. In: Greule, Albrecht/Sennebogen, Waltraud (Hrsg.): Tarnung – Leistung – Werbung. Untersuchungen zur Sprache im Nationalsozialismus. Frankfurt am Main u.a. (Lang). (= Regensburger Beiträge zur deutschen Sprach- und Literaturwissenschaft. Reihe B/Untersuchungen 86). 173–214.

SEYFARTH, Horst (1995): Bild und Sprache in der Fernsehwerbung. Eine empirische Untersuchung der Bereiche Auto und Kaffee. Münster/Hamburg (LIT). (= Marburger Studien zur Germanistik 18).

SIEGERT, Gabriele/BRECHEIS, Dieter (2005): Werbung in der Medien- und Informationsgesellschaft. Eine kommmunikationswissenschaftliche Einführung. Wiesbaden (VS Verlag Sozialwissenschaften).

SIEVER, Torsten (2005): Internetwerbung: Alter Wein in neuen Schläuchen? In: Siever, Torsten/Schlobinski, Peter/Runkehl, Jens (Hrsg.): Websprache.net. Sprache und Kommunikation im Internet. Berlin/New York (de Gruyter). 219–241.

SIEVER, Torsten/RUNKEHL, Jens (2002): Werbekommunikation im Internet. In: Deutschunterricht 54/2, 36–50.

SILBERER, Günter (Hrsg.) (1997): Interaktive Werbung. Marketingkommunikation auf dem Weg ins digitale Zeitalter. Stuttgart (Schäffer Poeschel).

SIMON, Nicole/BERNHARDT, Nikolaus (2008): Twitter. Mit 140 Zeichen zum Web 2.0. München (Open Source Press).

SKOG-SÖDERSVED, Mariann (2002): Zum Zusammenspiel zwischen Sender und Empfänger am Beispiel des FOCUS-Online-Newsletters. In: Ziegler, Arne/Dürscheid, Christa (Hrsg.): Kommunikationsform E-Mail. Tübingen (Stauffenburg). (= Textsorten 7). 77–92.

SOWINSKI, Bernhard (1991): Stilistik. Stiltheorien und Stilanalysen. Stuttgart (Metzler). (= Sammlung Metzler 263).

SOWINSKI, Bernhard (1998): Werbung. Tübingen (Niemeyer). (= Grundlagen der Medienkommunikation 4).

SPANG, Kurt (1987): Grundlagen der Literatur- und Werberhetorik. Kassel (Edition Reichenberger). (= Problemata Semiotica 11).

SPILLNER, Bernd (1985): Zur Kompositabildung in der deutschen Werbesprache. In: Collectanea Philologica. Festschrift Helmut Gipper zum 65. Geburtstag. Hrsg. von Günther Heintz und Peter Schmitter. Bd. 2. Baden-Baden (Koerner). (= Saecula Spiritualia 15). 715–723.

SPITZMÜLLER, Jürgen/WARNKE, Ingo H. (2011): Diskurslinguistik. Eine Einführung in Theorien und Methoden der transtextuellen Sprachanalyse. Berlin/New York (de Gruyter).

STAIGMILLER, Peter (1989): Aspekte der linguistischen Operationalisierung werblicher Kommunikation. Diss. Universität Dortmund.

STAVE, Joachim (1963): Melodie aus Wolfsburg. Anmerkungen zu einem Werbetext. In: Muttersprache 73, 235–242.

STAVE, Joachim (1973): Bemerkungen über den unvollständigen Satz in der Sprache der Werbung. In: Muttersprache 83, 210–224.

STEINBACH, Horst-Ralf (1984): Englisches im deutschen Werbefernsehen. Interlinguale Interferenzen einer werbesprachlichen Textsorte. Paderborn u.a. (Schöningh). (= Schriften der Gesamthochschule Paderborn: Reihe Sprach- und Literaturwissenschaften 2).

STEMMLER, Florian (2009): Werbesprache. Werbeanzeigen in Publikumszeitschriften: Ein eigenes Deutsch für jede Zielgruppe? Saarbrücken (VDM).

STERN, Barbara B. (1994): A Revised Communication Model for Advertising. Multiple Dimensions of the Source, the Message, and the Recipient. In: Journal of Advertising 23/2, 5–15.

STÖCKL, Hartmut (1997): Werbung in Wort und Bild. Textstil und Semiotik englischsprachiger Anzeigenwerbung. Frankfurt am Main u. a. (Lang). (= Europäische Hochschulschriften. Reihe XIV: Angelsächsische Sprache und Literatur 336).

STÖCKL, Hartmut (1998): Das Flackern und Zappeln im Netz. Semiotische und linguistische Aspekte des „Webvertising". In: Zeitschrift für Angewandte Linguistik (ZfAL) 29, 77–111.

STÖCKL, Hartmut (2000): Bilder – stereotype Muster oder kreatives Chaos? Konstitutive Elemente von Bildtypen in der visuellen Kommunikation. In: Fix/Wellmann (Hrsg.) (2000): 325–341.

STÖCKL, Hartmut (2004): Die Sprache im Bild – Das Bild in der Sprache. Zur Verknüpfung von Sprache und Bild im massenmedialen Text. Berlin/New York (de Gruyter). (= Linguistik. Impulse und Tendenzen 3).

STÖCKL, Hartmut ([3]2006): Werbekommunikation – Linguistische Analyse und Textoptimierung. In: Knapp, Karlfried u. a. (Hrsg.): Angewandte Linguistik. Ein Lehrbuch. 3., vollständig überarbeitete und erweiterte Auflage. Tübingen (Francke). 245–266.

STÖCKL, Hartmut (2007a): „Der gedruckte Verkäufer" – ein medienlinguistisches und textstilistisches Profil des Produktkatalogs. In: Villinger, Claudia/Gerzymisch-Arbogast, Heidrun (Hrsg.): Kommunikation in Bewegung. Multimedialer und multilingualer Wissenstransfer in der Experten-Laien-Kommunikation. Festschrift für Annely Rothkegel zum 65. Geburtstag. Frankfurt am Main u. a. (Lang). 187–216.

STÖCKL, Hartmut (2007b): Hörfunkwerbung – „Kino für das Ohr". Medienspezifika, Kodeverknüpfungen und Textmuster einer vernachlässigten Werbeform. In: Roth/Spitzmüller (Hrsg.) (2007): 177–202.

STÖCKL, Hartmut (2008a): Was hat Werbung zu verbergen? Kleine Typologie des Verdeckens. In: Pappert, Steffen u. a. (Hrsg.): Verschlüsseln, Verbergen, Verdecken in öffentlicher und institutioneller Kommunikation. Berlin (Schmidt). 167–192.

STÖCKL, Hartmut (2008b): Werbetypographie – Formen und Funktionen. In: Held/Bendel (Hrsg.) (2008): 13–36.

STÖCKL, Hartmut (2008c): Werbung texten. Ein domänenspezifisches Schreibtraining. In: Jakobs, Eva-Maria/Lehnen, Katrin (Hrsg.): Berufliches Schreiben. Ausbildung, Training, Coaching. Frankfurt am Main u. a. (Lang) (= Textproduktion und Medium 9), 65–82.

STOLZE, Peter (1982): Untersuchungen zur Sprache der Anzeigenwerbung in der zweiten Hälfte des 18. Jahrhunderts. Eine Analyse ausgewählter Anzeigen in den „Leipziger Zeitungen" von 1741–1801. Göppingen (Kümmerle). (= Göppinger Arbeiten zur Germanistik 375).

STÖRIKO, Ute (1995): „Wir legen Word auf gutes Deutsch." Formen und Funktionen fremdsprachiger Elemente in der deutschen Anzeigen-, Hörfunk- und Fernsehwerbung. Viernheim (Cubus).

STRASSNER, Erich (1983): Rolle und Ausmaß dialektalen Sprachgebrauchs in den Massenmedien und in der Werbung. In: Besch, Werner u. a. (Hrsg.): Dialektologie. Ein Handbuch zur deutschen und allgemeinen Dialektforschung. 2. Halbbd. Berlin/New York (de Gruyter). (= Handbücher zur Sprach- und Kommunikationswissenschaft 12). 1509–1525.

STROBEL, Matthias/STEINER, André (2006): Englische Werbeslogans in Deutschland. Saarbrücken (VDM).

SULIKAN, Zhanar (2012): Slogans in der deutschen Printwerbung. Untersuchung zu Form und Inhalt. Frankfurt am Main u. a. (Lang). (Europäische Hochschulschriften. Reihe XXI: Linguistik 376).

TIETZ, Bruno/ZENTES, Joachim (1980): Die Werbung der Unternehmung. Reinbek bei Hamburg (Rowohlt).

TODOROV, Tzvetan (1965): Les poètes devant le bon usage. In: Revue d'esthétique 18, 300–305.

TROPP, Jörg (2002): Integrierte Kommunikation aus der Perspektive einer Werbeagentur. In: Willems (Hrsg.) (2002): 445–463.

TSCHÖRNER, Kristin (2007): Werbeanzeigen als Spiegel der Gesellschaft. Zur Geschichte einer Textsorte. Saarbücken (VDM).

VESALAINEN, Marjo (2001): Prospektwerbung. Vergleichende rhetorische und sprachwissenschaftliche Untersuchungen an deutschen und finnischen Werbematerialien. Frankfurt am Main u. a. (Lang). (= Finnische Beiträge zur Germanistik 7).

VOGEL, Kathrin (2012): Corporate Style. Stil und Identität in der Unternehmenskommunikation. Wiesbaden (Springer VS). (= Europäisch e Kulturen in der Wirtschaftskommunikation 17).

WABNER, Matthias (2003): Kreativer Umgang mit Sprache in der Werbung. Eine Analyse der Anzeigen- und Plakatwerbung von McDonald's. Onine-Publikation: Networx 32 (http://www.mediensprache.net/networx/networx-32.pdf).

WAGNER, Doris (2003): Kulturbier. Deutsche Kultur in der Bierplakatwerbung. Frankfurt am Main u. a. (Lang). (= Finnische Beiträge zur Germanistik 10).

WAHL, Sabine (2009): Nike – die Marke der Sieger. In: Janich (Hrsg.) (2009): 207–225.

WALTER, Volker (1999): Die Zukunft des Online-Marketing. Eine explorative Studie über zukünftige Marktkommunikation im Internet. München/Mering (Hampp). (= Profession 9).

WARNKE, Ingo H. (2008): Text und Diskurslinguistik. In: Janich, Nina (2008): 35–52.

WARNKE, Ingo H./SPITZMÜLLER, Jürgen (2008): Methoden und Methodologie der Diskurslinguistik – Grundlagen und Verfahren einer Sprachwissenschaft jenseits textueller Grenzen. In: Dies. (Hrsg.): Methoden der Diskurslinguistik. Sprachwissenschaftliche Zu gänge zur transtextuellen Ebene. Berlin/New York (de Gruyter). 3–54.

WASCHEK, Renate (1997): Dieses kleine Stück Watte ... Werbung und Tabu am Beispiel der Werbung für Binden und Tampons. Löhrbach (Pieper's MedienXperimente). (= Der grüne Zweig 194).

WEBER, Verena (1980): Form und Funktion von Sprachspielen. Dargestellt anhand des poetischen Werks von Jacques Prévert. Diss. Universität Regensburg.

WEHNER, Christa (1996): Überzeugungsstrategien in der Werbung. Eine Längsschnittanalyse von Zeitschriftenanzeigen des 20. Jahrhunderts. Opladen (Westdeutscher Verlag). (= Studien zur Kommunikationswissenschaft 14).

WETZLER, Dagmar (2006): Mit *Hyperspeed* ins *Internet*. Zur Funktion und zum Verständnis von Anglizismen in der Sprache der Werbung der *Deutschen Telekom*. Frankfurt am Main u. a. (Lang). (= Europäische Hochschulschriften. Reihe 14: Angelsächsische Sprache und Literatur 429).

WIEDERWOHL, Isabella (2006): Verpackungen als multimodale Texte am Beispiel von Schokoladenschleifen. In: Eckkrammer/Held (Hrsg.) (2006): 83–105.

WILLEMS, Herbert (Hrsg.) (2002): Die Gesellschaft der Werbung. Kontexte und Texte. Produktionen und Rezeptionen. Entwicklungen und Perspektiven. Wiesbaden (Westdeutscher Verlag).

WILLEMS, Herbert/JURGA, Martin (1998): Inszenierungsaspekte der Werbung. Empirische Ergebnisse der Erforschung von Glaubwürdigkeitsgenerierungen. In: Jäckel (Hrsg.) (1998): 207–230.

WÜNSCHE, Robert (2009): Ethno Marketing. Interkulturelle Aspekte. Hamburg (Igel).

WURM, Susanne (1998): Der bairische Dialekt in der Werbung. Staatsexamensarbeit Universität Regensburg.

WYSS, Eva Lia (1998): Werbespot als Fernsehtext. Mimikry, Adaptation und kulturelle Variation. Tübingen (Niemeyer). (= Medien in Forschung und Unterricht 49).

YANG, Wenliang (1990): Anglizismen im Deutschen. Am Beispiel des Nachrichtenmagazins DER SPIEGEL. Tübingen (Niemeyer). (= Reihe Germanistische Linguistik 106).

ZIEGLER, Diana (2008): Zeichen setzen und Zeichen verstehen: Alltagsästhetik und Werbung, Aachen (Shaker).

ZIELKE, Achim (1991): Beispiellos ist beispielhaft oder: Überlegungen zur Analyse und zur Kreation des kommunikativen Codes von Werbebotschaften in Zeitungs- und Zeitschriftenanzeigen. Pfaffenweiler (Centaurus). (= Reihe Medienwissenschaft 5).

ZILG, Antje (2006): Markennamen im italienischen Lebensmittelmarkt. Wilhelmsfeld (Egert). (= pro lingua 41).

ZILG, Antje (2009): MAMMA ANTONIA, MAMA MARIA, MAMA MIA – Kulturspezifika in der italienischen Markennamengebung. In: Janich (Hrsg.) (2009): 123–136.

ZURSTIEGE, Guido (2007): Werbeforschung. Konstanz (UVK). (= UTB 2909).

3. Internetadressen

Arbeitsgemeinschaft der Landesmedienanstalten der Bundesrepublik Deutschland
(Werbeformen im Fernsehen)
http://www.alm.de/185.html

Endmark Benennungsmarketing (Agentur)
http://www.endmark.de

Gesamtverband Kommunikationsagenturen e.V.
http://www.gwa.de
http://www.gwa.de/awards-events/gwa-effie/
http://www.gwa.de/themen-wissen/kennzahlen-zur-werbung/

Heymountain Cosmetics
http://www.heymountain.com/
http://www.heymountain.com/breschtlengsgsaelzhaefele-75-ml.222.html

Innocent GmbH
http://www.innocentdrinks.de/

Mediensprache.net (Portal): Datenbank zur Werbeliteratur, Netlinks
http://www.mediensprache.net/de/werbesprache/literatur/
http://www.mediensprache.net/netlink/

„Print wirkt" (Kampagne des Media-Services für Publikumszeitschriften)
http://www.print-wirkt.de/

Sinus Sociovision
http://www.sociovision.de/loesungen/sinus-milieus.html

Slogan-Datenbank
http://www.slogans.de/

Twitter
http://twitter.com/AdobePR_D
http://twitter.com/adobekreativ
http://twitter.com/moritzfiege

Verein deutsche Sprache e.V.
http://www.vds-ev.de

Wikio (WebBlog-Plattform; Quelle für Saturn-Spot)
http://www.wikio.de/video/2934511#

YouTube (Medienplattform; Quelle für Fernsehspots und Spotparodien)
http://www.youtube.com/

Zentralverband der deutschen Werbewirtschaft e. V.
http://www.zaw.de
http://www.zaw.de/index.php?menuid=33

Register